D0408784

Les Cahiers du Québec

Le patronat québécois au pouvoir: 1970-1976

Collection Science politique
dirigée par André Bernard

Déjà parus dans
la même collection:

Le processus électoral
au Québec:
les élections provinciales
de 1970 et 1973
(en collaboration)

Partis politiques
au Québec
(en collaboration)

Vĕra Murray
Le Parti québécois:
de la fondation
à la prise du pouvoir

André Bernard
Québec:
élections 1976

Edmond Orban
Le Conseil nordique:
un modèle de
Souveraineté-Association?

Gaétan Rochon
Politique et
contre-culture:
essai d'analyse interprétative

Pierre Fournier

Le patronat québécois au pouvoir: 1970-1976

Traduit de l'anglais par
Suzette Thiboutôt-Belleau
et Massue Belleau

Collection Science politique

Cahiers du Québec / Hurtubise HMH

Cet ouvrage a été publié grâce à une subvention de la Fédération canadienne des sciences sociales, dont les fonds proviennent du Conseil de recherches en sciences humaines du Canada

Maquette de la couverture:
Pierre Fleury

Editions Hurtubise HMH, Limitée
7360 boul. Newman
Ville LaSalle, Québec
H8N 1X2
Canada

Téléphone: (514) 364-0323

ISBN 2-89045-201-8

Dépôt légal / 4e trimestre 1979
Bibliothèque Nationale du Canada
Bibliothèque Nationale du Québec

Imprimé au Canada

Table des matières

Avant-propos

L'apport principal de cette étude est qu'elle livre des données de base sur les relations entre le patronat et le gouvernement québécois depuis le début de la révolution tranquille jusqu'à 1976, avec une insistance particulière sur le régime Bourassa. Elle illustre un des aspects du capitalisme monopoliste relativement négligé: la fusion croissante entre l'oligarchie financière et les sommets de l'Etat. Elle contient aussi des analyses détaillées de plusieurs projets de loi clés adoptés durant cette période.

L'essentiel de ce travail a d'abord été présenté sous la forme d'une thèse de doctorat au département d'économie politique de l'Université de Toronto. Celle-ci avait pour sujet l'influence du patronat dans la politique québécoise. La recherche et la rédaction se sont échelonnées de 1971 à 1976.

La première version ayant été publiée en anglais, cet ouvrage a dû être traduit. Nous tenons donc à remercier Massüe Belleau et Suzette Thiboutôt-Belleau qui se sont chargés de la traduction. Nous tenons aussi à souligner l'aide précieuse que m'ont fournie mon directeur de thèse, le professeur Paul Fox ainsi que Frank Peers et Ken Bryden, tous du département d'économie politique de l'Université de Toronto.

Pierre Fournier
Montréal, avril 1978

Introduction

Dans la décennie qui nous apporta le désormais célèbre Watergate, le cartel du pétrole et la mise à jour de plusieurs activités illégales des entreprises multinationales, ainsi que, près de nous, l'affaire Skyshop et le scandale du dragage, aucune justification élaborée ne semble nécessaire pour vouloir analyser l'establishment économique et politique d'un pays donné. D'une façon ou d'une autre, la plupart de ces événements, pots-de-vin, contributions politiques illicites et corruption, renvoient l'observateur de la scène politique aux relations entre le monde des affaires et le gouvernement.

Vers la fin des années soixante, lorsque ce travail fut entrepris, on aurait accueilli avec scepticisme dans plusieurs milieux toute prétention qu'il existait un establishment au Québec, et à plus forte raison que celui-ci ait pu exercer un pouvoir économique et politique prépondérant. On aurait accueilli de la même façon toute tentative de présenter les tractations entre le monde des affaires et le gouvernement comme contraire à l'intérêt public. Le cynisme et le fatalisme provoqués par les différents scandales, de même que les tensions sociales découlant de la crise économique dans les pays occidentaux, ont sérieusement compromis «le bénéfice du doute» dont jouissaient naguère nos «élites» du monde des affaires.

Malheureusement, le niveau d'analyse politique et la prise de conscience qui ont suivi ces événements sont demeurés, dans l'ensemble, superficiels et ont rarement dépassé le cynisme. Il y a eu une forte tendance, encouragée évidemment par les dirigeants économiques et politiques, à faire retomber le blâme sur les Richard Nixon de ce monde et quelques hommes d'affaires et politiciens peu scrupuleux. Derrière l'avalanche de scandales et les manchettes, qui ne sont, selon un vieux cliché, que la pointe de l'iceberg, se cache un système de pouvoir clairement identifiable. Une analyse de ce système et de ses rouages explique le pourquoi de ces phénomènes et démontre qu'ils sont part intégrante d'un processus continu plutôt que les résultats d'actes illicites de la part d'individus corrompus.

Il est bien connu que le rôle de l'Etat s'est accru substantiellement à l'ère du capitalisme monopoliste. Comme résultante de la nécessité économique, l'Etat a dû intervenir de plus en plus activement pour tenter de pallier à la crise économique et pour assurer le développement et la survie de l'entreprise privée. Conséquemment, les relations entre le monde des affaires et les dirigeants de l'Etat sont devenues de plus en plus incestueuses et présentent un caractère plus frénétique que durant les belles années du capitalisme. De par leur dimension et leur force de frappe économique, les multinationales ont contribué à rendre le pouvoir économique plus visible et tangible que jamais auparavant.

Cet ouvrage se veut une analyse du pouvoir et de l'influence politique du monde des affaires québécois. Il s'agit non pas de dresser une liste des scandales qui ont déferlé sur la scène politique québécoise ces dernières années, mais plutôt d'examiner les relations entre le gouvernement et le monde des affaires. Ce livre n'est pas non plus une version québécoise de *The Canadian Establishment* de Peter Newman. Ce dernier analyse la vie, les habitudes et les goûts des individus qui forment l'élite économique canadienne. Notre étude, par contre, vise les institutions du monde des affaires plutôt que les élites. Si, à certains moments, nous sommes contraints de «personnifier» les milieux d'affaires, ce n'est que dans le but de mieux saisir les mécanismes et la structure de l'exercice du pouvoir. Il y a aussi des différences majeures entre ce livre et deux études importantes de la structure du pouvoir au Canada, soit *The Vertical Mosaïc* (1965) de John Porter et *The Canadian Corporate Elite* (1975) de Wallace Clement. Ces derniers traitent des différentes élites au Canada au niveau de leur structure, de leur composition et de leurs caractéristiques socio-économiques. Ils portent une attention particulière au degré de concentration économique, à la structure économique et aux élites patronales. Même si nous abordons certains aspects de ces thèmes en relation avec la situation québécoise, et cela particulièrement dans les trois premiers chapitres, notre étude vise surtout la nature et l'importance des liens entre le monde des affaires et le gouvernement, et l'influence exercée par le patronat dans des champs décisionnels précis.

En termes généraux, nous tenterons de réfuter l'hypothèse largement répandue que les démocraties électorales du monde capitaliste se composent de groupes relativement égaux en compétition les uns avec les autres, et que le rôle de l'instance politique et du gouvernement lui-même est d'agir comme intermédiaire et médiateur pour favoriser l'équilibre entre les différents groupes socio-économiques. Dans son analyse du rôle de l'Etat dans les démocraties occidentales, Ralph Miliband a déjà souligné que cette théorie, le pluralisme, jouit d'un appui considérable. Selon lui, en effet, «la plupart des chercheurs politiques en Occident ont tendance à partir de l'hypothèse que le pouvoir, dans les sociétés occidentales, est compétitif, fragmenté et diffus»[1].

Plus spécifiquement, la première partie de ce livre traite des différentes composantes du système de pouvoir du patronat québécois. Les avantages institutionnels et stratégiques des milieux d'affaires y sont mis en relief. Le chapitre premier analyse brièvement la signification politique du pouvoir économique des entreprises. Les chapitres deux et trois examinent les institutions et les élites patronales, et en particulier le degré d'unité opérationnelle et idéologique au sein du monde des affaires. Le chapitre quatre se préoccupe du rôle que jouent les associations patronales dans l'exercice de l'influence. Le chapitre cinq examine la nature et la qualité des accès dont jouissent les milieux d'affaires à l'égard des structures décisionnelles gouvernementales. On y souligne également les divers éléments qui accentuent la dépendance structurelle du gouvernement par rapport aux milieux financiers: le financement des partis, les besoins d'emprunts gouvernementaux sur les marchés financiers, ainsi que le recoupement et les échanges de personnels entre le patronat et le gouvernement. Enfin, le chapitre six analyse le contrôle que détient l'élite économique sur les média et le chapitre sept traite des difficultés que rencontrent les syndicats dans leurs efforts pour contrebalancer le pouvoir des milieux financiers.

La seconde partie étudie les politiques gouvernementales dans trois domaines: le développement économique, les politiques ouvrières et sociales, et la langue, et tente de déterminer le degré d'influence exercé par le monde des affaires dans chacun de ces domaines. En plus d'analyser des législations précises, nous tentons de mesurer la satisfaction du milieu patronal à l'égard du gouvernement dans chaque domaine, et de déterminer dans quelle mesure les différentes politiques gouvernementales ont présenté un défi au pouvoir des milieux financiers. Le lecteur intéressé à une discussion plus élaborée de la méthodologie utilisée peut se référer à l'appendice A. Il y trouvera également un résumé et une évaluation critique de quelques-unes des études importantes sur le pouvoir et l'influence.

Cette étude est principalement axée sur les «sommets» du pouvoir patronal, et plus spécifiquement, sur les cent plus importantes entreprises et institutions financières opérant au Québec[2]. Nous allons tenter de démontrer que ces institutions, de même que les individus qui les contrôlent et les dirigent, dominent la scène économique et politique québécoise. A titre de comparaison, nous examinerons à l'occasion le comportement des petites et moyennes entreprises.

Cette analyse des relations entre le patronat et le gouvernement au Québec couvre la période allant de 1960 à 1976. Ce choix chronologique est basé sur l'importance de la période de la révolution tranquille, période qui fut le point de départ pour l'établissement d'un gouvernement provincial relativement fort et actif au Québec. Contrairement au laissez-faire et aux politiques paternalistes qui marquèrent les régimes Taschereau et Duplessis entre 1914 et 1959, les gouvernements des années soixante sont intervenus activement dans presque tous les domaines de l'activité publique. De plus, étant donné que cette période a vu l'accession au pouvoir de trois gouvernements différents, il s'est avéré possible d'examiner la logique et la continuité dans les relations entre le patronat et le gouvernement. Il est à noter qu'une bonne partie des données concrètes recueillies pour cette étude recoupe le règne du gouvernement libéral à partir de 1970 et que nous faisons donc, indirectement, une autopsie du gouvernement Bourassa.

Un des problèmes principaux que pose l'étude de l'influence politique des milieux d'affaires est la très grande discrétion qui entoure souvent les activités gouvernementales et patronales. Cependant, étant donné que le patronat est lui-même la source la plus riche pour une étude de ce genre, nous nous sommes basé surtout sur des questionnaires envoyés à des hommes d'affaires[3], sur des entrevues avec des dirigeants patronaux et sur des publications du monde des affaires. Nous avons également consulté des journaux, des documents et rapports gouvernementaux, ainsi que diverses publications critiques des milieux financiers ou représentant des intérêts opposés à ces milieux, telles les études et publications syndicales.

NOTES:

1 Ralph Miliband: *The State in Capitalist Society,* Londres: Camelot Press, 1969, p. 2.

2 L'appendice B contient une liste des cent entreprises en question. L'appendice D souligne les critères utilisés pour sélectionner les plus grandes entreprises.

3 Voir le questionnaire à l'appendice C.

4 L'appendice D contient des détails concernant la méthodologie et les procédures utilisées pour la préparation des questionnaires et des entrevues, ainsi qu'une liste des sources bibliographiques consultées.

Première partie

Les fondements du pouvoir du patronat

Chapitre 1

Le pouvoir économique et l'entreprise

Chapitre 1

Le pouvoir économique et l'entreprise

Le pouvoir économique est la principale source du pouvoir patronal et, par conséquent, de l'influence que celui-ci peut exercer sur le gouvernement. L'importance de l'économie dans la société est universellement reconnue. Les décisions relatives à la production et à la distribution des biens et services, à la localisation et au volume des investissements, à la construction, à l'exploitation et à la fermeture des usines, à la structure de l'emploi et au niveau des salaires, ont des répercussions capitales à tous les échelons de la société, que ce soit sur le plan économique, politique ou social. Dans le système capitaliste, c'est le secteur privé qui prend les décisions de façon autonome. Et il les prend en fonction de la rentabilité. Il serait facile de démontrer que bien des décisions prises dans l'optique d'un éventuel profit ne sont pas les meilleures du point de vue des besoins de la population et de l'intérêt public. Sinon, les hommes d'affaires seraient moins portés à tenter de nous convaincre de leur sens des «responsabilités sociales». Tant mieux si l'intérêt public coïncide avec celui de l'entreprise; dans le cas contraire, les intérêts de celle-ci passeront les premiers.

Les effets d'un régime économique fondé sur le profit sautent aux yeux. Je lisais récemment un livre de l'économiste américain Robert Heilbroner, intitulé *In the Name of Profits*, dans lequel il analyse six affaires frauduleuses et contraires à l'intérêt du public dans lesquelles ont trempé des entreprises de la taille de General Motors, B.F. Goodrich et Dow Chemical. L'auteur examine aussi les récents scandales dans lesquels ont été impliqués Gulf, Lockheed et ITT. Que dire, enfin, de la baisse de la qualité des produits depuis une vingtaine d'années? En dépit de progrès techniques indéniables, les consommateurs n'ont jamais eu tant de difficulté à obtenir satisfaction. Les automobiles qui duraient sept ou huit ans dans les annéees cinquante et soixante ne durent plus que trois ou quatre ans.

Il ne faut pas prendre au sérieux ceux qui voudraient nous faire croire que la grande entreprise est démocratique. Il y a quelques années, le Conseil du patronat laissait entendre que la population était propriétaire de ses grandes entreprises par le truchement des caisses de retraite et des compagnies d'assurance. Il est indéniable que les compagnies d'assurance et autres intermédiaires financiers constituent d'importantes sources de capitaux pour l'ensemble de l'économie et qu'ils exercent de ce fait même une influence déterminante sur les entreprises industrielles. Mais il serait absurde de prétendre que le pouvoir économique est entre les mains des petits investisseurs ou des assurés. Toutes les décisions clés relatives à l'utilisation de ces fonds sont prises par les administrateurs de ces institutions financières et ceux-ci n'ont de comptes à rendre à personne.

L'entreprise privée entretient un autre mythe sur lequel elle fonde ses prétentions démocratiques, et c'est celui de la loi de l'offre et de la demande. Les économistes modernes, indépendamment de leurs affinités politiques, ne croient plus en la suprématie du marché. Un certain nombre de facteurs internes et externes influent sur l'offre et la demande et, de fait, paralysent l'économie de marché. Côté demande, il devient de plus en plus évident que l'autonomie et la liberté du consommateur ne sont qu'illusoires. D'abord l'entreprise parvient, par la publicité, à manipuler, à diriger, voire à créer la demande. Elle dépense des milliards de dollars chaque année pour stimuler l'insatisfaction de l'individu et le convaincre que la consommation, c'est le bonheur. Il ne faut pas oublier ensuite que le système possède ses propres mécanismes de rémunération et que la demande n'est qu'en partie fonction des besoins de l'individu. Les pauvres, par exemple, n'ont pas les moyens de satisfaire leurs besoins essentiels, avec le résultat que la demande de lait et de viande est inférieure aux besoins réels de la population pour ces denrées. Les mieux nantis, par contre, peuvent créer une demande de Mercedes-Benz ou de brosses à dents électriques. Côté offre, la concentration a permis aux plus importantes sociétés d'échapper aux lois du marché et, dans une large mesure, de fixer les prix et de contrôler la production.

En faussant les mécanismes du marché, on a créé un vide au niveau du pouvoir qui a favorisé les dirigeants de la grande entreprise. De nombreux observateurs prétendent cependant que la puissance de l'entreprise est plus théorique que pratique. Ils soutiennent que le pouvoir économique de l'entreprise privée est tenu en échec non seulement par les divisions au sein du monde des affaires, comme la concurrence entre secteurs industriels, la diversité de taille et de richesse des sociétés elles-mêmes, ainsi que les divergences entre chefs d'entreprises sur le plan politique, mais aussi par le pouvoir politique et économique des gouvernements[1]. Ils font valoir que le pouvoir du patronat est pluraliste et qu'il peut, pour cette raison, constituer un danger pour l'autonomie du système politique. Ils avancent enfin que le gouvernement est capable d'apporter suffisamment de restrictions au pouvoir économique du secteur privé et d'exercer lui-même suffisamment de pouvoir économique, indépendamment de ce secteur, pour lui faire contrepoids[2].

En dépit d'importants changements dans les structures de l'économie, le but de l'activité économique du secteur privé est demeuré le même. On verra au chapitre 3, à l'aide de données obtenues au moyen d'un questionnaire, que le profit demeure la motivation première du gestionnaire d'aujourd'hui, et que la prétention du patronat à l'effet que l'entreprise vise des objectifs sociaux n'est pas fondée.

Jetons maintenant un coup d'œil sur les répercussions économiques, sociales et politiques des décisions prises par les grandes sociétés. Selon Andrew Hacker, le point d'appui du pouvoir de l'entreprise réside dans le choix de ses investissements:

> L'utilisation des capitaux à des fins d'investissement est en fin de compte décidée par une poignée d'administrateurs. C'est eux qui décident combien on dépensera, quels produits on fabriquera et en quel endroit, et qui participera à la production. Une entreprise peut élaborer à elle seule un programme d'investissements de plusieurs milliards de dollars en usines et produits. Une décision de cette nature peut fort bien déterminer la qualité de la vie d'un secteur appréciable de la société: des hommes et du matériel vont franchir des continents; de vieilles agglomérations vont se dégrader et de nouvelles vont s'épanouir; les goûts et les habitudes vont se transformer; il faudra de nouvelles connaissances techniques et l'instruction de tout un pays va s'y adapter; même le gouvernement va emboîter le pas en assurant les services publics qu'exigent les initiatives de l'entreprise[3].

Epstein va un pas plus loin; il prétend que les entreprises jouissent en général d'une large autonomie pour prendre des décisions qui comportent un minimum d'intervention de la part de l'Etat:

> En dépit de l'apparente omniprésence des restrictions gouvernementales, les gestionnaires prennent la plupart des décisions qui ont trait à leurs opérations à l'abri des regards indiscrets du public. Par exemple, il vont décider de leurs immobilisations, du perfectionnement des produits, de l'embauche, des prix et de l'implantation de leurs usines sans avoir à obtenir aucune permission d'un organisme public[4].

Ainsi, les gestionnaires peuvent également exercer un pouvoir assez étendu sur les individus en tant que travailleurs et consommateurs. Epstein souligne «l'importance critique de l'entreprise dans la vie de l'individu»[5]. L'entreprise peut offrir des récompenses, retenir des bénéfices et limiter les choix et aspirations des gens. L'entreprise exerce notamment son influence sur les cols-blancs qui ont tendance à faire d'elle «le pivot de leur engagement et de leur identité personnelle» et à «s'identifier à ses lignes de conduite et à ses buts, même sur le plan politique»[6]. Hacker soutient en outre que la dépendance de l'individu à l'égard de l'entreprise a eu un effet négatif sur sa participation à la politique. Il fonde cette constatation sur une analyse de ce qu'il appelle «la classe moyenne non propriétaire»:

> ... L'employé de la classe moyenne n'est pas en mesure de jouer un rôle actif en politique. Sa vie est liée à son emploi dans l'entreprise où on lui fait comprendre que le non-conformisme en politique pourrait compromettre sa carrière...[7]

L'entreprise exerce aussi une forte influence sur les modalités de la consommation; elle ne se contente plus de satisfaire les besoins ou les préférences du consommateur, elle consacre de plus en plus d'argent et d'énergie à les orienter. Selon Broadbent, l'appât du gain amène l'entreprise à entretenir en permanence «un peuple de consommateurs insatisfaits» et à «dépenser des milliards de dollars par an en Amérique du Nord pour convaincre le public que ce n'est qu'en consommant qu'il atteindra le bonheur»[8].

Il est certain que le contrôle qu'exercent les financiers sur les investissements de même que les répercussions de la publicité sur la demande et les goûts réduisent l'autonomie du consommateur. Nous offre-t-on vraiment le choix, par exemple, entre des biens sociaux (parcs, installations récréatives, mails dans nos villes) et des biens de consommation, ou encore entre une augmentation de revenus et une augmentation de loisirs? Dans *The New Industrial State*, Galbraith soutient que le système économique a eu pour effet de mettre en valeur la possession des biens matériels au détriment des valeurs esthétiques et sociales, comme la qualité des produits et ce qu'elle apporte au bien-être des individus par opposition à la pollution, au bruit et aux autres ennuis qui accompagnent leur production.

Quel est le lien alors, entre le pouvoir économique et social que possèdent les hommes d'affaires et leurs tentatives d'exercer le pouvoir politique? Le point crucial est que leur pouvoir politique découle dans une large mesure de leur pouvoir économique dont justement le gouvernement est tributaire. En effet, dans un régime d'entreprise privée, les hommes d'affaires étant le moteur d'une bonne part de l'activité économique, le gouvernement est rarement disposé ou capable d'adopter des mesures qui vont à l'encontre de leurs besoins. La prospérité du pays et, indirectement, la viabilité du gouvernement dépendent en un sens très réel des décisions des entreprises. Car en décidant de construire, d'agrandir ou de fermer ses usines, d'embaucher ou de mettre à pied des ouvriers, d'investir ou non dans la recherche et le perfectionnement technique, l'entreprise détermine dans une large mesure le niveau du bien-être dont la société jouira.

Si l'entreprise se sent menacée par le gouvernement, elle peut, du moins à long terme, décider de cesser de produire et de distribuer des biens et transférer ses capitaux dans un autre pays[9]. Même si cela ne se produit que dans des cas extrêmes, il n'en reste pas moins que si le milieu des affaires est hostile à un gouvernement, il peut lui faire échec. Miliband a démontré que les divers partis socialistes ou sociaux-démocrates qui ont pris le pouvoir en Europe, comme le Front populaire en France en 1936 et le Parti travailliste en Grande-Bretagne, n'ont pas réussi, dans l'ensemble, à appliquer leurs réformes à cause de la nécessité dans laquelle ils se trouvaient de «rétablir la confiance dans les affaires». En d'autres termes, ces gouvernements dépendaient tellement du pouvoir économique des entreprises pour assurer la prospérité de leur pays qu'ils n'avaient plus qu'une très faible marge de manœuvre pour réaliser leurs réformes[10].

Le pouvoir économique peut être une source directe de pouvoir politique en ce sens que les partis politiques dépendent souvent, pour leur fonctionnement, du financement des entreprises et que les gouvernements ont constamment besoin d'emprunter des capitaux sur les marchés financiers. Grâce à ces modalités et à d'autres que nous verrons au chapitre 5, le milieu des affaires peut tirer certains avantages de son pouvoir économique. De plus, nous verrons dans la deuxième partie de notre étude que les hommes d'affaires sont parfaitement conscients de leur pouvoir et qu'ils n'hésitent pas à rappeler au gouvernement, souvent par l'intermédiaire de menaces, que la prospérité du Québec dépend de lois et d'attitudes aptes à assainir le climat économique.

NOTES:

1 Voir par exemple Arnold Rose et Robert Dahl, *Pluralist Democracy in the United States: Conflict and Consent*, Chicago, Rand McNally and Company, 1967, et Richard Rose, *Politics in England*, Boston, Little, Brown and Company, 1964.

2 Dans les deux prochains chapitres, nous analyserons le bien-fondé de ces prétentions et nous verrons également si, au Québec, le monde des affaires demeure foncièrement pluraliste. Au chapitre 10, nous examinerons le rôle du gouvernement du Québec en ce qui a trait au pouvoir économique dans le secteur privé.

3 Andrew Hacker, éd., *The Corporation Take-Over*, New York, Anchor Books, 1965, pp. 9-10.

4 Edwin Epstein, *The Corporation in American Politics*, Englewood Cliffs, New Jersey, Prentice-Hall, 1969, p. 135.

5 *Ibid.*, p. 294.

6 *Ibid.*

7 Hacker, p. 23.

8 Edward Broadbent, *The Liberal Rip-Off*, Toronto, New Press, 1970, p. 23.

9 Milton Mankoff, dans «Power in Advanced Capitalist Society» (*Social Problems*, vol. 17, 1970), écrivait:

«La classe capitaliste, du fait qu'elle possède et dirige l'industrie, le commerce et la finance, a la possibilité d'ébranler tout l'édifice social si ses intérêts sont menacés». Il cite le cas de l'Italie de 1920, «quand les travailleurs se sont emparés des usines et ont tenté de poursuivre la production». Leur tentative a échoué parce que «les industriels se sont assurés qu'ils ne pourraient pas se procurer de matières premières, ni écouler leurs produits, ni obtenir de crédit» (p. 427).

10 Voir Miliband, pp. 97-118.

Chapitre 2

Les structures du monde des affaires au Québec

Chapitre 2

Les structures du monde des affaires au Québec

Dans ce chapitre et dans le suivant, nous examinerons comment et jusqu'à quel point l'oligarchie des affaires est en mesure de faire valoir son pouvoir économique. Plus précisément, je me propose d'étudier ici quelques éléments de la structure économique du Québec qui favorisent l'unité d'action des hommes d'affaires. On verra par la suite que l'unité structurelle du monde des affaires est renforcée à la fois par l'interaction des élites financières entre elles et par le monolithisme idéologique qui règne chez eux. Mon intention est de vérifier dans quelle mesure le système de pouvoir du monde des affaires est pluraliste. Car si le patronat est unifié dans son mode d'opération et dans son idéologie, l'influence et le pouvoir qu'il exercera en seront grandement accrus.

La première question qui se pose est celle de la concentration industrielle au Québec. Miliband affirmait:

> Dans la structure économique des pays avancés, rien n'est plus important que la domination croissante qu'exercent, dans certains secteurs clés de la vie industrielle, financière et économique, un nombre relativement petit d'entreprises géantes, souvent reliées entre elles...[1]

Or, la simple logique veut que moins les concurrents dans l'arène industrielle et financière et parmi les groupements industriels sont nombreux, plus il y a de chances qu'ils s'entendent entre eux et s'unissent.

Comme dans d'autres pays avancés[2], il existe déjà une très forte concentration au Canada. Porter démontrait que les 54 entreprises les plus importantes y contrôlaient 44% de la production industrielle en 1956[3]. Des chiffres plus récents[4] indiquent que cette tendance s'est accentuée.

Il en est de même au Québec. Soixante-deux entreprises contrôlent plus de 50% de la production industrielle. Dans chaque secteur, une poignée d'entreprises, — de deux à dix, — dominent complètement la production et la distribution. C'est dans l'industrie lourde que la concentration est la plus marquée: produits chimiques, métaux, matériel de transport, par exemple[5]. Un haut administrateur de l'Association des manufacturiers canadiens (section du Québec) estimait qu'il y avait de 30 à 40 gros manufacturiers au Québec[6].

De fait, le secteur industriel du Québec est dominé par l'entreprise privée. Seulement deux des sociétés les plus importantes sont contrôlées par l'Etat[7]. L'aciérie Sidbec-Dosco appartient au gouvernement du Québec; dans la construction navale, Marine Industries est contrôlée par la Société générale de financement dont l'unique actionnaire est le gouvernement. Parmi les sociétés les plus importantes, deux autres sont des coopératives de distribution de produits agricoles: la Coopérative Fédérée et la Coopérative agricole de Granby.

Le secteur coopératif occupe encore une place secondaire dans la structure économique du Québec, mais il se développe rapidement. La plus grande partie de son actif se trouve dans des institutions financières et notamment dans un réseau de «caisses populaires» qui joue à peu près le même rôle que les banques[8]. Le mouvement coopératif vient récemment de faire son entrée dans l'alimentation au détail avec un petit réseau de magasins appelés Cooprix, auquel le secteur privé a opposé une certaine résistance. En effet, si l'on se fie au *Financial Post:* «La croisade sans fin que mène Cooprix au nom de ses membres s'est butée à une opposition farouche. Certains manufacturiers locaux, par exemple, ont refusé d'alimenter ces magasins parce que Cooprix refuse de respecter les prix que ceux-ci apposent d'avance sur la marchandise[9].»

Si la concentration est l'un des facteurs qui assurent la prépondérance de la grande entreprise dans l'économie, d'autres caractéristiques structurelles de l'industrie moderne tendent à restreindre la concurrence et à favoriser une unité d'action plus grande que ne le suggère le seul degré de concentration. Citons à titre d'exemples les sociétés de gestion qui sont en mesure d'exercer un véritable contrôle sur un grand nombre d'entreprises avec un capital relativement restreint, l'intégration verticale et horizontale que pratiquent plusieurs entreprises et groupements industriels, les relations entre sociétés mères et filiales[10], les moyens dont disposent les grandes entreprises pour contrôler efficacement les petites sociétés, le rôle de coordination globale de l'économie qu'exercent à toutes fins pratiques les institutions financières et, jusqu'à un certain point, le fait que de nombreuses sociétés soient de propriété étrangère. Nous examinerons successivement ces divers éléments.

L'industrie des pâtes et papiers est un bon exemple de concentration industrielle et elle illustre bien les principaux traits de l'intégration verticale et horizontale. C'est une industrie clé au Québec puisqu'elle emploie environ 45 000 travailleurs dans le secteur manufacturier et 18 135 dans le secteur primaire, c'est-à-dire dans l'exploitation forestière. Indirectement, on lui attribue quelque 100 000 autres emplois[11]. En outre, elle représente 18% des exportations totales du Québec et sa production annuelle s'élevait en 1970 à 1,3 milliards de dollars, soit 40% de la production au Canada. A l'heure actuelle, sept sociétés contrôlent environ 90% de la production annuelle de pâtes et papiers au Québec[12] et embauchent plus des deux tiers des travailleurs de ce secteur.

Le diagramme 1, qui reconstitue les liens de propriété dans l'industrie des pâtes et papiers, nous fait voir de quelle façon 60 entreprises canadiennes reliées entre elles, mais aussi à 27 sociétés étrangères, avec 36 entreprises appartenant à d'autres sociétés, détiennent ensemble près de 90% de la production canadienne de pâtes et papiers et de papier journal. Six des sept entreprises les plus importantes du Québec font partie de cet empire fortement intégré. Seule la E.B. Eddy, qui appartient au conglomérat alimentaire George Weston Ltd., n'apparaît pas sur ce tableau puisqu'elle ne possède d'actions dans aucune autre société de papier.

Le *Financial Post* donnait de cette situation l'explication suivante:

> Les liens s'établissent surtout par des filiales créées pour détenir les énormes usines qu'on doit maintenant construire pour produire les pâtes et papiers de façon économique et concurrentielle...
>
> Les progrès de la technologie et de la psychologie du marketing accentuent irrésistiblement la tendance vers la mise en commun des filiales... Entre autres avantages, il en résulte la création de marchés captifs grâce auxquels l'usine est assurée de vendre ses produits de façon constante[13].

Les sociétés de pâtes et papiers sont reliées entre elle d'autres façons. La Domtar, par exemple, est propriétaire à 97% de la St.Lawrence Corporation qui, elle, détient 10% du capital-actions de la Price Company. Même si une participation à 10% n'assure pas le contrôle, on peut soupçonner qu'elle va atténuer nettement la concurrence entre les deux sociétés[14]. En outre, la Domtar est contrôlée par Argus Corporation qui contrôle aussi un autre important producteur de pâtes et papiers, British Columbia Forest Corporation[15].

La Domtar, l'un des principaux producteurs de pâtes et papiers, est un bon exemple d'intégration horizontale et verticale. En 1970, son chiffre de vente annuel dépassait les 500 millions de dollars et elle employait 18 000 personnes en quelque 270 endroits dans huit provinces. Elle se composait alors de trois divisions, chacune exerçant son activité dans un secteur différent: pâtes et papiers avec 67% des ventes, produits chimiques avec 14% et matériaux de construction avec 19%.

Cette intégration horizontale se manifeste dans toutes les facettes de l'entreprise. La Société forestière Domtar, par exemple, fournit des matières premières aux divisions des pâtes et papiers et des matériaux de construction. Les Papiers fins Domtar achète de Chemical Developments of Canada les produits chimiques dont elle a besoin pour produire ses papiers fins. Les Produits chimiques Domtar et les Pâtes Domtar ont recours au même distributeur pour vendre leurs produits.

Diagramme 1

*Liens de propriété dans l'industrie nord-américaine des pâtes et papiers**

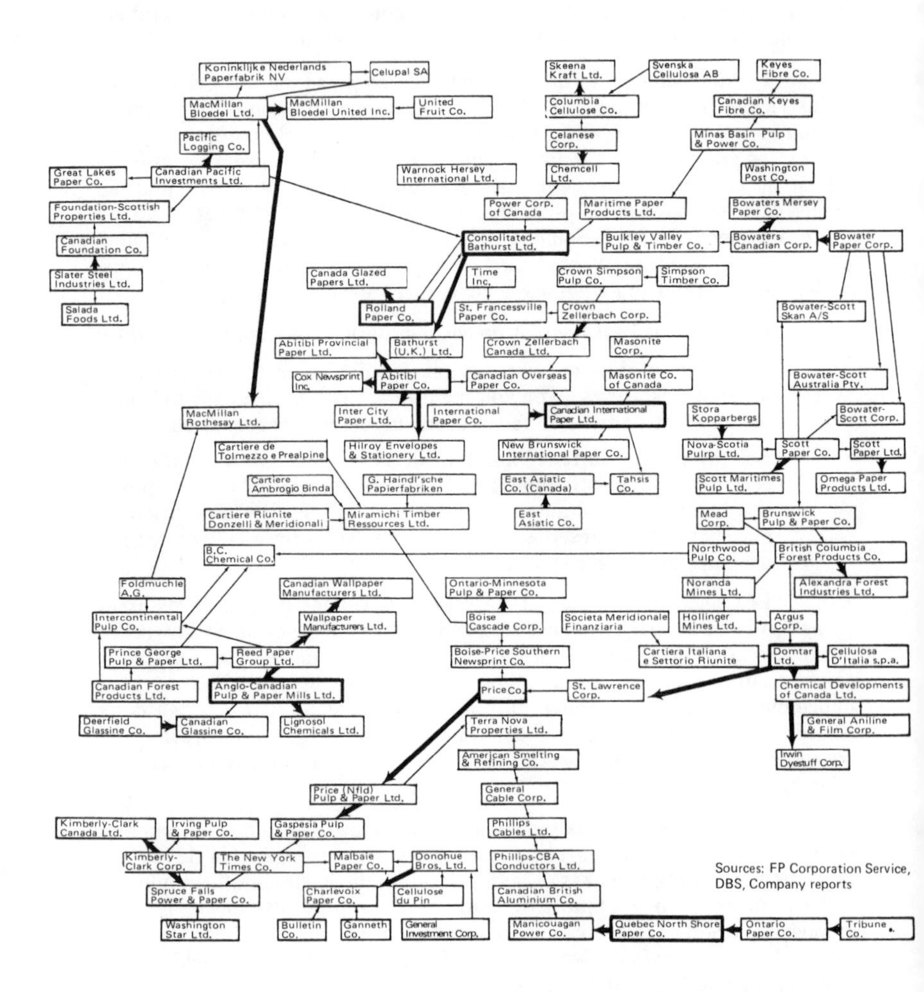

NOTE : Chaque flèche pointe vers les sociétés dont les actions sont détenues par l'entreprise d'où part la flèche. Les flèches en gras indiquent que l'entreprise contrôle plus de 50% des actions, les autres, moins de 50%, sans pour autant exclure d'autres formes de contrôle ou d'influence. Les sociétés encadrées en gras (par l'auteur) sont les principaux producteurs du Québec.

* Philip Mathias, «Tighter Links May Alter World Paper Rivalry», *Financial Post*, 17 janvier 1970.

Mais Domtar pratique aussi l'intégration verticale. La division des pâtes et papiers, par exemple, contrôle ses sources de matières premières et ses usines de transformation primaire (la Société forestière Domtar pour la coupe du bois et McFadden Lumber, une scierie), ses usines de production (comme le Papier journal Domtar, les Emballages Domtar et les Papiers fins Domtar), ainsi que les sociétés qui s'occupent de distribuer et vendre ses produits (Domtar Newsprint Sales pour l'Amérique du Nord et Canadian Overseas pour les ventes outre-mer). Quant aux Produits chimiques Domtar, elle obtient ses matières premières de sa division du goudron et des produits chimiques, assure sa production par l'intermédiaire de Chemical Developments of Canada et distribue une partie de ses produits par Canadian Overseas. L'intégration présente bien des avantages pour la Domtar, ne serait-ce que les 30 millions de dollars réalisés chaque année en ventes internes[16].

La société de gestion constitue un autre moyen d'augmenter et d'accélérer la concentration. Parmi les grands holdings qui font des affaires au Canada, on trouve Argus Corporation, Power Corporation et CPR-Cominco. A cause de sa présence envahissante dans les différents organes d'information, Power Corporation a beaucoup fait parler d'elle[17]; c'est peut-être aussi le holding le plus important à avoir son siège social au Québec. Comme on peut le voir au diagramme 2, elle détient la majorité des actions donnant droit de vote dans six entreprises de première importance: Canada Steamship Lines, Campeau Corporation, Dominion Glass, Laurentide Financial Corporation, Imperial Life Assurance Company of Canada et Investors Group. Ces grandes filiales ont aussi les leurs qu'elles contrôlent. Investors Group, par exemple, possède 50,01% des actions donnant droit de vote dans la Great-West Life Assurance Company et détient une participation de 24% dans le Montreal Trust.

Enfin, Power Corporation a d'importantes participations minoritaires: 36% dans Consolidated-Bathurst, par exemple, et 10,4% dans Argus Corporation. En 1975, Power Corporation contrôlait un actif évalué à environ 5 milliards de dollars au moyen d'investissements de quelque 350 millions[18]. Bien que diversifiés, les intérêts principaux de Power se situent dans le secteur financier et principalement dans les sociétés d'assurance et de placement.

Quatre des compagnies qui gravitent autour de Power Corporation se classent parmi les cent entreprises les plus importantes ayant leur siège social au Québec[19]. On voit dès lors toute la puissance financière dont jouit un holding et aussi l'ampleur des moyens dont il dispose pour grouper des sociétés ou des institutions financières apparemment autonomes et favoriser ainsi la concentration économique[20]. Dans le chapitre qui suit, on verra que l'autonomie des filiales de Power Corporation est encore réduite par le biais des conseils d'administration qui se recoupent et s'imbriquent d'une société à l'autre.

Diagramme 2

*La structure de Power Corporation**

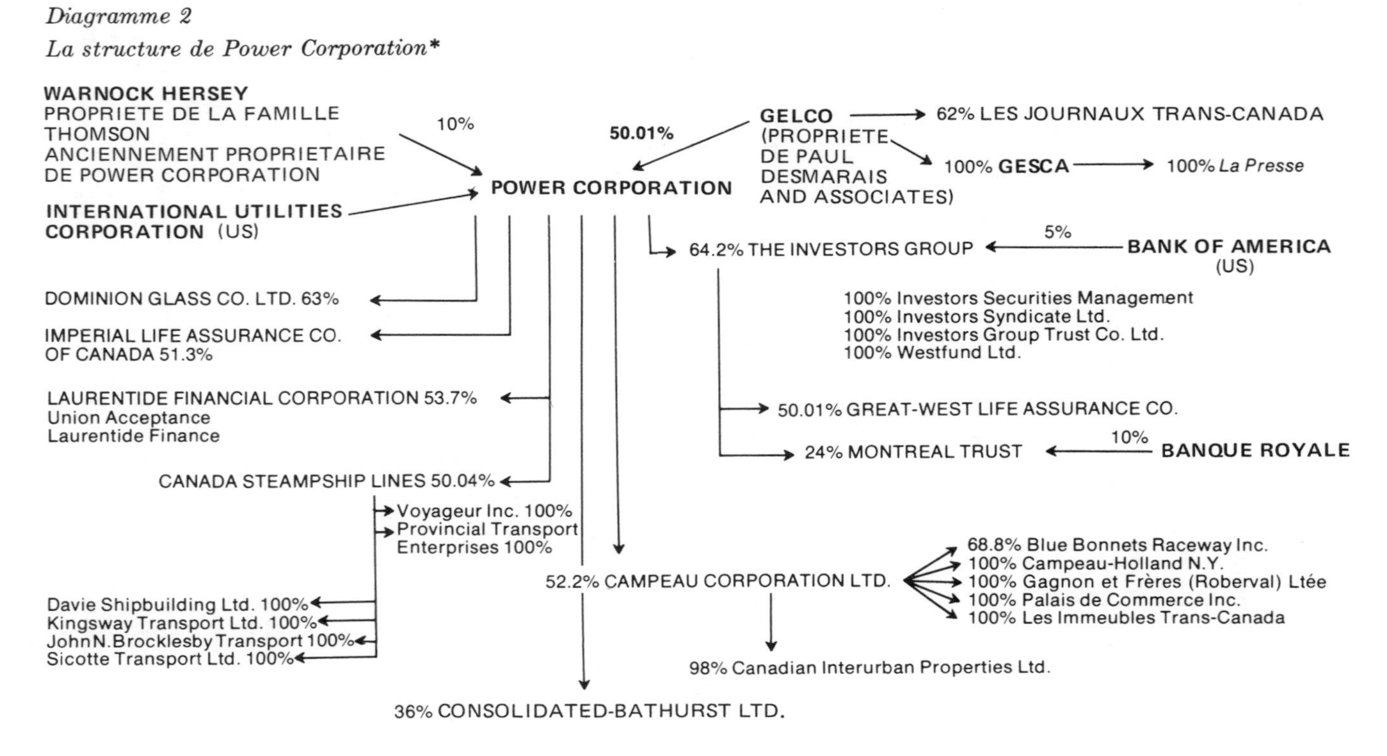

* *McGill Daily*, 1er novembre 1971.

Les avantages économiques du holding sont évidents. D'abord, il permet aux sociétés constituantes de puiser dans une réserve de gestionnaires et de services techniques. Ensuite, il crée des liens étroits entre des entreprises qui accumulent des capitaux et d'autres qui en consomment. Dans le holding de Power, par exemple, Consolidated-Bathurst est une entreprise qui consomme des capitaux, tandis que des institutions financières comme Investors Group sont des sources de capitaux. Enfin, le holding permet à ses sociétés constituantes de tirer pleinement parti de l'intégration verticale. Consolidated-Bathurst, par exemple, ne fait pas uniquement de l'exploitation forestière; grâce aux intérêts de Power dans les média d'information, elle dispose de débouchés pour son papier. Le quotidien *La Presse* consomme à lui seul près de 40 000 tonnes de papier par an[21].

Le rôle joué par les institutions financières dans les structures industrielles reste encore à préciser. Certains ont prétendu qu'en régime capitaliste, les institutions économiques dominantes sont les banques; d'autres, que le secteur industriel n'est en rien tributaire du premier. Les témoignages que nous avons réunis pour cette étude sont contradictoires. On peut néanmoins affirmer que dans un régime où le pouvoir appartient aux hommes d'affaires, les institutions financières, et les banques en particulier, jouent un rôle de coordination et contribuent de la sorte à favoriser la concentration.

Les institutions financières exercent un pouvoir économique important. En effet, elles détiennent une bonne part des capitaux dont les entreprises ont besoin pour se développer. S. Menshikov estimait que de 30 à 40% des besoins financiers des entreprises américaines sont comblés par des institutions financières grâce à l'achat d'actions et d'obligations. Il ajoutait qu'environ 75% de toutes les obligations émises par des entreprises privées sont entre les mains d'institutions financières[22]. Les banques disposent donc, à toutes fins pratiques, d'un très grand pouvoir puisqu'il leur appartient de décider à quels secteurs industriels, quels projets d'investissement, quelles régions ou quelles sociétés elles accorderont la priorité. Comme le disait avec justesse Adolf Berle, «Si une entreprise doit aller chercher auprès d'autres sociétés 20% du capital dont elle a besoin, ces sociétés auront sûrement un mot à dire dans ses affaires»[23].

Les banques constituent aussi une source essentielle d'information pour l'entreprise et c'est là une des facettes de leur pouvoir. Ayant une vue d'ensemble sur la situation économique tant au pays qu'à l'étranger, elles sont en mesure de donner d'utiles conseils sur l'opportunité d'entreprendre des fusions, des diversifications ou des projets d'expansion. Comme l'exposait Menshikov:

> Les institutions bancaires sont infiniment mieux renseignées que les entreprises sur les industries, les manufactures, les régions et les individus. Le banquier est en mesure d'évaluer les entreprises

concurrentielles dans le secteur pour lequel elles ont recours à lui et de suggérer à chacune un *modus vivendi*[24].

Ainsi donc, les banques ont le pouvoir de favoriser la concentration économique grâce à leur puissance financière, mais grâce aussi au rôle de coordonnatrice que leur activité leur permet d'exercer au niveau des décisions économiques.

Cette hypothèse se vérifie lorsqu'on étudie le système bancaire canadien, et surtout la façon dont il fonctionne au Québec. Peter Newman en a fait une analyse particulièrement intéressante dans le *Macleans's Magazine*. Non seulement fait-il ressortir le fort degré de concentration qui existe dans le système bancaire, — par exemple la Banque Royale du Canada, la Banque de Montréal et la Banque Canadienne Impériale de Commerce contrôlent plus de 70% de l'actif des banques canadiennes, — mais il souligne aussi l'ampleur du pouvoir économique exercé par les 261 membres des conseils d'administration des huit banques canadiennes:

> Ils contrôlent ce qui constitue de loin la plus grande masse de capitaux privés d'investissement au pays... Les membres de leurs conseils d'administration siègent au total sur 3 152 conseils qui représentent un actif d'environ 581 milliards de dollars... Ils impriment leur marque non seulement sur l'activité bancaire, mais sur toutes les décisions économiques importantes au pays...[25].

C'est en partie par leurs conseils d'administration que les banques exercent leur rôle de coordonnatrices dans les investissements et l'information. Pour Newman, «chaque membre du conseil d'administration d'une banque connaît parfaitement ce qui se passe dans son secteur: quelle entreprise a le vent dans les voiles, quelles sociétés sont en difficultés et quelles sont les perspectives, pour la banque, de faire de nouvelles affaires»[26].

Si l'on analyse plus en détail encore la composition des conseils d'administration des banques, on découvre autour d'elles de véritables circuits financiers. Si l'on en croit Newman, chaque banque a des relations privilégiées avec les courtiers, les études légales, les maisons de vérification et les grandes sociétés d'assurance qu'elle s'est choisis. Environ 67 banquiers siègent au conseil des 17 plus grosses sociétés canadiennes d'assurance. En outre, les banques entretiennent d'étroites relations avec des entreprises qui sont leurs clientes. Ces liens sont encore renforcés par la présence des mêmes personnes au sein de leurs conseils d'administration respectifs. La Banque de Montréal, par exemple, a en commun 11 membres avec CPR, 6 avec CIL, 4 avec Bell Téléphone et 3 avec Aluminum Company of Canada. Dans le secteur financier, elle est associée avec la Sun Life Assurance Company, la plus importante compagnie d'assurance au Canada, grâce à 6 membres communs aux deux conseils d'administration, à la Standard Life, avec 4 membres, au Trust Royal, avec 14[27]. La Banque

Royale du Canada est de la même façon liée à Imasco et à Power Corporation, ainsi qu'au Montreal Trust, Investors Group et Imperial Life.

Ces liens entre les banques et les entreprises industrielles au niveau des conseils d'administration sont fort importants en affaires. D'après la source citée par Newman, «plus de 30% des marges autorisées de crédit de $100 000 ou plus ont été consenties soit aux membres des conseils d'administration, soit aux sociétés ou aux entreprises où ceux-ci étaient membres de la direction»[28]. Nos entrevues ont confirmé ce fait. C'est justement pour se ménager une marge de crédit et avoir des renseignements de première main sur la marche des affaires que la haute direction des entreprises industrielles est présente au sein des conseils d'administration des banques. D'autre part, les banques invitent à faire partie de leur conseil les entreprises dans lesquelles elles ont fait des placements ou auxquelles elles souhaiteraient prêter de l'argent. Selon les termes employés par un des vice-présidents d'Imasco, l'avantage d'avoir M. Paul Paré, président d'Imasco, au conseil d'administration de la Banque Royale, c'est que «quand nous avons besoin d'argent, elle nous en prête». Autre avantage: M. Paré, ou Imasco, obtient de la sorte «une mine de renseignements par exemple sur l'opportunité de faire des placements ou de diversifier ses opérations... Paré peut donner un coup de fil à McLaughlin (président de la Banque Royale) et lui demander notamment si Grissol constitue un bon achat[29]. Bref, notre présence au conseil d'administration de la Banque Royale nous permet de sauter rapidement sur les bonnes occasions»[30].

La récriproque est vraie d'ailleurs. En siégeant aux conseils d'administration de leurs clients, les banquiers peuvent surveiller de près les entreprises dans lesquelles ils ont fait des placements en actions ou auxquelles ils ont prêté de l'argent sous forme d'obligations. Le président du conseil d'administration d'une importante société de pâtes et papiers déclarait à ce sujet: «Tous les banquiers sont intéressés à faire des affaires avec une société au conseil d'administration de laquelle ils siègent et c'est la raison pour laquelle ils acceptent ces postes». Et il ajoutait: «Arnold Hart (président du conseil de la Banque de Montréal et la plus haute autorité bancaire de cette institution) démissionnerait probablement de son poste si notre compagnie cessait de faire des affaires avec la Banque de Montréal»[31]. Quant à l'entreprise, si elle invite un banquier à siéger à son conseil, c'est pour obtenir des renseignements de première main sur le marché des placements et avoir plus facilement accès au marché de l'argent. Un ancien administrateur d'une importante société québécoise déclarait que la présence d'un banquier au sein du conseil d'administration «donne meilleure réputation à une entreprise et l'aide à emprunter de l'argent quand elle en a besoin»[32].

Bref, pour citer Newman, il est difficile «d'exagérer l'importance des conseils d'administration des banques en tant qu'agents de concentration du pouvoir des sociétés»[33] et, comme le dit Menshikow, ces conseils «deviennent de plus en plus des lieux d'assemblée pour les dirigeants étroitement liés des grandes banques et des gros complexes industriels, des quartiers généraux où l'on coordonne les activités du groupe financier comme tel et, plus souvent, d'une importante partie de ce groupe»[34].

Bien que n'exerçant pas une action directe sur la concentration économique, les capitaux étrangers influencent fortement aussi le pouvoir économique et le monde des affaires. En premier lieu, le fait que plusieurs des grandes sociétés installées au Québec fassent elles-mêmes partie ou soient des filiales de sociétés plus importantes, et souvent transnationales, augmente encore leur pouvoir financier. En second lieu, les firmes appartenant à des intérêts étrangers jouissent d'une plus grande liberté au niveau décisionnel. Le groupe d'étude sur la structure de l'industrie au Canada déclarait dans son rapport à ce sujet que lorsque la propriété étrangère s'incarne dans des entreprises importantes et dotées d'un certain pouvoir économique, et qui ne sont plus «soumises aux lois impersonnelles du marché», on constate «une baisse des décisions dans le pays hôte qui ne se produirait pas si ces mêmes entreprises étaient petites et totalement soumises aux lois du marché»[35]. Et le groupe d'étude ajoute qu'une telle situation a des répercussions sur le plan politique puisque les intérêts du pays hôte et ceux des grandes firmes étrangères ne coïncident pas nécessairement.

André Raynauld estimait qu'au Québec, en se basant sur le critère de la valeur ajoutée, 41,8% du secteur manufacturier est entre les mains du capital étranger, 42,8% entre les mains des Canadiens anglais et 15,4% entre les mains des Canadiens français[36]. Le développement économique du Québec s'est effectué principalement en fonction des besoins de l'économie des Etats-Unis en matières premières, et en fonction des besoins de l'Ontario, en tant que débouché pour des produits manufacturés par cette province. En fait, le contrôle exercé par les Américains et les Canadiens anglais sur l'économie québécoise est responsable des déficiences structurelles de cette économie caractérisée par le sous-développement du secteur manufacturier et la prépondérance de l'industrie légère sur l'industrie lourde[37].

Pour ce qui est de l'autonomie du pouvoir dont jouissent les capitaux étrangers, plusieurs études récentes[38] ont confirmé la dépendance plus ou moins grande des filiales envers leur siège social. Le groupe d'étude sur la structure de l'industrie au Canada s'exprimait en ces termes: «Dans la plupart des cas, le siège social exige d'être consulté sur les changements majeurs d'orientation, particulièrement au chapitre du financement» et le siège social «joue un rôle de coordination globale»[39]. Dans *Silent Surrender*, Mme Kari Levitt écrivait que le Canada est tellement dépendant économiquement des Etats-Unis qu'il est impossible pour les gouvernements fédéral et provinciaux de définir ou d'appliquer des politiques à long terme. Elle ajoutait que les sociétés étrangères sont en mesure de passer outre à toutes les politiques fiscales et monétaires du gouvernement canadien.

Gilles Paquet dans *The Multinational Firm and the Nation State* soulignait lui aussi le pouvoir et la souplesse des entreprises transnationales:

> Une des principales caractéristiques de la société transnationale est sa grande flexibilité... Une fois installée (dans un pays) et aux prises avec une conjoncture économique ou politique défavorable, elle peut reviser ses plans et même, dans les cas extrêmes, mettre fin à ses opérations[40].

Cette flexibilité devient un atout majeur lorsque l'entreprise est aux prises avec des conflits syndicaux. «... La transnationale est en bonne posture pour négocier lorsqu'elle peut transférer sa production dans ses filiales des autres pays et échapper ainsi au contrecoup d'une grève dans n'importe quel pays[41].»

Enfin, Christopher Tugendhat dans *The Multinationals* affirmait que les filiales reçoivent leurs ordres du siège social et non du gouvernement local:

> Ce qui caractérise l'entreprise transnationale, c'est que ses filiales sont soumises aux consignes et aux objectifs d'une stratégie globale commune à toutes. Le siège social est leur cerveau et leur centre nerveux. C'est lui qui décide de la stratégie générale, qui choisit les endroits où se feront les nouveaux investissements, qui distribue les marchés d'exportation et les programmes de recherche entre ses diverses filiales et qui fixe les prix des échanges entre filiales.
>
> La filiale locale d'une transnationale essaie parfois d'obéir aux vœux du gouvernement et ira jusqu'à se lancer dans des entreprises d'une rentabilité commerciale douteuse pour prouver sa bonne volonté. Mais cela ne change rien au fait que sa première allégeance se situe en dehors du territoire envers sa société mère[42].

La société Iron Ore illustre bien les caractéristiques de comportement d'une entreprise étrangère. Comme on peut le voir au diagramme 3, Iron Ore est la propriété conjointe de trois aciéries américaines: National Steel (16,8%), Republic Steel (18%) et Bethlehem Steel (15,7%), qui ensemble contrôlent 50,5% des actions de la société, et de deux sociétés minières, Hanna Mining des Etats-Unis (26%) et Hollinger Mines (11,6%).

Après la Deuxième guerre mondiale, les aciéries américaines ont souffert d'une pénurie de minerai de fer. C'est alors que Hanna Mining, le plus grand producteur de minerai de fer, a décidé de s'associer à la société canadienne Hollinger Mines. Ensemble les deux entreprises créaient Labrador Mining & Exploration Company et négociaient auprès du gouvernement québécois des droits d'exploration. Au coût de $100 000 par an, elles obtenaient des droits sur un territoire de 250 milles carrés au Québec. En 1954, trois aciéries américaines — National Steel, Republic Steel et Bethlehem Steel — constituaient Iron Ore aux Etats-Unis et lui sous-louaient les droits d'exploration de Labrador Mining and Exploration[43].

Ces trois sociétés, avec Hanna Mining, sont les principaux clients de l'Iron Ore. En réalité, elles s'achètent le fer entre elles et font ainsi un double profit. Par exemple, Hanna Mining non seulement touche les dividendes de Iron Ore, ce qui représente le tiers de ses profits, mais en outre elle vend son fer aux grandes aciéries qui, elles, vendent leur acier aux grands manufacturiers d'automobiles ou à d'autres entreprises. A ce niveau-là aussi, Hanna tire des profits puisqu'elle détient une participation de 20% dans National Steel et de 9% dans Chrysler Corporation[44]. On comprend dès lors tous les avantages de l'intégration verticale.

Non seulement Iron Ore s'est-elle développée en fonction des intérêts de ses propriétaires étrangers, mais on peut s'interroger sur les avantages qu'elle procure au Québec. En 1972, Eric Kierans, professeur d'économie à l'université McGill, réclamait une enquête approfondie sur tous les agissements d'Iron Ore au Québec en soutenant que le Québec n'en retirait que «quelques salaires». On a estimé que le Québec reçoit au maximum 15 millions de dollars d'Iron Ore sous forme d'impôts et de redevances pour ses concessions. En retour, cependant, le gouvernement du Québec fournit des routes, des ponts, des ports et d'autres services[45]. M. Kierans soutenait donc qu'Iron Ore n'apportait rien au Québec, d'autant moins que ses opérations de transformation et de fabrication se font en majeure partie aux Etats-Unis[46].

Autre détail intéressant: Iron Ore a démarré au moyen d'un investissement initial de 250 millions de dollars dont la moitié a été financée grâce à un prêt négocié sur le marché des obligations du Québec[47]. L'actif d'Iron Ore est actuellement évalué à un milliard de dollars environ.

En octobre 1972, quelques mois après que M. Kierans eut réclamé une enquête, le Parti québécois suscitait un débat dans les journaux en publiant les états financiers d'Iron Ore pour 1971. D'après ce document, Iron Ore aurait déclaré que 1% seulement de tous ses profits avait été réalisé au Québec en 1971 alors que le huitième de son exploitation minière s'y fait. Mais comme ses mines s'étendent de part et d'autre de la frontière du Québec et du Labrador et comme l'impôt est moins lourd à Terre-Neuve qu'au Québec, Iron Ore avait choisi de déclarer la majorité de ses profits à Terre-Neuve[48]. Elle déclarait cependant la plus grande partie de ses dépenses au Québec de manière à réduire son revenu imposable dans cette province.

Le cas d'Iron Ore démontre bien l'autonomie et la souplesse qui caractérisent les entreprises appartenant au capital étranger. Comme la plus grande partie des activités de ces entreprises ne sont pas connues du public et comme le contrôle exercé par le gouvernement est réduit au minimum, rien n'empêche les filiales d'acheter les services d'experts ou de conseillers juridiques, par exemple, du siège social au prix fort et de lui revendre ses matières premières à des prix inférieurs à ceux du marché. Claude Ryan, directeur du *Devoir*, expliquait ainsi l'attitude d'Iron Ore:

Diagramme 3
*Structure de l'Iron Ore Company (1970)**

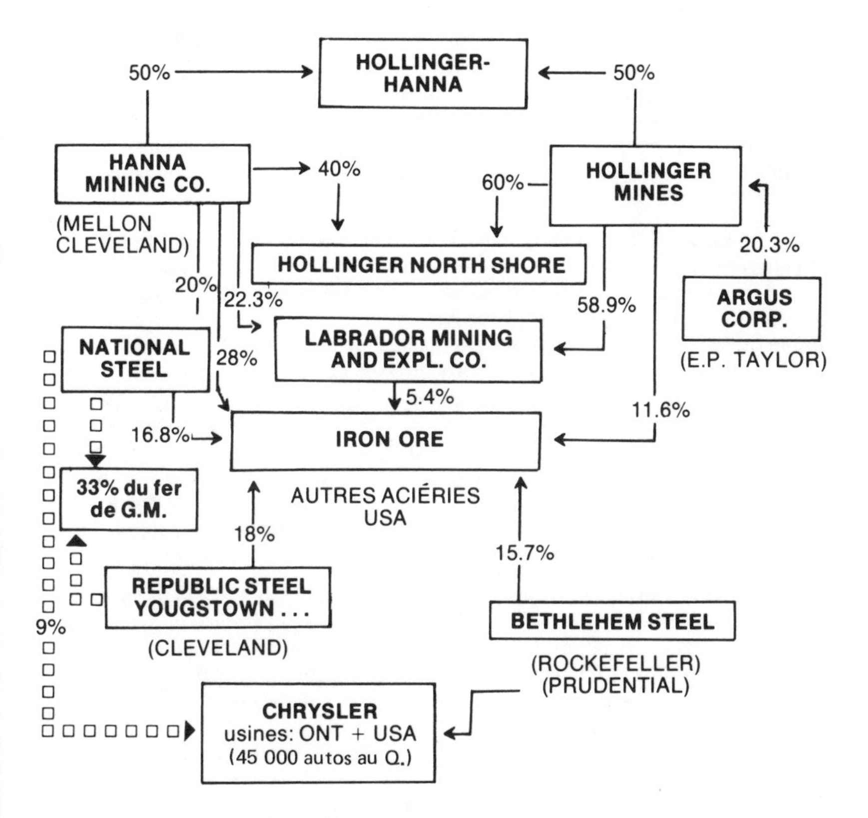

* Confédération des syndicats nationaux, *Aide-mémoire au document «Ne comptons que sur nos propres moyens»*, Montréal, Confédération des syndicats nationaux, 1972, p. 36.

> La compagnie peut fixer des prix spéciaux pour ses clients-actionnaires et d'autres prix pour ses clients qui ne sont pas actionnaires. Elle peut affecter plus de 60% de ses frais juridiques à des études légales américaines, ne laissant que les miettes à des firmes québécoises et canadiennes. Elle peut imputer à des services reçus de l'étranger une proportion variable de ses dépenses de planification, de recherche, de consultation. Elle peut accroître sa capitalisation — comme dans le cas de Carol Lake — au seul profit de ses actionnaires américains. Tout cela échappe à l'examen et au contrôle des véritables propriétaires, les citoyens québécois[49].

D'autres facteurs peuvent accroître la domination qu'exercent les entreprises monopolistes sur les autres. Mais avant d'étudier l'influence politique exercée par les grandes sociétés, nous allons examiner à quoi tient la domination économique de ces entreprises dans le monde des affaires.

Pour bien des raisons et notamment parce que la production en série est plus rentable, que l'outillage moderne coûte cher mais rapporte beaucoup et à cause des avantages qui en découlent sur les plans de la diversification, de la publicité, de la distribution, de la recherche et de la sécurité financière de l'entreprise, la tendance est actuellement aux grands complexes de production. Or, pour les mêmes raisons, il est de plus en plus difficile pour les petites entreprises de démarrer ou de survivre.

Celles-ci exercent généralement leur activité dans un climat de concurrence féroce dans les secteurs économiques traditionnels[50]. Les grandes entreprises, par contre, se retrouvent dans les secteurs industriels les plus mécanisés et les plus profitables[51], et elles ont accès à des capitaux importants. De plus, une bonne partie des petites entreprises font de la sous-traitance pour les monopoles. Au Québec, par exemple, la société Rémi Carrier fabrique les sièges des Skidoos de Bombardier. C'est dire que sa situation est constamment périlleuse car rien n'empêche Bombardier de fabriquer elle-même ses sièges. Les petites entreprises sont en outre très vulnérables dans une «guerre des prix». Pour toutes ces raisons, et bien d'autres encore, on n'a pas à se surprendre que les deux tiers des entreprises qui voient le jour au Québec fassent faillite dans les cinq premières années de leur existence[52].

En ce qui concerne justement la création de nouvelles entreprises, l'époque du «millionnaire sorti du ruisseau» grâce à son audace et à son flair est révolue. Du temps des Ford et des Carnegie, ce mythe avait quelque raison de subsister. A l'heure actuelle et malgré quelques rares exceptions, ceux qui aspirent à la richesse doivent grimper les échelons des grandes entreprises ou profiter au départ d'un bon capital familial. Le système actuel est hermétique et le plus brillant diplômé des facultés de commerce serait bien incapable d'implanter une aciérie. Il éprouverait d'abord des difficultés à trouver le capital nécessaire, car quelles banques iraient encourager un éventuel concurrent de Stelco, Algoma, Dofasco ou Sidbec.

Elles préféreraient contribuer à la croissance de ces grandes aciéries plutôt que de leur susciter un rival. En outre, la nouvelle entreprise ferait face à de graves problèmes d'approvisionnement. Comme les meilleurs filons de minerai appartiennent à ses concurrents, le nouveau venu aurait du mal à obtenir son minerai à des prix raisonnables. Enfin, il se heurterait à des obstacles au niveau des débouchés. Bref, il y a tout lieu de croire que la nouvelle aciérie se verrait boycotter par les transnationales ou les groupements financiers qui contrôlent les grandes aciéries actuelles.

NOTES:

1 Miliband, p. 12.

2 Sur la concentration économique aux E.-U., voir Cohen et Mintz, Domhoff: *Who rules America?*, Galbraith: *The New Industrial State* et Baran et Sweezy. Miliband et Ernest Mandel, dans *Marxist Economic Theory*, Londres, Merlin Press, 1962, donnent des chiffres pour la plupart des pays occidentaux.

3 Pour plus de détails, voir Porter, chapitre 8.

4 Voir Gideon Rosenbluth, «The Relation Between Foreign Control and Concentration in Canadian Industry?, *Canadian Journal of Economics*, vol. 3, février 1970, pp. 14-38, et Wallace Clement, *The Canadian Corporate Elite*, McLelland and Stewart, 1975.

5 Parti Québécois, p. 28. Selon Louis Reboud, «Les Petites et moyennes entreprises», *Relations*, no 309, octobre 1966, pp. 268-270, seulement 3,5% de toutes les sociétés québécoises comptent 200 employés ou plus; néanmoins, ces sociétés représentent 60% de la production industrielle totale.

6 Entrevue avec un homme d'affaires du Québec, mai 1973.

7 Ce renseignement provient du Parti québécois. Il est tiré d'une liste des 62 entreprises les plus importantes implantées au Québec, d'après le nombre total de leurs employés.

8 Selon le Bureau de la statistique du Québec, *Coopératives du Québec: statistiques financières*, Québec, Editeur officiel du Québec, 1970, le secteur coopératif détient un actif total de 4 milliards de dollars dont 95% sont concentrés dans le secteur financier.

9 *Financial Post*, «The Co-op That Turned Swinger», 4 mars 1972.

10 Dans le groupe des cent premières, Northern Electric est une filiale en pleine propriété de Bell Téléphone et la Banque Provinciale est contrôlée par les Caisses Populaires Desjardins.

11 Gilbert Athot, «Crise dans l'industrie des pâtes et papiers», *Le Soleil*, 29 mai 1972.

12 Il s'agit de Consolidated-Bathurst, Price Company, Domtar, Canadian International Paper, Anglo-Canadian Pulp and Paper, Québec North-Shore Paper et E.B. Eddy Company.

13 Philip Mathias, «Tighter Links May Alter World Paper Rivalry», *Financial Post*, 17 janvier 1970. Les journaux et d'autres grands consommateurs de pâtes et papiers achètent souvent un nombre important d'actions dans les sociétés de pâtes et papiers. Le *Chicago Tribune* détient en pleine propriété Québec North Shore Paper. Le *New York Times* est copropriétaire (49%) de Gaspesia Pulp and Paper avec Price Company et de Malbaie Paper (35%) avec Donohue Brothers. Ces liens facilitent les ententes sur le prix d'achat des pâtes et papiers et permettent aux journaux de récupérer une bonne partie de leurs dépenses en papier journal.

14 Lorsque les actionnaires sont très nombreux, il devient possible de contrôler l'entreprise au moyen d'un pourcentage faible du capital-actions (de 5 à 10%). Voir Don Villarejo, «Stock Ownership and the Control of Corporations», *New University Thought*, vol. 2, automne 1961.

15 Les conseils d'administration créent des liens supplémentaires entre les sociétés de pâtes et papiers. C'est ainsi qu'au conseil de la Banque de Montréal siègent des membres de Consolidated-Bathurst, Domtar et Price Company, à celui de la Banque Toronto-Dominion, des membres de CIP et Consolidated-Bathurst.

16 Les renseignements sur Domtar sont tirés de Mme Sonja Sinclair, «Domtar, Case History of a Corporate Trend», *Canadian Business*, septembre 1964, et de la Confédération des syndicats nationaux, *L'Avenir des travailleurs de la forêt et du papier*, Montréal, Confédération des syndicats nationaux, 1972.

17 On trouvera au chapitre 7 la liste et l'évaluation des intérêts de Power dans les média d'information.

18 Les données sur les propriétés de Power Corporation sont tirées de son rapport annuel de 1971. On trouvera un exposé détaillé de l'histoire de Power Corporation dans Richard Brunelle et Pierre Papineau, «Le Gouvernement du capital», *Socialisme Québécois*, no 23, 1972, pp. 111-125.

19 Il s'agit de Canada Steamphip Lines, Dominion Glass, Consolidated-Bathurst et Montréal Trust. A noter que Investors Group a porté sa participation dans Montréal Trust de 24 à 47%. (Robert Pouliot, «Investors Group porte à 47% ses intérêts dans Montréal Trust», *La Presse*, 21 septembre 1972).

20 Les autres importantes sociétés de gestion au Québec sont CPR-Cominco et Imasco. CPR-Cominco possède deux filiales clés, Canadian Pacific Investments et Consolidated Mining and Smelting Company, et contrôle un actif de plus de 3 milliards. Imasco a débuté dans le secteur de l'alimentation et des boissons, mais s'est bien diversifiée récemment. Elle a notamment fait une importante perçée dans le domaine de la vente au détail des articles de sport.

21 Confédération des syndicats nationaux, p. 68

22 S. Menshikov, *Millionnaires and Managers*, Moscou, Progress Publishers, 1969, p. 173.

23 Adolf Berle, *Power Without Property: A New Development in American Political Economy*, New York, Harcourt, Brace and World, 1959, p. 41.

24 Menshikov, p. 219. Au Canada, selon Peter Newman «The Bankers», *Maclean's Magazine*, mars 1972, «toutes les banques ont des spécialistes dans presque toutes les catégories de prêts aux entreprises», p. 77.

25 Newman, p. 21. Il cite également R.G.D. Lafferty, conseiller montréalais en placements, qui aurait dit: «Le système bancaire (du Canada) est une structure monolithique très concentrée et aux intérêts tentaculaires qui recourt à des pratiques restrictives pour empêcher toute nouvelle entreprise ou tout nouveau projet de menacer sa position dominante», p. 29.

26 *Ibid.*, p. 30.

27 D'après Newman, le conseil d'administration de la Banque de Montréal compte 53 membres qui, ensemble, siègent à 455 autres conseils représentant un actif de 124,9 milliards de dollars. On trouvera d'intéressantes hypothèses sur les plus importants réseaux financiers implantés au Québec dans Louis Fournier, «Notre argent dans leurs banques», *Québec-Presse*, 27 janvier 1972.

28 Newman, p. 30. La source citée par Newman est la Commission royale d'enquête sur les banques et les institutions financières.

29 Imasco a acheté Grissol en 1972.

30 Entrevue avec un homme d'affaires du Québec, mai 1973.

31 Entrevue avec un homme d'affaires du Québec, mai 1973.

32 Entrevue avec un homme d'affaires du Québec, mai 1973.

33 Newman, p. 30.

34 Menshikov, p. 221.

35 Groupe d'étude sur la structure de l'industrie au Canada, *Foreign Ownership and the Structure of Canadian Industry*, Ottawa, Imprimeur de la Reine, 1968, p. 51.

36 André Raynauld, *La Propriété des entreprises au Québec*, Montréal, Les Presses de l'Université de Montréal, 1974, p. 80. Au chapitre 3, nous étudierons ces catégories en détail, ainsi que les différences entre les rôles joués par les dirigeants anglais et canadiens-français.

37 Le Parti québécois déclare notamment: «La structure inadéquate de notre industrie découle avant tout de décisions d'investissements qui ont été prises par des non-Québécois», p. 39. En comparant les secteurs manufacturiers du Québec et de l'Ontario, le PQ constate la prédominance au Québec de l'industrie légère qui représente 45% de la production manufacturière contre 28% en Ontario alors que l'industrie lourde est prédominante en Ontario où elle représente 52% de la production manufacturière, contre 31% au Québec.

38 Il s'agit de Mme Kari Levitt, *Silent Surrender*, Toronto, MacMillan Company of Canada, 1970, Christopher Tugendhat, *The Multinationals*, New York, Random House, 1972, Gilles Paquet, éd., *The Multinational Firm and the Nation State*, Don Mills, Ontario, Collier-MacMillan, 1972, et le groupe d'étude sur la structure de l'industrie au Canada.

39 Groupe d'étude sur la structure de l'industrie au Canada, p. 27.

40 I.A. Litvak et C.J. Maule, «The multinational Firm: Some perspectives», dans Paquet, p. 23.

41 *Ibid.*, p. 29.

42 *Ibid.*, pp. 95 et 96.

43 En réalité, le groupe Hollinger a ouvert la porte aux aciéries américaines.

44 Voir le diagramme 3. Les renseignements sur Iron Ore sont tirés de «L'Iron Ore sait comment changer le fer en or», *Québec Presse*, 20 août 1972.

45 *Québec-Presse* estimait que le fer représente 37% du tonnage annuel dans la Voie maritime du Saint-Laurent.

46 Jacques Keable, «Kierans réclame une enquête sur l'Iron Ore», *Québec-Presse*, 6 août 1972. Le seul consommateur québécois du fer de l'Iron Ore est la General Motors à Sainte Thérèse.

47 Comme l'Iron Ore s'est constituée dans l'Etat du Delaware, elle n'est nullement obligée de présenter des états financiers au Québec. On ne peut donc qu'évaluer approximativement son actif, ses ventes et ses profits.

48 Réal Bouvier, «Le PQ accuse l'Iron Ore de fraude fiscale», *La Presse*, 2 octobre 1972. Robert Pouliot, analyste financier de *La Presse*, a été d'accord avec les déclarations du PQ sur les états financiers de l'Iron Ore. Il a conclu que l'Iron Ore a diminué les revenus qu'elle tire de ses installations québécoises pour payer moins d'impôts («En réduisant ses revenus au Québec, l'Iron Ore a payé moins d'impôts», *La Presse*, 5 octobre 1972).

49 Editorial de Claude Ryan, «Les révélations involontaires de l'Iron Ore», *Le Devoir*, 2 octobre 1972.

50 Et notamment dans le cuir, les aliments et boissons, l'imprimerie et le vêtement.

51 Par exemple le pétrole, l'acier, les produits chimiques, le matériel de transport et les pâtes et papiers.

52 Renseignement obtenu du Groupe de recherche économique, *Coopérative de production, usines populaires et pouvoir ouvrier*, Montréal, Editions québécoises, 1973. On trouvera plus de détails aux pages 17 à 21.

Chapitre 3

L'idéologie du patronat

Chapitre 3

L'idéologie du patronat

Les dirigeants des grandes entreprises, ou l'élite patronale, accentuent eux-même l'unité opérationnelle du monde des affaires et manifestent, de plus, un important degré d'unité au niveau idéologique. Nous montrerons dans ce chapitre que les entreprises ne sont pas simplement concentrées entre les mains de quelques individus, mais bien dominées par eux et que ceux-ci pensent et agissent de façon homogène et concentrée. Nous verrons en outre que le pluralisme chez les hommes d'affaires est dans une large mesure un mythe.

Tout en reconnaissant le pouvoir économique de la grande entreprise, de nombreux auteurs rejettent l'idée qu'elle pourrait exercer un pouvoir politique. Epstein est catégorique à ce sujet: c'est «le pluralisme politique des hommes d'affaires qui les a empêchés d'exercer un pouvoir politique important»[1]. Dans son étude sur l'Angleterre, Richard Rose a lui aussi affirmé que «les différences d'opinions et d'objectifs»[2] des hommes d'affaires clés garantissent le pluralisme à l'intérieur du système économique.

Au Québec, l'élite patronale est peu nombreuse[3], très unie, homogène et elle tend à assurer sa propre relève. Porter a déjà démontré que la situation est la même au Canada. Selon ses chiffres, 907 Canadiens détiennent 1 304 des 1 913 postes aux conseils d'administration des grandes entreprises; en outre 203 d'entre eux cumulent 45% de tous les sièges aux conseils des compagnies clés. Porter a confirmé de plus que tous ces hommes d'affaires appartiennent à la même classe sociale. Ce sont pour la plupart des diplômés d'université émanant des maisons d'enseignement privées; ils sont très majoritairement anglo-saxons, partagent la même idéologie et assurent eux-mêmes leur propre relève; enfin, ils sont étroitement liés les uns aux autres[4].

Dans sa thèse de doctorat présentée à la faculté d'administration de la Michigan State University, M. Laurent Bélanger démontrait que les théories de Porter s'appliquent au Québec. A l'aide de 1 200 questionnaires, M. Bélanger a établi que «la plus grande partie des hommes d'affaires constituant l'élite économique québécoise sont nés de pères qui étaient déjà dans les affaires à titre de propriétaires de petites, de moyennes ou de grandes entreprises, d'administrateurs ou de dirigeants»[5], que la vocation se transmettait de père en fils et qu'ils appartenaient en grande partie à la même classe sociale: par exemple, 80% des administrateurs et 68% des francophones avaient reçu une formation universitaire[6].

C'est surtout par le cumul des postes administratifs que l'élite patronale établit son unité d'action. Power Corporation en est un bon exemple. Les liens de propriété qui unissent Power à ses filiales et sociétés affiliées sont renforçés par le cumul des sièges au sein des divers conseils d'administration. Six des 16 membres du conseil de Power siègent aux conseils de Campeau Corporation et de Laurentide Financial Corporation; cinq se retrouvent aux conseils de Domglas et du Groupe Investors; quatre, enfin, siègent au conseil de Canada Steamship Lines. Voilà pour les filiales. Pour ce qui est des sociétés dans lesquelles Power détient un intérêt minoritaire, mais néanmoins important, sept membres de son conseil siègent au conseil de Consolidated-Bathurst et quatre à celui du Montréal Trust. M. Paul Desmarais lui-même, administrateur principal de Power, se retrouve aux conseils d'administration de toutes les sociétés qui composent le holding, et notamment de Canada Steamphip, Consolidated-Bathurst, Domglas, le Groupe Investors, Imperial Life Assurance, Laurentide Financial Corporation et Montréal Trust. M. Desmarais est en outre membre de plusieurs conseils d'administration à l'extérieur du réseau de Power Corporation: Churchill Falls Corporation, British Newfoundland Corporation (Brinco), Corporation des Valeurs Trans-Canada et la distillerie Meagher[7].

Les quatre administrateurs principaux de Power Corporation et les douze autres membres du conseil détiennent ensemble environ 300 000 actions de Power, ainsi qu'un nombre important d'actions de ses filiales. En outre, MM. Desmarais et Jean Parisien, respectivement président du conseil et président de Power Corporation, sont propriétaires avec quelques autres de Gelco, société privée d'investissement qui contrôle 50,1% des actions de Power[8].

Etudions maintenant les divers individus qui se retrouvent à la tête de la grande entreprise, soit ses propriétaires, ses administrateurs et les membres de ses conseils, ainsi que les groupes canadien-anglais et canadien-français qui composent l'élite économique. Voyons s'il peut exister des sources de conflit ou des divergences d'opinion entre eux.

Y en aurait-il d'abord dans les relations qui existent entre propriétaires et administrateurs? Depuis plusieurs années, certains économistes et autres analystes du fonctionnement des grandes sociétés soutiennent que le contrôle de celles-ci tend rapidement à passer des propriétaires aux administrateurs et que propriété et contrôle seraient, dans les faits, dissociés. Ces tenants du «gestionnarisme»[9] ajoutent que ce phénomène a modifié le comportement de la grande entreprise et «qu'il allait probablement exercer une profonde influence sur les critères utilisés dans la gestion des grandes entreprises»[10].

On a de toute évidence surestimé la séparation entre la propriété et la gestion puisque dans bien des cas, semble-t-il, les propriétaires ont conservé une part importante de leur pouvoir et de leur influence[11]. Mais il est indubitable que les gestionnaires ont vu leur pouvoir s'accroître et qu'ils exercent maintenant une influence importante au sein de la grande entreprise. A la fin d'une étude détaillée sur les principaux dirigeants de l'entreprise américaine, Gordon conclut que c'est le comité exécutif qui joue le rôle clé:

> Parmi tous les groupes en cause dans une grande entreprise, ce sont les membres de l'exécutif qui en sont venus à assumer le leadership... C'est eux qui, collectivement, déterminent l'ampleur et la nature des placements de la société, qui définissent la politique des prix et fixent ceux-ci et qui, en général, prennent les autres décisions importantes qui sont l'essence même de ce que plusieurs économistes décrivent comme le rôle du gestionnaire — et que nous avons appelé le leadership en affaires[12].

Ce n'est pas le partage du pouvoir entre propriétaires et gestionnaires qu'il est important d'étudier ici, mais bien plutôt si ce partage pourrait avoir un effet appréciable sur le comportement et le monolithisme du monde des affaires. On se rend compte à l'examen qu'il n'existe pas de véritables conflits entre les propriétaires et les gestionnaires. De plus, et contrairement à ce que soutient Berle, on n'a constaté aucune évolution significative dans l'échelle des valeurs ou les critères qui sous-tendent le comportement des milieux d'affaires. La principale motivation des gestionnaires et des propriétaires est la même: faire des profits. Comme nous le verrons plus loin, la très grande majorité des gestionnaires québécois qui ont répondu au questionnaire se sont prononcés dans ce sens.

Bien des facteurs, d'ailleurs, contribuent à donner aux gestionnaires et aux propriétaires-actionnaires les mêmes objectifs, l'un d'eux étant que la plupart des gestionnaires sont en même temps d'importants détenteurs d'actions dans l'entreprise qu'ils administrent. Pour citer Epstein: «Les intérêts substantiels que les cadres supérieurs, de par leurs fonctions, possèdent dans l'entreprise les font s'identifier aux actionnaires». Les membres de la haute direction des grandes sociétés américaines détenaient en moyenne, selon les chiffres de Gordon, pour 298 700 dollars d'actions à la valeur du marché[13]. Cette participation, certes, ne représente qu'une fraction du capital-actions de l'entreprise, mais elle peut valoir à son propriétaire des pertes ou des profits substantiels.

Les données dont nous disposons nous permettent de croire que la situation est la même au Québec. Dans un bulletin publié par le ministère de la Consommation et des Corporations, à Ottawa, on peut lire que les membres des conseils d'administration et les gestionnaires des entreprises canadiennes en sont souvent aussi d'importants actionnaires[14]. Par exemple, en 1971, M. Taylor Kennedy, président de Canada Ciment Lafarge, en détenait 5868 actions ordinaires et 1137 actions privilégiées; deux membres de la haute direction de Domtar, MM. T.N. Beaupré et H.R. Crabtree, détenaient l'un 9007, l'autre 19000 actions de cette société; M. Louis Desmarais, président de Canada Steamship Lines, possédait 19900 actions dans cette entreprise tandis que les deux frères Molson, Hartland et Thomas, étaient propriétaires de 4 à 5 millions de dollars d'actions des Industries Molson[15].

Les tenants de l'école du gestionnarisme, qui affirment la prééminence des gestionnaires, prétendent souvent que l'avènement du «capitalisme populaire» ou de «la démocratie économique» vient justement du déclin des grandes familles propriétaires. Les témoignages dont nous disposons n'indiquent pas cependant que le club des actionnaires se soit véritablement élargi. En outre, les actionnaires n'ont guère leur mot à dire dans la gestion de l'entreprise moderne. Adolf Berle reconnaissait que l'actionnaire est si loin de l'administration qu'il peut «à peine communiquer avec elle, même par mégaphone»[16]. Les assemblées d'actionnaires, selon les termes mêmes de M. W.H. Ferry, conseiller depuis 12 ans auprès de grandes sociétés américaines, sont «au mieux des tentatives pathétiques de la haute administration pour obtenir la participation et l'approbation des actionnaires et, au pire, un leurre destiné à maintenir aussi longtemps que possible le règne d'une hiérarchie administrative particulière»[17].

En théorie, ce sont les actionnaires qui choisissent les administrateurs. En pratique, cependant, «les méthodes de sélection ne sont rien d'autre que des formalités puisque les administrateurs en place sont maîtres du jeu des procurations et que les actionnaires se trouvent à toutes fins pratiques impuissants»[18]. Dans l'ensemble, les administrateurs créent donc leur propre relève et n'ont de comptes à rendre qu'à eux-mêmes. Comme le pouvoir financier s'exerce d'une façon qui n'a rien de démocratique, le sens moral des administrateurs devient le seul gage contre «l'irresponsabilité de l'entreprise».

On peut se demander si le conseil d'administration est en mesure, lui, de surveiller la haute direction et s'il peut arriver que les intérêts de ses membres entrent en conflit avec ceux des gestionnaires.

La distinction entre gestionnaires ou haute direction et membres du conseil est dans une large mesure artificielle. La grande majorité de ceux-ci sont eux-mêmes administrateurs de l'entreprise en question ou d'autres entreprises. Selon une étude réalisée à l'Université de Colombie-Britannique, environ 57% des membres des conseils d'administration faisaient en même temps partie de la haute direction des entreprises. Des 1408 membres de conseils d'administration interrogés, 269 étaient des dirigeants de l'entreprise, 424 étaient des hommes d'affaires connus, 284 détenaient en propre ou par l'intermédiaire de tiers un nombre important d'actions et 164 étaient des hommes en vue de la société. Les autres se recrutaient parmi des avocats, des comptables ou des conseillers[19]. Selon d'autres auteurs, les dirigeants de l'entreprise occuperaient de 35 à 40% des sièges du conseil[20].

En outre, le conseil n'est guère impliqué dans l'activité quotidienne de l'entreprise ou, si l'on veut, dans la conduite générale de ses affaires. M. Myles Mace, professeur d'administration commerciale au Harvard Business School, a démontré que le conseil d'administration joue surtout un rôle consultatif et que dans la plupart des cas, il est dominé par les dirigeants de la société et en particulier par le président:

> En bref, le rôle traditionnellement dévolu aux conseils d'administration, — soit choisir les principaux gestionnaires, définir les politiques, analyser les résultats et scruter les décisions, — tient de plus en plus du mythe, un mythe soigneusement entretenu... Dans les très grandes entreprises... c'est surtout le président qui détermine ce que le conseil d'administration fait ou ne fait pas[21].

Gordon en vient aux mêmes conclusions:

> Dans la réalité, ce rôle de chien de garde n'est pas souvent tenu; le conseil n'est pas suffisamment au courant de ce qui se passe dans l'entreprise et il délègue souvent de son plein gré, à l'administrateur principal, l'autorité qu'il est censé exercer... Tout indique que la ratification des propositions de la direction par le conseil n'est qu'une pure formalité[22].

Bien que les conseils n'assument généralement pas leur rôle et contestent rarement l'autorité de la direction, ils demeurent néanmoins un important instrument de coordination à l'intérieur du pouvoir patronal. C'est généralement le conseil qui détient les renseignements essentiels sur les marchés financiers, la situation qui prévaut dans l'industrie et l'état général de l'économie. Ce sont les membres du conseil qui entretiennent un réseau de relations vital pour l'entreprise. C'est pourquoi on retrouve au conseil des représentants des grands fournisseurs, clients et créanciers ou même des investisseurs éventuels. L'un des vice-présidents d'Imasco, par exemple, déclarait que M. Paré ne faisait partie du conseil d'administration du Canadien Pacifique que parce qu'Imasco s'occupe beaucoup de transport de produits finis. M. Paré entretenait donc, au sein du conseil, des relations utiles à son entreprise et pouvait, de la sorte, obtenir des renseignements précieux. Il ajoutait que certaines personnes siègent à des conseils d'administration à titre de représentants d'une région, tout simplement pour renseigner le conseil «sur le climat économique qui y règne en vue d'éventuels placements»[23].

Pour tenter de mettre en lumière la concordance d'intérêts entre membres du conseil et cadres supérieurs, le questionnaire demandait «s'il y a souvent d'importantes divergences d'opinions entre les membres de l'exécutif et ceux du conseil d'administration d'une compagnie». Parmi les répondants, 82% dont 20 des 22 membres de conseil, ont répondu par la négative tandis que 17,2% optaient pour l'affirmative[24]. Un tel résultat ne peut que confirmer la thèse de l'accord entre les deux groupes.

Un autre facteur potentiel de division au sein du monde des affaires au Québec tient à la répartition ethnique de ses éléments entre Canadiens français, Canadiens anglais et étrangers (principalement Américains). André Raynauld, président du Conseil économique du Canada, l'établissait ainsi dans le secteur manufacturier: Canadiens français: 15,4%; Canadiens anglais: 42,8%; étrangers: 41,8%[25]. Les possibilités de conflit ne manquent pas entre les trois groupes, surtout si l'on considère que le groupe francophone, tout en représentant 80% de la population totale, ne contrôle que 15,4% de la valeur de la production manufacturière.

En ce qui a trait à la présence respective des Canadiens anglais et des Canadiens français au sein des comités exécutifs, la Chambre de commerce de Montréal elle-même se plaignait «de la domination exercée par les anglophones sur les centres de décisions économiques... qui a pour résultat de diriger les investissements vers les secteurs anglophones et de favoriser la création d'entreprises et de services appartenant à des membres du même groupe linguistique (anglophone)»[26]. Comme on l'a vu précédemment, seulement 15% des employés de sièges sociaux gagnant en 1971 plus de 22 000 dollars par an étaient de langue maternelle française. De plus, les Canadiens français qui parviennent à la haute direction n'y jouent généralement qu'un rôle secondaire: «Le rôle du francophone au niveau de la gestion se limite en général à interpréter et à appliquer sur le plan local ou régional les décisions de l'entreprise, décisions auxquelles il n'a rien eu à voir»[27].

Ces faits ont d'ailleurs été confirmés par M. Raynauld dans l'étude qu'il a faite pour la Commission royale d'enquête sur le bilinguisme et le biculturalisme. Il a démontré que non seulement les entreprises détenues par les Canadiens français étaient sous-représentées dans le secteur manufacturier, mais qu'elles se concentraient dans des secteurs traditionnellement à faible productivité et à main-d'œuvre non spécialisée, comme la coupe du bois et le cuir où les salaires et les exportations sont faibles[28]. Par exemple, la productivité dans les entreprises appartenant à des Canadiens français était inférieure de 14,8% à celle d'entreprises appartenant à des Canadiens anglais et de 45,4% à la productivité moyenne des entreprises de propriété étrangère à cette époque[29].

M. Raynauld a établi de plus que les éléments anglophones et francophones au sein de l'élite patronale sont presque complètement isolés les uns des autres[30]. Ses chiffres émanaient d'une étude sur les conseils de direction de banques et de sociétés établies au Québec. Il a découvert de la sorte que les deux «banques françaises», la Banque Provinciale du Canada et la Banque Canadienne Nationale, font affaire avec des entreprises appartenant à des Canadiens français et comprenant des sociétés de placement, de fiducie et d'assurance. En outre les conseils d'administration des sociétés canadiennes-françaises sont presque entièrement composés de Canadiens français. Seulement trois membres canadiens-anglais de l'élite patronale définie par Porter siégeaient aux conseils d'entreprises canadiennes-françaises[31]. M. Raynauld en a conclu que les entreprises canadiennes-françaises ne réussissaient pas à attirer les membres de l'oligarchie canadienne-anglaise au sein de leurs conseils ou n'essayaient pas de le faire[32].

Du côté des Canadiens anglais, même situation. Les banques canadiennes-anglaises prêtent généralement de l'argent à des entreprises et font affaire avec des sociétés de fiducie, d'assurance et d'investissement appartenant à des capitaux canadiens-anglais. Dans les conseils d'administration, on constate cependant une certaine présence des Canadiens français: 36 étaient membres du conseil de grandes entreprises canadiennes (selon Porter). Les témoignages recueillis, cependant, tendent à démontrer que leur rôle se confine surtout aux relations avec le public ou le gouvernement. Dix-sept, ou 47% de ses trente-six membres étaient avocats; quinze ou 42%, étaient associés à un parti politique[33]. Dans le portrait que brosse Porter de l'élite financière canadienne, 18% seulement sont avocats et 27%, «représentants» de partis politiques. M. Raynauld en venait donc à la conclusion suivante:

> L'importance relative des avocats et du facteur politique dans le groupe canadien-français, à l'intérieur du groupe canadien-anglais, (porte) à penser que les Canadiens français siégeant dans les grandes entreprises anglo-saxonnes agiraient surtout comme *agents de liaison* entre ces entreprises, d'une part, et le gouvernement du Québec, les travailleurs (à travers les syndicats) et les consommateurs, d'autre part[34].

On peut déduire de ce qui précède qu'il existe bien des sources possibles de conflit entre administrateurs francophones et anglophones, surtout en ce qui concerne le rôle marginal joué par l'élite canadienne-française. Mais comme on le verra plus loin, il n'existe pas de différences profondes entre le groupe canadien-anglais et le groupe canadien-français en ce qui a trait à la marche générale des affaires ou même à des lois précises.

Pour ce qui est de la propriété étrangère, à la question «Y a-t-il des divergences d'opinions entre les directeurs américains et leurs collègues canadiens», 85,9% ont répondu par la négative, 14,1% par l'affirmative. Si l'on pense aux multiples directives visant à favoriser la société mère au détriment de la filiale, de tels résultats indiquent une étonnante communauté de pensée entre membres canadiens et membres américains des conseils.

C'est à un double titre que nous intéresse l'étude de l'idéologie des grands hommes d'affaires du Québec: d'abord, elle nous permet de voir s'ils se regroupent sous les mêmes bannières idéologiques et politiques, mais elle nous permet aussi de préciser les grands objectifs du monde des affaires et ce qu'il attend du gouvernement. Or, cet aspect de la question sera particulièrement important, dans la deuxième partie de cet ouvrage, pour étudier l'influence des milieux d'affaires sur la politique gouvernementale et apprécier l'attitude du gouvernement face aux exigences et aux besoins de ces mêmes milieux.

Pour mesurer la perception que les hommes d'affaires peuvent avoir de leur propre unité, le questionnaire comportait la question suivante: «Dans l'ensemble, croyez-vous qu'il existe une certaine unité de vue chez les hommes d'affaires concernant les principaux problèmes sociaux et politiques actuels?» Près de 70% ont répondu par l'affirmative[35]. Comme en général les membres d'un groupe sont peu conscients de leur unité de pensée, une telle réponse est fort significative.

A une autre question visant à préciser «les objectifs les plus importants que devrait poursuivre le monde des affaires», 70% ont répondu «le profit», 20%, «la croissance de l'économie» et 5% «des objectifs sociaux»[36].

Les entrevues ont confirmé que le profit est bien le principal moteur de l'activité économique. Le président du conseil d'une importante société de fiducie s'exprimait en ces termes: «L'homme d'affaires ne s'intéresse pas d'abord au bien-être général. Il ne veut pas abuser de ses employés, mais ses premières obligations sont envers ses actionnaires»[37]. L'administrateur, du reste, n'a guère le choix. Il est non seulement essentiel qu'il vise une maximisation du taux de profit, comme nous l'avançions plus haut, mais de plus sa compétence administrative est évaluée précisément sur la base d'une majoration de ce taux. Pour citer Epstein: «Les profits touchés par l'entreprise et par les actionnaires constituent le principal critère de l'efficacité avec laquelle il remplit sa fonction»[38]. Le président du conseil d'une importante société québécoise disait du profit que c'était «un mécanisme intégré permettant d'évaluer l'efficacité d'une entreprise»[39]. Et le président d'une association patronale déclarait: «On aurait du mal à évaluer l'efficacité d'une administration si l'on choisissait un autre critère que la rentabilité»[40].

Les objectifs «externes» ou politiques de l'entreprise découlent de son objectif «interne», c'est-à-dire le profit. Certes, un objectif clé de l'activité politique du patronat est de maximiser les profits. Son but principal, sur ce plan, est de «se ménager un climat politique sympathique aux objectifs et aux intérêts qu'il poursuit»[41]. Par ailleurs, le pouvoir des milieux d'affaires découle du système économique. Toute tentative visant à transformer de façon importante le système économique actuel basé sur la propriété privée des moyens de production aurait des répercussions profondes sur la répartition des richesses et du pouvoir. Si bien que l'objectif politique le plus impérieux du patronat ne peut être que le maintien du système actuel. C'est sans doute ce que voulait dire V.O. Key lorsqu'il parlait «du réseau d'intérêts communs (qui) rallie tous les milieux d'affaires face aux grands problèmes lorsque leur sécurité est menacée»[42].

C'est dans cette perspective qu'on peut véritablement comprendre la perception des hommes d'affaires quant au rôle que doit jouer le gouvernement. Dans l'optique des chefs d'entreprise, la principale responsabilité du gouvernement est de créer un climat favorable aux affaires ou, comme le disait un porte-parole de l'Association des manufacturiers canadiens, «un climat qui engendre la confiance, favorise l'épargne privée, attire les capitaux étrangers et récompense adéquatement les risques encourus»[43]. Bien sûr, «c'est seulement dans la mesure où le climat est favorable à l'expansion» que le secteur privé peut «investir suffisamment dans des usines ou des équipements nouveaux qui réduiront le chômage et multiplieront les emplois offerts à une main-d'œuvre dont les effectifs augmentent rapidement»[44].

Pour ce qui est du rôle du gouvernement dans l'économie, on a demandé aux hommes d'affaires quelle devait être à leur avis «la principale fonction économique du gouvernement». Comme on peut le voir au tableau 1, la grande majorité d'entre eux (84,1%) ont répondu que c'était «la création de conditions économiques favorisant la croissance du secteur privé». Certains (8,3%) ont parlé «de bien-être et de redistribution du revenu» tandis que 0,7% s'en tenait «à la protection de l'environnement» et «à l'administration de certaines entreprises publiques»; enfin 5,5% inscrivaient leur réponse dans la catégorie «autre». Les répondants canadiens-français ont insisté davantage sur les fonctions sociales du gouvernement. Ils ont choisi à 19,6% les trois premières options (dont 13,7% «le bien-être et la redistribution du revenu»), à comparer à 5,3% chez leurs collègues anglophones. Les grandes entreprises ont elles aussi opté davantage pour le «bien-être et la redistribution du revenu», la marge étant de 10,3% pour celles-ci à 0 pour les moyennes entreprises. Tout compte fait cependant, les répondants dans toutes les catégories se sont entendus pour dire que le rôle économique du gouvernement doit être d'agir comme complément ou auxiliaire de l'entreprise privée.

Il ne faut pas en déduire cependant que les hommes d'affaires ont conservé à l'égard de l'Etat leur hostilité traditionnelle du XIXe siècle; bien au contraire, ils reconnaissent de plus en plus, et surtout les chefs des grandes entreprises[45], la nécessité d'un Etat dynamique non seulement pour assurer la coordination et la planification de l'économie, mais aussi pour garantir le développement du système économique. M. E.P. Taylor, par exemple, président de Argus Corporation, déclarait au début des années soixante:

> Je crois que le temps est venu de planifier et de rationaliser à plus long terme notre vie économique. Les Canadiens ont récemment

> trop vécu d'expédients ou d'opportunisme en ce domaine. Tous nos dirigeants politiques sont appelés aujourd'hui à faire preuve d'envergure sur le plan économique[46].

Mais la planification gouvernementale, il va sans dire, doit avoir comme objectif principal de favoriser le secteur privé. Voici ce qu'en pensait M. W.E. McLaughlin, président de la Banque Royale du Canada:

> Le rôle du gouvernement (en collaboration avec le Conseil économique du Canada) devrait être d'instaurer un climat dans lequel le secteur privé pourrait planifier le plus efficacement possible son action dans un contexte de libre entreprise.
>
> Cet objectif peut être atteint dans la mesure où le Conseil se fixe comme but principal de répartir le mieux possible les ressources du pays en main-d'œuvre, en capitaux et en compétences et consacre tous ses efforts à améliorer les marchés ainsi que les mécanismes qui, à l'intérieur des marchés, régissent cette répartition[47].
>
> En planification indicative, le principe ou critère de base devrait être qu'entre plusieurs solutions, il faut opter pour celle qui comporte le moins d'ingérence (de la part des secteurs public ou privé) dans les mécanismes de la libre concurrence[48].

Vu que les milieux d'affaires relèguent le gouvernement à ce rôle subalterne ou complémentaire, il est quelque peu étonnant de constater que 51,1% des hommes d'affaires interrogés estimaient que c'est le gouvernement qui «devrait prendre l'initiative des choix économiques importants pour la société», 32,4%, que ces choix devraient revenir aux hommes d'affaires seuls et 16,5%, à la fois aux hommes d'affaires et aux gouvernements. Ces chiffres sont d'autant plus étonnants que le gouvernement du Québec, quant à lui, comme nous le verrons ci-après, n'a pas en main les pouvoirs nécessaires pour effectuer de tels choix.

Sur le plan du bien-être et des mesures sociales, les dirigeants des grandes entreprises en particulier ont abandonné les principes du libéralisme économique. Selon l'enquête, 80,1% des hommes d'affaires estiment que le gouvernement «devrait prendre l'initiative de la solution des problèmes sociaux» tandis que 5,7% attribuaient ce rôle aux hommes d'affaires et 14,2% aux deux. Ici encore les dirigeants des grandes entreprises n'ont pas réagi comme ceux des entreprises moyennes. Les premiers acceptaient de meilleure grâce «l'ingérence» de l'Etat dans les affaires sociales que les seconds, moins «libéraux»: 84,2% contre 63%. De plus, 18,5% des dirigeants de la moyenne entreprise ont préféré confier cette responsabilité aux hommes d'affaires, contre 2,6% dans les grandes entreprises.

Les entrevues et de nombreuses déclarations de dirigeants ont confirmé que les milieux d'affaires ne sont pas opposés à l'intervention de

Tableau 1

Répartition des réponses des hommes d'affaires du Québec sur la principale fonction économique du gouvernement (Question IIIC: «Quelle devrait être la principale fonction économique du gouvernement?»)

	Tous les répondants	**Réponses en pourcentage***				
		Tous les répondants	**Répondants canadiens-anglais**	**Répondants canadiens-français**	**Répondants de la grande entreprise**	**Répondants de la moyenne entreprise**
Le bien-être et la redistribution du revenu	12	8,3	5,3	13,7	10,3	0
La protection de l'environnement et le contrôle de la pollution	1	0,7	0	2,0	0	3,6
La création et l'administration d'entreprises publiques	2	1,4	0	3,9	0,9	3,6
La création des conditions économiques favorisant la croissance du secteur privé	122	84,1	86,2	80,4	82,9	89,3
Autre	8	5,5	8,5	0	5,3	3,6
N'ont pas répondu	1	—	—	—	—	—
	146**					

* Le chiffres ne tiennent pas compte des ,7% qui n'ont pas répondu à la question.

** N=146 et non 143 parce que certains répondants ont donné des réponses multiples.

l'Etat sur le plan social[49], et cela non seulement en général, mais, comme nous le verrons, à l'égard de certaines lois précises. On admet de plus en plus volontiers que la libre entreprise laissée à elle-même est incapable de régler tous les problèmes. Comme le disait un banquier: «Il faut qu'il y ait des mécanismes de contrôle car les hommes d'affaires sont souvent incapables de se maîtriser et de se discipliner eux-mêmes.»[50]

Ainsi donc, dans l'ensemble, les hommes d'affaires préfèrent être en bons termes avec le gouvernement. Comme l'exprimait M. Roy Bennett, président de Ford Motor Company of Canada:

> Les milieux d'affaires et le gouvernement ont tous les deux intérêt et avantage à régler les problèmes complexes associés à la croissance économique du Canada...
>
> Face à de nouvelles situations, il est essentiel que les secteurs public et privé aient tous deux recours à des méthodes de collaboration plus directes et mieux coordonnées[51].

L'entreprise s'est pliée de bonne grâce, quand elle ne l'a pas carrément sollicitée, à l'action gouvernementale: imposition de normes, taxes et autres restrictions comme celles touchant la pollution; dans la mesure où ces règles s'appliquent sans distinction à toutes les entreprises, elles ne modifient pas la position concurrentielle des unes par rapport aux autres. Cette action est souvent souhaitée: «Le système de la libre concurrence, expliquait un dirigeant de Canadian Industries Ltd., ne récompense pas ceux qui font plus que le minimum requis par la loi, mais si le gouvernement impose les mêmes règles à tous les concurrents, le système continue de fonctionner à la satisfaction de tous»[52].

M. C. Perreault, président du Conseil du patronat, déclarait par ailleurs:

> Bien que je sois hostile à tout ce qui peut restreindre ma liberté d'homme d'affaires et que j'aie peu confiance dans l'efficacité de la bureaucratie, je dois admettre à mon corps défendant que certaines fonctions, à l'intérieur de notre système de libre entreprise, ne peuvent être assumées que par l'Etat, même si cela peut paraître paradoxal. Je ne vois pas comment, par exemple, une entreprise bien intentionnée pourrait persuader ses actionnaires de dépenser des milliers de dollars pour protéger l'environnement en augmentant du fait même le prix de chaque article vendu, si ses concurrents ne font pas preuve de la même générosité. Par contre, une fois que les lois sont en vigueur, l'entreprise A assume ces coûts et affronte le marché en sachant pertinemment que l'entreprise B est dans la même situation qu'elle. Je suis donc forcé de conclure qu'une certaine forme de collaboration donne de meilleurs résultats...[53].

Enfin, le président du conseil d'une importante société québécoise déclarait qu'il ne s'opposait pas aux lois sur le salaire minimum, aux lois sociales ni à celles qui régissent la pollution dans la mesure où elles s'appliquent à toutes les entreprises, puisque c'est le consommateur qui de toute manière paie la note[54].

Certaines des raisons qui ont amené les hommes d'affaires à accepter et même à favoriser l'intervention de l'Etat dans certains secteurs ont également incité l'élite financière, et en particulier les dirigeants des grandes entreprises, à faire croire qu'elle prenait ses responsabilités sociales. Deux raisons principales motivent cette attitude. D'abord le patronat a reconnu lui-même qu'il y a souvent incompatibilité entre besoins sociaux et recherche du profit. M. Jean Brunelle, président du Centre des dirigeants d'entreprise, a déclaré que certaines décisions qui sont bénéfiques sur le plan économique peuvent avoir des conséquences sociales néfastes[55]. Par ailleurs, M. Pierre Shooner, président de la Chambre de commerce de Montréal, déclarait que les besoins sociaux les plus aigus touchent de moins en moins directement le consommateur individuel et qu'une économie qui s'en tiendrait à la concurrence de type classique serait de moins en moins capable de répondre aux véritables besoins de la population[56].

En outre, la concentration économique est devenue telle que le pouvoir des entreprises saute maintenant aux yeux et il est évident qu'elles n'ont de comptes à rendre qu'à elles-mêmes. Cette situation les a obligées à rassurer le public sur la compatibilité de leurs intérêts avec ceux de la société:

> La mission sacrée que se sont donnée les gestionnaires sur le plan des responsabilités sociales démontre bien que les hommes d'affaires reconnaissent que les schémas de l'économie classique ne sont plus compatibles avec la réalité d'une économie dans laquelle d'énormes transnationales dominent leurs marchés et disposent de plus de ressources et d'influence sur le plan social que bien des organismes gouvernementaux[57].

Bref, ce nouveau sens des responsabilités sociales semble motivé avant tout par le souci de la survie du système économique et du maintien de l'autonomie des grands dirigeants d'entreprise. Le monde des affaires a compris que pour conserver son pouvoir et se protéger contre d'éventuelles contraintes gouvernementales, il valait mieux prendre l'initiative de convaincre lui-même le public de son sens des responsabilités sociales. Il s'agit donc d'une attitude essentiellement défensive: s'il est inévitable que se produisent des changements, les hommes d'affaires préfèrent les apporter eux-mêmes plutôt que de se les voir imposer par d'autres.

Plusieurs déclarations faites par des hommes d'affaires chevronnés confirment cette «stratégie». M. J.K. Finlayson, président suppléant du conseil et vice-président exécutif de la Banque Royale, a prononcé un discours important sur «les responsabilités sociales de l'entreprise internationale» en mai 1973. Il s'est exprimé sans équivoque:

> Le climat social et politique presque partout dans le monde va de plus en plus obliger (l'entreprise) à justifier son existence selon d'autres critères que le simple succès économique, exprimé en termes de bénéfices aux actionnaires[58].
>
> Ce que je veux dire, c'est que sans minimiser pour autant l'importance du profit, les entreprises ont d'autres raisons d'être qui doivent concorder jusqu'à un certain point avec les espérances des sociétés sur lesquelles elles s'appuient[59].
>
> ... Je n'irais pas jusqu'à dire que l'entreprise doit assumer des responsabilités sociales aux dépens de ses profits, pour des motifs purement altruistes. Mais j'estime que si l'entreprise ne semble pas avoir et que si, de fait, elle ne manifeste pas un sens des responsabilités sociales, elle pourrait à longue échéance être menacée dans son existence même[60].

Ces déclarations montrent bien que le monde des affaires est obligé d'accepter certains changements s'il veut continuer d'exister et conserver son pouvoir. M. Brunelle estimait que les milieux d'affaires doivent comprendre que les transformations sociales sont inévitables et s'efforcer de redorer leur blason sur le plan social[61]. Mieux encore, il était d'avis, comme M. Finlayson, que si les hommes d'affaires ne modifient pas leur comportement, le régime de la libre entreprise pourrait bien disparaître. Il faut donc corriger cette «image de l'entreprise, institution insensible dirigée par des hommes plus soucieux de leurs profits que du bien-être général» parce que «si l'entreprise ne se rend pas compte de la situation, elle devra se soumettre à un syndicalisme révolutionnaire ou entériner un régime politique dirigé par une oligarchie»[62].

Il est évident, à la lumière des déclarations de certains hommes d'affaires, que ce sont les syndicats ouvriers, les consommateurs, les écologistes qui les forcent à changer d'attitude. M. Perreault déclarait sans ambage que l'entreprise ne peut plus feindre d'ignorer les critiques que formulent ouvertement et systématiquement à son égard d'autres groupes sociaux[63]. Dans un article intitulé «Eléments d'une stratégie des affaires», M. Brunelle est allé plus loin:

> Les critiques émanant de la population se sont cristallisées en une opposition systématique menaçant l'entreprise privée sur le plan de la politique. Si elle ne réagit pas, elle sera forcée d'accepter des changements importants et peut-être même de renoncer en grande partie à sa liberté d'action[64].
>
> Il faut admettre que la curiosité des troupes de Nader et des autorités publiques est plus qu'un phénomène passager. Si les

> hommes d'affaires n'agissent pas bientôt, ils pourraient bien se retrouver à toutes fins pratiques dans une camisole de force.
>
> Si l'entreprise privée ne prend pas les moyens pour rendre la société plus acceptable, elle devra se résigner à accepter celle qu'on lui imposera[65].

Bref, qu'il s'agisse de responsabilité sociale ou d'intervention de l'Etat, la principale préoccupation de l'entreprise demeure de conserver sa liberté d'action et sa capacité de réaliser des profits. Tout en soutenant «qu'il fallait aborder la solution des problèmes de notre époque dans un esprit constructif avant que ne se créent des organismes permanents qui forceront les entreprises à le faire», M. A.E. Levin, directeur des affaires publiques à la Banque Royale du Canada, n'en estimait pas moins que le monde des affaires «ne devait pas prendre d'initiatives de nature à menacer ou à compromettre sa capacité de réaliser des profits»[66]. M. R. Ritchie, ancien premier vice-président d'Imperial Oil et président de l'Institut de recherche sur les affaires publiques, créé par le gouvernement fédéral, soutenait que les milieux d'affaires pouvaient se plier à certaines contraintes, comme celles concernant la pollution de l'air, «parce qu'elles étaient tout à fait compatibles avec les mécanismes du marché». Ce qui était important aux yeux de M. Ritchie, c'était «d'empêcher qu'on détraque les mécanismes du marché au point qu'on se réveille un beau jour pour constater qu'ils ne fonctionnent plus»[67].

La thèse voulant que ce souci de leurs «responsabilités sociales» ne soit que la réaction des hommes d'affaires aux menaces de l'opinion publique et des gouvernements se trouve fortement corroborée par les auteurs qui ont étudié l'idéologie du patronat[68]. Epstein l'a fort bien résumé:

> Ce sens des responsabilités sociales... est dicté aux administrateurs par leur désir de protéger leur autonomie en prouvant que l'entreprise agit conformément aux espérances et aux intérêts du public et qu'il n'est donc pas nécessaire de les soumettre à des contrôles sociaux additionnels...[69]

Ces considérations sur l'idéologie et les objectifs du monde des affaires en général étant faites, nous allons maintenant analyser quelques problèmes et certaines politiques spécifiques aux hommes d'affaires du Québec. Pour mieux cerner ce qui préoccupe l'homme d'affaires québécois et mieux définir les secteurs clés où s'exerce l'influence des milieux d'affaires, le questionnaire demandait d'indiquer «quel est le problème le plus important auquel doit faire face le monde des affaires à l'heure actuelle». Comme on le voit au tableau 2, la majorité d'entre eux (56,9%) ont opté pour les politiques économiques, soit 32,6% pour «le chômage et l'inflation» et 24,3% pour «la faiblesse de la structure économique du Québec»[70]; 29,8% ont indiqué «les problèmes sociaux et ouvriers» tandis que 9% optaient pour «la question linguistique» et 4,2% pour «le séparatisme». On avait inclus une catégorie «autre» pour ne pas laisser tomber d'élements importants, mais 4% seulement l'ont choisie, en précisant que le grand problème de l'heure était en réalité une combinaison des réponses proposées.

Dans le tableau 2 également, on peut voir que 70% des répondants francophones accordent plus d'importance aux problèmes économiques[71] et moins aux problèmes sociaux, ouvriers et «culturels» que leurs collègues anglophones. Les dirigeants des entreprises moyennes s'inquiètent par contre davantage des problèmes sociaux, ouvriers et linguistiques que les dirigeants des cent plus grandes sociétés. Cette différence pourrait s'expliquer par le sentiment de pouvoir et de force qu'éprouvent les grandes sociétés face aux exigences des ouvriers et aux pressions relatives à la langue.

La section IV du questionnaire avait pour objectif principal d'évaluer la satisfaction des milieux d'affaires devant certaines mesures précises du gouvernement, et comme objectif secondaire de faire ressortir l'homogénéité idéologique du monde des affaires.

Dans le domaine économique, le monde des affaires a appuyé les grandes politiques économiques du gouvernement (81,1%), le délai accordé pour l'application de la réforme forestière (82,4%), la nationalisation de l'Hydro-Québec (72,3%) et les récentes initiatives économiques du gouvernement québécois (63,1%). Dans le domaine des affaires sociales et ouvrières, les milieux d'affaires se sont montrés satisfaits du projet de loi 19 mettant fin à la grève du front commun en mai 1972 (99,3%), de l'attitude du gouvernement québécois pendant la crise du FLQ (98,6%), de l'assurance-chômage (93%) et du Régime de rentes du Québec (97,1%). Dans le domaine de la langue et de l'éducation, les hommes d'affaires ont approuvé l'attitude du gouvernement sur la question linguistique (72,2%), le projet de loi 63 (94,4%) et le projet de loi 71 (54,7%).

Pour ce qui est des partis politiques, 87,2% des hommes d'affaires estimaient que le Parti libéral était «le parti provincial le plus favorable au monde des affaires», tandis que 6,7% choisissaient l'Union nationale, 6% le Ralliement créditiste et que personne ne désignait le Parti québécois[72]. Ils se sont en outre clairement déclarés en faveur de l'unité canadienne, 99,3% des répondants s'opposant au séparatisme[73].

D'autres sujets de nature plus hypothétique ont confirmé davantange encore l'unité idéologique du monde des affaires. Ainsi, 98,6% se sont déclarés en faveur de l'abolition du droit de grève dans les secteurs publics et essentiels; 94,7% se sont opposés à toute tentative du gouvernement de geler les prix pour contrecarrer le pouvoir des monopoles et 95,6% se sont également opposés à toute intervention gouvernementale dans le contrôle des profits.

Tableau 2

Répartition des réponses des hommes d'affaires du Québec sur le problème le plus important auquel doit faire face le monde des affaires à l'heure actuelle
(Question IIIA: «Quel est le problème le plus important auquel doit faire face le monde des affaires à l'heure actuelle?)

	Tous les répondants	Réponses en pourcentages*				
		Tous les répondants	Répondants canadiens-anglais	Répondants canadiens-français	Répondants de la grande entreprise	Répondants de la moyenne entreprise
Les problèmes sociaux et ouvriers	43	29,8	34,0	22,0	27,3	40,7
La question linguistique	13	9,0	11,7	4,0	6,8	18,5
Le séparatisme	6	4,2	4,3	4,0	4,3	3,7
Le chômage et l'inflation	47	32,6	28,7	40,0	35,9	18,5
La faiblesse de la structure économique du Québec	35	24,3	21,3	30,0	25,6	18,5
Autre/N'ont pas répondu	6	—	—	—	—	—
	150**					

* Les chiffres ne tiennent pas compte des 4% qui ont choisi la catégorie «autre» ou qui n'ont pas répondu à la question.

** N=150 et non 143 parce que certains répondants ont donné des réponses multiples.

Les seules divergences se sont manifestées à l'égard des coopératives: 52,9% des hommes d'affaires ont estimé que les coopératives de production pourraient constituer une menace pour le bon fonctionnement du système économique, tandis que 47% étaient d'avis contraire. En outre, seulement 27,3% des répondants ont appuyés un projet du gouvernement visant à financer une coopérative de pâtes et papiers à Cabano.

En somme nous avons constaté un degré significatif d'accord et d'homogénéité au sein de l'élite économique québécoise. Même s'il existe certaines divergences de pensée entre les groupes anglophones et francophones, que les dirigeants des petites entreprises manifestent plus de crainte devant l'intervention de l'Etat dans le domaine social et qu'ils se sentent plus vulnérables face aux revendications ouvrières que ceux des grandes entreprises, on peut affirmer que la caractéristique dominante du monde des affaires est le monolithisme idéologique.

NOTES:

1 Epstein, p. 226.

2 Richard Rose, *Politics in England*, Boston, Little, Brown and Co., 1964, p. III.

3 Comme le disait Philip Resnick: «Quand une élite est petite, ses membres communiquent plus facilement entre eux» («The Dynamics of Power in Canada», *Our Generation*, juin 1968, p. 137).

4 Selon Porter, 150 Montréalais membres de l'aristocratie canadienne de l'argent appartiennent au Mount-Royal Club et 146 au St. James Club (p. 304).

5 Laurent Bélanger, «Occupational Mobility of French and English-Canadian Business Leaders in the Province of Quebec», thèse de Ph. D., Michigan State University, 1967, p. 152.

6 *Ibid.*, p. 154.

7 Ces renseignements sont tirés des rapports annuels de Power Corporation et de ses filiales de 1970 à 1975. Les autres hommes clés du conseil de Power Corporation, MM. P.N. Thompson, W.I.M. Turner, Jean Parisien et A. Deane Nesbitt, détiennent tous des postes importants aux conseils d'entreprises liées ou non à Power Corporation.

8 Power Corporation of Canada, *Rapport annuel de 1971*, Montréal, 1972, pp. 10-12.

9 La première étude, et la mieux connue, de l'école du gestionnarisme a été celle d'Adolf Berle et Gardner Means, intitulée *The Modern Corporation and Private Property*, New York, MacMillan Company, 1933. Les auteurs rapportaient, entre autre, que les directeurs salariés contrôlaient 44% des 200 plus grandes entreprises autres que des sociétés financières. Parmi les autres tenants du gestionnarisme, on remarque James Burnham, *The Managerial Revolution*, New York et Londres, Putnam Press, 1942, et Galbraith, *The New Industrial State*.

10 John Child, *The Business Enterprise in Modern Industrial Society*, Londres, Collier-MacMillan, 1968, p. 34.

11 D'après Mills, la dichotomie propriétaire-gestionnaire a été exagérée: «Les grands dirigeants et les riches ne constituent pas deux groupes distincts, nettement séparés. On les retrouve tous deux réunis dans l'univers des possessions et privilèges de l'entreprise», p. 119. Menshikov soutenait, lui aussi, que l'économie est contrôlée par «des millionnaire-gestionnaire combinés», p. 318. Selon Ferdinand Lundberg, *The Rich and the Super Rich*, New York, Bantam Books, 1969, les gestionnaires ne sont que «les lieutenants des grands barons de l'argent», p. 117.

12 Gordon, pp. 114 et 115.

13 Robert Gordon, *Business Leadership in the Large Corporation*, University of California Press, 1966, pp. 302 et 303.

14 Le ministère de la Consommation et des Corporations, *Bulletin: Canada Corporations Act*, vol. I, no 1, Ottawa, Imprimeur de la Reine, 1971.

15 L'achat d'actions par les administrateurs d'une entreprise est encouragé au moyen de l'option permettant aux dirigeants d'une entreprise, ou même aux employés, d'acheter des actions à un prix inférieur à celui du marché.

16 Adolf Berle, «Economic Power and the Free Society», dans Hacker, p. 95.

17 W.H. Perry, «Irresponsibilities in Metrocorporate America» dans Hacker, p. 119.

D'après Epstein: «L'impuissance des actionnaires en général est encore aggravée du fait qu'à la fin de 1966, les entreprises financières (sociétés d'assurance et d'investissement, banques, etc.) détenaient pour plus de 157 milliards de dollars d'actions inscrites à la Bourse de New York, soit 33% au cours du marché, p. 259.

La difficulté de mobiliser les actionnaires et le poids des sociétés de financement ont été mis en lumière lorsqu'en 1970 quelques actionnaires de General Motors essayèrent de faire partager à leurs collègues certains objectifs sociaux, — et notamment la participation de noirs au conseil de GM. Le «campagne GM», comme on l'appela, ne se rallia que 3% des procurations. C'est que, mis à part le grand nombre des actionnaires et les dépenses impliquées, la moitié des actions de la GM (soit environ 233 millions) était entre les mains de sociétés financières dont la Chase Manhattan Bank, la fondation Rockefeller et le Morgan Guaranty Trust. Elles se dissocièrent des politiques de G.M. Le président Pusey de l'Université Harvard, qui détenait 287 000 actions, déclara que cet investissement avait pour but de rapporter de l'argent et que Harvard déclinait toute responsabilité. Voir Alexander Ross, «Shareholder Power Takes on the System», *Financial Post*, 23 janvier 1971.

18 Epstein, pp. 267 et 268.

19 Eileen Goodman, «How Boards of Directors Keep Abreast of the Changing Times in Which They Must Operate», *Canadian Business*, septembre 1960, p. 85.

20 Dans une étude sur la composition des conseils des 110 plus grandes entreprises industrielles aux Etats-Unis, Menshikov a montré que 39% des membres des conseils étaient en 1961 dirigeants des mêmes entreprises (p. 129). Certains conseils sont entièrement composés de dirigeants de l'entreprise. On en a deux exemples au Québec avec Imasco et Steinberg.

21 Myles Mace, «The President and the Board of Directors», *Harvard Business Review*, mars-avril 1972. Les données de Mace s'appuient sur des entrevues et la participation aux travaux de certains conseils.

22 Gordon, p. 134.

23 Entrevue, mai 1973.

24 Les chiffres ne tiennent pas compte des 6% qui n'ont pas répondu à la question.

25 Raynauld, p. 80. Le critère est celui de la valeur ajoutée.

26 La Chambre de commerce du district de Montréal, p. 6.

27 *Ibid.*, p. 6.

28 André Raynauld, «La propriété et la performance des entreprises au Québec», rapport inédit préparé pour la Commission royale d'enquête sur le bilinguisme et le biculturalisme, mai 1967, p. 110. Le groupe canadien-anglais domine (c'est-à-dire qu'il est propriétaire à 50% et plus selon le critère de la valeur ajoutée) dans les textiles, les appareils électriques, le vêtement, les pâtes et papiers et les aliments et boissons. Le groupe étranger se concentre dans l'industrie lourde, et notamment le pétrole, l'acier et le fer, les produits chimiques, le matériel de transport, les métaux et la machinerie.

29 *Ibid.*, p. 137. M. Raynauld rapporte en outre que les entreprises de propriété étrangère sont en moyenne sept fois plus grosses que les entreprises canadiennes-françaises (p. 120) et que les sociétés étrangères exportent 60% de leur production, contre 48,6% pour les entreprises canadiennes-anglaises et 21,9% pour les sociétés canadiennes-françaises (p. 171).

30 *Ibid.*, p. 210.

31 L'échantillon de Porter des entreprises canadiennes clés comprenait 170 sociétés industrielles, cinq banques, dix sociétés d'assurance et six entreprises de fiducie.

32 Raynauld, p. 206.

33 *Ibid.*, p. 206. L'une des principales raisons pour lesquelles on invite des avocats québécois à siéger aux conseils des entreprises canadiennes-anglaises est leur connaissance des lois du Québec et en particulier du Code civil.

34 *Ibid.*, p. 207.

35 69,4% ont répondu par l'affirmative et 30,6% par la négative. Ces chiffres ne tiennent pas compte des 6,3% qui n'ont pas répondu à la question.

36 Dans les réponses à cette question, on a noté une différence marquée entre les Canadiens français et les Canadiens anglais. 83,5% de ceux-ci ont opté pour la rentabilité comparé à 44,9% des hommes d'affaires canadiens français. Parmi les autres répondants francophones, 12,2% ont choisi les objectifs sociaux et 42,9% la croissance de l'économie, contre 1,1% et 15,4% respectivement chez les Canadiens anglais. Autant qu'on puisse voir, cette différence ne tient pas à une erreur de traduction. L'explication la plus plausible est que le sixième de l'échantillon canadien-français était composé d'administrateurs à l'emploi de coopératives, et notamment de l'Assurance-Vie Desjardins, l'Union régionale des caisses populaire Desjardins, la Société nationale de fiducie, la Coopérative fédérée du Québec et la Coopérative agricole de Granby. Il est probable que les administrateurs de coopératives se préoccupent moins des marges de profit.

37 Entrevue, mai 1973.

38 Epstein, p. 176.

39 Entrevue, mai 1973.

40 Entrevue, mai 1973.

41 Gordon, p. 339.

42 V.O. Key, *Politics, Parties and Pressure Groups*, New York, Thomas Y. Crowell Company, 1964, p. 72. Gabriel Kolko, *Wealth and Power in America: An Analysis of Social Class and Income Distribution*, New York, Praeger Books, 1962, décrit les objectifs politiques de l'entreprise de façon similaire: «Le capitalisme politique utilise la politique pour assurer sa stabilité, son avenir et sa sécurité», p. 28.

43 L'Association des manufacturiers canadiens, *Une politique industrielle pour le Québec*, mémoire soumis à M. Guy St-Pierre, ministre de l'Industrie et du Commerce, le 1er août 1972, p. 2.

44 *Ibid.*

45 Domhoff, dans *The Higher Circles*, et Weinstein insistent sur le rôle important joué par les dirigeants des grandes entreprises et des institutions financières. Ils soutiennent que ceux-ci sont plus «conscients du système» (c'est-à-dire plus préoccupés de sa survie) que les dirigeants des petites entreprises qui accordent la priorité à leurs intérêts à court terme. Ils sont donc plus ouverts aux «valeurs libérales», c'est-à-dire à la nécessité d'avoir plus de lois dans le domaine ouvrier et social. Weinstein soutenait en outre que peu de réformes durant la «période progressiste» des Etats-Unis «ont été mises en vigueur sans l'accord tacite, sinon l'appui, des grandes entreprises», et que «les idéaux du libéralisme d'affaires ont été formulés et mis au point sous l'égide et la surveillance de ceux qui, à cette époque comme maintenant, jouissaient d'une hégémonie politique et idéologique aux Etats-Unis, soit les dirigeants les plus éclairés des plus grandes entreprises et institutions financières des Etats-Unis», p. ix.

46 E.P. Taylor, «A Canadian Industrialist's Four-Point Formula For Expansion», *Canadian Business*, novembre 1961, p. 27.

47 W.E. McLaughlin, «Pitfalls of Economic Planning», *Canadian Business*, juin 1965, p. 71.

48 *Ibid.*, p. 68. Une annonce de Gulf Oil Corporation parue récemment dans *Newsweek*, juin 1973, pp. 52 et 53, donne une image typique de l'attitude de l'entreprise devant le gouvernement. Gulf Oil commençait par déclarer: «Il faut entretenir une forte industrie privée de l'énergie». La société donnait ensuite la liste de tous les services que le gouvernement devait fournir à l'industrie pétrolière et notamment: «mettre plus de terres publiques à la disposition des industries de l'énergie», «appuyer des programmes de recherche à long terme», créer «le milieu économique nécessaire à la commercialisation des combustibles synthétiques», offrir à l'industrie américaine les appuis voulus «pour qu'elle exploite les sources d'énergie dans des pays étrangers» et encourager la conservation de l'énergie.

49 L'entreprise n'hésite souvent pas à remettre au gouvernement le soin de régler les problèmes sociaux sans lui donner les moyens de le faire. Pour citer M. Arnold Hart, président du conseil de la Banque de Montréal:

> «L'entreprise s'est montrée ambivalente à l'égard du gouvernement sur les questions sociales... D'une part, nous avons eu tendance à laisser les problèmes sociaux au gouvernement tout en nous élevant avec véhémence, d'autre part, contre les dépenses gouvernementales, l'influence étouffante de notre système de bien-être social et les effets paralysants qui en résultent sur toute initiative et tout progrès dans l'économie.
> «... Certains d'entre nous, dans le monde des affaires, devraient réviser notre attitude à l'égard du gouvernement et nous montrer moins réticents à collaborer avec lui pour atteindre des buts communs» (citation tirée de Vithal Rajan, «The Challenge of Youth», *Canadian Business*, septembre 1969, p. 42).

50 Entrevue, mai 1973.

51 Roy Bennett, «Government-Business Advisory Board Should be Established», *Financial Post*, 6 janvier 1973.

52 Un dirigeant de CIL cité par Vithal Rajan dans «The Challenge of Youth».

53 C. Perrault, «The Business-Bureaucracy Interface», allocution prononcée à la 17e conférence annuelle sur les affaires de la University of Western Ontario, London, 1er juin 1973, pp. 4 et 5.

54 Entrevue, mai 1973.

55 Le Centre des dirigeants d'entreprise, *Fonction de l'entreprise et regroupement des cadres*, Montréal, Centre des dirigeants d'entreprise, 1970, p. 5.

56 Pierre Shooner cité dans Michel Roesler, «L'homme d'affaire efficace est un homme de gauche» *La Presse*, 29 février 1972.

57 Epstein, p. 149.

58 J.K. Finlayson, «Social Responsibilities of International Business», allocution prononcée lors d'un déjeuner de la Chambre de commerce du Canada et du Royaume-Uni à Londres, en Angleterre, le 2 mai 1973, p. 2.

59 *Ibid.*, p. 4.

60 *Ibid.*, p. 6. Dans «The Fourth Circle», *Canadian Banker*, Juillet 1972, H.C. Byleveld, directeur de l'expansion à la Banque Provinciale du Canada, déclare:

«Mieux vaut accepter les changements sociaux comme n'importe quel problème d'administration plutôt que d'y résister le plus longtemps possible. L'inflexibilité peut à la longue donner naissance à des crises et amener l'intervention maladroite et excessive du gouvernement», p. 17.

61 Le Centre des dirigeants d'entreprise, p. 4.

62 Jean Brunelle, «L'entreprise au Québec: témoin ou partenaire», allocution prononcée lors de l'assemblée annuelle du Centre des dirigeants d'entreprise le 7 décembre 1972, p. 6.

63 Le Conseil du patronat du Québec, *Rapport annuel: 1971-1972*, Montréal, Conseil du patronat du Québec, 1972, p. 2.

64 Le Centre des dirigeants d'entreprise, «Elements of a Strategy for Business», *Industrial Relations*, vol. 26, décembre 1971, p. 993.

65 *Ibid.*, p. 1001.

66 A.E. Levin, «Social Responsibility is Everybody's Business», *Canadian Banker*, juillet 1972, p. 15.

67 Ronald Ritchie, «Analysing Competitive Enterprise», *Canadian Business*, novembre 1972, p. 28.

68 Voir Berle, Gordon et Child.

69 Epstein, p. 150.

70 Nous ne voulons pas dire que «le chômage et l'inflation» n'ont pas une dimension sociale importante.

71 Nous avons obtenu le chiffre de 70% en additionnant les 40% de répondants francophones qui ont opté pour «le chômage et l'inflation» et les 30% qui ont choisi «la faiblesse de la structure économique du Québec».

72 Le PQ a obtenu 23,8% des votes lors de l'élection d'avril 1970 au Québec et 30,1% lors de l'élection d'octobre 1973.

73 Un seul répondant s'est déclaré en faveur du séparatisme, mais nous avons de bonnes raisons de croire qu'il s'agit d'une erreur. Le même répondant appuyait en effet le Parti libéral et la politique du gouvernement en général. Le pourcentage de 99,3% devrait donc être de 100%.

Chapitre 4

Les associations patronales

Chapitre 4

Les associations patronales

Les associations patronales sont une composante du pouvoir financier à trois titres principaux: elles sont des voies officielles d'accès auprès des organismes décisionnels du gouvernement: elles constituent un vaste réservoir commun de ressources et un organe de relations publiques et de propagande; enfin, elles renforcent l'unité du monde des affaires en s'en faisant le porte-parole auprès du gouvernement et des autres groupes sociaux. Puisque notre étude porte sur la grande entreprise, nous examinerons surtout les liens qui rattachent celle-ci aux associations patronales. Mais avant d'étudier individuellement chacune de ces associations au Québec sous les trois angles décrits ci-dessus, nous nous arrêterons à quelques généralités.

Les associations patronales, depuis quelque temps, accordent plus d'importance aux relations publiques. Ce serait le cas, notamment en Allemagne, selon Gérard Braunthal, pour la Fédération des industriels allemands[1]. Celle-ci, tout comme l'Association des employeurs allemands, s'attache davantage à défendre le système économique; en 1951, elle fondait l'Institut de recherche et de relations publiques pour «renforcer les bases du système de libre entreprise et le faire passer dans les mœurs»[2]. En Italie, la principale association patronale, Confindustria, distribue régulièrement aux travailleurs un bulletin «qui souligne le rôle important de l'entreprise privée et la nécessité de maintenir l'harmonie entre patrons et ouvriers»[3].

Sur l'homogénéité et l'unité de pensée des associations patronales, les opinions diffèrent. Certains observateurs soutiennent que lorsque les membres ont des points de vue et des objectifs opposés, l'association a beaucoup de mal à faire l'accord entre eux[4]; d'autres y mettent des réserves. D'après Braunthal, par exemple:

> Bien que leur cohésion (celle des associations affiliées à la Fédération des industriels allemands) soit moindre que ce que souhaiterait la direction, on est loin de l'anarchie... Il est exact que pour certaines mesures, la direction est incapable d'en arriver à un compromis entre entreprises concurrentes; mais sur les grands principes, elle réussit généralement à réaliser un certain accord,

soit parce que toutes les entreprises en bénéficient, soit parce qu'elles partagent la même façon de penser[5].

Au Québec, 97,1% des répondants au questionnaire estimaient que «les associations patronales reflètent les opinions des hommes d'affaires»[6]. L'accord est donc très grand entre eux[7] et confirme l'hypothèse selon laquelle les déclarations et prises de position publiques des associations patronales sont le reflet des points de vue de la grande entreprise.

La question de l'accès des associations patronales auprès des hautes sphères gouvernementales est complexe. Comme nous le verrons plus loin, bien qu'elles aient facilement leurs entrées auprès des gouvernements et aient de bonnes relations avec eux, les dirigeants d'entreprise passent rarement par elles, préférant traiter directement avec le gouvernement.

Cette opinion est étayée par de nombreuses études. A la fin de son analyse de Confindustria, Joseph La Palombara concluait:

> Les géants de l'industrie, comme Fiat et Montecatini, ont généralement un pied dans la Fédération (des industriels italiens) et un pied en dehors... (Ils) sont généralement assez puissants pour traiter directement avec les partis politiques, les autres groupes de pression et le gouvernement...[8]

Comme le disait M. Jean Meynaud: «Siemens, Montecatini, Courtaulds, GM n'ont pas besoin d'intermédiaires pour parler aux autorités»[9]. Epstein souligne lui aussi «la tendance des entreprises américaines à faire cavalier seul plutôt que de passer par les associations patronales»[10].

Les entrevues ont confirmé que les grandes entreprises évitent de passer par les associations patronales pour influencer le gouvernement. Un dirigeant déclarait que sur les questions importantes, la société présente elle-même ses mémoires et ses revendications[11]. Un vice-président de banque expliquait que même si les associations patronales sont parfois utiles comme groupes de pression, «nous préférons voir nous-mêmes à nos affaires»[12]. Le vice-président d'une société de gestion dans le secteur des aliments et boissons estimait qu'il est plus fructueux d'établir des contacts officieux avec le gouvernement que de passer par les associations patronales[13]. D'autres ont déclaré qu'elles «n'étaient pas particulièrement utiles» ou «qu'elles faisaient perdre bien du temps»[14].

Ce sont les petites entreprises qui bénéficient surtout des services offerts par les associations patronales. Selon Paul Diment qui a étudié la question pour *Canadian Business:* «Il est vraisemblable que les petites entreprises, dans n'importe quel secteur de l'industrie, profitent davantage de leurs associations que les grandes entreprises»[15], opinion d'ailleurs partagée par un dirigeant de l'Association des manufacturiers canadiens: «Quand il y a des problèmes d'interprétation du Code du travail, ce ne sont pas Dupont et les grosses compagnies qui nous appellent, mais les petits employeurs, surtout des petites entreprises francophones»[16].

Si les grandes entreprises ne profitent pas des services offerts par les associations, si, de plus, elle les utilisent rarement pour entrer en contact avec le gouvernement, on peut se demander pourquoi elles les appuient de leurs ressources financières et humaines[17]. C'est d'abord parce que les associations jouent un rôle important de relations publiques en s'engageant ouvertement sur le plan politique, ce qui répugne dans l'ensemble aux grandes entreprises. C'est aussi qu'en y étant très actives, les grandes entreprises les tiennent en quelque sorte sous leur joug et voient à ce que leurs prises de position correspondent aux intérêts des monopoles. Comme elles fournissent en bonne partie les compétences, les ressources, les collaborateurs et la recherche, elle sont «mieux placées que les petites entreprises pour faire valoir leurs points de vue»[18]. D'autre part, les dirigeants des petites entreprises «n'ont pas assez de temps et exercent trop de fonctions à l'intérieur de leur firme pour pouvoir étudier les lois et offrir une opinion»[19].

Un banquier expliquait ainsi l'attitude foncièrement défensive des grandes entreprises au sein des associations patronales:

> Les grosses compagnies font partie des associations de manière défensive, par tradition, pour obtenir de l'information sur l'industrie, et pour contrôler les autres un peu. Elles ne veulent pas que les associations les dérangent. Quand elles ont un problème, elles décident quoi faire en dehors des associations[20].

Le diagramme 4 décrit schématiquement le fonctionnement des principales associations patronales du Québec. Trois d'entre elles regroupent des sociétés et deux, des dirigeants d'entreprise, c'est-à-dire des individus. Elles se retrouvent pour la plupart au sein du Conseil du patronat. Le Conseil général de l'industrie (CGI), que nous étudierons en détail dans le chapitre suivant, apparaît à ce tableau même s'il ne s'agit pas à proprement parler d'une association patronale. Qu'il suffise de dire, à ce point-ci, qu'officiellement le CGI est un organisme consultatif composé d'hommes d'affaires importants qui présentent périodiquement leurs recommandations au ministre de l'Industrie et du Commerce.

Le questionnaire révèle une forte participation des entreprises et des hommes d'affaires du Québec au sein des diverses associations patronales. A la question les priant d'indiquer les noms des associations dont leur entreprise était membre, les répondants en ont donné un peu plus de trois chacun en moyenne[21]. Le tableau 3 montre clairement que les francophones préfèrent les associations canadiennes-françaises et notamment la Chambre de commerce et le Centre des dirigeants d'entreprise, tandis que les anglophones privilégient les associations à prédominance anglo-saxonne comme le Board of Trade, l'AMC et des associations professionnelles.

Diagramme 4

Associations patronales du Québec: réseau des relations officielles

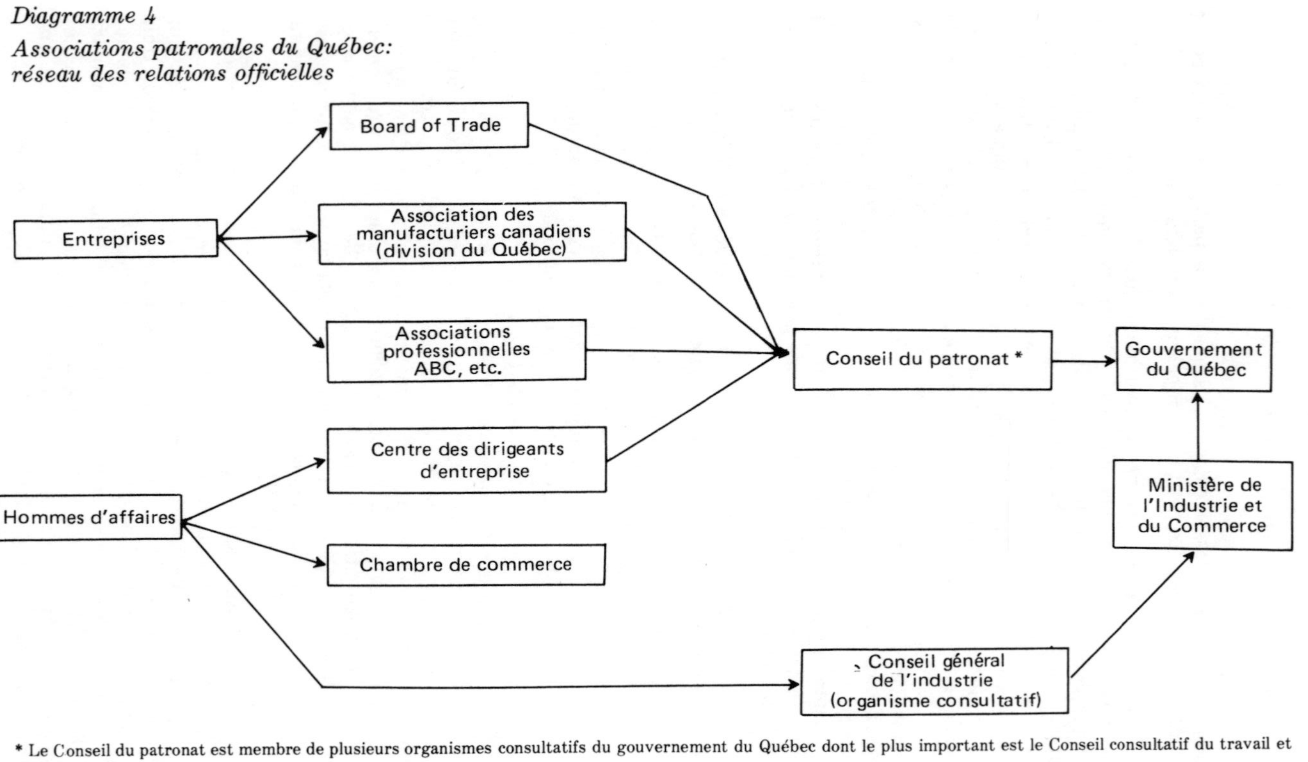

* Le Conseil du patronat est membre de plusieurs organismes consultatifs du gouvernement du Québec dont le plus important est le Conseil consultatif du travail et de la main-d'œuvre.

Tableau 3

Répartition en pourcentage des réponses des hommes d'affaires du Québec sur leur affiliation à des associations patronales (Question IIC: «A quelle(s) association(s) patronale(s) votre compagnie appartient-elle?»)

	Tous les répondants	Répondants canadiens-français	Répondants canadiens-anglais
Board of Trade	79,7	63,8	86,9
Chambre de commerce	86,3	90,1	83,7
Association des manufacturiers canadiens	51,8	36,0	59,7
Associations professionnelles	61,8	38,3	73,9
Centre des dirigeants d'entreprises	23,7	42,5	14,1
N = 425*			

* N=425 parce que les hommes d'affaires et les sociétés appartiennent généralement à plusieurs associations.

Le sondage comportait également la question suivante: «Selon vous, quelle association patronale a été la plus efficace dans ses relations avec le gouvernement du Québec». Comme on peut le voir au tableau 4, le Conseil du patronat, fondé en 1969, semble sous ce rapport particulièrement bien vu des hommes d'affaires puisque près de 40% le désignent spécifiquement, mais ici encore, les Canadiens français ont plutôt tendance à favoriser leurs associations, tandis que les Canadiens anglais penchent plutôt vers le Board of Trade et l'AMC.

On remarque cependant des différences significatives entre les répondants des grosses et des moyennes entreprises. Ces derniers favorisent la Chambre de commerce et l'AMC et les autres, le Conseil du patronat. Cela tient peut-être au fait que le Conseil du patronat s'occupe des grandes questions qui confrontent le monde des affaires et qu'il est largement dominé par la grande entreprise, tandis que les autres associations, comme l'AMC et la Chambre de commerce, accordent plus d'importance aux problèmes de la petite entreprise et tendent à impliquer davantage leurs dirigeants dans le processus de décision. C'est aussi, comme nous le montrerons plus loin, parce que les dirigeants de la grande entreprise connaissent les personnes influentes dans les milieux gouvernementaux et y ont un accès facile.

L'Association des manufacturiers canadiens (division du Québec)

En 1972, l'AMC comptait dans tout le Canada 8 300 sociétés membres, représentant 75% de toute la production manufacturière, et plus de 100 employés permanents[22]. Bien que son siège social soit à Toronto, l'AMC possède au Québec une division très active installée à Montréal et comprenant huit bureaux régionaux. Selon l'un de ses dirigeants, 1800 entreprises en sont membres au Québec, dont 80% ont moins de 100 employés, et son personnel permanent compte 12 employés[23].

L'AMC est sans doute l'association patronale la plus homogène parce qu'elle ne représente que les manufacturiers. Mais même si elle se spécialise dans «les problèmes propres aux manufacturiers», elle s'occupe également de questions plus générales[24].

Comme la plupart des organismes de cette nature, elle se dit apolitique:

> L'AMC ne prend pas position sur le plan politique... ne fait pas de déclarations politiques...
>
> Néanmoins, elle exprime son opinion sur les sujets qui, sur la scène locale, provinciale ou fédérale, peuvent concerner l'industrie manufacturière. Elle a récemment fait connaître son point de vue sur la concurrence, la propriété étrangère, les modifications à la Loi sur l'assurance-chômage et le Code du travail du Canada[25].

Il est évident, d'après ce qui précède, que seule une définition très étroite du terme politique, soit la lutte entre partis politiques, permet à l'AMC de se dire apolitique. En accord avec un principe généralement admis en affaires, l'association tend à identifier ses intérêts et ses objectifs à ceux du public: «Nous croyons que dans l'écrasante majorité des cas, les intérêts de la population dans son ensemble sont semblables et dans la plupart des cas identiques à ceux de l'industrie manufacturière...»[26]

L'AMC a pour fonctions de renseigner ses membres, d'entretenir des relations avec le public et de faire des recommandations au gouvernement. Dans le cadre de son service d'information, l'AMC du Québec «offre gratuitement les services d'une équipe permanente d'experts spécialisés dans tous les problèmes de gestion et dans les questions touchant l'exploitation d'une entreprise sur le plan provincial»[27]. Cela inclut les relations ouvrières, les échelles de salaire et les conditions de travail, les règlements sur la pollution, l'impôt provincial sur le revenu et les stimulants à l'investissement. La division du Québec publie également un bulletin donnant un résumé des lois ainsi que des détails sur les nouveaux règlements provinciaux ou sur les arrêtés en conseil qui touchent les entreprises québécoises[28].

Tableau 4

*Répartition en pourcentage des réponses des hommes d'affaires du Québec sur l'association patronale la plus efficace dans ses relations avec le gouvernement du Québec**
(Question IIB: «Selon vous, quelle association patronale a été la plus efficace dans ses relations avec le gouvernement du Québec?»)

	Tous les répondants	Répondants canadiens-anglais	Répondants canadiens-français	Répondants de la grande entreprise	Répondants de la moyenne entreprise
Board of Trade	9,5	14,3	1,9	9,8	8,0
Chambre de commerce	27,0	23,8	32,1	25,3	36,0
Conseil du patronat	39,4	35,7	45,1	42,9	24,0
Association des manufacturiers canadiens	13,1	15,5	9,4	11,0	24,0
Associations professionnelles	9,5	9,5	9,4	8,8	8,0
Centre des dirigeants d'entreprise	1,5	1,2	1,9	2,2	0
N = 125					

* Les chiffres ne tiennent pas compte des 12,6% qui n'ont pas répondu à la question.

Bien que l'AMC soit moins active que la Chambre de commerce ou le Conseil du patronat sur la scène provinciale, elle n'en a pas moins soumis de nombreux mémoires sur les différents aspects de la politique québécoise et notamment sur la question linguistique, les relations ouvrières, l'expansion économique, l'éducation et les problèmes sociaux. Mais la plupart de ses contacts avec le gouvernement sont occultes et ne se font pas par présentation de mémoires. Comme le déclarait M. D.H. Fréchette, vice-président exécutif de l'AMC:

> ... L'action de l'AMC s'exerce et continuera de s'exercer principalement sous la forme d'entretiens officieux — au moyen de contacts constants entre des représentants du gouvernement et le personnel de l'AMC et de ses comités.
>
> Auprès d'un certain nombre de ministères fédéraux, cette consultation a pratiquement éliminé toute forme de communication officielle, sauf dans les cas où il est préférable de fournir une documentation complète à l'appui d'une proposition particulière[29].

Il en va de même sur le plan québécois. Un dirigeant de l'AMC à Québec déclarait qu'il était satisfait de ses relations avec le gouvernement. Il prétendait que l'AMC communiquait quotidiennement avec le sous-ministre et ses adjoints, tout en ayant de fréquents contacts avec les ministres et le premier ministre:

> Lorsque nous avons un problème, nous allons généralement voir le ministre compétent et nous lui exposons la situation. Il assigne alors notre cas à un fonctionnaire. Cela nous permet de surveiller ce qui se passe et de connaître la personne de qui doit nous venir la solution[30].

Sur l'unité de pensée qui règne au sein de l'AMC, un dirigeant d'entreprise déclarait: «Il y a de temps à autre des divergences d'opinion, mais elles sont rarement insurmontables»[31], et un dirigeant de l'AMC ajoutait: «Nous n'avons pas de difficulté à obtenir un accord.»[32]

L'AMC s'occupe beaucoup de relations publiques. Elle notait avec satisfaction qu'elle «a été citée en moyenne 3 830 fois par année dans les journaux et périodiques» et que «les éditoriaux d'*Industrie* (organe de l'AMC) ont été reproduits en moyenne 578 fois par an»[33]. L'AMC vise de la sorte à «renseigner le peuple canadien sur les réalisations, les droits et les devoirs de la grande entreprise» et à «faire connaître le monde des affaires au public qui ignore trop souvent les plus simples réalités économiques»[34]. Son principal outil pour arriver à ses fins est un «programme d'éducation économique». Dans un mémoire adressé à M. Guy Saint-Pierre, ministre québécois de l'Industrie et du Commerce, l'AMC demandait «de commencer immédiatement à inculquer aux élèves du secondaire un minimum de notions élémentaires concernant les réalités économiques de notre société» et notamment «la façon dont fonctionne une banque commerciale, une compréhension de l'épargne, les investissements, le gouvernement, la fiscalité et le rôle de l'argent»[35].

Sur les objectifs de ce programme, un dirigeant de l'AMC travaillant à Québec s'exprimait sans ambage: «Les jeunes qui sortent des écoles secondaires doivent savoir que les profits ne sont pas le fruit de l'exploitation des ouvriers. Il faut tuer dans l'œuf toute velléité de révolution»[36]. Selon lui, l'AMC tient à chaque palier régional au moins une assemblée par an avec des représentants des entreprises membres, des étudiants et des professeurs; elle travaille avec les écoles secondaires du Québec à instituer des cours et elle a créé un comité d'étude sur le climat économique dont le rôle est «de réfuter les accusations portées contre le monde des affaires»[37].

La Chambre de commerce

La Chambre de commerce exerce son activité à trois niveaux: canadien, provincial et local. Seule dans son cas au Canada, la Chambre de commerce du Québec est indépendante de la Chambre canadienne et n'a avec elle aucun lien officiel. La séparation est postérieure à la Deuxième guerre mondiale, lorsque la Chambre canadienne a offert aux chambres provinciales de les financer à la condition qu'elles renoncent aux contributions qu'elles touchaient des entreprises. Elles acceptèrent toutes, à l'exception de celle du Québec. L'offre de la Chambre canadienne était pourtant à l'époque de trois à quatre fois supérieure aux moyens de la Chambre québécoise, mais celle-ci voulait demeurer libre de percevoir ses cotisations[38]. Bien lui en prit: avec un budget dépassant le demi-million par année, la Chambre du Québec est aujourd'hui la mieux nantie de toutes les chambres provinciales.

La Chambre de commerce du Québec constitue une fédération de 235 chambres locales. Celles-ci peuvent s'affilier individuellement à la Chambre du Québec et à celle du Canada. Or, presque toutes se sont jointes à la Chambre du Québec contre la moitié seulement à celle du Canada. Certaines d'entre elles sont puissantes. En 1971, par exemple, la Chambre de commerce du district de Montréal comptait 4 000 membres; son actif était de 719 395 dollars et ses revenus, de 219 087 dollars[39]. Elle s'occupe activement de relations publiques et publie une revue mensuelle, *La Revue Commerce*, qui compte plus de 60 000 abonnés. La Chambre de Montréal est affiliée à la Chambre du Québec et à celle du Canada.

Trente mille personnes, hommes d'affaires ou de professions libérales à 90%[40], et 2 000 entreprises sont au total membres des chambres locales affiliées à celle du Québec. Et pourtant, elles se décrivent toutes, officiellement, comme des «organismes communautaires», tant et si bien que la Chambre du Québec n'a jamais adhéré au Conseil du patronat. Or, tout prouve au contraire que les chambres sont des associations patronales. Un dirigeant de la Chambre du Québec admettait que les chambres cherchaient à dissimuler leur rôle de porte-parole du monde des affaires[41], déclaration corroborée par d'autres administrateurs d'associations patronales. Un haut dirigeant du Board of Trade faisait observer que les chambres québécoise et canadienne sont toutes deux financées principalement par les entreprises et qu'elles étaient «des organismes au service de l'entreprise, qu'elles l'admettent ou non»[42]. Commentant la décision prise *in extremis* par la Chambre du Québec de ne pas faire partie du Conseil du patronat, un porte-parole de ce Conseil rejetait le motif invoqué par la Chambre, à savoir qu'elle n'était pas une association patronale[43].

Bien que n'ayant officiellement aucun lien avec le Conseil du patronat, la Chambre maintient de nombreuses relations officieuses avec lui. Un de ses administrateurs faisait état d'assemblées mensuelles entre dirigeants d'associations patronales pour décider d'une ligne d'action. Durant ces réunions, par exemple, on étudie les lois et on cherche à synchroniser l'action des divers groupes. Dans la plupart des cas, les associations acceptent de se partager la tâche; quand l'heure est grave, cependant, elles font toutes pression ensemble. Le même dirigeant affirmait qu'il existe «un accord de principe» entre le Conseil du patronat et d'autres associations patronales[44].

Le processus de décision, à l'intérieur de la Chambre du Québec, montre bien aussi qu'elle est dominée par l'entreprise. Si l'on en croit l'un de ses administrateurs, non seulement les entreprises l'alimentent-elles de leurs deniers, mais elles contrôlent en outre les organismes qui émanent d'elle, surtout en milieu urbain. Même si les chambres locales sont censées, en théorie, prendre toutes les décisions importantes, ajoutait-il, en pratique, ce sont les experts de la Chambre du Québec qui les prennent. A cause de la complexité des problèmes, les groupes régionaux n'ont ni le loisir ni la compétence voulus pour comprendre et évaluer les propositions qui leur sont faites, continuait-il[45]. L'exécutif et le conseil d'administration de la Chambre du Québec sont composés surtout de dirigeants de moyennes entreprises. Le bureau des gouverneurs, cependant, est dominé par de grands hommes d'affaires dont MM. Desmarais, L. Beaudoin, président de Bombardier, L.G. Rolland, président de la Compagnie de Papier Rolland, R.C. Scrivener, ancien président de Bell, et S. Steinberg, président de Steinberg[46].

Bien que la Chambre de commerce soit probablement de toutes les associations patronales la plus hétérogène, il y règne, semble-t-il, un fort consensus. Selon un de ses administrateurs, «il n'est pas trop difficile d'arriver à un compromis» et les principaux désaccords naissent entre grandes et petites entreprises, surtout à cause du fait, ajoutait-il, que celles-ci sont locales et canadiennes-françaises, tandis que celles-là se situent plutôt parmi les transnationales anglo-saxonnes[47]. Cette situation n'empêche pas la Chambre du Québec d'adopter, à ses assemblées annuelles, une foule de résolutions précises sur les sujets les plus divers. En 1971, par exemple, elle publiait une brochure de 100 pages contenant des propositions touchant à la plupart des sphères d'activité du gouvernement: communications, travaux publics, industrie et commerce, et éducation[48].

La Chambre de commerce de la province de Québec et ses succursales régionales s'emploient surtout à protéger les intérêts des chefs d'entreprise canadiens-français. Pour citer la Chambre de Montréal:

> C'est le fait français qui justifie exclusivement l'existence de la Chambre du district de Montréal... Pour votre chambre, le but à atteindre n'est pas seulement le bilinguisme! Son but, son rôle, c'est la promotion économique et sociale d'une nation, la nation canadienne-française[49].

De plus, toujours selon la Chambre de Montréal, le fait français est sa seule raison d'être face au Montreal Board of Trade:

> Le fait français s'identifie tellement à votre Chambre que l'en désintéresser équivaudrait à la faire disparaître ou à provoquer son intégration au Montreal Board of Trade, avec lequel elle ferait dès lors double emploi complet. S'il est en effet facile d'imaginer un Board of Trade bilingue, il n'en va pas de même d'un Board of Trade revendiquant la prise d'influence des Canadiens français dans tous les domaines, et plus particulièrement à la tête des grandes entreprises et des sommets de l'Etat[50]!

Tout comme l'AMC, les chambres s'occupent beaucoup de relations publiques et de l'enseignement de l'économie. La Chambre canadienne publie des brochures sur les bienfaits du profit et de la libre entreprise[51]. M. John Ellis, qui en a été président en 1972, soutenait que pour faire taire ceux qui critiquent le système de la libre entreprise, il n'y a pas d'autre moyen que d'enseigner l'économie dans les écoles[52]. La Chambre du Québec affirmait, elle aussi, que les problèmes sociaux actuels découlent pour une bonne part de carences dans l'enseignement de l'économie[53].

Pour ce qui est de son accès auprès du gouvernement, la Chambre du Québec, selon un de ses dirigeants, a des contacts presque quotidiens avec des ministres, des sous-ministres et des chefs de division; elle dispose en outre de quatre lignes téléphoniques directes vers Québec et un de ses administrateurs se rend dans la capitale presque toutes les semaines. C'est surtout sur les ministres qu'elle exerce ses pressions, tandis que les fonctionnaires lui servent de sources d'information pour rédiger ses mémoires, connaître les dessous d'une loi ou préparer ses entrevues avec les ministres. Le conseil exécutif de la Chambre rencontre généralement ministres et sous-ministres, un à un, au moins une fois l'an. En outre, il rencontre chaque année le cabinet en entier. Ces assemblées durent d'habitude quatre ou cinq heures. La Chambre est la seule association à entretenir des relations aussi officielles avec le gouvernement du Québec, à l'exception, bien sûr, des différents organismes consultatifs[54].

Le Montreal Board of Trade

Le Montreal Board of Trade est le pendant canadien-anglais de la Chambre de commerce du district de Montréal. Contrairement à celle-ci, cependant, tous ses membres sont des entreprises. Le Board représente environ 3 000 établissements commerciaux de la région de Montréal, dont 2 200 ont moins de 100 employés. Son actif est d'environ deux millions de dollars et ses revenus annuels sont de 250 000 dollars. Le Board of Trade est membre de la Chambre de commerce du Canada et de celle du Québec[55].

Comme nous l'exposerons dans la deuxième partie de cette étude, le Board participe à de nombreux débats politiques au niveau gouvernemental et notamment sur la protection du consommateur, le développement économique, la question linguistique et l'éducation. Il offre également bon nombre de services qu'on trouve dans d'autres associations patronales comme des cours de formation en affaires, des ateliers sur l'administration du personnel, une section sur les relations avec les employés et des consultations sur le transport. Le Board publie à l'intention de ses membres des circulaires bimensuelles comportant des conseils sur les lois et les règlements nouvellement en vigueur sur la scène municipale, provinciale ou fédérale et qui touchent le monde des affaires[56].

Pour ce qui est de la présence de la grande entreprise au sein du Board, un de ses dirigeants donnait trois raisons au fait que les entreprises de plus de 100 employés y exercent une influence prépondérante: les petites sociétés ont peu de temps à consacrer au Board; en outre, plusieurs des experts travaillant pour le Board sont des employés de grandes entreprises et c'est eux qui rédigent la plupart des mémoires soumis au gouvernement et exécutent les travaux de recherche; enfin, les grandes entreprises assument plus de la moitié des dépenses du Board[57].

La grande entreprise est d'ailleurs bien représentée aux échelons supérieurs du Board. En 1972-1973, le conseil, formé de 21 membres élus, avait comme président M. K.A. White, président du Royal Trust, et comptait des représentants de la Banque de Montréal, d'Alcan Aluminium, de la Compagnie Internationale de Papier, de Domglas, d'Imperial Tobacco, de Zellers, de la Banque Toronto-Dominion, de CAE, d'Eaton et d'Air Canada[58].

Un dirigeant du Board déclarait que les membres en arrivent facilement à un accord sur la plupart des questions et notamment le développement régional, l'impôt, la question linguistique et les lois ouvrières: «Nous nous mettons d'accord très facilement sur la plupart des sujets, tant au Board of Trade qu'à la Chambre de commerce du Québec.»[59]

Le Board se disait satisfait de son accès auprès du gouvernement; la plupart du temps, il présentait ses revendications directement, sans passer par la Chambre de commerce du Québec. Un porte-parole du Board soutenait qu'il traitait régulièrement et sans intermédiaire avec des ministres et des sous-ministres et que le ministre et les hauts fonctionnaires du ministère de l'Industrie et du Commerce étaient particulièrement utiles parce qu'ils «comprenaient la mentalité des hommes d'affaires»[60]. Il ajoutait que les ministres demandaient souvent conseil aux dirigeants d'entreprise et que plusieurs d'entre eux passaient de trois à cinq jours à Montréal quand l'Assemblée nationale ne siégeait pas[61].

Le Centre des dirigeants d'entreprise

Le Centre des dirigeants d'entreprise est composé d'environ mille hommes d'affaires représentant à peu près 400 entreprises. Ses membres, selon un dirigeant, se recrutent principalement parmi la petite et la moyenne entreprise et sont à 90% francophones. Le recrutement chez les anglophones a été un échec. Contrairement à la Chambre de commerce de la province de Québec, le CDE n'est pas une fédération; ses huit bureaux régionaux relèvent du bureau de Montréal[62].

Bien que le CDE ait mis sur pied neuf comités consacrés, entre autres, aux relations ouvrières, au développement régional et à la question linguistique, et offre divers services à ses membres, comme celui de les conseiller sur les fusions, ses objectifs principaux sont sociaux et idéologiques. Pour citer un administrateur du CDE:

> Le CDE n'a pas comme but primordial de fournir des services ou d'exercer des pressions. Il cherche avant tout à intégrer l'entreprise dans le milieu socio-économique du Québec. Nous travaillons à longue échéance à faire évoluer les milieux d'affaires et à modifier l'opinion qu'ont d'eux le gouvernement et le public[63].

Le CDE est incontestablement l'association patronale la plus «avant-gardiste» du Québec. Il s'intéresse presque exclusivement à l'aspect social et humain de l'entreprise et notamment à certaines questions internes comme la frustration des cadres moyens. En outre, c'est la seule association à n'avoir pas pignon sur rue dans le quartier financier de Montréal; ses modestes locaux sont situés dans un quartier de la petite bourgeoisie, dans le nord-est de Montréal. Dans l'ensemble, sa situation au sein du monde des affaires tient du paradoxe. Bien que ses membres se composent en majorité de petits hommes d'affaires de tendance conservatrice, ses prises de position sont plus libérales que celles de toute autre association patronale. Un énoncé de principe publié en 1971 précisait que l'objectif principal du CDE est «d'intégrer l'homme au milieu des affaires», «d'adapter l'entreprise aux besoins économiques et sociaux du milieu dans lequel elle fonctionne» et «d'élargir les horizons des hommes d'affaires»[64].

C'est principalement au CDE, croit-on, qu'on devrait le regroupement des associations patronales sous l'égide du Conseil du patronat[65], ainsi que la création du Conseil de la planification et du développement du Québec en 1970[66] et la régénération du Conseil consultatif du travail et de la main-d'œuvre. Il aurait en outre joué un rôle important dans la mise au point de mécanismes de «concertation» entre les travailleurs, les patrons et le gouvernement. Son principal objectif en l'occurence est d'éviter les crises sociales et ouvrières:

> En faisant pression sur les gouvernements pour les inciter à mettre en place des mécanismes de concertation vraiment fonctionnels, le CDE contribue à désamorcer les aspects les plus virulents de la contestation et à faire partager une vue plus ordonnée des problèmes communs[67].

La création du Conseil du patronat en 1969 allait inévitablement remettre en question le rôle et même la raison d'être du CDE. Selon un de ses dirigeants, même si le Conseil du patronat a supplanté le CDE dans son rôle d'intermédiaire auprès du gouvernement et d'agent de «concertation» avec les syndicats, celui-ci n'en a pas moins une importante mission à remplir comme «conscience sociale» des milieux d'affaires et comme comité chargé d'élaborer à long terme une stratégie pour la défense et la survie de l'entreprise[68]. C'est cette mission que décrivait M.C. Dessureault, président du CDE en 1973 et un des dirigeants de CIL:

> ... Le CDE, malgré le Conseil du patronat, malgré la Chambre de commerce du Québec et celle de Montréal, croit toujours être un élément utile au monde des affaires et offrir quelque chose de différent: l'accélération de l'évolution de l'entreprise vers l'accomplissement de son rôle social et communautaire, donc économique.
>
> Le CDE a une philosophie plus avancée que la Chambre de commerce, vise moins à la défense de l'entreprise privée comme telle, veut s'axer sur la recherche à long terme à l'intérieur du monde patronal, se préoccupe, en fait, de l'évolution de l'entreprise dans le monde de demain[69].

Un administrateur du CDE expliquait que les graves difficultés financières qui ont assailli l'association en 1971 tenaient surtout au fait que «les préoccupations à long terme ne sont guère rentables sur la rue Saint-Jacques»[70]. En 1972, le Conseil lançait une vaste campagne de souscription pour éponger un déficit de 70 000 dollars. Quelques grandes entreprises, comme la Banque de Montréal et la Banque Royale du Canada en devenaient membres la même année[71]. Ce n'était pourtant pas suffisant. En avril 1972, le gouvernement du Québec décidait de lui octroyer 25 000 dollars[72]. En 1975, le ministère de l'Industrie et du Commerce accordait de nouveau 49 000 dollars au CDE et 60 000 à la Chambre du Québec. Comme les milieux d'affaires eux-mêmes, en dépit de leurs ressources financières importantes, ne semblaient pas considérer utile à leurs fins d'assurer la survie de ces associations[73], on peut se demander pourquoi le gouvernement du Québec a décidé de les aider. Selon l'hypothèse la plus plausible, le gouvernement aurait de la sorte essayé d'amener le patronat à adopter des vues plus libérales, espérant par là améliorer le climat social.

Sur le plan des contacts avec les gouvernants, le CDE, comme d'autres associations patronales, était en bonne posture. Un de ses dirigeants déclarait que ses principaux interlocuteurs étaient les sous-ministres et les ministres, lui-même traitant surtout avec M. Saint-Pierre[74].

Les associations verticales: le cas de l'Association des banquiers canadiens

Dans presque tous les secteurs industriels, qu'il s'agisse des pâtes et papiers, d'assurance, de mines, de commerce de détail, existent des associations verticales bien organisées. Dans leurs contacts avec le gouvernement, elles donnent généralement la priorité aux questions qui les touchent spécifiquement plutôt qu'aux problèmes d'ordre général. Comme il serait oiseux d'examiner chacune de ces associations, nous avons choisi probablement la plus puissante de toutes, l'Association des banquiers canadiens.

L'ABC compte en tout 100 employés: 60 au siège social à Toronto et 40 à Montréal. Dans son conseil exécutif, on retrouve les principaux dirigeants des grandes banques canadiennes et elle traite surtout avec le gouvernement fédéral puisque les provinces ont peu de pouvoirs en ce domaine. L'ABC possède néanmoins une section québécoise qui, selon un de ses dirigeants, «ne joue pas un rôle majeur puisque les sièges sociaux de cinq des plus grandes banques se trouvent à Montréal et que leurs dirigeants sont très au fait de ce qui se passe à Québec et rencontrent régulièrement des représentants du gouvernement»[75].

L'ABC a également à Québec même un comité composé des principaux banquiers de la région et de quelques avocats de la ville. Sa principale fonction est de régler les problèmes mineurs et de renseigner l'ABC sur les lois québécoises; le comité essaie dans la mesure du possible de connaître les projets de loi avant qu'ils deviennent publics. On confie la plupart des problèmes secondaires à Me Renaud Saint-Laurent, fils de l'ancien premier ministre du Canada, M. Louis Saint-Laurent, qui est aussi membre de plusieurs conseils d'administration. Avocat et conseiller juridique de l'ABC à Québec, Me Saint-Laurent s'emploie à résoudre les problèmes au niveau des sous-ministres. S'il s'agit d'une nouvelle loi ou si le problème est important, il en réfère au bureau de Montréal de l'ABC[76].

Comme les autres associations patronales, l'ABC fait beaucoup de relations publiques. Elle tente de stimuler l'étude de l'économie, de concert avec l'AMC et la Chambre de commerce. Aux dires de l'un de ses dirigeants: «Elle est poussée par ses membres à faire de la publicité pour l'entreprise privée»[77]. Elle vise surtout à améliorer l'image du monde des affaires. C'est pourquoi «l'ABC a mis en ondes un bon nombre de messages radiophoniques qui sont actuellement (en 1973) diffusés par 40 à 50 stations» et elle a publié quelques brochures ainsi qu'un livre sur «l'administration financière», vendu à plus d'un quart de million d'exemplaires, surtout dans les écoles[78].

Tout indique que les banques sont satisfaites de leur association et que celle-ci n'a aucune difficulté à faire l'accord entre ses membres. C'est ce que déclarait un de ses dirigeants: «Nous n'avons pas de mal à nous entendre. Toutes les banques nous appuient. Nos membres se serrent les coudes même s'il y a parmi nous trois des quinze plus grandes banques au monde»[79]. Deux présidents de banque l'ont d'ailleurs confirmé: «L'accord au sein de l'ABC est presque automatique»[80], déclarait l'un, et l'autre d'ajouter: «L'ABC a l'oreille du gouvernement» et prend une part importante «avec les représentants de l'Etat à la rédaction des mesures de réglementation»[81].

Le Conseil du patronat du Québec

Le Conseil du patronat est une fédération d'employeurs regroupant les associations patronales[82], à l'exception de la Chambre de commerce, et la plupart des associations verticales. Il compte 130 associations membres, représentant les employeurs de plus de 80% de la main-d'œuvre québécoise. Fondé le 20 janvier 1969, il est rapidement devenu l'interlocuteur le plus autorisé des dirigeants d'entreprise auprès du gouvernement et de la population du Québec[83].

On peut se demander pourquoi l'entreprise a ressenti la nécessité de se donner une voix unique au Québec alors que rien de tel n'existe dans la plupart des provinces du Canada ou aux Etats-Unis.

Le président d'une association patronale en donnait comme raison principale «le besoin qu'éprouve l'entreprise de se définir un point de vue commun devant le militantisme du mouvement ouvrier et les divers fronts communs»[84]. D'après un autre porte-parole, «certaines associations et certains hommes d'affaires inclineraient à penser qu'en ayant la même voix, les relations avec l'Etat seraient plus efficaces et plus faciles»[85].

Le Conseil est la première association patronale dirigée par des Canadiens français malgré le fait que ses appuis financiers lui viennent surtout des Canadiens anglais[86]. «La présence de Canadiens français à la direction, expliquait un dirigeant d'une importante société québécoise, membre du bureau des gouverneurs du Conseil, est utile parce qu'elle facilite les communications avec le gouvernement et qu'elle nous aide au niveau des relations publiques»[87]. Ici encore apparaît clairement le rôle d'agent de relations publiques joué par les patrons canadiens-français.

Selon l'un de ses dirigeants, au moins 90% de l'activité du Conseil se déroule sur la scène québécoise. Le CPQ représente le monde des affaires au sein de plusieurs organismes consultatifs du gouvernement, comme le Conseil de la planification et du développement du Québec où il compte trois membres, l'Office de la protection du consommateur où il en compte cinq et le Conseil consultatif du travail et de la main-d'œuvre où il en compte également cinq. Il présente en outre des mémoires notamment sur l'impôt, la négociation sectorielle, les lois ouvrières, la question linguistique et soumet des observations à divers comités de l'Assemblée nationale. Enfin chaque année les dirigeants du Conseil rencontrent le premier ministre et le ministre des Finances à propos du budget[88].

Durant les trois premières années, le Conseil a fait porter l'essentiel de ses efforts sur les lois ouvrières mais, aux dires de l'un de ses dirigeants, c'était le fruit des circonstances; les syndicats étaient actifs et le gouvernement légiférait beaucoup dans le domaine du travail. Après 1972, le Conseil a consacré au moins autant de temps aux affaires économiques[89].

Sur le plan des relations publiques, le Conseil défend énergiquement le fédéralisme et la libre entreprise. En 1972, par exemple, il publiait une brochure intitulée *Détruire le système actuel? C'est à y penser*[90], sur les avantages de la libre entreprise et divers objectifs économiques à long terme.

Les entrevues ont confirmé que le Conseil du patronat et son président, M. C. Perreault, sont tenus en haute estime par les hommes d'affaires québécois surtout «pour avoir ouvert de nouvelles voies d'accès auprès du gouvernement»[91], «pour avoir fait preuve d'efficacité dans les relations entre patrons et ouvriers»[92] et pour avoir été «un excellent porte-parole des milieux d'affaires du Québec»[93]. Comme le soulignait le président du conseil d'une grande entreprise: «Dans tout ce qui se fait au Québec, le Conseil du patronat a son mot à dire.»[94] Un dirigeant du Conseil reconnaissait d'ailleurs que celui-ci a eu d'excellents contacts avec le gouvernement à tous les niveaux à Québec[95].

Le Conseil du patronat a en outre réussi à présenter le point de vue du patronat sur presque toutes les grandes questions sociales, économiques et politiques. «Depuis quatre ans et demi, déclarait un de ses administrateurs, le Conseil a réussi à faire l'accord sur toutes les questions importantes»[96] même si certains sujets d'ordre culturels comme la question linguistique, s'y prêtaient plus difficilement. Deux autres dirigeants ont corroboré cette unité au sein du Conseil[97].

Quelles relations entretient le Conseil du patronat avec les grandes entreprises? Ici encore, et pour les mêmes raisons, ce sont elles qui ont la haute main au sein du Conseil. La chose n'a rien d'étonnant puisque la majorité de ses fonds lui sont fournis par un nombre relativement restreint de grandes entreprises. En 1971, le Conseil a dépensé 168 477 dollars dont 10 000 seulement provenaient des cotisations des associations-membres, le reste ayant été versé par une centaine de grosses sociétés[98]. En 1974, le Conseil publiait les noms des 117 entreprises qui le finançaient. On y retrouvait les plus grandes sociétés du Québec et, chose curieuse, deux sociétés d'Etat: l'Hydro-Québec et Sidbec. La CIL, la Banque Royale et Canada Ciment Lafarge ont aidé le Conseil du patronat à ses débuts et continuent à le faire régulièrement[99]. Celui-ci a bien essayé de se financer grâce à ses associations patronales, mais sans succès.

Le Conseil du patronat a modifié ses structures de manière à admettre des entreprises. Les sociétés qui le financent peuvent maintenant en devenir membres et élire leurs propres représentants au bureau des gouverneurs. Ce bureau est constitué parallèlement au conseil de direction, composé principalement de représentants d'associations patronales, et les liens qui les unissent ne sont pas clairs. D'après un administrateur d'une association patronale, cette modification a permis aux grandes entreprises qui paient la note d'exercer leur autorité sur le Conseil aux dépens des membres de la fédération. Il ajoutait qu'à son avis, elles avaient bataillé ferme pour le dominer, après s'être rendu compte de l'importance qu'il avait prise[100]. Enfin, il prétendait que les petites entreprises s'étaient opposées aux efforts des grandes pour obtenir un statut particulier comme entreprises membres.

Un dirigeant du Conseil a soutenu que l'admission des entreprises à titre de membres était essentielle à la survie du Conseil et découlait du principe «pas de taxation sans représentation». Cependant, ajoutait-il, les nouvelles structures «ne les avantagent pas tellement»[101]. Si tel était le cas, pourtant, on comprendrait mal pourquoi certaines entreprises se sont donné tant de mal pour obtenir ces modifications. Un dirigeant d'une grande entreprise prétendait que ce geste visait à «amadouer certaines sociétés»[102]. Quant au vice-président d'une société d'assurance, il estimait que l'admission des grandes entreprises au Conseil était bénéfique sur le plan financier mais aussi «parce qu'elles fournissent la majeure partie des experts et des collaborateurs pour les comités, les rapports, etc.».

Dans une lettre ouverte à *La Presse*, le 28 janvier 1976, M. J. Arthur Bédard, ancient président du CDE, se plaignait amèrement du fait que le CPQ ne représentait pas vraiment l'ensemble des employeurs québécois, mais seulement les entreprises les plus importantes et en grande partie étrangères. Selon lui, le CPQ reflète les intérêts des sociétés qui le financent, d'où son opposition aux rapports Tetley et Descoteaux réclamant une réglementation plus stricte des investissements étrangers.

Un dirigeant du Conseil à qui l'on demandait quelle était l'influence des grandes entreprises sur le Conseil répondit qu'elles exerçaient des pressions discrètes et que seules deux ou trois sociétés, insatisfaites, s'en étaient retirées. Il n'en reste pas moins que le Conseil vit des contributions des grandes entreprises. Que seulement deux ou trois d'entre elles aient été assez mécontentes pour s'en retirer prouve à quel point l'accord est grand au sein du Conseil.

NOTES:

1 Gérard Braunthal, *The Federation of German Industry in Politics*, Ithica, Cornell University Press, 1965, p. 345.

2 U.W. Kitzinger, *German Electoral Politics*, Oxford, Clarendon Press, 1960, p. 245.

3 Joseph La Palombara, *Interest Groups in Italian Politics*, Princeton, Princeton University Press, 1964, p. 414.

4 Voir Lewis Edinger, *Politics in Germany*, Boston, Little, Brown and Company, 1968, p. 177, et R.A. Rose.

5 Braunthal, p. 345.

6 A cette question, 4,2% des répondants n'ont pas répondu.

7 Ces résultats contredisent d'autres travaux de recherche. Epstein, par exemple, estime que «certains dirigeants de grandes entreprises ont le sentiment que les associations patronales ne défendent pas suffisamment les intérêts politiques des grandes sociétés qui en sont membres», p. 52.

8 La Palombara, p. 416.

9 M. Jean Meynaud, cité par Miliband, p. 163.

10 Epstein, p. 50.

11 Entrevue, mai 1973.

12 Entrevue, mai 1973.

13 Entrevue, mai 1973.

14 Entrevue, mai 1973.

15 Paul Diment, «How Your Trade Associations Help You», *Canadian Business*, mai 1969, p. 63.

16 Entrevue, mai 1973. «Lorsqu'il s'agit d'interpréter le Code du travail, ce n'est pas Du Pont ou d'autres grandes entreprises qui nous appellent, mais surtout les petits employeurs, canadiens-français de surcroît.»

17 Plusieurs dirigeants d'associations patronales ont admis que celles-ci sont financées par une poignée de grandes entreprises (entrevue, mai 1973).

18 Entrevue, mai 1973.

19 Entrevue, mai 1973.

20 Entrevue, mai 1973.

21 Si l'on incluait le Conseil du patronat auquel toutes les sociétés appartiennent par l'intermédiaire de leurs associations, on arriverait au nombre de 4 par répondant. Les hommes d'affaires canadiens-français semblent moins intéressés aux associations patronales que leurs collègues canadiens-anglais, la moyenne étant de 2,7 associations pour les premiers et de 3,2 pour les derniers.

22 Pour en savoir d'avantage sur l'activité de l'AMC, voir D.H. Fréchette, «The CMA — Spokesman for Industry», Paul Fox, éd. *Politics: Canada*, 3e édition, Toronto, McGraw-Hill of Canada, 1970, pp. 172-175.

23 Entrevue, mai 1973.

24 Entrevue, mai 1973.

25 Lettre adressée à l'auteur par M. K.W. Counsell, directeur du service des relations publiques de l'AMC, le 14 avril 1972, p. 2.

26 *Ibid.*, p. 3.

27 Association des manufacturiers canadiens, *L'AMC au Québec*, Montréal, Association des manufacturiers canadiens, 1972, p. 4.

28 *Ibid.*

29 M. D.H. Fréchette, cité dans le *Financial Post*, «Improve Business-Government Ties», 7 octobre 1972.

30 Entrevue, mai 1973.

31 Entrevue, mai 1973.

32 Entrevue, mai 1973.

33 Association des manufacturiers canadiens, *Ce qu'est l'AMC, son rôle*, Montréal, Association des manufacturiers canadiens, 1972, p. 2.

34 Association des manufacturiers canadiens, *L'AMC, les premiers cent ans*, Montréal, Association des manufacturiers canadiens, 1971, p. 17.

35 *Idem.*, *Une politique industrielle pour le Québec*, Québec, Association des manufacturiers canadiens, 1972, ann. M, pp. 1 et 2.

36 Entrevue, mai 1973.

37 Entrevue, mai 1973.

38 Renseignements obtenus lors d'une entrevue avec un dirigeant de la Chambre de commerce en mai 1973.

39 Chambre de commerce du district de Montréal, *Rapport de son 84e exercice annuel 1970-1971*, Montréal, Chambre de commerce du district de Montréal, 1971, pp. 12 et 13.

40 Chambre de commerce de la province de Québec, *Mémoire annuel*, Montréal, Chambre de commerce de la province de Québec, 1972, p. 1.

41 Entrevue, mai 1973.

42 Entrevue, mai 1973.

43 Entrevue, mai 1973.

44 Entrevue, mai 1973.

45 Entrevue, mai 1973.

46 Chambre de commerce de la province de Québec, *Faits et tendances*, vol. 25, no 4, mars 1973, p. 2

47 Entrevue, mai 1973.

48 Chambre de commerce de la province de Québec, *Déclaration de principes*, Montréal, Chambre de commerce de la province de Québec, 1971. A son congrès de 1973, la Chambre a également adopté des recommandations détaillées qui ont été publiées dans *Politiques d'action 1973*, Montréal, Chambre de commerce de la province de Québec, 1973.

49 Chambre de commerce du district de Montréal, *Rapport de son 84e exercice annuel 1970-1971*, p. 4.

50 *Ibid.*

51 Ce sont notamment *L'économie et vous*, Montréal, Chambre de commerce du Canada, 1969, et *Le profit: c'est quoi?*, Montréal, Chambre de commerce du Canada, 1972.

52 M. John Ellis, cité par la Presse canadienne, «Etablir une communication suivie entre gouvernants-hommes d'affaires-syndicats», *Le Devoir*, 20 septembre 1972.

53 Chambre de commerce de la province de Québec, *Mémoire annuel*, p. 9

54 Renseignements tirés d'une entrevue avec un dirigeant de la Chambre du Québec en mai 1973.

55 Montreal Board of Trade, *Annual Report 1970-1971*, Montréal, Board of Trade, 1971, pp. 14 et 15.

56 *Ibid.*, p. 17.

57 Entrevue, mai 1973.

58 Le *Montreal Gazette*, «Supplement on the Board of Trade», 4 mai 1972.

59 Entrevue, mai 1973.

60 Entrevue, mai 1973.

61 Entrevue, mai 1973.

62 Entrevue, mai 1973.

63 Entrevue, mai 1973.

64 Centre des dirigeants d'entreprise, «Elements of a Strategy for Business», *Industrial Relations*, vol. 26, décembre 1971, pp. 999 et 1000.

65 C'est l'option d'un dirigeant du CDE et aussi de M. Laurent Bélanger dans *Evolution du patronat et ses répercussions sur les attitudes et pratiques patronales dans la province de Québec*, étude no 14, Bureau du Conseil privé, Ottawa, Imprimeur de la Reine, 1970, p. 107.

66 On trouvera des détails sur le Conseil de la planification et du développement du Québec au chapitre 5.

67 Centre des dirigeants d'entreprise, *Structures et fonctionnement*, Montréal, Centre des dirigeants d'entreprise, 1972, p. 3.

68 Entrevue, mai 1973.

69 Pierre Vennat, «Claude Dessureault à la barre d'un CDE qui cherche une vigueur nouvelle», *La Presse*, 27 novembre 1973.

70 Entrevue, mai 1973.

71 Rhéal Bercier, «Le CDE pourra effacer son déficit», *La presse*, 10 octobre 1972.

72 *Idem*. «Le gouvernement du Québec finance un organisme patronal», *La Presse*, 27 avril 1973.

73 Seulement 1,5% des répondants au questionnaire ont désigné le CDE comme «l'association patronale le plus efficace dans ses relations avec le gouvernement du Québec».
M. Bélanger en est arrivé à une toute autre conclusion; il a prétendu qu'au Québec, le CDE était reconnu comme l'association patronale la plus importante, p. 105. Même si l'analyse de M. Bélanger portait sur la période précédant la création du Conseil du patronat, l'écart est substantiel.

74 Entrevue, mai 1973.

75 Entrevue, mai 1973.

76 Entrevue, mai 1973.

77 Entrevue, mai 1973.

78 Entrevue, mai 1973.

79 Entrevue, mai 1973.

80 Entrevue, mai 1973.

81 Entrevue, mai 1973. Il ajoutait que l'ABC vient en aide au gouvernement parce que «nous avons beaucoup d'expérience et que les représentants du gouvernement ne savent pas ce dont nous avons besoin et ce qui nous sera utile».

82 Les associations patronales horizontales sont ouvertes à toutes les entreprises tandis que les associations verticales regroupent les sociétés par secteur.

83 Selon le CDE dans «Elements of a Strategy for Business»: «Après ses deux années et demi d'existence, le Conseil du patronat connaît de remarquables succès. Il est maintenant considéré comme le porte-parole des grands patrons tant par le gouvernement que par les syndicats», p. 998.

84 Entrevue, mai 1973.

85 Entrevue, mai 1973.

86 Entrevue, mai 1973.

87 Entrevue, mai 1973.

88 Conseil du patronat, *Rapport annuel: 1971-1972*, Montréal, Conseil du patronat, 1972, pp. 2 et 3.

89 Entrevue, mai 1973.

90 Conseil du patronat, *Détruire le système actuel? C'est à y penser*, Montréal, Publications les Affaires, 1972.

91 Entrevue, mai 1973. Selon un dirigeant d'association patronale, M. Perreault et M. Robert Bourassa, premier ministre du Québec, sont très amis depuis qu'ils ont ensemble fait partie de la Commission Bélanger sur le système d'impôt du Québec.

92 Entrevue, mai 1973.

93 Entrevue, mai 1973.

94 Entrevue, mai 1973.

95 Entrevue, mai 1973.

96 Entrevue, mai 1973.

97 Entrevue, mai 1973.

98 Entrevue, mai 1973.

99 Renseignements tirés d'entrevues en mai 1973.

100 Entrevue, mai 1973.

101 Entrevue, mai 1973.

102 Entrevue, mai 1973.

Chapitre 5

Le patronat et ses voies d'accès auprès du gouvernement

Chapitre 5

Le patronat et ses voies d'accès auprès du gouvernement

Lorsqu'on veut exercer une influence quelconque, il est essentiel d'avoir accès auprès de ceux qui prennent les décisions. Sans cette relation, il est difficile sinon impossible à l'acteur de la scène politique de faire valoir ses vues et d'exercer des pressions. Nous allons examiner ici ces relations, tant officielles qu'officieuses, des hommes d'affaires avec le gouvernement du Québec. Nous verrons quelle en est la nature et l'importance et quels en sont les mécanismes spécifiques, c'est-à-dire les méthodes qu'utilise l'individu qui, au sein de l'entreprise, traite avec le gouvernement. Ce faisant, nous allons aussi apprécier la position et le poids des entreprises dans les hautes sphères du pouvoir. En second lieu, nous examinerons certains aspects de la dépendance du gouvernement par rapport aux milieux financiers, notamment le financement des partis et la nécessité dans laquelle l'Etat se trouve d'emprunter des capitaux. Ces facteurs sont étroitement liés à l'accès des financiers auprès des gouvernement car ils peuvent, directement ou indirectement, rendre ces derniers plus réceptifs aux exigences des hommes d'affaires.

En plus des mécanismes officiels et officieux de ces relations, nous allons traiter de l'interpénétration des institutions qui lient financiers et gouvernants, c'est-à-dire de l'échange et du chevauchement du personnel entre le patronat et le gouvernement. Il va sans dire que nous disposons de peu de données en ces matières et qu'il a fallu s'en remettre presque exclusivement au questionnaire et aux entrevues; de fait, une part appréciable de notre recherche a porté sur ce seul domaine.

Il faut, dès le départ, se rappeler que la possibilité d'accès auprès des gourvernants est fonction de la richesse et du pouvoir économique. Ainsi, le gouvernement reconnaît sa dépendance à l'égard du monde des affaires dans l'accomplissement des principales fonctions économiques. Pour citer Epstein:

> Les dirigeants du monde des affaires exerçent beaucoup d'influence du fait qu'ils sont les gestionnaires des entreprises les plus importantes du pays et que le gouvernement ne peut pas se passer de leur collaboration et de leur assistance [1].

> La concentration de grandes richesses entre les mains d'un nombre relativement réduit d'entreprises confère à celles-ci le pouvoir (même si elles ne l'exercent pas) d'agir sur le plan politique, ce dont les responsables doivent tenir compte dans l'élaboration des politiques gouvernementales[2].

Mais la richesse procure encore d'autres avantages plus précis. Epstein poursuit:

> La richesse permet aussi aux entreprises de financer les nombreuses initiatives gouvernementales et électorales essentielles à l'avancement de leurs intérêts politiques. Il est coûteux de financer, par exemple, le maintien d'employés qui se consacrent exclusivement aux questions politiques, de souscrire à la caisse des candidats et partis politiques, d'exercer des pressions dans les sphères administratives, législatives et exécutives du gouvernement, de soutenir des procès et de faire de la publicité dans les média[3].

Moyens officieux d'accès

De nombreux auteurs ont prétendu que les hommes d'affaires, surtout ceux de la grande entreprise, avaient leurs entrées aux échelons supérieurs du gouvernement, y compris auprès des ministres et des hauts fonctionnaires[4]. Le questionnaire et les entrevues corroborent cette hypothèse sans équivoque dans le cas du Québec, où les hommes d'affaires non seulement jouissent d'une grande facilité d'accès à ces milieux, mais encore parviennent à traiter avec qui leur plaît au sein du gouvernement. On constate également qu'ils sont fort satisfaits de l'efficacité de ces contacts.

On a d'abord demandé aux hommes d'affaires du Québec s'ils avaient un «accès raisonnablement rapide» auprès des hauts fonctionnaires et des ministres. Pour les hauts fonctionnaires, 94,1% des dirigeants des cent plus grosses entreprises ont répondu «oui» et 85,1% ont prétendu avoir leurs entrées auprès des ministres. Il y avait peu de différence sur ce point entre Canadiens français et anglais, mais les dirigeants de la moyenne entreprise trouvaient l'accès nettement moins facile: seulement 65,2% d'entre eux rejoignaient rapidement les hauts fonctionnaires et 57,1% les ministres. La position privilégiée des dirigeants de la grande entreprise va ressortir davantage au cours de ce chapitre, mais il est déjà clair que le gouvernement lui-même est conscient de l'importance particulière de ces individus.

Deux autres questions devaient servir à comparer les méthodes usuelles de communication auprès du gouvernement avec celles que les hommes d'affaires estimaient les plus efficaces pour influencer le gouvernement du Québec. Il s'agissait de savoir si les hommes d'affaires parvenaient à traiter avec le gouvernement de la façon qu'ils jugeaient la plus efficace. On leur a d'abord demandé de quelle façon ils abordaient ordinairement le gouvernement, en leur offrant les choix suivants: «contacts personnels», «campagne dans l'opinion publique», «par l'intermédiaire des associations patronales» et «autre». On peut voir au tableau 5 que 76,7% des hauts dirigeants des grandes entreprises utilisent des contacts personnels tandis que 20,7% préfèrent agir par l'intermédiaire des associations patronales. Les dirigeants de la moyenne entreprise avaient davantage recours à leurs associations (27,6%) qu'à des contacts personnels (69%). On verra ci-après que les contacts personnels des dirigeants de la moyenne entreprise se faisaient à un niveau inférieur.

On demandait ensuite aux hommes d'affaires quelle était à leurs yeux «la méthode la plus efficace pour influencer le gouvernement». Ils avaient les mêmes choix que pour la question précédente. Le tableau 6 montre que 65,8% des dirigeants des grandes entreprises optaient pour les «contacts personnels», 2,6% pour les campagnes auprès de l'opinion publique et 30,7% pour leurs associations patronales[5].

Les associations patronales apparaissent donc nettement moins efficaces que les contacts personnels. Ici encore, la différence de comportement entre les dirigeants de la grande et de la moyenne entreprise était appréciable. Si 50% des dirigeants de la moyenne entreprise jugeaient plus efficaces les contacts personnels, une forte proportion, soit 42,9% préféraient le recours à leurs associations, sans doute parce qu'ils avaient moins facilement accès aux hauts dirigeants gouvernementaux comme nous le verrons ci-après. Cela expliquerait pourquoi, dans la moyenne entreprise, on a non seulement tendance à se fier davantage à ses associations mais aussi à les trouver plus efficaces.

En faisant la corrélation entre les deux questions, on peut déterminer dans quelle mesure l'homme d'affaires traite avec le gouvernement de la façon qu'il juge la plus apte à l'influencer. Ainsi, si les réponses aux deux questions sont identiques, on peut affirmer que l'homme d'affaires traite avec le gouvernement de la façon qu'il juge la plus efficace. Dans la grande entreprise, 87,2% des répondants traitent avec le gouvernement de la façon qu'ils jugent la plus apte à l'influencer; dans la moyenne entreprise, le rapport s'établit à 75%.

Deux autres questions visaient à déterminer avec quels individus ou groupes au sein du gouvernement traitaient les hommes d'affaires, et lesquels ils jugeaient les plus importants sur le plan des décisions. Le tableau 7 indique que 81,8% des dirigeants des grandes entreprises traitaient aux échelons supérieurs du gouvernement, y compris 46,2% avec des ministres ou le premier ministre, et 35,6% avec des sous-ministres; les contacts avec d'autres fonctionnaires s'établissaient à 11,4%.

Tableau 5

*Répartition en pourcentage des réponses des hommes d'affaires québécois sur leur façon habituelle d'aborder le gouvernement du Québec**
(Question IIH: «De quelle façon votre compagnie aborde-t-elle ordinairement le gouvernement ?»)

	Total des répondants	**Répondants canadiens-anglais**	**Répondants canadiens-français**	**Répondants de la grande entreprise**	**Répondants de la moyenne entreprise**
Contacts personnels	75,2	75,3	76,5	76,7	69,0
Campagne dans l'opinion publique	0	0	0	0	0
Intermédiaire des associations patronales	22,0	22,6	21,6	20,7	27,6
Autre	2,8	3,2	2,0	2,6	3,4
N = 138					

* Les chiffres ne tiennent pas compte des 3,5% qui n'ont pas répondu à la question.

Tableau 6

*Répartition en pourcentage des réponses des hommes d'affaires québécois sur la méthode la plus efficace pour influencer le gouvernement** *(Question IIG: «Dans la plupart des cas, quelle est la méthode la plus efficace pour influencer le gouvernement?»)*

	Total des répondants	Répondants canadiens-anglais	Répondants canadiens-français	Répondants de la grande entreprise	Répondants de la moyenne entreprise
Contacts personnels	62,7	65,9	56,9	65,8	50,0
Campagne dans l'opinion publique	2,8	0	7,8	2,6	3,6
Intermédiaire des associations patronales	33,1	31,9	35,3	30,7	42,9
Autre	1,4	2,2	0	0,8	3,6
N = 135					

* Les chiffres ne tiennent pas compte des 5,6% qui n'ont pas répondu à la question.

Tableau 7
*Répartition en pourcentage des réponses des hommes d'affaires québécois sur les individus ou groupes au sein du gouvernement du Québec avec lesquels ils font ordinairement affaire**
(Question IID: «Lorsque vous conférez avec le gouvernement (Québec), avec qui faites-vous le plus souvent affaire?»)

	Total des répondants	**Répondants canadiens-anglais**	**Répondants canadiens-français**	**Répondants de la grande entreprise**	**Répondants de la moyenne entreprise**
Députés	4,0	5,2	1,7	3,8	6,2
Sous-ministres	32,8	31,9	34,4	35,6	31,3
Dirigeants de partis	0,6	0	1,7	0,7	0
Ministres ou premier ministre	40,2	39,6	41,4	46,2	28,1
Comités de l'Assemblée nationale	1,1	1,7	0	1,5	0
Autres fonctionnaires	20,7	20,7	20,7	11,4	34,4
Autre	0,6	0,9	0	0,7	0
N = 133					

* Les chiffres ne tiennent pas compte des 7% qui n'ont pas répondu à la question.

Tableau 8

*Répartition en pourcentage des réponses des hommes d'affaires québécois sur les individus et les groupes qui jouent le rôle le plus important dans les décisions gouvernementales**
(Question IIE: «Qui, selon vous, jouent le rôle le plus important dans la détermination d'une décision gouvernementale?»)

	Total des répondants	Répondants canadiens-anglais	Répondants canadiens-français	Répondants de la grande entreprise	Répondants de la moyenne entreprise
Députés	0,7	1,0	0	0,8	0
Sous-ministres	30,6	28,1	35,3	28,9	38,5
Dirigeants de partis	0,7	1,0	0	0,8	0
Ministres ou Premier ministre	63,3	62,5	64,7	64,5	57,7
Comités de l'Assemblée nationale	0	0	0	0	0
Autres fonctionnaires	4,8	7,3	0	5,0	3,8
Autres	0	0	0	0	0
N = 136					

* Les chiffres ne tiennent pas compte des 4,9% qui n'ont pas répondu à la question.

La nature des contacts personnels entretenus par la haute direction des entreprises montre bien que celle-ci considère la fonction publique et en particulier les hauts fonctionnaires comme un important rouage du processus de décision. Les hommes d'affaires interviewés ont confirmé que le rôle de la fonction publique dans les décisions et dans les relations entre milieux d'affaires et gouvernement avait acquis de l'importance. Le président d'une entreprise de produits chimiques l'expliquait ainsi: «La nécessité d'avoir des contacts à un niveau inférieur à celui du cabinet a augmenté considérablement ces dernières années à cause surtout du rôle accru du gouvernement.»[6] Le vice-président d'un holding dans le secteur de l'alimentation et des boissons déclarait: «Au début, les fonctionnaires québécois étaient incompétents et la compagnie traitait directement avec les politiciens. Aujourd'hui, ils sont plus compétents et ont plus d'influence.»[7] Plusieurs dirigeants ont mentionné que l'un des principaux avantages qu'il y avait à traiter avec les sous-ministres était la «stabilité».

Les réponses à la question suivante indiquaient que les hommes d'affaires ne tenaient à peu près aucun compte des partis politiques, des députés et des comités de l'Assemblée nationale, bien qu'on puisse à bien des égards considérer ceux-ci comme les «voies normales» d'accès auprès du gouvernement. De nombreux groupes de la société québécoise ne disposent que de ces voies pour tenter d'influencer le gouvernement[8]. En général, les hommes d'affaires interviewés avaient une piètre opinion des députés et des comités. Le président du conseil d'une entreprise de pâtes et papiers estimait que les comités avaient l'avantage de «permettre à l'opposition de se tenir au moins un peu au courant du dialogue entre le gouvernement et le patronat»[9]. Un dirigeant d'une association patronale plaignait les députés parce qu'ils «ne savent pas ce qui se passe et ne peuvent pas se tenir au courant de la législation»[10].

Le comportement des dirigeants de la moyenne entreprise a fait ressortir certaines différences importantes. D'abord, 34,4% d'entre eux faisaient affaire avec «d'autres fonctionnaires», ce qui est trois fois plus élevé que pour les dirigeants de la grande entreprise. La facilité d'accès des dirigeants de la moyenne entreprise aux cabinets des ministres (28,1%) était nettement inférieure à celle de leurs collègues de la grande entreprise (46,2%). Considérant le niveau inférieur des contacts personnels des premiers, on ne s'étonne pas, comme nous l'avons déjà souligné, qu'ils aient considéré les contacts personnels comme un moyen moins efficace d'influencer le gouvernement.

On a ensuite demandé aux hommes d'affaires qui, selon eux, jouait ordinairement le rôle le plus important dans une décision gouvernementale. Selon le tableau 8, 63,3% des répondants estimaient que les ministres ou le premier ministre tenaient le premier rôle, suivis des sous-ministres (30,6%) et des autres fonctionnaires (4,8%). Tout comme précédemment, on jugeait insignifiant le rôle des députés (0,7%), des comités de l'Assemblée nationale

(0%) et des dirigeants de partis (0,7%). Vu le peu d'efficacité que l'on reconnaissait à ces trois dernières catégories, il n'est pas étonnant que les hommes d'affaires, comme on l'a vu à la question précédente, les aient ignorées presque totalement comme moyen d'accès auprès du gouvernement. Ainsi, les hommes d'affaires évitaient les parlementaires et les dirigeants de partis non pas parce qu'ils ne leur étaient pas accessibles, mais parce qu'ils les jugeaient ni utiles ni influents. Ici, encore, le comportement des dirigeants de la moyenne entreprise différait quelque peu de celui de leurs collègues de la grande entreprise. On constate même qu'ils accordent plus de poids aux sous-ministres dans la prise des décisions — soit 38,5% contre 28,9% pour ceux de la grande entreprise — et un peu moins aux ministres — soit 57,7% contre 64,5%. Cela s'expliquerait soit parce qu'ils ont plus difficilement accès aux ministres, soit parce que ceux-ci leur prêtent moins l'oreille qu'aux dirigeants de la grande entreprise.

On a établi une corrélation entre les deux dernières questions pour voir si les hommes d'affaires traitaient, au sein du gouvernement, avec les individus ou groupes qu'ils jugeaient les plus importants dans le processus de décision. Chez les dirigeants des plus grosses sociétés, 65,7% ont répondu de façon identique aux deux questions, montrant que deux sur trois d'entre eux traitaient directement avec l'individu ou le groupe qu'ils jugeaient les plus influents sur le plan des décisions. Chez les dirigeants de la moyenne entreprise, le rapport était de 56,5%, soit de quelque 10% inférieur.

Après avoir examiné la nature et l'importance des moyens mis en œuvre par les hommes d'affaires pour avoir accès auprès du gouvernement, il faut s'arrêter aux mécanismes mêmes des relations entre gouvernants et dirigeants d'entreprises. Tout d'abord, diverses études ainsi que les données tirées des entrevues ont fait ressortir clairement que les milieux d'affaires et en particulier les grands patrons entretenaient de plus en plus de relations avec le gouvernement.

Selon une étude faite par des conseillers de Chicago, les dirigeants des grandes sociétés, c'est-à-dire celles qui avaient des ventes annuelles d'au moins 100 millions de dollars, consacraient en moyenne 11% de leur temps à leurs relations avec des «organismes gouvernementaux»[11]. L'étude ajoutait que l'un des plus grands défis qu'un président d'entreprise canadienne aurait à relever à l'avenir serait d'être «un médiateur entre le gouvernement et le secteur privé des affaires, habile à orienter la législation»[12]. D'après un relevé sur les hommes d'affaires canadiens fait par le *Financial Post* en 1971, de nombreuses entreprises affectaient de 250 000 à 500 000 dollars par an à leurs relations avec le gouvernement, et leurs hauts dirigeants consacraient jusqu'à 25% de leur temps à traiter avec Ottawa[13]. L'étude révélait aussi que de nombreuses sociétés canadiennes, y compris la CIL, s'étaient dotées d'un «service spécial des affaires gouvernementales dirigé par une personne du niveau de l'exécutif», ou avaient «délégué à des membres de la haute direction le soin de traiter exclusivement d'affaires gouvernementales»[14]. Les réponses à une autre question révélaient que seulement 27,7% des principales sociétés «avaient un service ou département (relations publiques, relations gouvernementales, etc.) dont le rôle était de traiter avec le gouvernement». Dans la moyenne entreprise, le chiffre correspondant était de 14,8%. Les données tirées des entrevues montraient également que très peu d'entreprises avaient des bureaux dans la ville de Québec. Apparemment, la plupart des contacts se faisaient par téléphone et on n'envoyait des représentants à Québec que si les problèmes étaient graves ou complexes.

D'après les entrevues, les contacts avec le gouvernement se faisaient à tous les niveaux de l'entreprise. De fait, il y avait une équivalence hiérarchique entre gouvernement et entreprise. La haute direction traitait ordinairement avec les ministres ou le premier ministre, les cadres intermédiaires avec les sous-ministres ou leurs adjoints, et les cadres inférieurs ainsi que les directeurs de services avec les fonctionnaires subalternes. Tel était le modèle suivi notamment à l'Alcan Aluminium et à la Domtar. Même dans les sociétés dotées d'un service de relations gouvernementales, comme la CIL et la Northern Electric, «les relations avec le gouvernement étaient l'affaire de tout le monde», et le vice-président qui dirigeait le service jouait surtout un «rôle de coordination», c'est-à-dire qu'il «ouvrait les portes et disait aux autres qui ils devaient voir»[15].

Pour résoudre un problème, la méthode consistait ordinairement à «commencer au bas de l'échelle et à la monter», déclarait le vice-président d'une société de pâtes et papiers. «Si nous n'obtenons rien du directeur de service ou des autres fonctionnaires, nous nous adressons à un échelon plus haut au sous-ministre. Si nous sommes encore insatisfaits et si l'affaire est assez sérieuse ou met en cause des millions de dollars, le président de la compagnie s'adresse directement à M. Bourassa.»[16] De même, l'un des vice-présidents d'une compagnie d'assurance déclarait: «Nous commençons par le surintendant des assurances et nous allons plus haut si nous n'avançons à rien. S'il s'agit d'un empiètement grave sur notre domaine d'activité, le président traite avec le ministre.»[17] Deux autres hauts dirigeants confirmaient que telle était la méthode habituelle. «Il n'y a pas de rencontre au niveau le plus haut (ministres), à moins que nous échouions aux échelons inférieurs; ce n'est qu'en cas d'obstruction ou de malentendu durable que nous nous adressons aux ministres», déclarait le président du conseil d'une importante société de fiducie[18].

Les entrevues ont établi clairement que c'était la haute direction qui était la première responsable des relations avec le gouvernement, que ces relations se situaient ordinairement au niveau du cabinet[19] et que les associations patronales n'y jouaient qu'un rôle marginal. Ainsi, c'était la haute direction, souvent le président ou le président du conseil, qui s'occupait des relations avec le gouvernement aux Montréal Trust, Trust

Royal, Consolidated-Bathurst, Domtar, CIL, Imasco, Northern Electric, Canada Ciment Lafarge, Banque de Montréal, Banque Royale du Canada, entre autres[20]. Ces relations s'établissaient ordinairement au niveau des ministres. Certains grands patrons, y compris le président d'une banque et le président d'une importante société de pâtes et papiers faisaient affaire presque exclusivement avec le premier ministre, M. Bourassa, lui-même. Les associations patronales et les services de relations publiques ne jouaient qu'un rôle secondaire parce que «les relations directes au plus haut échelon sont plus efficaces»[21].

On était généralement satisfait, parmi les hauts dirigeants, de la facilité d'accès auprès des ministres. Le président du conseil d'une grande société disait connaître plusieurs ministres et n'avoir «aucune difficulté à obtenir des rendez-vous avec MM. Bourassa, Jean Cournoyer (ministre du Travail) et St-Pierre»[22]. Ses vice-présidents avaient aussi de bons contacts; le vice-président aux relations ouvrières, par exemple, avait des liens étroits avec M. Cournoyer. Il ajoutait que les relations avec le gouvernement de l'Union nationale (1966-1970) et les gouvernements antérieurs étaient tout aussi satisfaisantes et efficaces qu'avec le gouvernement de M. Bourassa[23]. De 1970 à 1974, MM. Bourassa, Raymond Garneau, ministre des Finances, et St-Pierre étaient jugés particulièrement accessibles et réceptifs aux points de vue du monde des affaires[24].

Les relations avec le gouvernement n'étaient pas axées uniquement sur la solution de problèmes immédiats. Les hommes d'affaires les cultivaient de façon permanente et à long terme. «Les relations avec le gouvernement, expliquait un dirigeant d'entreprise, sont entretenues afin qu'un bon nombre de gens chez nous en viennent à se familiariser avec ceux qu'ils doivent connaître au gouvernement. Ainsi, nous pouvons trouver rapidement une solution lorsqu'un problème se pose.»[25] De même, pour un président de banque: «Les contacts avec le gouvernement sont constants et surtout officieux. Nous finissons par pouvoir causer familièrement avec les ministres et les premiers ministres, de sorte que lorsque surgit un problème, nous pouvons les rejoindre rapidement et facilement».[26]

Mais ce n'était pas seulement les hommes d'affaires qui cherchaient à établir des contacts avec le gouvernement. Souvent l'initiative venait des ministres eux-mêmes qui, semble-t-il, courtisaient les hommes d'affaires avec beaucoup d'ardeur. Un membre du conseil d'une société de fiducie s'expliquait en ces termes: «Les ministres viennent souvent nous voir pour nous demander comment vont les affaires et pour discuter des effets des lois et décisions. Nous parlons de différentes choses, comme du climat dans le domaine des investissements et de la consommation.»[27] Un directeur de banque corroborait ce témoignage: «Un bon nombre de ministres viennent à Montréal pour dîner en tête-à-tête avec nous», ordinairement «pour causer de choses et d'autres et apprendre à mieux se connaître. Ils se sentent assez isolés. Il se passe tant de choses dont personne n'est au courant», concluait-il[28]. Le président d'une entreprise de ciment était plus direct: «Les ministres sollicitent souvent notre avis. Ils veulent savoir ce qu'ils devraient faire.»[29]

Les entrevues ont aussi révélé que la plupart des réunions entre hommes d'affaires et représentants gouvernementaux étaient tenues secrètes, le gouvernement préférant en respecter le caractère confidentiel. «Les ministres, expliquait le président d'une banque, préfèrent qu'on ne sache pas qu'ils rencontrent les membres de l'exécutif de notre banque.»[30] Et le président du conseil d'une société de pâtes et papiers ajoutait que le gouvernement avait dit aux dirigeants de ce secteur «de ne pas publier le fait qu'ils rencontraient (des ministres) car on pourrait lui reprocher de leur accorder un traitement de préférence»[31].

Il va sans dire que le secret a des répercussions graves sur le processus de décision en général. Le vice-président d'une grosse entreprise l'expliquait avec beaucoup de justesse: «Sur bien des points, on en arrive à un compromis bien avant tout débat public. Le public a peine à comprendre ce qui se passe. Nous travaillons directement et secrètement avec le gouvernement et nous évitons ainsi que celui-ci nous impose des contraintes.» Et il concluait: «Le gouvernement n'a pas assez de courage pour attaquer de front le monde des affaires.»[32]

Au cours des entrevues, on a fait allusion dans plusieurs cas à des rencontres récentes entre hauts dirigeants de l'entreprise et du gouvernement. A Alcan Aluminium, on a appris qu'une réunion avait lieu quelques mois plus tard dans le Vermont à laquelle assistaient plusieurs membres de la haute direction de cette entreprise, y compris M. Leman, son président, et M. Bourassa[33]. A la Banque Royale, on a parlé d'un «long entretien privé» sur des questions politiques entre le président de la banque et M. Bourassa, qui s'était déroulé une semaine avant l'entrevue[34]. On apprenait d'une société de pâtes et papiers que des réunions régulières avaient eu lieu au cours des cinq ou six années précédentes entre la haute direction de l'entreprise et des ministres clés, y compris parfois M. Bourassa. Au moment de l'entrevue, il n'y avait pas eu de réunion depuis quatre mois parce que les dirigeants des pâtes et papiers avaient réussi à «obtenir ce qu'ils voulaient»[35]. Un autre haut dirigeant voyait la chose dans une perspective plus vaste: «Les ministres sont faciles à rencontrer», disait-il, en partie à cause des nombreux liens officieux qui les lient aux hommes d'affaires, «sur les terrains de golf, par exemple»[36].

Une autre question visait à établir dans quelle mesure les hommes d'affaires jugeaient leurs relations avec le gouvernement efficaces ou satisfaisantes. Elle se lisait ainsi: «Dans l'ensemble, croyez-vous que le monde des affaires (et ses associations) est efficace dans ses relations avec le gouvernement?» On ne s'attendait pas à une réponse affirmative très forte car des études ont démontré que les individus ou les groupes perçoivent ordinairement leur influence ou efficacité comme étant fort limitée[37]. Néanmoins, 42,9% des représentants de la haute direction ont répondu «oui»; et ici encore, les dirigeants de la moyenne entreprise semblaient en moins bonne posture puisque seulement 30,8% d'entre eux ont répondu par l'affirmative.

Nous avons ensuite tenté d'apprécier la perception de cette efficacité de façon plus directe et peut-être plus significative, en posant la question suivante: «Au cours des deux dernières années, votre compagnie a-t-elle fait des représentations (orales ou écrites) au gouvernement du Québec concernant des questions législatives». Ont répondu par l'affirmative 67% des dirigeants de la grande entreprise et 44,4% de ceux de la moyenne entreprise.

Nous demandions ensuite aux hommes d'affaires: «La réaction du gouvernement vous a-t-elle satisfaits?» Sur les 62,7% qui avaient fait des revendications auprès du gouvernement québécois 72,3% étaient satisfaits de sa réaction.

Enfin, pour déterminer si le gouvernement prenait souvent l'initiative des contacts avec les entreprises, nous avons demandé aux dirigeants de celles-ci si, au cours des deux dernières années, le gouvernement avait sollicité leur opinion sur des questions politiques. Dans la grande entreprise, 51,4% ont répondu par l'affirmative contre 25,9% dans la moyenne entreprise. Ce témoignage s'ajoutait à ceux, déjà nombreux, sur les différences dans la facilité d'accès, indiquant que le gouvernement reconnaissait l'importance primordiale des grandes entreprises et leur accordait un traitement de faveur. Ainsi donc, la moyenne entreprise semblait avoir l'accès moins facile auprès du gouvernement, qualitativement et quantitativement, et semblait éprouver plus de difficulté à influencer ses décisions[38].

Les entrevues font état d'une plus vive satisfaction à l'endroit du gouvernement que le questionnaire. Les dirigeants de la Northern Electric, de CIL, d'Alcan Aluminium, du Trust Royal, du Montréal Trust et de la Banque de Montréal notamment se disaient particulièrement satisfaits de l'efficacité de leurs contacts avec le gouvernement de M. Bourassa. Pour citer le président d'une société de produits chimiques: «Nos relations avec l'actuel gouvernement (libéral de M. Bourassa) vont bien. On compte beaucoup de gens de notre monde au gouvernement, ce qui rend plus facile de traiter avec lui.»[39] Un cadre supérieur d'une société de fiducie s'exprimait ainsi: «Le gouvernement du Québec comprend notre point de vue la plupart du temps», ajoutant: «...nos relations avec lui ne sont pas entachées de nationalisme ou de bilinguisme»[40]. Même s'il était évident que les relations avec le gouvernement étaient confiées à la haute direction, on a tenté de savoir au cours des entrevues si le conseil d'administration ou certains de ses membres y avaient un rôle d'appoint. Les témoignages n'étaient pas concluants. Certaines sociétés, y compris l'Alcan, Domtar et Consolidated-Bathurst, n'avaient pas recours aux membres de leur conseil. D'autres chargeaient certains membres en particulier d'améliorer les communications, de se renseigner sur les initiatives gouvernementales ou, à l'occasion, d'exercer des pressions. Un haut dirigeant d'une société de fiducie nous confiait que de temps à autre un membre influent du conseil rencontrait un ministre ou préparait une rencontre avec lui. Plusieurs années auparavant, disait-il, son entreprise avait chargé quelques membres influents de son conseil d'exercer des pressions, la société sollicitant une charte publique et souhaitant conserver certaines caractéristiques de sa charte précédente[41] . De même, un autre cadre d'une société de fiducie disait: «Il y a des cas où un membre du conseil est un ami d'un ministre ou d'un haut fonctionnaire et où celà peut nous être utile». Il mentionnait un cas où l'on avait eu recours à un membre du conseil qui avait des relations personnelles au sein du gouvernement pour presser le gouvernement de déposer plus tôt sa nouvelle loi sur les sociétés de fiducie[42] . Selon le président d'une société de produits chimiques, le président du conseil «déployait beaucoup d'énergie à nous obtenir nos entrées et à solliciter le gouvernement»[43] . La même entreprise avait également le sénateur Hartland Molson comme membre de son conseil. «Au besoin, il pouvait nous mettre en communication avec les gens qu'il fallait voir au gouvernement.»[44]

Les membres du conseil qui étaient aussi des avocats exerçant leur profession ou d'anciens politiciens semblaient particulièrement prisés dans les relations avec le gouvernement. Au sujet des anciens politiciens, un homme d'affaires à la retraite déclarait: «Ils connaissent le milieu social, ils savent se débrouiller et ils sont parfois utiles pour se faire introduire auprès de personnages importants, surtout s'ils ont été ministres.»[45] Selon le président d'une cimenterie, plusieurs membres de son conseil, y compris un sénateur et un ancien ministre, avaient de bonnes relations politiques; ils avaient pour tâche «de nous dire ce qui se passe à Québec, de nous conseiller et de nous ouvrir les portes des personnages influents.»[46]

Chez les avocats, le cas de Me Antoine Geoffrion est révélateur. Selon Kendal Windeyer de la *Montreal Gazette*, Me Geoffrion, qui siégeait au conseil d'un certain nombre d'importantes sociétés, avait acquis «la réputation dans le monde des affaires d'être l'un des meilleurs *lobbyists* du pays»[47] . Me Geoffrion disait lui-même que la difficulté consistait à «rejoindre qui peut prendre une décision» ajoutant: «Si vous pouvez vous faire ouvrir la porte et y mettre le pied, vous pouvez plaider avec succès presque n'importe quelle cause légitime.»[48]

Finalement, nous avons tenté de savoir si les modes d'accès eux-mêmes et leur efficacité avaient évolué de façon appréciable depuis une vingtaine d'années. Les relations étaient-elles tellement différentes sous le régime Duplessis, de 1939 à 1960? Chez les interviewés, on éprouvait une certaine nostalgie pour les années d'avant 1960, mais à tout prendre, les relations entre hommes d'affaires et gouvernants étaient demeurées les mêmes.

Le règne de Maurice Duplessis a été caractérisé par les relations étroites et personnelles qui liaient les grands patrons et le premier ministre. Toutes les communications le moindrement importantes se faisaient au sommet. Les deux anciens chefs d'entreprise rencontrés, par exemple, traitaient toujours directement avec M. Duplessis. L'un prétendait s'être lié d'amitié avec le premier ministre qu'il décrivait comme très «compréhensif» et «bien disposé envers les hommes d'affaires»[49]. Pour l'autre, Duplessis était «un bon homme d'affaires qui savait favoriser l'entreprise»[50]. De même, selon un dirigeant de l'Alcan Aluminium, l'ancien président de cette société, M. R.E. Powell, était en très bons termes avec le premier ministre. «M. Powell envoyait des cigares à M. Duplessis et ils allaient à la pêche ensemble.»[51] Les propos de ce dirigeant de l'Alcan ont mis en lumière un aspect intéressant des relations que l'ancien premier ministre entretenait avec le monde des affaires. Apparemment, M. Duplessis avait pris l'habitude de «tirer à boulets rouges sur les alumineries ou autres entreprises un jour et d'appeler leurs présidents le lendemain matin pour les rassurer, leur expliquant qu'il n'avait voulu qu'apaiser certaines factions, que la situation l'obligeait à critiquer ou à menacer les hommes d'affaires mais qu'il ne mettrait jamais ses menaces à exécution». Nous verrons, lorsque nous aborderons l'étude des prévisions budgétaires[52], que M. Bourassa semble avoir hérité de M. Duplessis cette façon de mener ses relations publiques.

Certains survivants encore en poste de l'époque de Duplessis ont corroboré les méthodes que nous venons de décrire. Au dire du vice-président d'une société de pâtes et papiers, «notre société traitait toujours directement avec M. Duplessis — en toute chose. Il ne valait pas la peine de s'occuper des ministres. Depuis une dizaine d'années, les choses avaient graduellement changé»[53]. Selon un cadre supérieur d'une société de fiducie «à l'époque de Duplessis, si vous connaissiez les règles du jeu, il n'y avait pas de problème. Les affaires étaient d'habitude réglées directement au téléphone entre hommes importants»[54].

Il semble que les relations entre les grands patrons et M. Bourassa aient perdu quelque peu de leur intimité comparativement à ce qu'elles étaient sous Duplessis. A cause de l'ampleur prise par l'activité gouvernementale, le premier ministre n'était plus capable de s'en occuper à lui seul. D'autres ministres et des hauts fonctionnaires étaient appelés à jouer un rôle plus important. Mais tout compte fait, les relations entre l'entreprise et le gouvernement n'avaient pas subi de transformations profondes après 1960.

Les relations que les hommes d'affaires et les gouvernants entretiennent par l'entremise de leur personnel constituent un moyen indirect d'accès et contribuent à réduire l'autonomie des deux forces en présence. Nous ne tenterons pas d'étudier à fond ces relations telles qu'elles existent au Québec. Nous nous contenterons de quelques exemples pour vérifier l'hypothèse de Miliband selon laquelle «le monde de l'administration publique et celui de la grande entreprise sont maintenant si étroitement liés que leur personnel est presque interchangeable»[55].

Nous avons déjà fait allusion aux politiciens qui, abandonnant leur poste de député ou de ministre, en acceptent un dans l'entreprise, souvent au conseil d'administration[56]. L'exemple de M. Jean Lesage, premier ministre du Québec de 1960 à 1966, est un des mieux connus. En quittant la politique, M. Lesage accéda aux conseils d'administration de huit sociétés dont le Montréal Trust, Reynolds Aluminum et Campbell Chibougamau Mines. M. Lesage, toutefois, continuait d'exercer d'importantes «fonctions publiques»[57]. Il représenta même le gouvernement dans les longues et difficiles négociations avec l'International Telephone and Telegraph—Rayonnier. Le représentant de l'I.T.T., M. Marcel Piché, qui était «l'adversaire» de M. Lesage dans ces négociations, siégeait avec lui au conseil d'administration de la Reynolds Aluminum.

Me Lesage était aussi conseiller juridique du gouvernement: il prenait connaissance de tous les projets de loi avant qu'ils soient présentés à l'Assemblée nationale. Bien que son honnêteté n'ait pas été mise en cause, il existait clairement là un conflit d'intérêt. Peut-on permettre à une personne d'analyser un projet de loi confidentiel sur l'industrie minière, par exemple, si cette même personne siège alors au conseil de la Campbell Chibougamau Mines?[58] Cette société minière pourrait facilement profiter de la situation, notamment en exerçant des pressions sur le gouvernement, avant que le projet de loi soit rendu public. Interrogé à ce propos, M. Bourassa déclarait simplement que M. Lesage avait «un sens très vif des responsabilités»[59], sans nier qu'il y eut là un réel problème. Evidemment, on peut se demander si cette présomption d'honnêteté est une garantie suffisante.

Autre exemple, M. George Marler, ministre des Transports dans le gouvernement libéral d'Ottawa de 1954 à 1957 et ministre d'Etat au Québec de 1960 à 1965. Pendant ce stage au cabinet québécois, M. Marler était considéré comme «l'agent de liaison du gouvernement auprès des milieux financiers de la rue Saint-Jacques»[60]. Après avoir résigné ses fonctions de ministre, M. Marler fut nommé président du conseil d'administration de Canada Ciment Lafarge et membre du conseil du Trust Royal, de la Banque Impériale de Commerce et d'autres sociétés. Selon un dirigeant de Canada Ciment Lafarge, cette entreprise aurait retiré des avantages certains de la présence de M. Marler à son conseil. Le gouvernement étant un des principaux acheteurs de ciment, on confia à M. Marler le soin d'entretenir de bonnes relations avec le ministère de la Voirie[61]. Autre exemple plus récent, enfin, celui de M. Claude Castonguay, ministre de la Santé et du Bien-être dans le gouvernement libéral du Québec jusqu'au 29 octobre 1973. Quelques mois plus tard, il siégeait au conseil de plusieurs sociétés dont Imasco.

Mais ce mouvement n'est pas à sens unique. De nombreux cadres sont prêtés par l'entreprise au gouvernement ou recrutés par celui-ci pour occuper des postes importants. Peu après son élection en 1970, M. Bourassa annonçait son intention d'en recruter à titre temporaire comme hauts fonctionnaires. On remarquait parmi eux, MM. Pierre Côté, président de la Laiterie Laval, nommé directeur de l'Office de planification et de développement du Québec, Gérard Plourde, président de UAP Inc., nommé, à temps partiel, président de l'Agence de développement industriel du Québec, Pierre Shooner, ancien directeur de la Chambre de commerce de Montréal, nommé sous-ministre adjoint de l'Industrie et du Commerce, et Pierre Delagrave, vice-président de Domtar, nommé conseiller spécial de ce même ministère[62]. D'après un collègue de M. Delagrave, celui-ci avait été prêté pour trois ans, mais la compagnie continuait néanmoins de lui verser une partie de son traitement. Son rôle principal consistait à assurer la liaison entre le gouvernement et certains secteurs industriels dont ceux des pâtes et papiers et des textiles. Toujours selon ce même dirigeant de Domtar, M. Delagrave avait «non seulement rendu le gouvernement plus sensible aux problèmes de notre industrie»[63] mais avait aussi œuvré dans certains domaines particuliers comme le contrôle de la pollution et la réforme forestière. Ici encore, on ne peut sûrement pas supposer que les intérêts de Domtar et de l'industrie des pâtes et papiers coïncident toujours avec ceux du gouvernement ou des citoyens québécois. Il semble que M. Delagrave ait eu aussi à défendre le point de vue de Domtar sur la question linguistique auprès du gouvernement du Québec[64].

Dans son analyse des liens entre le monde des affaires et le gouvernement des Etats-Unis, Epstein a fait état de certaines répercussions de ce recrutement de patrons importants par la fonction publique:

> Les individus qui viennent du secteur privé avec l'intention d'y retourner ont tendance à céder à des réactions innées en présence de questions où l'intérêt public n'est pas très clairement défini. Le vrai problème en est un de préjugé, non de malhonnêteté...[65]
>
> Le fait qu'un grand nombre de ces hauts fonctionnaires (recrutés dans le monde des affaires) soient encore actifs en affaires ou aient l'intention de retourner au secteur privé après leur stage à la fonction publique accentue leur penchant en faveur du secteur privé...[66]
>
> ...Ici encore, la communication avec les anciens associés est facilitée par la communauté antérieure d'intérêts. Ce n'est pas là l'effet de malversations ou de malhonnêteté, mais plutôt la conséquence d'un penchant naturel à se mettre à la disposition de ses amis[67].

La question des liens entre le personnel du secteur privé et celui du secteur public a un autre aspect intéressant qui est l'engagement des grands patrons par les partis politiques. Il suffit, par exemple, de jeter un coup d'œil sur les dirigeants et les membres du conseil de Power Corporation pour déceler des relations certaines entre le Parti libéral et ce holding.

M. Claude Frenette, vice-président de Power, était un ancien président des Libéraux fédéraux du Québec; M. P.N. Thomson était ex-trésorier des libéraux provinciaux et M. Paul Martin Jr., également vice-président de Power, était le fils d'un sénateur libéral.

Les relations officielles avec le gouvernement: le Conseil général de l'industrie

Les conseils consultatifs sont un autre moyen d'accès au gouvernement, bien que leur importance dans l'élaboration des politiques ne soit pas toujours claire.

Ainsi, le Conseil du patronat est représenté au Conseil consultatif du travail et de la main-d'œuvre et au Conseil consultatif des accidents du travail. Mais le plus intéressant et indubitablement le plus puissant des conseils consultatifs est le Conseil général de l'industrie du Québec.

Créé le 26 février 1969, le CGI était composé d'une soixantaine de grands patrons[68]. Parmi ces puissants hommes d'affaires, signalons MM. G.A. Hart, président du conseil et président de la Banque de Montréal, McLaughlin, Scrivener, N.R. Crump, président du conseil du Canadien Pacifique, et Desmarais. Tous les grands holdings (CPR-Cominco, Argus et Power) y étaient représentés ainsi que les grandes institutions financières (Trust Royal, Banque de Montréal, Banque Royale du Canada, etc.). Divers intérêts industriels nationaux y étaient aussi représentés, comme les grandes sociétés américaines (Iron Ore, Texaco, Alcan, Chemcell, entre autres), les sociétés canadiennes-anglaises (Dominion Textiles, Domtar, Price Brothers, Steinberg, etc.) et canadiennes-françaises (Bombardier, Papier Rolland, Dupuis Frères, etc.)[69].

Le CGI a été créé par le gouvernement du Québec pour jouer un rôle officiel de consultation. En vertu de la loi l'établissant, il avait pour tâche de conseiller le ministre de l'Industrie et du Commerce sur l'évolution de l'opinion que les milieux d'affaires se faisaient du Québec, de proposer des moyens d'orienter ou de modifier cette opinion, de formuler des propositions concrètes sur les politiques économiques du gouvernement, de renseigner le ministère de l'Industrie et du Commerce et le gouvernement et d'aider celui-ci à promouvoir l'expansion industrielle du Québec à l'extérieur de la province. Dans une brochure explicative, le CGI éprouva le besoin d'établir qu'il était «apolitique» et que «ses membres étaient choisis indépendamment de leurs sympathies politiques...»[70].

L'initiative de la création du Conseil émanait des milieux d'affaires. Son président, M. Paul Ouimet, conseiller juridique de l'Iron Ore Company of Canada, prétendait que c'était lui qui avait suggéré la création du Conseil au cours d'une conversation avec M. Daniel Johnson, premier ministre, et M. J.-P. Beaudry, ministre de l'Industrie et du Commerce dans le cabinet de l'Union nationale: «Je leur ai fait observer que le Québec avait besoin d'un groupe important d'hommes d'affaires pour assister le gouvernement dans l'établissement d'un meilleur climat au Québec.»[71]

D'après MM. Richard Brunelle et Pierre Papineau, la création du CGI s'inscrivait dans le cadre de diverses mesures destinées à rétablir la confiance des milieux d'affaires dans le Québec[72]. Plus précisément, ils prétendaient que vers 1967-1968, les hommes d'affaires avaient lancé une campagne pour montrer que les placements au Québec diminuaient et que les capitaux allaient quitter la province si le gouvernement ne rétablissait pas la situation. En analysant les journaux en profondeur, MM. Brunelle et Papineau montraient que les média et notamment le *Montreal Gazette* et le *Montreal Star* avaient créé un climat de panique que rien de concret ne justifiait. Ils prétendaient de plus que le gouvernement, cédant finalement aux pressions, avait fait les concessions suivantes aux entreprises: nomination de Me Marcel Faribault, membre du conseil d'administration d'une quinzaine de sociétés dont Dosco, IBM et Bell Canada, comme conseiller spécial auprès du cabinet en matières économiques et constitutionnelles[73]; création d'un Office du crédit industriel garantissant des prêts aux entreprises (projet de loi 70); nomination de M. Charles Neapole, ancien membre de la direction de la Banque Royale, au conseil d'administration de la Caisse de dépôts et placements du Québec[74]; enfin, création du CGI[75].

Entre le moment de sa création en février 1969 et l'élection d'un gouvernement libéral en avril 1970, bien des rumeurs ont circulé sur l'influence que le Conseil aurait exercée sur le gouvernement, ce pour quoi il a fait l'objet de nombreuses critiques. Claude Beauchamp de *La Presse* l'appelait «le tribunal du monde des affaires» et prétendait qu'à peine deux semaines après sa création, le CGI avait «invité» quatre ministres du cabinet de l'UN, MM. Marcel Masse, Jean-Guy Cardinal, Mario Beaulieu et Jean-Noël Tremblay, à une séance à huis clos pour répondre à des questions sur l'unilinguisme et la constitution[76]. L'arrogance de certains membres du CGI était une source additionnelle d'embarras pour le gouvernement. Ainsi l'un d'eux aurait déclaré: «Lorsque nous formulons des recommandations au gouvernement, c'est avec l'intention qu'elles soient agréées. Avec ce conseil, nous avons maintenant l'outil qu'il nous faut pour obliger le gouvernement à agir.»[77] C'est dire que le CGI misait sûrement beaucoup sur son aptitude à influencer le gouvernement.

Après l'élection du gouvernement libéral en avril 1970, les seules initiatives publiques du CGI ont été de représenter les milieux d'affaires du Québec à l'étranger. Ainsi, en mars 1971, une forte délégation du CGI se rendait à New York rassurer les détenteurs de capitaux sur le climat des investissements au Québec[78]. En novembre 1972, une autre délégation dirigée par le CGI assistait à Londres à la Conférence européenne des sociétés de placements. Mais après 1971, les journaux et autres média n'ont, dans l'ensemble, plus donné de nouvelles du CGI, si bien que de nombreux observateurs eurent l'impression que le gouvernement Bourassa l'avait liquidé en douce.

De fait, il a été pratiquement impossible d'obtenir des renseignements importants sur l'activité du Conseil auprès de celui-ci. Au cours d'une conversation de vingt minutes avec un de ses conseillers, il a été impossible de savoir, par exemple, quels étaient les sujets abordés à ses réunions, combien de réunions ils avaient eues et quels étaient les résultats de son activité[79]. Tout ce que nous avons appris de ce conseiller, c'est que le Conseil traitait de «sujets très controversés». Il mentionna également que les recherchistes du CGI travaillaient à deux projets à long terme: un inventaire des gestionnaires du Québec et une analyse de l'économie québécoise en vue de déterminer quels secteurs industriels offraient les meilleures perspectives[80].

Au cours d'entrevues avec quatre membres du CGI, il est apparu que ces travaux étaient tout à fait secondaires pour le Conseil. De toute évidence, le Conseil était non seulement bien vivant, mais efficace et influent. Le gros de ses efforts portait sur cinq ou six réunions qu'il tenait avec des ministres du cabinet québécois, y compris ordinairement MM. Bourassa, St-Pierre, Cournoyer, Gérard-D. Lévesque et quelques hauts fonctionnaires. Les sujets abordés couvraient tous les domaines de la politique québécoise: développement économique, éducation, langue, relations ouvrières, investissements étrangers, etc. Bien que la priorité ait été accordée aux questions économiques, «tout membre du CGI pouvait inscrire n'importe quel sujet à l'ordre du jour»[81]. On était bien loin du rôle purement consultatif que le Conseil était censé jouer.

Fait plus important, cependant, les membres du CGI étaient au courant des politiques et des projets de loi du gouvernement avant que ceux-ci soient rendus publics, et en bonne posture pour les influencer. C'était là la base de la position privilégiée du Conseil et de son pouvoir[82]. Au début d'avril 1973, par exemple, il y eut une importante réunion au sujet du rapport Gendron sur la langue au Québec et sur la législation que le gouvernement préparait en ce domaine. Cette législation, nous le verrons ci-après, ne devait être rendue publique qu'en mai 1974, soit plus d'un an plus tard. Nous verrons également que les grands patrons, y compris les membres du CGI, non seulement avaient pris connaissance de ces mesures bien avant le public, mais encore avaient réussi à les orienter en fonction de leurs propres intérêts. De même, en mai 1973, une de ces réunions porta sur la politique énergétique du gouvernement, et notamment le pétrole. Nous verrons, lorsque nous étudierons Soquip, la société d'exploration pétrolière du gouvernement québécois, ainsi que la politique énergétique de celui-ci en général, que de nombreux sujets abordés alors intéressaient d'autres milieux que les milieux d'affaires. Au moment où nous écrivons ces lignes, le gouvernement n'a pas encore fait connaître sa politique. Enfin, certaines réunions du CGI étaient consacrées à une revue générale par ses membres de l'activité d'un ministère particulier. Le ministre y était présent pour répondre aux questions d'ordre général comme de détail[83].

Le CGI n'était pas oisif entre ces réunions. De fait, une bonne part de son activité était consacrée à de petites rencontres officieuses entre cadres supérieurs et ministres. Selon un dirigeant d'une société de fiducie, «le CGI organise de nombreuses réunions officieuses où de petits groupes intéressés à des lois ou à des problèmes particuliers rencontrent le ministre lui-même»[84]. Il prétendait également recevoir de fréquents appels de M. Ouimet, lui confiant que «le gouvernement s'inquiète de ceci ou de cela» et lui demandant s'il avait «quelque idée de ce qu'il fallait faire»[85]. Enfin, selon le vice-président d'un holding dans le secteur des aliments et boissons, «M. Ouimet peut obtenir de n'importe quel ministre qu'il rencontre tout groupe d'hommes d'affaires qui ont à lui parler.»[86]

Les entrevues avec des membres du CGI et d'autres dirigeants d'entreprise au courant de son activité ont révélé que tous étaient satisfaits de l'efficacité du Conseil général de l'industrie. «Le Conseil joue un rôle clé, nous confiait un de ses membres et haut gradé dans le monde des affaires. Je ne rate jamais les réunions. Les ministres sont disposés à nous écouter; nous avons le sentiment que notre présence est efficace»[87]. Pour un président de banque, «le CGI a fait de l'excellent travail et il est très utile»[88], et il ajoute que «le gouvernement a été très réceptif» et que «M. Bourassa a pris la relève avec enthousiasme auprès du CGI après son élection en 1970»[89]. Un autre dirigeant déclarait que le Conseil «avait aidé à améliorer les contacts du monde des affaires avec le gouvernement»[90]. Enfin, un membre de l'exécutif d'une association patronale a exprimé sa satisfaction des répercussions importantes que le document du CGI sur le développement économique avait eues sur les potilitiques du gouvernement[91]. On peut voir un autre indice de la satisfaction des milieux d'affaires dans leur forte participation à l'activité du CGI et au taux élevé des présences à ses réunions.

Les entrevues ont révélé que c'est sur les instances du gouvernement que le secret absolu avait été imposé au sujet des travaux du CGI. C'est pourquoi on ne distribuait pas d'ordre du jour des réunions et on n'en dressait pas de procès-verbal; les membres recevaient une courte liste des sujets devant être abordés, quelques jours avant la réunion[92]. Selon deux membres du CGI, le gouvernement insistait pour que ces réunions soient tenues secrètes. Un dirigeant d'entreprise en donnait l'explication suivante: «Le secret est de rigueur parce que sans lui les ministres ne pourraient pas dire ce qu'ils pensent. Les journalistes sont de si fieffés irresponsables.»[93] La meilleure preuve de la rigueur du secret qui entourait les travaux du Conseil est peut-être que les dirigeants des associations patronales et les hommes d'affaires qui n'en faisaient pas partie semblaient très peu au courant de son activité[94]. Nos seules sources de renseignements ont été les membres mêmes du Conseil.

Le président du conseil d'une société de fiducie estimait que le Conseil, par opposition aux associations patronales, se situait «à un niveau nettement supérieur»[95]. Même qu'il semble que les associations patronales et les petites entreprises étaient «jalouses» des relations et du pouvoir des membres du CGI. Un dirigeant d'une association patronale aurait même suggéré au ministère de l'Industrie et du Commerce de dissoudre le CGI parce qu'il «n'était pas assez représentatif du milieu des affaires»[96].

Les témoignages dont nous venons de faire état montrent donc sans équivoque que le CGI occupait une position particulièrement privilégiée par rapport au gouvernement québécois. Composé des hauts dirigeants des entreprises financières et industrielles les plus importantes au Québec, il avait accès sans réserve auprès des ministres et pouvait même débattre les mesures et politiques gouvernementales et les infléchir avant que l'Assemblée nationale ou le public en soient saisis.

Le Conseil de la planification et du développement du Québec

Tout comme le Conseil général de l'industrie, le Conseil du développement était un organisme consultatif du gouvernement, mais contrairement à celui-ci, ses membres n'étaient pas exclusivement des hommes d'affaires. Après 1969, le gouvernement avait mis sur pied une poignée de ces conseils pour «rechercher les bases d'un accord» entre les divers éléments de la société, y compris les patrons et les ouvriers. Il y eut ainsi le Conseil consultatif du travail et de la main-d'œuvre, le Conseil consultatif des affaires sociales et le Conseil supérieur de l'éducation. Il importe de souligner que le Conseil du développement est né de l'initiative des milieux d'affaires[97]. Ces milieux semblaient même très favorables à la création de conseils et de commissions qui permettaient des rencontres entre les divers secteurs de la société.

Le Conseil de la planification et du développement du Québec comptait 35 membres, tous désignés par le gouvernement. Certaines personnes en faisaient partie d'office, soit 11 représentants du Conseil du développement régional, les maires de Montréal et de Québec, le président du CGI, 3 représentants du Conseil du patronat et 3 représentants syndicaux. Le Conseil du développement était habilité à solliciter l'avis de spécialistes et à faire faire des recherches. Officiellement, il œuvrait sous le parapluie de l'Office de planification et développement du Québec et ses fonctions avaient été définies en termes généraux par l'Assemblée nationale du Québec: «conseiller l'Office en toute matière que celui-ci lui soumet relativement au développement du Québec et aux plans, programmes et projets de développement économique, social et territorial dressés par l'Office»[98].

Bien que le Conseil du développement ait été constitué officiellement le 5 juillet 1968, son bureau de direction ne fut nommé qu'en 1971. Le 26 février 1971, M. Côté en était nommé président, et le 3 juin suivant, M. C. Harrington, vice-président; ils étaient tous deux membres du CGI. C'est également en 1971 que par arrêté en conseil spécial, on tenta de définir les matières dont pouvait traiter le Conseil du développement. Le Conseil conservait le droit de se réunir selon son bon plaisir quoique au moins à tous les deux mois, et de choisir les sujets de ses délibérations, mais le gouvernement lui recommandait l'étude de plusieurs domaines, notamment la politique salariale du gouvernement, les mesures destinées à stimuler l'activité industrielle, la participation des organismes de l'Etat au développement économique, c'est-à-dire la Société générale de financement et la Caisse de dépôt et placement du Québec, les mesures gouvernementales relatives aux disparités régionales, à la mise en valeur de l'environnement et au domaine social[99].

Il nous a été difficile de bien apprécier l'action et l'efficacité du Conseil du développement parce qu'il ne fonctionnait que depuis quelques années au moment de notre étude et aussi parce que tous ses membres étaient tenus au secret. Selon un dirigeant d'une société de fiducie, le Conseil traitait surtout de questions spécifiques comme le projet de la baie James, l'industrie agro-alimentaire, le projet de port en eau profonde de Gros-Cacouna et les problèmes de l'agriculture. Il était dans l'ensemble satisfait des résultats obtenus par le Conseil. «Après trois ans de travail acharné, disait-il, nous trouvons tout cela très encourageant. De plus en plus, nous voyons surgir dans le budget, dans les lois et dans divers projets, des mesures que nous avons proposées.»[100]

Cette opinion contraste avec l'opposition générale et le désenchantement éprouvés par les syndicats ouvriers du Québec à l'endroit des conseils consultatifs «mixtes». La Fédération des Travailleurs du Québec, quant à elle, s'était plainte de la «cooptation» qui résultait de sa participation aux mécanismes de consultation. Elle prétendait également que sa présence au sein de ces conseils n'entraînait d'augmentation de pouvoir ni pour les syndicats ni pour les ouvriers:

> Il est clair que pour des gourvernements liés aux intérêts financiers, la consultation des travailleurs n'est pas une forme de pouvoir qu'ils leur concèdent. Pour eux, il s'agit tout simplement d'installer des antennes au sein des groupes clés de la société[101].

Sources de la dépendance des gouvernements à l'égard du milieu des affaires: le financement des partis

La nécessité dans laquelle se trouvent les partis politiques d'obtenir des fonds pour financer leur activité électorale et pour subsister entre les élections, et celle dans laquelle se trouvent la plupart des gouvernements d'emprunter pour financer leur administration, peuvent susciter des liens additionnels de dépendance entre les hommes d'affaires et les gouvernements.

Il n'est guère douteux que l'argent soit le nerf de la guerre pour tout parti qui se lance dans une campagne électorale. Dans son étude sur le financement des partis au Canada, K.Z. Paltiel décrit ainsi les avantages de l'argent:

> Une lutte électorale ne peut être livrée et encore moins gagnée sans qu'on y engouffre de fortes sommes... Celui qui l'emporte dans une élection canadienne dépense en général plus que ses rivaux au niveau du parti ou de la circonscription. Et les candidats heureux dépensent en général plus que leurs collègues perdants du même parti... En 1965, les dépenses générales par parti et par circonscription dépassaient 60 000 dollars, et en 1968, 90 000 dollars... Ces fonds peuvent être échangés ou utilisés pour se procurer des ressources telles que la main-d'œuvre ou encore la maîtrise des média [102].

H.G. Thornburn corrobore les conclusions de Paltiel: «Le nouveau genre de campagne, écrit-il, avec recours aux média, aux relations publiques et à la publicité, est extrêmement coûteux», et «le parti dont la bourse est la mieux garnie a les meilleures chances de l'emporter, toutes choses égales d'ailleurs». Cela a pour effet, ajoute-t-il, «d'augmenter la dépendance des partis envers leurs mécènes et, du même coup, d'accentuer l'influence des gros contributeurs sur les partis» [103].

Surgit ensuite la question des conséquences politiques du financement des partis. Pour citer de nouveau Paltiel:

> ...Une trop grande dépendance des partis envers une source ou un groupe socio-économique uniques rétrécit inévitablement la marge de manœuvre de ceux qui prennent les décisions politiques. Ces partis ont tendance à se faire les porte-parole d'intérêts sociaux étroits et à perdre la représentativité qu'on leur attribue dans la pensée démocratique libérale. L'examen des mesures prises par les grands partis à la lumière de leurs structures de financement permet de comprendre la nature du régime et ses principaux bénéficiaires [104].

Il est bien connu qu'au Canada les partis, tant au niveau fédéral qu'au provincial, tirent leurs fonds principalement des entreprises. Au fédéral, le Comité d'étude des dépenses d'élections estimait que les deux grands partis, le Parti libéral et le Parti progressiste conservateur, avaient obtenu quelque 90% de leurs fonds de campagne de l'entreprise, dont 50% de sociétés et 40% d'hommes d'affaires. Il avait constaté également que même le siège national du Parti libéral dépendait financièrement des contributions annuelles régulières de 30 à 50 sociétés [105]. Ainsi, Imperial Oil, selon son président M. Armstrong, avait contribué en moyenne pour 234 000 dollars par an aux partis libéral, progressiste-conservateur et créditiste de 1970 à 1975. Il déclarait que ces contributions avaient pour but de favoriser «le fonctionnement de la démocratie». Il ajoutait qu'Imperial Oil ne financerait pas un parti qui préconiserait la nationalisation des sociétés pétrolières.

La logique sur laquelle repose le financement des partis politiques par les entreprises a fait l'objet de nombreuses spéculations. Pour Porter «les hommes d'affaires sont intéressés à ce qu'un parti soit capable de stabiliser la situation pour que les sociétés puissent agir» [106] ; il ajoute qu'en appuyant les partis bien disposés envers les milieux d'affaires, ceux-ci réussissaient indirectement à écarter les partis «socialisants», par exemple le Nouveau parti démocratique [107]. Paltiel précisait que «ces contributions (leur) ont assuré l'accès auprès des responsables des décisions au sein du parti et du gouvernement» [108]. «Si ces contributions, écrit Epstein, ne garantissent en rien des résultats favorables, ils assurent au moins les sociétés d'une tribune à laquelle ils peuvent plaider leur cause» [109]. Enfin, certains de ces dons sont faits en vue de certains actes spécifiques de favoritisme, par exemple la défense des intérêts du donateur face à des mesures ou à des lois spécifiques.

Pour revenir à la situation au Québec, des allégations précises de favoritisme ont été formulées. On pouvait lire à la une du *Montréal Gazette* en 1973: «Le Québec pratique une politique jalousement gardée de favoritisme politique dans l'octroi des contrats du gouvernement depuis que le Parti libéral du premier ministre Bourassa a été porté au pouvoir il y a presque trois ans»; l'auteur poursuivait: «On s'est servi de contrats lucratifs, dont la valeur cumulative atteint les millions de dollars pour récompenser des amis du parti qui l'ont aidé pendant la campagne électorale et qui ont contribué généreusement à la caisse éléctorale du Parti libéral.» [110] Si l'on remonte plus loin, M. Jérôme Proulx, ex-député de l'Union nationale à l'Assemblée nationale, prétendait avoir subi de fortes pressions de la part de son parti de 1966 à 1970, pour qu'il accorde certaines faveurs à des sociétés et à des individus connus pour avoir appuyé le parti [111]. De même, M. René Lévesque, chef du parti de l'opposition, le Parti québécois, déclarait que lorsqu'il était ministre des Richesses naturelles dans le gouvernement libéral de 1960 à 1966, on avait exercé des pressions sur lui pour qu'il cède aux grandes sociétés qui avaient fait preuve de générosité envers le Parti libéral [112].

En dépit de ces exemples, il est peu vraisemblable que le favoritisme suffise à expliquer l'appui financier des entreprises aux partis politiques. La raison la plus plausible, pour le Parti libéral du Québec, est que celui-ci est le plus en accord avec leurs objectifs. Bien que les hommes d'affaires aient été discrets sur ce sujet, ils ont laissé entendre au cours des entrevues que l'aide financière au Parti libéral leur facilitait l'accès auprès des gouvernants. Le président d'une cimenterie s'exprimait en ces termes: «Nous avons nos entrées auprès des plus hauts responsables en les finançant.» [113] Un autre dirigeant d'entreprise prétendait qu'un percepteur de fonds dans la province «promettait des faveurs spéciales et l'accès auprès des ministres et des fonctionnaires en échange d'une contribution» [114]. Ces témoignages laisseraient planer quelque doute sur les prétentions de M. Bourassa pour qui le Parti libéral n'était en rien lié par les contributions électorales de l'entreprise [115].

Après l'élection provinciale d'octobre 1973 au Québec, un seul parti politique, le Parti libéral, semblait financièrement bien établi. Les fortes contributions qu'il recevait régulièrement des milieux d'affaires lui permettaient de se dispenser des campagnes de financement et de la sollicitation auprès de ses membres. Elles lui permettaient également de battre les partis d'opposition, en temps d'élection, sur les plans de l'organisation et surtout de la publicité dans les média [116]. L'Union nationale, qui a été pratiquement balayée de la scène politique du Québec le 29 octobre 1973, avait perdu la faveur des milieux d'affaires à cause de ses tendances nationalistes après 1969. Elle avait cependant réussi à surnager en vendant certains de ses actifs, notamment un journal qu'elle avait acquis en des jours meilleurs [117].

Le Parti québécois et le Ralliement créditiste ont dû compter sur des campagnes de souscription auprès de leurs membres pour mener la lutte électorale. Le PQ réussissait à recueillir 800 000 dollars de ses membres et sympathisants au cours d'une campagne de deux mois au début de 1973; il reçut 31 086 dons d'une valeur moyenne de 23.78 dollars chacun [118]. Bien que ce parti ait mené une forte lutte au niveau de l'organisation en octobre 1973, semblable à ce qu'avait fait le NPD dans tout le Canada, il n'a pu concurrencer les Libéraux dans les média, notamment dans la publicité télévisée. Et ce manque de fonds a nui davantage encore aux Créditistes qui recrutent leur clientèle dans les milieux socio-économiques moins favorisés.

Le congrès pour la direction du Parti libéral à l'automne de 1969 nous offre un exemple intéressant de l'importance politique de ces contributions financières [119]. Bien que les sondages aient révélé que M. Claude Wagner ait été le favori de la population du Québec, c'est M. Robert Bourassa qui remporta la victoire, grâce à une intense campagne de publicité appuyée par les milieux d'affaires. M. Pierre Laporte, ancien ministre dans le cabinet libéral et lui aussi candidat à la direction du parti, accusa M. Bourassa d'avoir consacré un milion de dollars à se gagner l'appui des 1636 délégués au congrès. M. Laporte était si irrité qu'il promit aux délégués de soustraire le parti à la coupe de la Rue Saint-Jacques pour le remettre entre les mains de ses membres. Il ajouta:

> M. Robert Bourassa devrait éviter de fournir à M. René Lévesque et ses amis le meilleur argument qui soit à l'effet que le Parti libéral du Québec comme l'Union nationale est la chose de la Rue Saint-Jacques et de la haute finance. Le genre de campagne téléguidée à laquelle nous assistons actuellement laisse voir clairement que des intérêts privés et puissants fournissent à l'un des candidats le nerf de la guerre [120].

De plus, M. Claude Wagner accusa l'organisation de M. Bourassa de défrayer le transport et l'hébergement de tous ceux qui désiraient participer au congrès.

D'après Gilles Racine, la caisse de M. Bourassa lui permettait de faire ce qui suit: louer 60 grands panneaux d'affichage le long des principales voies d'accès à la ville de Québec où se tenait le congrès; retenir du temps à la télévision, au canal 4, réseau privé de la télévision française de Québec, pour la soirée précédant le scrutin; louer 1 000 chambres d'hôtel pour les membres de son organisation et ses délégués, selon M. Wagner; expédier 70 000 cartes aux militants libéraux leur exprimant son intérêt pour leur façon d'envisager les problèmes de l'heure; désigner 28 représentants régionaux et 108 représentants de circonscriptions; parrainer 110 hôtesses pro-Bourassa au congrès même, y compris des esthéticiennes et des coiffeurs; et organiser une fête de 25 000 dollars pour ses partisans à l'Hôtel Reine Elizabeth à Montréal [121]. C'est ainsi qu'en quelques semaines, M. Bourassa réussit à éclipser ses deux rivaux pourtant mieux connus que lui.

Il y a longtemps que les dirigeants politiques du Québec promettent de réformer le financement des partis. M. Jean-Jacques Bertrand, premier ministre sous l'Union nationale, avait promis à l'Assemblée nationale en 1969 de modifier en profondeur les lois en ce domaine. Il n'en fit rien cependant [122]. En 1970, au cours d'une campagne à Rouyn, M. Bourassa avait promis que les «caisses électorales» seraient abolies une fois pour toutes s'il était élu. Il avait même accusé l'Union nationale d'avoir gaspillé des millions de dollars à cause du favoritisme engendré par le mode de financement de ce parti [123]. Mais en dépit de critiques et d'accusations précises de favoritisme comme celles que nous avons relevées, le gouvernement de M. Bourassa ne s'attaqua jamais aux problèmes du financement des caisses électorales.

Le marché financier

Plusieurs observateurs ont noté que les milieux d'affaires et en particulier les dirigeants des plus grosses institutions financières sont en mesure d'exercer un pouvoir politique appréciable parce que les gouvernements sont tributaires de leurs possibilités d'accès aux marchés financiers. Miliband et Meynaud, entre autres, ont expliqué comment de nombreux gouvernements de pays européens soucieux de réformes ont été tenus en échec par l'oligarchie financière qui menaçait de leur couper les crédits [124]. Bien que les cas patents de chantage soient rares, un gouvernement qui a besoin de capitaux ou d'investissements est toujours en mauvaise posture s'il provoque le déplaisir des milieux financiers.

M. Jacques Parizeau, autrefois principal conseiller économique du gouvernement québécois, était la seule source d'information publique sur le «cartel financier» au Québec [125]. Depuis les années trente, un groupe financier dirigé par la Banque de Montréal et la maison de courtage A.C. Ames de Toronto était le seul responsable du placement des émissions d'obligations du gouvernement du Québec sur le marché canadien. Tout courtier devait s'engager par écrit au début de chaque année à transiger exclusivement avec le «syndicat» ou le cartel dans la distribution des nouvelles émissions d'obligations.

A la suite des manœuvres du cartel en vue de faire échec à l'étatisation de l'électricité [126] et de diverses autres pressions de sa part, M. Eric Kierans, alors ministre du Revenu dans le gouvernement du Québec, décida de scinder le cartel en deux. Il créa donc en 1963 un autre groupe dont le pivot était la Banque Royale du Canada. Toutefois, les deux groupes de gestionnaires, constitués chacun de quatre institutions, décidèrent de «gérer les émissions du Québec à tour de rôle» [127] au lieu de se faire concurrence. Ils constituèrent un comité de direction avec six autres institutions, chacun des quatorze membres du comité disposant d'une voix sur toute décision relative à une souscription.

Outre l'épisode de la nationalisation de l'électricité et divers avertissements du cartel au sujet de la menace de séparatisme ou de quelques autres questions «nationalistes», on a aussi prétendu que le syndicat financier était intervenu en 1966 pour «presser le gouvernement du Québec d'être plus généreux dans ses subventions à l'Université McGill» [128]. Enfin, selon M. Parizeau, le syndicat jouissait d'un pouvoir politique appréciable: «Le syndicat est... un lobby politique de premier ordre, un moyen de faire pression sur le gouvernement du Québec pour orienter certaines de ses politiques...» [129]

L'exposé que nous venons de faire démontre indubitablement que les milieux d'affaires disposent de nombreux moyens d'accès officiels et officieux auprès des milieux responsables du gouvernement [130]. La qualité et le nombre de ces moyens sont des atouts majeurs pour qui veut exercer une influence sur les gouvernants qui prennent les décisions et orienter celles-ci.

NOTES:

1 Epatein, p. 199.

2 *Ibid.*, p. 196.

3 *Ibid.*

4 Entre autres, Braunthal, Ehrmann, Domhoff et Mills. Mills écrit: «A mesure que le monde des affaires est devenu plus intimement lié à celui de la politique, les dirigeants d'entreprise sont devenus plus intimement liés avec les politiciens, et surtout avec ces hommes clés qui forment la direction du gouvernement des Etats-Unis.» p. 167.

5 Le sentiment des dirigeants des grandes entreprises est confirmé par M. Meynaud selon qui c'est au niveau des contacts directs que les pressions les plus efficaces peuvent s'exercer. Jean Meynaud, «Groupes de pression et politique gouvernementale», *Réflexions sur la politique au Québec*, sans éd., Montréal, Editions du Sainte-Marie, 1968, p. 80.

6 Entrevue, mai 1973.

7 Entrevue, mai 1973.

8 Selon Miliband, «seuls les groupes les plus faibles cherchent encore à exercer une influence par l'entremise des assemblées législatives, précisément parce qu'ils n'ont que peu ou pas d'ascendant sur les membres de l'exécutif. Les grands «intérêts» ont recours à d'autres moyens et surtout aux pressions sur le gouvernement et son exécutif», p. 161.

9 Entrevue, mai 1973.

10 Entrevue, mai 1973.

11 Heindrick and Stuggles, Inc., *Profile of a Canadian President*, Chicago, Heindrik and Struggles, Inc., 1973, p. 5.

12 *Ibid.*

13 W.L. Dack, «Running to Ottawa — Big New Business Cost», Financial Post, 8 décembre 1971.

14 *Ibid.*

15 Entrevue, mai 1973.

16 Entrevue, mai 1973.

17 Entrevue, mai 1973.

18 Entrevue, mai 1973.

19 Un dirigeant d'une importante aluminerie, par ailleurs, déclarait que sa société faisait affaire surtout au niveau des sous-ministres parce qu'ils «peuvent ordinairement faire valoir notre point de vue auprès des ministres». Entrevue, mai 1972.

20 La chose a été confirmée au cours d'interviews avec des dirigeants de ces sociétés.

21 Entrevue, mai 1973.

22 Entrevue, mai 1973.

23 Entrevue, mai 1973. Ce même grand patron ajoutait: «Même si le Parti québécois prenait le pouvoir, nos contacts seraient maintenus. Il devrait faire face aux mêmes réalités économiques que les autres gouvernements et il ne pourrait pas changer grand chose».

24 Confirmé par des interviews avec des représentants d'Imasco, de Canada Ciment Lafarge et de la Banque de Montréal.

25 Entrevue, mai 1973.

26 Entrevue, mai 1973. Les modalités sont les mêmes au niveau fédéral. Le même président de banque déclarait: «Je suis passé par sept ministres des finances. Je me fais un point d'honneur de les connaître assez bien pour m'adresser à eux par leur prénom peu après leur nomination. J'ai rencontré (le ministre des finances dans le cabinet libéral, M. John Turner) presque immédiatement».

27 Entrevue, mai 1973.

28 Entrevue, mai 1973. Il ajouta qu'un bon nombre des dîners tranquilles avec les ministres avaient lieu à l'époque des élections, «parce qu'ils (les ministres) veulent être en bons termes avec nous».

29 Entrevue, mai 1973.

30 Entrevue, mai 1973. A Ottawa, la Banque Royale a une suite spéciale contiguë à la cafétéria de son immeuble, où les hommes d'affaires peuvent déjeuner avec politiciens et ministres à l'insu de tous. La banque dispose aussi d'une salle à manger privée au 41e étage de l'immeuble de la Place Ville-Marie à Montréal.

31 Entrevue, mai 1973.

32 Entrevue, mai 1973.

33 Entrevue, mai 1973.

34 Entrevue, mai 1973.

35 Entrevue, mai 1973.

36 Entrevue, mai 1973.

37 Voir, par exemple, Angus Campbell, Gerald Gurin et Warren Miller, *The Voter Decides*, Evanston, Row, Peterson and Company, 1954.

38 Un haut dirigeant d'une petite banque nous a confié que de petites sociétés comme la sienne avaient beaucoup moins de chance d'être écoutées du gouvernement. Par contre, le gouvernement était presque obligé d'écouter les grandes entreprises. «Si M. Claude Primeau de la Banque Provinciale, disait-il, appelle M. St-Pierre pour se plaindre d'une mesure législative, on va l'écouter.» Entrevue, mai, 1973.

Quant aux questions II, J, L et N, il convient de noter que le taux de réponses a été élevé tant chez les dirigeants de la grande que chez ceux de la moyenne entreprise.

39 Entrevue, mai 1973.

40 Entrevue, mai 1973.

41 Entrevue, mai 1973.

42 Entrevue, mai 1973.

43 Entrevue, mai 1973.

44 Entrevue, mai 1973. Un dirigeant d'une banque a déclaré qu'en 1971, les banques avaient lancé une offensive concertée contre le Livre blanc du ministre du Travail, M. Bryce Mackasey, sur le nouveau code du travail. Les banques décidèrent d'inciter tous les membres de leurs conseils d'administration à exercer des pressions sur les ministres qu'ils connaissaient. Ils réussirent à obtenir d'importantes modifications au Livre blanc ainsi que certains changements à la loi. Bien que la version finale du projet de loi n'ait pas été en tout point conforme à ce que désiraient les banques, celles-ci avaient dans une large mesure obtenu satisfaction sur les points cruciaux. Entrevue, mai 1973.

45 Entrevue, mai 1973.

46 Entrevue, mai 1973. Un membre de la direction d'une banque nous confiait: «Nous tentons de nommer à nos conseils d'administration des gens qui ont facilement accès auprès du gouvernement», ajoutant qu'il était «utile d'avoir quelques avocats et un sénateur sur notre conseil». Entrevue, mai 1973.

47 Kendal Windeyer, «Geoffrion: Opening the Right Doors», *Montreal Gazette*, 8 août 1972.

48 Geoffrion, cité par Windeyer.

49 Entrevue, mai 1973.

50 Entrevue, mai 1973.

51 Entrevue, mai 1973.

52 Entrevue, mai 1973.

53 Entrevue, mai 1973.

54 Entrevue, mai 1973.

55 Entrevue, mai 1973.

56 Porter souligne le fait que des ex-politiciens sont souvent appelés à siéger aux conseils d'administration de sociétés qui souhaitent améliorer leurs relations avec le gouvernement. Selon M. Meynaud dans *Technocracy*, New York, Free Press, 1969, les sociétés tentaient aussi de recruter des hauts fonctionnaires «qui, grâce à leurs liens avec d'anciens collègues, peuvent surmonter certaines difficultés», p. 173.

57 Renseignements de Maurice Giroux: «Que fait Jean Lesage? Il pantoufle!» *La Presse,* 15 avril 1971. Giroux déclare que M. Lesage «occupe maintenant des fonctions importantes dans des grandes entreprises, tout en continuant de conseiller à l'occasion le gouvernement de M. Bourassa.» Giroux montre aussi comment, au niveau fédéral, MM. Robert Winters, Maurice Sauvé, Louis St-Laurent, Lionel Chevrier, — tous anciens ministres dans le cabinet libéral, — avaient assumé de multiples fonctions et postes de direction dans de grosses entreprises en quittant la vie politique.

58 Voir Jacques Keable, «Lesage, chef non élu, divise le Parti libéral et domine Bourassa», *Québec-Presse,* 18 avril 1971.

59 M. Robert Bourassa interviewé par Jacques Keable, «Notre marge de manœuvre est très mince», *Québec-Presse,* 23 janvier 1972.

60 L. Chisholm, «Just What is Mr. Lesage Doing in Québec?», *Financial Post,* 23 septembre 1961.

61 Entrevue, mai 1973.

62 Amy Booth, «Business Recruited to Spur Quebec Growth», *Financial Post,* 15 mai 1971.

63 Entrevue, mai 1973.

64 Entrevue, mai 1973. M. Michel de Grandpré, vice-président adjoint de Power Corporation est un autre exemple d'un dirigeant prêté par l'entreprise au ministère de l'Industrie et du Commerce.

65 Epstein, p. 35.

66 *Ibid.,* p. 201.

67 *Ibid.*

68 Nos renseignements sur le CGI nous viennent principalement d'entrevues avec quatre grands patrons qui en étaient membres.

69. Conseil général de l'industrie, *Le Conseil général de l'industrie,* Montréal, 1971, p. 1.

70 *Ibid.* Les principes directeurs du CGI, qui emboîte le pas à la grande entreprise comme nous l'avons vu au chapitre 3, sont apparus dans un rapport intitulé *Towards Economic Objectives and a Development Strategy For Quebec,* Montréal, Conseil général de l'industrie, 1970, rédigé par MM. Louis Riopel et N. Takacsy du service de recherche du CPR. Les auteurs formulent les recommandations suivantes: «le principal rôle du gouvernement devrait être d'entretenir un climat favorable aux investissements et de promouvoir «une attitude généralement positive à l'égard du travail, de la concurrence et du goût du risque» (p. 60); les nationalisations ou l'expansion du secteur public seraient futiles ou ruineuses (p. 62); le gouvernement devrait être un fournisseur de services pour l'entreprise en lui offrant notamment des stimulants fiscaux, en encourageant la fusion des entreprises et en leur apportant une aide technique, p. 55.

71 Paul Ouimet, «Le climat d'investissement au Québec s'est amélioré», *La Presse,* 15 août 1969. «Je leur ai fait comprendre que le Québec avait besoin d'un important groupe d'hommes d'affaires pour aider le gouvernement à assainir le climat pour les investissements.»

72 Brunelle et Papineau, pp. 84-90.

73 Me Faribeault fut nommé le 31 octobre 1967. A titre de conseiller spécial, il était appelé à assister à de nombreuses réunions du cabinet; il avait donc accès aux principaux «secrets» des politiques économiques du Québec, ce qui ne l'a pas empêché de conserver tous les sièges qu'il occupait à des conseils d'administration dans le secteur privé.

74 M. Neapole a été nommé le 21 juillet 1967.

75 Selon Brunelle, ce n'est pas seulement la perspective d'une baisse des investissements qui aurait forcé le gouvernement à reculer, mais aussi le fait que le cartel financier (expliqué ci-après) avait exercé de fortes pressions sur le marché des obligations du Québec. Ce n'est qu'après que le gouvernement eut consenti d'importantes concessions aux milieux d'affaires qu'il se trouva en mesure de lancer avec succès une émission d'obligations (2 nov. 1967).

76 Beauchamp, «Le tribunal du monde».

77 Un membre du CGI cité *ibid.*

78 Michel Lefevre, «Une Présence québécoise à New York», *Le Devoir,* 2 mars 1971.

79 Entrevue, mai 1973.

80 Selon un dirigeant de l'Aluminum Company of Canada, cette société aurait prêté les services de son vice-président aux ventes, M. Daniel Evans, au CGI à plein temps pour un an. Entrevue, mai 1973.

81 Entrevue, mai 1973.

82 Un grand patron, membre du CGI nous déclarait: «Nous sommes avertis des nouveaux projets, et nous avons l'occasion d'en discuter avec les ministres». Entrevue, mai 1973.

Un autre membre du CGI s'est montré plus direct: «Le gouvernement vient nous donner sa version des choses, puis nous lui disons ce qu'il devrait faire». Entrevue, mai 1973.

83 Pour citer un haut dirigeant: «Nous rencontrons ordinairement les ministres un par un et nous passons en revue l'activité de leurs ministères en détail» Entrevue, mai 1973.

84 Entrevue, mai 1973.

85 Entrevue, mai 1973. M. Paré prétendait recevoir «deux appels téléphoniques par semaine de Ouimet». Entrevue de M. Paul Paré avec M. Paul Tétreault, étudiant de troisième cycle en sciences politiques à l'Université McGill, mai 1970.

86 Entrevue, mai 1973.

87 Entrevue, mai 1973.

88 Entrevue, mai 1973.

89 Entrevue, mai 1973.

90 Entrevue, mai 1973.

91 Entrevue, mai 1973.

92 Entrevue, mai 1973.

93 Entrevue, mai 1973. Un vice-président de banque croyait que les réunions étaient secrètes pour «éviter les indiscrétions des journalistes». Entrevue, mai 1973.

94 Confirmé par des entrevues, mai 1973.

95 Entrevue, mai 1973.

96 Entrevue, mai 1973.

97 Le centre des dirigeants d'entreprise déclarait: «Les gestionnaires ont demandé et obtenu la création du Conseil de la planification et du développement du Québec», «*Elements of Strategy for Business*», p. 993.

98 Assemblée nationale du Québec, *Débats de l'Assemblée nationale*, Chap. 14, Québec, Editeur officiel du Québec, 1968, p. 125.

99 Conseil exécutif du Québec, *Arrêté en conseil no 609*, Québec, Editeur officiel du Québec,1971, p. 5.

Apparemment, le Conseil du développement n'était pas satisfait des fonctions qui lui avaient été confiées à l'origine par la loi en 1968; il ne voulait pas se contenter de donner son avis sur les questions dont l'Office pouvait le saisir. C'est alors que M. Arthur Tremblay, président de l'Office, décida de contourner les restrictions de la loi («nonobstant la rigidité actuelle des textes législatifs») et d'adopter une formule qui laissait aux présidents de l'Office et du Conseil le soin de décider d'un commun accord des questions qui seraient référées au Conseil. En réalité, l'Office était disposée à solliciter l'avis du Conseil sur toute question au sujet de laquelle le Conseil jugeait à propos de lui donner son avis. Cette entente, selon M. Tremblay, devait élargir le mandat du Conseil en pratique, sans qu'il soit nécessaire d'obtenir la sanction d'une loi ni de soulever un débat à l'Assemblée nationale. Voir Arthur Tremblay, «Arrangements administratifs relatifs aux objets et modalités de communication entre l'Office de planification et de développement du Québec et le Conseil de la planification et du développement du Québec», lettre à M. Pierre Côté, président du Conseil, Québec, 14 mai 1971.

100 Entrevue, mai 1973.

101 Fédération des travailleurs du Québec, *Un Seul Front*, Montréal, F.T.Q., 1971, p. 61.

102 K.Z. Paltiel, *Political Party Financing in Canada*, Toronto, McGraw-Hill of Canada, 1970, pp. 159-160.

103 H.G. Thorburn, «Politics and Business in Canada», in H.G. Thorburn, éd., *Party Politics in Canada*, Toronto, Prentice-Hall, 1963, p. 153.

104 Paltiel, p. 161.

105 Comité d'enquête sur les dépenses électorales, Etudes sur le financement des partis au Canada, Ottawa, Imprimeur de la Reine, 1966, p. 172.

M. R.G. Rankin, président de la Caisse de l'œillet rouge du Parti libéral, déclarait au cours d'une campagne de souscription avant les élections fédérales de 1972: «Le Parti libéral fonctionne depuis plusieurs années grâce à l'appui de 95 grandes sociétés canadiennes.» Presse canadienne, «Liberal Spills Secret», *Montreal Gazette,* 14 février 1972.

106 Porter, p. 296.

107 *Ibid.*, voir aussi pp. 373-379.

John Bird du *Financial Post* après avoir analysé les succès du NPD dans des élections complémentaires par opposition aux élections générales, concluait: «Les Néo-Démocrates ne sont pas aussi bien nantis que les Libéraux et les Conservateurs; leur handicap aux élections générales est plus une question d'argent que d'organisation.» «NDP Handicap is Shortage of Money, not Organization», *Financial Post,* 27 novembre 1971.

108 Paltiel, p. 161.

109 Epstein, p. 158. Epstein cite le sénateur de l'Arkansas, John L. McLellan, à l'appui de sa thèse:

> «Je ne crois pas qu'aucun de ceux qui m'ont versé une contribution aient jamais eu l'impression d'acheter mon suffrage ou rien de tel, mais ils ont sûrement eu l'impression d'avoir leurs entrées auprès de moi pour discuter de problèmes et que je m'engageais au moins à les écouter lorsqu'ils auraient quelque chose à me dire», p. 198.

110 Derek Hill, «Quebec Liberals Favoring Friends», *Montreal Gazette,* 21 février 1973. Hill explique qu'il n'y a pas eu d'appel d'offres pour les contrats en question et que la majeure partie d'entre eux ont été accordés à «des sociétés ou des individus choisis dans une liste confidentielle dressée par les autorités du parti peu après la victoire aux élections de 1970». La liste était, semble-t-il, un catalogue de «sociétés proposées par des députés libéraux à l'Assemblé nationale et par des hauts conseillers du parti travaillant dans l'entourage immédiat du premier ministre Bourassa». Enfin, Hill donnait plusieurs exemples où des souscripteurs à la caisse du parti s'étaient fait octroyer des contrats et d'autres où des entrepreneurs avaient été remplacés après la victoire libérale.

Gérald Godin estimait que pendant l'exercice 1971-1972, d'après les comptes publics de la province de Québec, le gouvernement Bourassa avait accordé sans appel d'offres 4 000 contrats d'une valeur d'environ 75 millions de dollars. «Le gouvernement a dépensé plus de $75 millions sans soumission», *Québec-Presse,* 6 avril 1973.

Le reportage de Hill fut en partie corroboré le 15 mars 1973, quand M. Robert Burns, leader de l'Opposition péquiste à l'Assemblée nationale, rendit publique la copie d'une lettre de M. Maurice Rioux, président de l'association libérale de la circonscription de Rimouski, qui sollicitait des contributions à un dîner de souscription du Parti libéral. L'auteur de la lettre demandait qu'on lui remette les contributions à son bureau pour lui «permettre de dresser une liste des contributeurs à la caisse du parti qu'il remettrait à notre sous-ministre». Presse canadienne, «Contracts to be Prize for Grit Support», *Montreal Gazette,* 15 mars 1973.

111 Jérôme Proulx, *Le Panier de crabes,* Montréal, Parti-pris, 1971.

112 M. Lévesque se plaignait aussi de la «marée quotidienne de recommandations dont on nous inondait en faveur des grosses firmes que nous avions baptisées les «ministérielles», i.e. celles qui donnent aux deux caisses et partant sont toujours au pouvoir...» Il ajoutait qu'en 1960, on lui avait dit de garder les entreprises Perini à contrat parce qu'elles avaient été généreuses pour le Parti libéral, bien que de l'avis de M. Lévesque, il n'y allait pas de l'intérêt du public. «Les Caisses électorales, ça ne presse jamais», *Le Devoir,* 2 décembre 1971.

113 Entrevue, mai 1973.

114 Entrevue, mai 1973. Le même cadre ajoutait qu'il avait refusé l'offre. Il estimait qu'il avait assez facilement accès aux responsables des décisions au sein du gouvernement.

115 Gérald Leblanc, «Bourassa se tient loin de la caisse», *Le Devoir,* 27 septembre 1973.

116 La Northern Electric était une des sociétés qui contribuaient régulièrement au Parti libéral. Elle versait environ 100 000 dollars par année aux partis fédéraux et provinciaux. Entrevue, mai 1973.

M. Richard Lafferty, président de Lafferty, Harwood and Company, société de placements de Montréal, se plaignait dans un discours à la North American Society for Corporate Planning, de la «collusion entre les milieux politiques, judiciaires et financiers». Il ajoutait que les banques contrôlaient les partis politiques parce qu'elles étaient les plus importants contributeurs aux caisses électorales. Cité par Laurier Cloutier, «Les banques contrôlent les partis politiques», *La Presse,* 15 décembre 1972.

117 Voir Don MacPherson, «UN Hopes Cash Key to Revival», *Montreal Star,* 19 mai 1973.

118 Pour tout renseignement sur les finances du PQ, voir Parti québécois, *Qui finance le Parti québécois?* Montréal, Les Editions du Parti québécois, 1972.

119 Voir Gilles Racine, «Les étapes inédites de l'ascension de Robert Bourassa», *La Presse,* 14-17 septembre 1970.

120 *Ibid.*

121 *Ibid.*

122 Voir Proulx, p. 24. Voir aussi Gilles Lesage, «La loi sera amendée avant les prochaines élections», *La Presse,* 16 octobre 1969.

123 M. Bourassa, cité dans *Le Nouvelliste,* 18 mars 1970.

124 Voir Meynaud, notamment pp. 85-90, et Miliband.

125 Jacques Parizeau, «De certaines manœuvres d'un syndicat financier en vue de conserver son empire au Québec», *Le Devoir,* 2 février 1970.

126 Selon Parizeau, *ibid.,* le cartel s'opposait à la nationalisation et éprouvait une sympathie particulière pour la Shawinigan Water and Power Company, le plus gros producteur d'électricité, et son principal actionnaire, Power Corporation. Il refusa donc de prêter les quelque 500 millions nécessaires pour acheter l'entreprise privée d'énergie. Cependant, le Québec entama des négociations avec la maison Halsey Stewart de New York, de qui il obtint une ouverture de crédits de 350 millions. Voyant que Halsey Stewart était sérieuse, la First Boston Bank qui fait partie du groupement Banque de Montréal-A.E. Ames, prit la relève comme intermédiaire pour le prêt.

127 Voir Ian Rodger, «Politics or Finance First in Bond Sales?», *Financial Post,* 16 octobre 1971.

128 Rodger, «Politics or Finance». Les subventions à l'Université McGill furent augmentées peu après le début de la controverse.

129 Jacques Parizeau, «Le Syndicat financier», *Québec-Presse,* 16 septembre 1971.

130 Birnbaum écrit: «Le réseau complexe qui réunit les dirigeants du monde des affaires à ceux du monde de la politique est d'autant plus efficace qu'il est occulte; ce n'est ni une ligue ni même un club, mais tout bonnement une heureuse coïncidence, un jeu de perspectives communes que partagent des hommes très conscients de leurs responsabilités.» p. 14.

Chapitre 6

Le pouvoir des hommes d'affaires: le cas des média

Chapitre 6

Le pouvoir des hommes d'affaires: le cas des média

Les moyens dont dispose le monde des affaires pour pénétrer, influencer ou dominer les institutions de la société constituent une autre composante de leur pouvoir. Ceci est particulièrement vrai pour les institutions sociales qui ont un impact direct sur l'idéologie et la conscience politique. Ainsi, on peut dire, avec Miliband, que l'Eglise, les média et le système éducatif contribuent à «légitimer» le pouvoir établi dans les sociétés capitalistes avancées[1].

Dans ce chapitre, nous étudierons quelles relations existent au Québec entre le monde des affaires et les média, à qui appartiennent ceux-ci, jusqu'à quel point ils dépendent des hommes d'affaires et quelles sont les conséquences politiques de cette situation. Le cas des média est particulièrement significatif, plusieurs politicologues et autres analystes ayant en effet soutenu qu'ils exercent une influence majeure sur l'opinion et les attitudes politiques du public.

Lorsqu'on examine le mode de propriété des media, on s'aperçoit que ceux-ci sont nettement sous la dépendance de la grande entreprise. En premier lieu, l'information est devenue une industrie dominée par les milieux d'affaires[2] et mue par le même ressort que toutes les entreprises: la rentabilité. Rien ne garantit cependant que la recherche du profit soit toujours compatible avec la qualité de l'information. En outre, parmi les hommes d'affaires ayant une participation dans les média, nombreux sont ceux qui possèdent par ailleurs de vastes intérêts commerciaux; or, cette promiscuité constitue une menace constante pour l'indépendance des média.

Au Québec comme dans le reste du Canada[3], non seulement les média appartiennent à la grande entreprise et sont contrôlés par elle, mais ils sont en outre très concentrés. Au moment du *Rapport sur les mass média,* mieux connu sous le nom de «Rapport Davey», 49 organes d'information sur 72 appartenaient à des groupements, soit neuf journaux sur 14, 29 stations radiophoniques sur 41[4] et 11 stations de télévision sur 17[5].

Pour ce qui est de la radio et de la télévision, neuf groupes ou individus contrôlaient toutes les stations AM privées de langue française de

Montréal, Québec et Trois-Rivières, ainsi que 11 des 14 stations privées de télévision. Le diagramme 5 donne la structure de l'un des ces groupes clés, les sociétés Pratte, Baribeau et Lepage, que le rapport Davey décrivait comme un «réseau qui recoupe des intérêts de quatre groupements dans douze entreprises de radiotélévision situées dans la province de Québec»[6]. Pour la presse, deux groupes, Power Corporation et Québecor, contrôlaient huit des onze quotidiens de langue française et 80% des hebdomadaires[7].

En 1972, Québecor, dont M. Pierre Péladeau était propriétaire à 75%, possédait deux quotidiens, le Journal de Montréal et le Journal de Québec, sept hebdomadaires d'un tirage total de 434083, cinq imprimeries, une agence de distribution, les Messageries Dynamiques, qui s'occupaient des publications de la société et d'une centaine d'autres, ainsi qu'une société d'encre d'imprimerie, Les Encres du Québec, qui alimentait Québecor à 50%. Les ventes du groupe Péladeau se chiffraient à 23 millions de dollars par année[8].

Au sens strict du terme, Power Corporation n'était plus propriétaire de stations de radio ou de télévision ni de journaux, mais elle contrôlait indirectement de vastes intérêts dans les média. Comme on l'a vu sur le diagramme 2, les deux principaux dirigeants de Power, MM. Desmarais et Parisien, étaient propriétaires d'une société de gestion privée, Gelco, détenant respectivement 75% et 25% des actions. Or, Gelco détenait 50,01% des actions de Power Corporation et la totalité des actions de Trans-Canada et de Gesca, *La Presse* étant une filiale à propriété entière de cette dernière[9]. Enfin, le 10 août 1973, *La Presse* achetait son rival, *Montréal-Matin*, organe de l'Union nationale, contrôlant ainsi les deux tiers du tirage des quotidiens de langue française.

Le tableau 9 montre les intérêts détenus dans les média par les deux grands patrons de Power, ainsi que par M. Francœur et Télémédia qui, nous le verrons plus loin, étaient étroitement reliés à MM. Desmarais et Parisien et à Power Corporation. Les Journaux Trans-Canada, contrôlés par MM. Desmarais, Parisien et Francœur avec 46,6, 15,56 et 33,7% des actions respectivement[10], étaient propriétaires de trois quotidiens, *La Voix de l'Est* de Granby, *La Tribune* de Sherbrooke et *Le Nouvelliste* de Trois-Rivières, de 11 hebdomadaires, de cinq journaux de fin de semaine, *Dernière-Heure*, *La Patrie*, *Dimanche-Matin*, *Le Petit Journal* et *Photo-Journal*, et d'une station de radio, CHEF-AM de Granby[11].

En plus d'être président des Journaux Trans-Canada et d'en détenir le tiers des actions, M. Francœur avait acquis en propre un hebdomadaire, *Le Guide du Nord*, et acheté le quotidien *Le Soleil* de Québec en 1974. Cette dernière transaction avait d'ailleurs soulevé une vive controverse et au moment où nous écrivons ce livre, la lumière n'a pas encore été complètement faite sur la question. En août 1973, M. Desmarais annonçait son intention d'acheter *Le Soleil* des frères Gilbert. Les journalistes, par la voix de la Fédération professionnelle des journalistes du Québec,

Diagramme 5

Organigramme des entreprises de Pratte, Baribeau et Lepage *

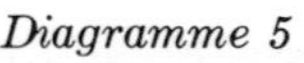

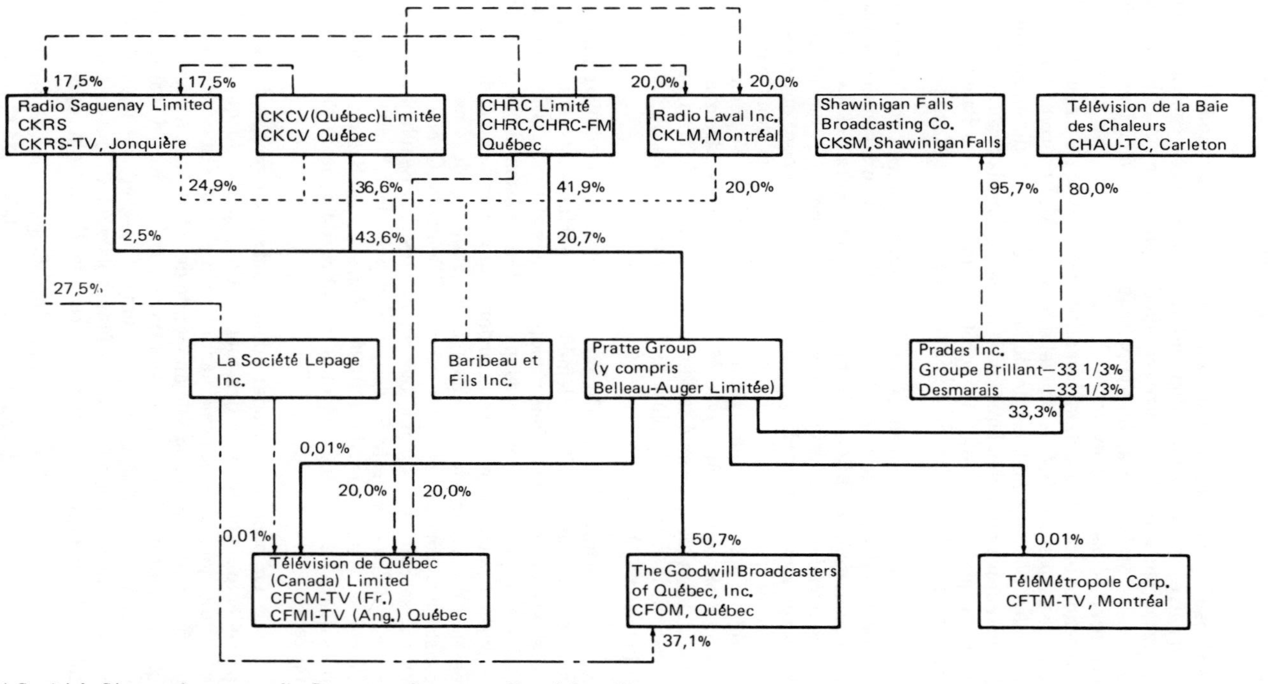

* Comité du Sénat sur les mass media, *Rapport sur les mass media*, vol. 2, p. 106.

le Conseil de presse, plusieurs éditorialistes, dont Claude Ryan du *Devoir*, et d'autres groupements, dont les trois principales centrales syndicales, s'opposèrent vivement à cette transaction qui, selon eux, menaçait la liberté de presse. M. Bourassa, qui s'apprêtait à tenir des élections provinciales en octobre, réussit à convaincre M. Desmarais et les frères Gilbert de suspendre toute transaction durant une période de trois mois dite d'attente. Puis le 11 janvier 1974, la nouvelle éclatait: M. Francœur venait d'acheter *Le Soleil* pour 8,2 millions de dollars[12]. On apprit du même coup que M. Francœur n'avait investi que 200 000 dollars dans la transaction, le reste du montant ayant fait l'objet d'un prêt de 5 millions de la Banque Canadienne-Nationale et d'un autre de 3 millions accordé par la famille Gilbert.

C'était l'évidence même: M. Francœur aurait été incapable d'acheter *Le Soleil* sans l'aide de M. Desmarais. Claude Ryan démontra que M. Francœur dependait financièrement de M. Desmarais et il émit l'hypothèse que le premier avait servi de «paravent» au second[13]. Le chat sortit du sac lorsqu'on apprit que les frères Gilbert s'étaient d'abord engagés par écrit à vendre le quotidien à M. Desmarais, mais que les deux parties avaient convenu d'annuler cet engagement quelques heures seulement avant que la transaction soit conclue avec M. Francœur[14]. M. Desmarais avait donc indéniablement approuvé la vente qui lui donnait, ainsi qu'à Power Corporation, le contrôle de plus de 70% du tirage des quotidiens de langue française du Québec.

Jusqu'en juillet 1970, Power Corporation avait détenu, par l'entremise de sa filiale, Québec Télémédia, d'importants intérêts dans la radio et la télévision, soit 10 stations radiophoniques et trois stations de télévision. Suite aux pressions exercées par la Commission de la radio et de la télévision canadienne, Power Corporation décidait de vendre sa société de gestion de média électroniques à M. Philippe de Gaspé Beaubien qui constituait alors une nouvelle société, Télémédia (Québec). La transaction, dit-on, se chiffra à 7,5 millions de dollars. M. Beaubien lui-même versa 100 000 dollars; le reste fit l'objet d'un prêt de 7,3 millions de dollars de Power et d'un autre de 100 000 dollars de la Banque Royale, dont le président, M. McLaughlin, était membre du conseil d'administration de Power[15].

On peut se demander quels avantages le monde des affaires voit à posséder ou à influencer des média. On a prétendu que le rôle le plus bénéfique joué à long terme par les média avait été de maintenir dans le public une attitude favorable au monde des affaires et au système économique. Parlant des dépenses des grandes sociétés, Key déclarait même: «Le coup de maître de la grande entreprise aura été de manipuler l'opinion publique de manière à la disposer favorablement ou tout au moins à lui faire tolérer l'existence de sociétés géantes.»[16] Et Epstein reprenait:

> Les moyens de communication de masse auront été les premiers à répandre le dogme fondamental de la grande entreprise américai-

> ne, à savoir que l'ordre économique capitaliste est la condition *sine qua non* du maintien de la démocratie politique. En ramenant sans cesse l'équation: capitalisme = démocratie, les média ont compromis les groupements qui cherchent à modifier l'ordre économique américain, toute entorse au système traditionnel de la libre entreprise étant considérée, par définition, comme une atteinte à la démocratie...[17].

L'étude entreprise par Martin Goldfarb Consultants pour le Comité du Sénat sur les mass media a démontré que pour une grande partie du public canadien, les média ont une attitude discriminatoire à l'égard des travailleurs. Selon ce sondage, 61% des anglophones et 50% des francophones du Québec estimaient que les journaux diffusent une «image détrimentale (sic) du milieu ouvrier»[18]. En outre, «près de 70% (de la population du Canada) étaient d'avis que les nouvelles communiquées par la presse font l'objet d'un certain contrôle extérieur» et près des deux tiers des Canadiens soupçonnaient la grande entreprise, et plus de la moitié le gouvernement fédéral, de biaiser l'information[19]. Enfin, 80% des Canadiens s'opposaient à ce qu'une société puisse devenir propriétaire de presque tous les journaux d'une région[20].

Au cours des dix dernières années environ, les journalistes du Québec et d'autres groupements, comme les syndicats[21] et les comités de citoyens[22], ont de plus en plus critiqué l'information diffusée par la presse écrite et parlée, ainsi que la censure directe ou indirecte exercée par ses propriétaires[23]. Les grands journaux, les principales stations de radio et de télévision, ainsi que certains organismes gouvernementaux, comme la Société Radio-Canada et l'Office national du film, ont tour à tour été pris à parti. A Radio-Canada, un reporter, Robert Mackay, a été congédié pour avoir écrit un article sur les affaires internationales dans le mensuel séparatiste *Point de Mire*[24]. A l'Office national du film, au moins deux films ont été interdits par le commissaire en chef Sidney Newman: «Vingt-quatre heure et plus» de Gilles Groulx et «On est au coton». Ce dernier attaquait vivement l'industrie textile du Québec; M. Newman a admis que la Dominion Textile avait fait pression sur lui[25]. Il ajoutait que de tels films n'ont pas leur raison d'être puisque le rôle de l'Office n'est pas de remettre en question le système économique actuel, soit le capitalisme[26].

Pour mieux illustrer l'étendue du pouvoir dont disposent les propriétaires des moyens d'information, nous avons choisi le cas du quotidien montréalais *La Presse*. Le conseil d'administration, dont M. Desmarais est président, est seul responsable de la nomination des rédacteurs ainsi que de l'embauche, du congédiement, de la production ou du transfert des autres employés. M. Ryan a délibérément souligné, dans son témoignage à titre d'expert au procès des entreprises K.C. Irving accusées d'exercer un monopole à Moncton, que le propriétaire d'un journal est en mesure de surveiller étroitement le rédacteur en chef que d'ailleurs il choisit.

Tableau 9
*Média appartenant à MM. Desmarais, Parisien et Francœur et à Télémédia**

JOURNAUX	**TIRAGE**
QUOTIDIENS	
La Presse (Montréal)	222 184
La Tribune (Sherbrooke)	38 885
Le Nouvelliste (Trois-Rivières)	46 926
La Voix de l'Est (Granby)	11 775
Montréal-Matin (Montréal)**	100 000
Le Soleil (Québec)**	225 000
HEBDOMADAIRES	
Le Journal de Rosemont (Montréal)	16 000
Le Flambeau de l'Est (Montréal)	21 500
L'Est Central (Montréal)	20 000
Les Nouvelles de l'Est (Montréal)	21 000
Le Progrès de Rosemont (Montréal)	16 000
Le Saint-Michel (Montréal)	19 000
Le Courrier de Laval (Laval)	40 000
Métro Sud (Longueuil)	29 035
Roxboro Reporter (Pierrefonds)	16 000
L'Echo du Bas St-Laurent (Rimouski)	5 668
Echo Expansion (Saint-Lambert)	24 000
Le Guide du Nord (Montréal)	16 500
FIN DE SEMAINE	
Dernière Heure	59 541
Dimanche-Matin	287 745
La Patrie	130 874
Le Petit Journal	208 348
Photo-Journal	131 273

* Comité du Sénat sur les moyens de communications de masse, *Rapport sur les moyens de communications de masse*, vol. 2, tableau 19, page 92 et tableau 32, page 119. Tirages de 1969.

** *Montréal-Matin* et *Le Soleil* ont été achetés après la publication du *Rapport sur les moyens de communications de masse.*

STATIONS RADIOPHONIQUES	AUDITOIRE
CHLN-AM (Trois-Rivières)	59 000
CHLT-AM (Sherbrooke)	34 900
CHLT-FM (Sherbrooke)	10 000
CJBR-AM (Rimouski)	
CJBR-FM (Rimouski)	96 100
CJBR-AM (Réémetteur à Causapscal)	
CKAC-AM (Montréal)	264 900
CKCH-AM (Hull)	33 400
CKCH-FM (Hull)	
CKTS-AM (Sherbrooke)	18 600
CHEF-AM (Granby)	9 400
CKSM-AM (Shawinigan)	16 300
STATIONS DE TELEVISION	
CHLT-TV (Sherbrooke)	411 200
CJBR-TV (Rimouski)	128 400
CJBR-TV (réémetteur à Edmunston)	
CHAU-TV (Carleton, Québec)	122 500

...Le principal responsable de chacun des journaux du groupe Irving demeure un employé du propriétaire et on ne saurait concevoir que celui-ci l'engage et le garde à son emploi sans s'être assuré qu'il partage ses options et opinions fondamentales en ce qui touche le fonctionnement et l'avenir de notre régime économico-social... On ne saurait s'attendre à ce que le directeur d'un journal appartenant aux intérêts Irving agisse, dans l'exercice de ses fonctions, d'une manière qui pourrait être jugée nuisible aux intérêts du propriétaire. Le problème est d'autant plus complexe et grave dans le cas des journaux Irving, ...que le groupe propriétaire est un conglomérat puissant dont les ramifications plongent dans un très grand nombre de sphères de l'activité économique au Nouveau-Brunswick[27].

En fait, le degré d'autonomie idéologique d'un journal dépend de la bonne volonté de son propriétaire. Dans un éditorial critiquant la concentration de la presse en 1969, Ryan soutenait que les qualités personnelles de M. Desmarais ne sont pas une garantie suffisante qu'il utilisera toujours, dans l'intérêt public, les vastes pouvoirs qu'il détient sur la presse[28]. Voulant justifier l'achat de *Montréal-Matin* par *La Presse*, un éditorialiste de ce dernier, Vincent Prince, déclarait que M. Desmarais avait accepté de former un conseil de direction autonome et «représentatif» à *La Presse*[29]. Mais là encore, c'était laisser au propriétaire le soin de fixer le degré d'autonomie dont devait jouir le journal. Et lorsque celui-ci fait partie d'un conglomérat détenant de vastes intérêts en dehors des média d'information, comme Power Corporation, sa liberté de critiquer le conglomérat ou l'une de ses filiales est encore là mise en danger. Comme l'écrivait Ryan, même si M. Desmarais voulait tenir *La Presse* complètement à l'écart de Power Corporation, on pourrait se demander si le journal aurait la liberté de traiter comme n'importe quelle autre question tout ce qui touche aux intérêts commerciaux, financiers et industriels de la société[30]. Mintz et Cohen ont cité plusieurs cas aux Etats-Unis où les propriétaires de média sont intervenus pour influencer des nouvelles ou congédier des rédacteurs dont les opinions étaient incompatibles avec les leurs[31].

D'ailleurs, les propriétaires n'ont plus guère à intervenir lorsque ce sont eux qui nomment les rédacteurs. Mais, au besoin, M. Desmarais, quant à lui, n'hésiterait pas à le faire. Le 24 février 1970, lors d'une audience du Comité du Sénat sur les mass media, il déclarait en effet qu'il mettrait le holà si l'un de ses quotidiens publiait un éditorial favorable au PQ[32]. Il ajouta qu'il préférerait laisser *La Presse* mourir plutôt que de la voir tomber sous le contrôle des journalistes[33].

La Presse n'a d'ailleurs jamais prétendu à la neutralité lors des grands débats politiques du Québec. Dans une déclaration émise le 9 décembre 1972, signée par Roger Lemelin, rédacteur en chef, et endossée par M. Desmarais et les membres du conseil, *La Presse* annonçait clairement ses couleurs en se déclarant favorable à l'unité canadienne, à l'entreprise privée et à la limitation de l'ingérence de l'Etat:

> Le journal *La Presse* croit à l'entreprise privée telle qu'elle se pratique et évolue dans le monde, mais approuve l'intervention mesurée et planificatrice de l'Etat.
>
> Le journal *La Presse* suivra d'un œil vigilant toute tendance qui pourrait inciter les gouvernants à franchir les limites d'un sain interventionnisme[34].

Ce dernier passage indique bien que *La Presse* entend s'opposer vigoureusement à toute tentative de l'Etat d'élargir son champ d'action de façon significative.

On peut également contrôler un journal au niveau de la rédaction ou de l'administration, mais l'intervention se fait alors de façon indirecte. Au journal *La Presse*, le syndicat des journalistes[35] prétendait dans un manifeste que le nombre des reporters politiques avait constamment diminué depuis que Power Corporation en avait fait l'acquisition en 1964. *La Presse* comptait sept correspondants à Québec lorsque M. Gérard Pelletier en était rédacteur en chef; en 1973, il n'y en avait plus que trois. En outre, la nouvelle direction forçait des chefs de pupitre à quitter le syndicat des journalistes pour avoir «fait preuve de trop d'indépendance»[36].

Le manifeste ajoutait que *La Presse* avait tenté d'éviter les grandes controverses politiques et sociales et qu'à cause de coupures de personnel dans les secteurs politiques clés, le journal s'était souvent contenté de publier la «version officielle» des faits, c'est-à-dire les communiqués du gouvernement ou des services de relations publiques des grandes entreprises. L'administration du budget, — l'affectation, par exemple, de plus fortes sommes aux articles de faits divers et aux sports qu'aux nouvelles politiques, — le choix des journalistes, la répartition qu'on leur fait des diverses grandes rubriques, — *La Presse* avait par exemple 12 rédacteurs financiers et un seul spécialiste de la question ouvrière[37], — tout cela influence profondément l'orientation politique du journal. Enfin, le manifeste affirmait dans sa conclusion que les propriétaires de *La Presse* avaient toujours eu suffisamment de pouvoir pour orienter occasionnellement l'information dans le sens qui faisait leur affaire[38].

Outre le mode de propriété, la publicité contribue à soumettre les média à la grande entreprise. Selon le Comité du Sénat sur les mass media, 65% du revenu brut des journaux et 93% de celui des stations de radiotélédiffusion viennent de la publicité[39]. Bien qu'à plusieurs reprises, certaines sociétés aient annulé leur publicité parce qu'elles étaient mécontentes d'un reportage[40], le Comité soutenait qu'en général les média canadiens ne courbent par l'échine devant les annonceurs:

> Le fait est, bien entendu, qu'ils n'y sont pas tenus: de façon générale les annonceurs, leurs agences et les propriétaires des *média* d'information appartiennent à la même catégorie de gens, font la même chose et s'inspirent de la même logique que l'entreprise privée. Ceci ne comporte rien de sinistre et n'a rien d'une conspiration. Les pressions de l'annonceur sont inutiles à cause de l'influence subtile et sous-entendue qui existe de toute façon[41].

M. Desmond Morris s'exprimait de la même façon dans *Canadian Forum:*

> Peu importe que le *North Bay Nugget* appartienne à M. Max Bell, à M. Roy Thomson ou à un commerçant de l'endroit. Ils sont tous, sans exception, entre les mêmes mains. Ils font tous partie du monde canadien des affaires et ils font ses quatre volontés... Et quand les hommes d'affaires canadiens s'imaginent que tous les

> Canadiens bien pensants partagent leurs opinions, ils se conduisent tout bonnement comme toutes les oligarchies de l'histoire[42].

Il est donc probable que l'autocensure soit plus fréquente que la censure proprement dite. «Comme les média dépendent de la publicité, écrivait Epstein, ils hésitent souvent à critiquer ouvertement ce que font les entreprises.»[43] M. Meynaud en arrivait aux mêmes conclusions dans son étude sur l'information politique à la télévision américaine[44].

Dans le cas du Québec, on a remarqué que les entreprises n'étaient pas hostiles à l'idée de se servir de la publicité pour atteindre des objectifs politiques. Parmi les hommes d'affaires interrogés, 32,8% estimaient que les entreprises devraient refuser d'annoncer dans «les journaux qui s'opposent au système politique actuel»[45]. D'ailleurs, le manque de revenus par la publicité a souvent menacé l'existence des journaux «d'opposition», qu'ils aient été de tendance séparatiste ou socialiste[46]. En 1968, les syndicats contribuaient avec d'autres groupements à créer le journal *Québec-Presse* parce qu'ils estimaient que la presse écrite ne leur rendait pas justice. A la fin de 1974, l'hebdomadaire cessait de paraître faute d'argent. Or, c'est parce que *Québec-Presse* n'avait pas réussi à attirer suffisamment les grands annonceurs que le journal a connu des difficultés financières. Selon son rédacteur en chef, M. Gérald Godin, il n'aurait éprouvé aucun problème de rentabilité ou d'expansion s'il avait obtenu la part de publicité qu'aurait dû lui valoir son tirage[47].

Le Jour, quotidien montréalais lancé en février 1974, en est un autre exemple. Il avait été fondé par les dirigeants du Parti québécois après l'élection provinciale du 29 octobre 1973. Bien qu'ayant obtenu 30% des suffrages, le PQ n'avait reçu aucun appui des éditorialistes des quotidiens québécois. Ses dirigeants estimaient en outre que la pensée du parti n'avait pas été bien exposée par la presse. Même si en 1974 et en 1975, *Le Jour* a eu le même tirage que *Le Devoir*, — entre 25 000 et 30 000, — le quotidien n'a pas réussi à attirer la grande entreprise ni à obtenir du gouvernement les contrats de publicité qui permettaient au *Devoir* de vivre. Bref, quoique les revenus provenant du tirage aient été les mêmes, ou à peu près, — 1,6 million pour *Le Jour* et 1,5 million pour *Le Devoir* en 1974, — les revenus publicitaires de ce dernier étaient au moins trois fois plus importants que ceux du *Jour*, — 1,7 million contre 539 000 dollars. Commentant un éditorial du *Jour* dans lequel le rédacteur en chef, Yves Michaud, blâmait le gouvernement pour son refus d'annoncer dans le journal, le *Star* de Montréal par la voix de Jim Stewart prédisait que le gouvernement du Québec et les grandes entreprises continueraient à boycotter *Le Jour*. Cette attitude lui paraissait d'ailleurs justifiable: «vous ne donnez pas d'allumettes à celui qui veut brûler votre maison[48]», affirmait-il.

Il serait pour le moins exagéré de prétendre que les média d'information sont les porte-parole du monde des affaires. Il est évident, même après un examen superficiel, qu'on retrouve des opinions contradictoires, y compris des critiques du comportement des grandes entreprises dans les média canadiens, mais ce qui importe, c'est que les média dépendent du monde des affaires plus que toute autre institution sociale, que ce soit par le biais des liens de propriété ou de la publicité, et que celui-ci peut, à l'occasion, s'en servir comme source de pouvoir politique. En outre, le pluralisme de tendances à l'intérieur des journaux dépend dans une grande mesure de la bonne volonté des propriétaires et des annonceurs. Que ceux-ci aient été jusqu'à présent discrets dans leurs interventions ne modifie en rien la situation de dépendance dans laquelle se trouvent les média.

NOTES:

1 Miliband, chapitre 7 et 8.

2 On trouvera au chapitre 2 de Cohen et Mintz une étude sur la concentration des média et sur les liens qui unissent ceux-ci à la grande entreprise aux Etats-Unis.

3 Pour en savoir davantage sur la concentration et le mode de propriété des média au Canada, voir le Comité du Sénat sur les moyens de communications de masse, *Rapport sur les mass media*, Ottawa, Imprimeur de la Reine, 1970, ainsi que Porter.

4 Compte non tenu des six stations de la Société Radio-Canada, il ne reste plus que six stations indépendantes.

5 Comité du Sénat sur les moyens de communications de masse, *Rapport sur les mass media*, vol. 1, p. 19.

6 *Ibid.*, p. 31.

7 Sur les groupes de média et les intérêts économiques des grands patrons de l'industrie des média, voir Jacques Guay, «Une presse asservie: des faits», *Socialisme 69*, pp. 67-90.

8 Québecor Inc., *Rapport annuel de 1972*, Montréal, Québecor, 1973, et Ian Rodger, «Pierre Péladeau isn't a Publisher Like Other Newspaper Publishers», *Financial Post*, 14 octobre 1972.

9 Un autre lien a été créé lorsque Power Corporation a accordé un prêt de 23 millions de dollars à Gesca.

10 Les 4,45% qui restent étaient la propriété de l'homme d'affaires Pierre Dansereau.

11 Ces renseignements proviennent du Comité du Sénat sur les moyens de communications de masse, vol. 1, pp. 31-43.

12 Voir Lionel Desjardins, «*Le Soleil* acheté par M. Jacques Francœur», *La Presse*, 12 janvier 1974, et Gérald Leblanc, «Les journalistes veulent des garanties contre la concentration», *Le Devoir*, 15 janvier 1974.

13 Claude Ryan, «Que s'est-il passé entre Paul Desmarais, Jacques Francœur et les frères Gilbert?», *Le Devoir*, 18 février 1974. Voir aussi Gérald Leblanc, «Une abondante documentation révèle une action concertée de Francœur et Desmarais dans l'achat du *Soleil*», *Le Devoir*, 30 janvier 1974.

14 Gérald Leblanc, «Paul Desmarais n'a renoncé à son option que le jour de la vente à Jacques Francœur», *Le Devoir*, 19 février 1974.

15 Comité du Sénat sur les moyens de communications de masse, vol. 1, p. 39.

16 Key, p. 96.

17 Epstein, p. 216.

18 Comité du Sénat sur les moyens de communications de masse, vol. 3, p. 76. Les chiffres correspondants pour la télévision et la radio sont 50 et 30% pour les anglophones et 49 et 33% pour les francophones.

19 *Ibid.*, p. 31. Pour les Québécois de langue française, ces chiffres sont de 62% en ce qui concerne la grande entreprise et de 45% pour le gouvernement fédéral, p. 56.

20 *Ibid.*, pp. 33 et 34.

21 La Confédération des syndicats nationaux, par exemple, a publié un livre intitulé *La grande tricherie*, Montréal, Confédération des syndicats nationaux, 1973, dans lequel elle dénonce l'attitude antisyndicale des média et la collusion entre le pouvoir politique, le pouvoir économique et les média.

22 Voir, par exemple, le Greater Montreal Anti-Poverty Coordinating Committee, «Statement of Principles: Mass Media», *The Poor Peoples' Paper*, vol. 2, no 9, février 1973.

23 Parmi les journalistes qui ont critiqué les média du Québec on remarque Pierre Godin, *L'information-opium*, Montréal, Parti pris, 1973; François Béliveau, *Pogné*, Montréal, Editions québécoises, 1971, *Pour une radio civilisée;* et Claude-Jean Devirieux, *Manifeste pour la liberté de l'information*, Montréal, Editions du Jour, 1971.

24 Pierre Vadeboncœur, «L'affaire Mackay: une sentence qui doit être dénoncée», *Le Devoir*, 3 novembre 1971.

25 Le film a été projeté devant les dirigeants du textile en premier lieu. Ceux-ci ont déclaré à M. Newman que certains faits concernant leur industrie n'étaient pas exacts. Sidney Newman, «Pourquoi l'ONF a interdit «On est au coton»», *Le Devoir*, 12 novembre 1971.

26 *Ibid.*, Voir aussi François Béliveau, «Blitz pour un Canada uni» *La Presse*, 6 janvier 1973.

27 *Le Devoir*, «Le monopole de K.C. Irving, une menace pour la démocratie», 7 novembre 1972.

28 Claude Ryan, «Concentration et liberté dans les entreprises de presse», *Le Devoir*, 16 septembre 1969.

29 Vincent Prince, «L'achat de *Montréal-Matin*, éditorial, *La Presse*, 11 août 1973.

30 Ryan, «Concentration et liberté». Selon Epstein, «Il est peu probable qu'une filiale publie des opinions incompatibles avec les intérêts de la société-mère», p. 213.

31 Cohen et Mintz, pp. 109-162. Par exemple, en 1965, M. William P. Steven, rédacteur du *Houston Chronicle*, fut congédié par les dirigeants de la société de gestion Houston Endowment «parce qu'il avait appuyé le droit aux études avancées, Lyndon Johnson et les droits des citoyens», p. 143.

32 La Presse canadienne, «Paul Desmarais interviendrait si l'un de ses journaux publiait un éditorial appuyant le PQ», *Le Soleil*, 25 février 1970.

33 *Québec-Presse*, L'empire de presse de Paul Desmarais», 2 septembre 1973. M. Desmarais avait déclaré: «Plutôt la mort du journal que le contrôle par les journalistes ...Personne ne va contrôler ce damné journal, c'est mon journal...».

34 Roger Lemelin, «Définition du journal *La Presse* et de son orientation idéologique», *La Presse*, 9 décembre 1972.

35 Michel Lord, «La censure a pris un tour carrément politique», *Le Devoir*, 27 octobre 1971.

36 *Ibid.*, Publié durant la grève de *La Presse* en 1971, le manifeste faisait état de 14 cas prétendus de censure par l'administration du journal. On y lisait également que plusieurs questions controversées en politique, comme le débat sur la réforme scolaire, les grèves dans les universités de langue française, les initiatives du gouvernement fédéral dans le domaine de la planification urbaine, y étaient délibérement escamotées. M. Yves Bougie décrivait un cas où la censure des membres du conseil de direction de *La Presse* s'était directement exercée. En juin 1968, après les violentes manifestations de la Saint-Jean-Baptiste, deux membres du bureau de direction de *La Presse*, MM. Lafrance et Parisien, avaient passé la nuit dans la salle de rédaction pour réviser ou couper les nouvelles et éliminer des photographies. Voir «La Presse écrite au Québec: objet et agent de pression», travail de recherche présenté au cours de M. Jean Meynaud sur les groupes de pression, à l'Université de Montréal, 15 décembre 1969.

37 La Confédération des syndicats nationaux s'est plainte du manque de nouvelles sur le mouvement ouvrier dans les journaux du Québec: « ... nous savons que le mouvement syndical qui touche directement plus de 500 000 travailleurs ne se voit pas accorder de pages syndicales dans les quotidiens alors que les financiers (qui sont peu nombreux) ont leurs pages financières (2, 3, 4 et même plus chaque jour)», p. 17.

38 Lord, «La Censure».

39 Comité du Sénat sur les moyens de communications de masse, vol. 1, p. 243.

40 Selon le Comité du Sénat sur les moyens de communications de masse, vol. 3, un article de Sidney Katz paru en 1962 dans *Macleans* et portant sur l'usage abusif des médicaments aurait amené les sociétés pharmaceutiques à annuler pour 80 000 dollars de publicité. De même, un article paru dans le *Financial Post* en 1962 dans lequel on commentait défavorablement l'acquisition de la Canadian Oil par la société Shell a amené le président de Shell à annuler sa publicité dans toutes les publications de Maclean-Hunter. Bien que la maison Maclean-Hunter ait tenu tête à Shell en l'occurence, le Comité soulignait: «Un éditeur en difficultés ou qui accorde plus d'importance aux bénéfices qu'à la liberté éditoriale, pourrait hésiter à risquer de s'aliéner une importante source de revenu», p. 221.

Dans un article sur la presse paru dans *Canadian Business* en janvier 1969, Sonja Sinclair décrivait deux autres cas où des sociétés avaient utilisé leur publicité à des fins politiques:

«John Harbron (ancien rédacteur de *Executive* et pendant un certain temps rédacteur de *Business Week*) se rappelle qu'une filiale canadienne d'une société américaine de copieurs avait annulé tout son programme publicitaire en guise de représailles à un éditorial favorable à certaines des politiques de M. Walter Gordon. M. Frank Oxley (de Oxley, Dickens et Harper et autrefois du *Financial Post*) entendit un jour un dirigeant de société pétrolière, furieux, lui dire en le menaçant du doigt: «Nous achetons six pleines pages dans votre damné journal; aussi vous faites mieux d'écrire ce que je vous dis d'écrire», pp. 23 et 24.

41 Comité du Sénat sur les moyens de communications de masse, vol. 1, p. 275.

42 Desmond Morton, «Advertisers Don't Use Pressure», *Canadian Forum*, juillet 1969. Selon M. Jerry Goodis, président d'une agence de publicité de Toronto, la publicité et la nécessité de plaire aux annonceurs influencent les média:

«Quels sont les résultats de cette nécessité pour un journal d'offrir à l'annonceur un public mieux constitué que celui d'un concurrent, c'est-à-dire un public de consommateurs qui, grâce à son revenu plus élevé, serait plus en mesure d'acheter les produits ou les services annoncés. Forçément, toute la rédaction vise à cette fin. Un article est plus ou moins acceptable selon qu'il est susceptible de plaire aux gens riches ou de les intéresser. Il en résulte donc que, de plus en plus, les communications de masse reflètent l'attitude de ces gens et traitent de sujets qui les concernent. Nous n'avons plus les communications de masse, mais des communications de classe, classe moyenne et plus élevée.

«Pauvres, vieux, jeunes, Indiens, Esquimaux, noirs sont pour ainsi dire oubliés. C'est comme s'ils n'existaient pas. Bien plus, ces communications dites «de masse» ne permettent pas à ces groupes minoritaires de s'exprimer parce qu'ils ne forcent pas l'attention comme les riches peuvent le faire...», cité par le Comité du Sénat sur les moyens de communications de masse, vol. 1, p. 275.

43 Epstein, p. 212.

44 Jean Meynaud, «La télévision américaine et l'information sur la politique», *Le Devoir*, 22 janvier 1972.

45 La question se lisait ainsi: «Certaines compagnies ont été critiquées parce qu'elles avaient acheté de la publicité dans des journaux qui sont opposés au système politique et économique actuel. Croyez-vous que les compagnies devraient éviter cette pratique?» Parmi les répondants, 32,8% ont opté pour l'affirmative et 67,2% pour la négative (compte tenu des 8,4% qui n'ont pas répondu à la question).

46 Selon Claude-Jean Devirieux, « ...Les organes d'information publiant des articles mettant en cause le système établi (et il n'y en a guère) attirent difficilement la publicité, sont rarement des entreprises rentables et, par voie de conséquence, peuvent difficilement améliorer leur présentation, s'assurer de vastes moyens de diffusion et élargir leur rayonnement. Je songe, entre autres, au journal *Vrai*, publié par Jacques Hébert vers 1955, au *Nouveau Journal* de Jean-Louis Gagnon en 1961; plus près de nous: les journaux étudiants, *Québec-Presse*...», p. 56.

47 Gérald Godin, «Les amis de *Québec-Presse* et la censure», *Québec-Presse*, 7 novembre 1971.

48 Jim Stewart, «*Le Jour* Wants Bourassa Ads», le *Montreal Star*, 25 juillet 1974.

Chapitre 7

Le pouvoir des autres groupes: le cas des syndicats

Chapitre 7

Le pouvoir des autres groupes: le cas des syndicats

Quelle est l'ampleur du pouvoir du monde des affaires et quels groupes sont en mesure d'y opposer le leur?

Dans le questionnaire, on demandait aux hommes d'affaires: «Quel groupe a le plus d'influence sur la politique gouvernementale au Québec». Comme on peut le voir au tableau 10, 32% des répondants ont indiqué les syndicats, 22,2% les intellectuels, 16,9% le monde des affaires, 13,7% les média et 10,5% les groupes nationalistes; 4,6% ont nommé d'autres groupes, mais personne n'a choisi les groupes religieux. Les francophones en outre n'ont pas répondu comme les anglophones. L'influence du monde des affaires, par exemple, a été identifiée par 27,6% des Canadiens français et par 10,5% seulement des Canadiens anglais, tandis que ceux-ci attribuaient plus d'influence que les premiers aux nationalistes et aux intellectuels. Il est possible qu'anglophones et francophones redoutent davantage les groupes dans lesquels ils sont minoritaires, les Canadiens français étant en position dominante parmi les intellectuels et les nationalistes et les Canadiens anglais plus étroitement liés aux milieux des affaires[1].

Puisque les syndicats ont été désignés par les hommes d'affaires comme le groupe le plus influent en politique au Québec, nous examinerons leur force et leur faiblesse pour tenter de définir quelle influence ils exercent effectivement sur le gouvernement.

La puissance des syndicats découle de leurs vastes assises populaires, des cotisations qu'ils perçoivent et, en général, de leur profonde influence sur les mécanismes de la production. En 1972, 700 000 travailleurs au Québec, soit 35% de la main-d'œuvre, étaient affiliés[2] à l'une ou l'autre des cinq centrales syndicales suivantes: la Fédération des travailleurs du Québec (FTQ), la Confédération des syndicats nationaux (CSN), la Centrale des Syndicats démocratiques (CSD), la Corporation des enseignants du Québec (CEQ) et l'Union des producteurs agricoles (UPA).

Au cours des années soixante et au début des années soixante-dix, les syndicats québécois ont réussi à éliminer en partie ce qui avait jusque-là miné leur influence politique. Ils ont serré les rangs, formé de plus en plus

Tableau 10

*Répartition en pourcentage des réponses des hommes d'affaires du Québec sur le groupe qui a le plus d'influence sur la politique gouvernementale au Québec**
(Question IIIF: «D'après vous, quel groupe a le plus d'influence sur la politique gouvernementale au Québec?»)

	Tous les répondants	Répondants canadiens-anglais	Répondants canadiens-français	Répondants de la grande entreprise	Répondants de la moyenne entreprise
Les intellectuels	22,2	27,4	13,8	20,8	27,8
Les groupes religieux	0	0	0	0	0
Les groupes nationalistes	10,5	14,7	3,4	10,0	12,1
Les syndicats ouvriers	32,0	30,5	34,5	31,6	33,3
Les média	13,7	12,6	15,5	15,8	6,1
Le monde des affaires	16,9	10,5	22,6	15,8	21,2
Autre	4,6	4,2	5,2	5,8	0
N = 139					

* Les chiffres ne tiennent pas compte des 2,8% qui n'ont pas répondu à la question.

souvent des «fronts communs» et soumis conjointement des mémoires au gouvernement, par exemple lors de la grève de *La Presse* en 1971 et de celle des fonctionnaires en 1972. De plus, ils se sont éloignés du «syndicalisme de boutique», c'est-à-dire de la recherche exclusive des gains à court terme dans une usine en particulier, — pour pratiquer un «syndicalisme social» débouchant sur l'action politique. Les manifestes publiés par les syndicats au cours des années soixante avaient tous souligné l'impossibilité de régler nombre de problèmes ouvriers à la table de négociation[3]. Le mouvement ouvrier s'était donc mis en devoir de promouvoir le socialisme et d'influencer les politiques gouvernementales dans certains domaines comme la taxation, la législation ouvrière, l'éducation et la langue. La négociation collective s'était elle-même politisée. Citons en guise d'exemples le cas de la General Motors en 1970 où l'on a essayé de faire reconnaître le français comme langue de travail et celui de *La Presse* où l'on s'est battu pour la «liberté de presse».

Mais en dépit de leurs efforts pour s'unifier et pour influencer la politique, les syndicats ouvriers sont loin d'avoir le même pouvoir que les grands patrons[4]. D'abord, il y subsiste encore de profondes divisions: la CSD est née en 1972 d'une scission au sein de la CSN à la suite de divergences idéologiques; on se souviendra aussi des batailles amères qui en 1972 et 1973 ont opposé la CSN et la FTQ à propos de l'accréditation des ouvriers de la construction.

En outre, comme le soutient Miliband, «il manque une base ferme au pouvoir économique du mouvement ouvrier»[5]. Ne contrôlant pas les secteurs clés de l'économie comme la production, l'investissement et l'expansion, le mouvement ouvrier n'est «guère en mesure de faire pression sur l'Etat» et par conséquent, «les gouvernements tiennent moins à la confiance des syndicats qu'à celle du monde des affaires»[6].

De plus, le principal outil du mouvement ouvrier, la grève, a perdu beaucoup de son efficacité depuis l'avènement des multinationales. Les grandes sociétés, capables de faire d'importantes réserves ou possédant les installations voulues pour fabriquer les mêmes produits dans d'autres pays, peuvent supporter des grèves sans trop de dommages. Lors des négociations à l'Alcan Aluminium, en 1971, le syndicat, sachant pertinemment que la société avait accumulé un million de tonnes d'aluminium en prévision d'une grève aux Etats-Unis qui n'avait pas eu lieu, s'est abstenu d'en déclancher une; l'Alcan serait en effet restée sur ses positions pendant plusieurs mois, jusqu'à épuisement, ou presque, de ses réserves[7].

Miliband et Porter ont fait remarquer qu'en outre les grèves se déroulent généralement en milieu hostile; plus souvent qu'autrement, les syndicats y perdent l'estime du public. C'est que «les objectifs du mouvement ouvrier dans ses luttes paraissent toujours de portée plus restreinte que ceux de l'entreprise...» alors que «les exigences des milieux d'affaires sont toujours formulées au nom de l'intérêt national»[8]. Par ailleurs, les chefs syndicaux sont soumis à de fortes pressions de la part de la société et des média. Comme le souligne Porter: «le bon chef syndical est celui qui n'essaie pas trop de changer le système et qui n'interrompt pas la production»[9].

Enfin, le mouvement ouvrier manque de ressources financières. Il ne peut certes pas consacrer autant d'argent à ses relations publiques que les associations patronales ou les grandes entreprises et il est loin d'influencer autant les média et le système d'enseignement. Bref, il y a déséquilibre entre patrons et ouvriers»[10]. Bien qu'il y ait des limites à l'influence du monde des affaires, celui-ci est généralement mieux placé pour défendre ses intérêts que son plus grand rival, le monde du travail. Parlant de la faiblesse du syndicalisme ouvrier Hacker soutient qu'il en est résulté «une sérieuse atteinte à la doctrine du pluralisme social, les syndicats ayant traditionnellement servi à freiner le pouvoir de l'entreprise» et que «dans la mesure où ils sont faibles, ils privent la société d'un contrepoids nécessaire à la puissance des hommes d'affaires»[11].

Cette analyse est loin d'épuiser le sujet. Nous prendrons la mesure réelle du pouvoir de l'entreprise et des autres groupes dans la deuxième partie de cet ouvrage consacrée à l'étude de questions concrètes. Puisque les hommes d'affaires estiment que le mouvement ouvrier est, de tous les groupes, celui qui influence le plus la politique québécoise, nous examinerons tout particulièrement les succès remportés à cet égard par le monde patronal et par le monde ouvrier.

NOTES:

1 La population du Canada dans son ensemble n'est pas d'avis que les syndicats ouvriers détiendraient le plus d'influence en politique. Selon un sondage effectué en 1960 par l'Institut canadien de l'opinion publique, 58,2% des Canadiens estimaient que la grande entreprise a «le plus d'influence à Ottawa» et 23,3%, le monde ouvrier; 12,2% s'étaient déclarés indécis tandis que 6,5% ne voyaient pas de différence entre le monde des affaires et le monde ouvrier.

A la question «qui devrait avoir le plus d'influence à Ottawa», 38,6% ont répondu les syndicats ouvriers, 20,2%, la grande entreprise; 27,2% ont choisi un autre groupe et 14% se sont dit indécis. Voir R.R. March, *Public Opinion and Industrial Relations*, Ottawa, Bureau du Conseil privé, 1968, p. 37.

2 Louis Favreau, *Les travailleurs face au pouvoir*, Montréal, Centre de formation populaire, 1972, p. 110.

3 Voir, notamment, la CSN, *Ne comptons que sur nos propres moyens*, et la FTQ *Un seul front*, Montréal, Fédération des travailleurs du Québec, 1971, et *L'Etat, rouage de notre exploitation*, Montréal, Fédération des travailleurs du Québec, 1971.

D'après M. Fernand Daoust, secrétaire général de la FTQ, le mouvement ouvrier s'est «politisé» lorsqu'il s'est rendu compte que «les luttes isolées ne donnaient pas les résultats attendus». Les mises à pieds, le chômage, les fermetures d'usines sont autant de problèmes qui ne se règlent pas uniquement à la table de négociation, estimait M. Daoust, cité par Arnold Bennett, «Daoust Says Labour is now Militant», *McGill Daily*, 3 février 1972.

4 Pour connaître plus en détail le pouvoir et les faiblesses du mouvement ouvrier, voir Miliband, surtout pp. 155-165, et Porter, pp. 328-336.

5 Miliband, p. 155.

6 *Ibid.*

7 *Québec-Presse*, «Alcan-Québec affronte ses 8 000 syndiqués», 14 novembre 1971.

8 Miliband, p. 162.

9 Porter, p. 312.

10 Miliband, p. 165.

11 Hacker, p. 13.

Deuxième partie

Le pouvoir des hommes d'affaires: études de cas

Le pouvoir des hommes d'affaires: études de cas

Dans la deuxième partie de cet ouvrage, nous analyserons les apports du gouvernement dans trois secteurs stratégiques: éducation et langue, relations ouvrières, politique sociale et développement économique, pour y étudier d'une part les succès remportés par les milieux d'affaires dans leur opposition à des lois ou à des politiques d'action précises et la satisfaction généralisée de ces mêmes milieux et, d'autre part, la portée des décisions gouvernementales sur le pouvoir de l'argent. Nous avons non seulement l'intention d'étudier des cas spécifiques, mais aussi d'analyser l'attitude globale de l'entreprise face au gouvernement.

Nous nous proposons en outre d'examiner les moyens de pression employés avec succès par les hommes d'affaires pour obtenir du gouvernement ce qu'ils voulaient. Dans les chapitres précédents, nous nous sommes attachés à l'analyse de la structure de domination; nous la verrons maintenant à l'œuvre. Il existe en effet plusieurs «techniques de persuasion» dont certaines sont particulières au Québec: menaces de déménager usines et sièges sociaux, de ne plus investir ou d'exporter ses capitaux; tentatives pour affaiblir le crédit du gouvernement. Les multinationales surtout, à cause de leur structure tentaculaire et leur mobilité, ont été enclines à recourir à ces tactiques, mais l'entreprise ordinaire y a aussi fréquemment recours.

Le «climat politique» joue d'ailleurs un rôle déterminant dans les investissements. Le gouvernement qui veut attirer des capitaux doit faire en sorte que ce climat soit stable et favorable à l'entreprise. Notre sondage a révélé que 52,4% des hommes d'affaires interrogés estimaient que leur société investirait davantage au Québec si le climat socio-politique y était plus stable. Un ancien dirigeant d'entreprise déclarait même: «L'an dernier, la politique a causé un tort considérable à l'économie du Québec. Ce dont vous avez besoin avant tout, c'est de stabilité politique à long terme.»[1] Le rapport Fantus, préparé en 1972, a fait clairement ressortir que les investisseurs étrangers hésitaient à placer de l'argent au Québec à cause de certains problèmes politiques: le militantisme des syndicats, la menace du séparatisme, les problèmes de langue[2]. Bref, le gouvernement s'est vu enjoindre par l'entreprise d'avoir à régler la question linguistique, à mettre les syndicats au pas et à étouffer le séparatisme sous peine d'être privé des capitaux nécessaires à son développement industriel.

Le Québec n'est pas seul à subir de tels moyens de pression; Ottawa en a aussi fait l'expérience. En 1963, on pouvait lire en gros titre à la une du *Financial Post* que le capital étranger avait décidé de plier bagage si le Parti libéral ou le Parti progressiste-conservateur n'obtenait pas une majorité confortable aux élections[3]. M. David Barrett, ancien premier ministre du NPD en Colombie-Britannique a été durant son mandat sommé de «regagner la confiance des investisseurs». Le *Financial Post* écrivait: «Les titres de la Colombie-Britannique ont connu une chute vertigineuse à la bourse la semaine dernière... On se demande si Barrett est capable, par des gestes précis ou des déclarations, de regagner une partie de la confiance ou de la tolérance dont il semblait jouir... M. Barrett croit-il vraiment que ses déclarations entêtées encourageront les investisseurs à venir en Colombie-Britannique et les entreprises, à dépenser les capitaux nécessaires?»[4].

Le problème, c'est que le gouvernement a bien du mal, surtout à la longue, à résister aux pressions des milieux financiers. Comme il «dépend de l'entreprise privée sur le plan économique pour s'acquitter de certaines tâches essentielles»[5], il ne peut pas se permettre de «perdre sa confiance». Arnold Rose le soulignait: «C'est la menace qui compte, et non pas son exécution. Aussi longtemps que les gouvernants craindront que l'entreprise exécute ses menaces, celle-ci les fera agir à sa guise»[6].

Au cours des entrevues, nous avons demandé aux hommes d'affaires quelle était la contrainte gouvernementale qui leur pesait le plus. Nous voulions obtenir une sorte de consensus spontané. La grande majorité d'entre eux se sont plaints de la paperasserie (rapports, formules, questionnaires, statistiques) et de la multiplicité des règlements. «C'est long et cher, déclarait le président d'une grande banque, de vérifier si l'on obéit à toutes les petites règles et de remplir toutes les formules.»[7] Il a également été question de l'inefficacité du gouvernement, de l'ampleur des dépenses gouvernementales et de la taxation. Mais dans la mesure où les contraintes, comme la taxation, frappent toutes les entreprises, elles ne constituent pas, selon eux, un problème grave.

Bref la réaction générale des hommes d'affaires à l'égard du gouvernement en était une de satisfaction et d'indulgence. Comme l'expliquait le vice-président d'un holding dans le secteur des aliments et boissons: «Nous sommes capables de comprendre pourquoi le gouvernement nous impose certaines contraintes. Les gouvernants font face à des situations politiques; nous pouvons comprendre pourquoi ils posent certains gestes.»[8] Et un dirigeant d'une société de pâtes et papiers renchérissait: «Le gouvernement est bon pour l'économie»; «nous avons besoin de planification à long terme, de règlements sur l'exportation, etc.»[9].

NOTES:

1 Entrevue, mai 1973.

2 Rapport intitulé «Industrial Development in Québec», préparé par la société Fantus pour le ministère québécois de l'Industrie et du Commerce, mai 1972.

3 Nevile Nankivell, «Foreign Capital Ready to Go, if Political Muddle Gets Worse», *Financial Post*, 23 février 1963. «S'il se produit une nouvelle impasse politique ou si les petits partis tiennent la balance du pouvoir, on assistera presque certainement à un retrait substantiel du capital étranger au Canada... Les experts sont d'avis que l'obtention d'une majorité confortable par l'un ou l'autre des grands partis est la meilleure garantie de la confiance du capital étranger dans l'économie du Canada».

4 Hyman Solomon, «Can David Barrett Regain the Trust of Big Business?», *Financial Post*, 21 octobre 1972.

5 Epstein, p. 209.

6 A. Rose, p. 210.

7 Entrevue, mai 1973.

8 Entrevue, mai 1973.

9 Entrevue, mai 1973.

Chapitre 8

Langue et éducation

Chapitre 8

Langue et éducation

On voit mal comment les problèmes soulevés par la langue et l'éducation peuvent menacer le système économique du Québec. Et pourtant, le monde des affaires a consacré beaucoup de temps et d'efforts à obtenir du gouvernement des solutions qui lui soient favorables. Cette question est particulièrement complexe au Québec, étant donné la superposition des facteurs socio-économiques et culturels. A ce point de vue mentionnons que les Canadiens anglais occupent en général une situation privilégiée dans la communauté québécoise et qu'il est assez difficile de distinguer leurs intérêts de ceux du monde des affaires que d'ailleurs ils dominent. Nous verrons cependant que l'unité des milieux d'affaires prend le pas sur la cohésion interne des groupes canadiens-français et anglais. Outre la langue et l'éducation, nous étudierons brièvement la question du «séparatisme», ou de l'independance du Québec.

La question linguistique

La langue a probablement donné lieu à la controverse la plus aiguë dans la vie politique du Québec vers la fin des années soixante et au début des années soixante-dix. Le gouvernement a été soumis en effet à de fortes pressions: d'une part, le public réclamait une législation qui assurerait la survie et le rayonnement du français; d'autre part, l'entreprise avait bien l'intention de résister à toute loi qui l'obligerait à faire du français la langue de travail dans ses usines et ses sièges sociaux. Bref, selon le *Financial Times*, «Les milieux d'affaires avaient une peur bleue que le gouvernement impose le français comme langue de travail» [1]. Les anglophones de ces mêmes milieux voulaient par ailleurs s'assurer qu'il y aurait toujours des écoles anglaises pour leurs enfants.

Sans entrer dans les détails de cette controverse, on peut dire qu'elle a constitué un grave sujet de préoccupation pour les hommes d'affaires au moins depuis 1969. C'est en effet en octobre 1969 qu'était adopté le projet de loi 63, première manifestation officielle du gouvernement dans ce domaine[2]. Cette loi avait d'abord pour objet de garantir aux parents le libre choix de la langue d'enseignement. Bien qu'inoffensive en apparence, la loi 63 souleva l'opposition massive des Québécois francophones[3]. Environ 286 groupes exprimèrent leur opposition: 54 associations d'enseignants, 63 associations d'étudiants, 27 groupements culturels, 36 groupements de travailleurs, 17 associations professionnelles, 60 groupes divers, 11 associations de parents et 3 congrégations religieuses[4]. Parmi les opposants, on retrouvait les trois grandes centrales syndicales: FTQ, CSN et CEQ, l'UPA, syndicat des agriculteurs, la Commission des écoles catholiques de Montréal, le Conseil supérieur de l'éducation, le Conseil des universités, le Syndicat des écrivains et quelques groupements nationalistes comme la Société Saint-Jean-Baptiste.

Ses appuis lui vinrent des associations patronales comme la Chambre de commerce de Montréal, l'AMC, le Centre des dirigeants d'entreprise, le Conseil du patronat, ainsi que des associations éducatives anglaises, comme *The Association of Catholic School Principals*. Le questionnaire nous a démontré que 94,4% des hommes d'affaires avaient approuvé le projet de loi 63[5]. Les répondants anglophones ont été unanimes; les Canadiens français, eux, ont répondu à 78,7% par l'affirmative, une minorité d'hommes d'affaires francophones ayant manifesté, ce qui est normal, une certaine tendance au «nationalisme».

Il est à peu près sûr que les groupes opposés au projet de loi 63 représentaient un plus fort pourcentage de la population du Québec que les autres. Certaines personnes ont mis en doute la «représentativité» des chefs ouvriers et de la Société Saint-Jean-Baptiste malgré que les dirigeants de ces organismes aient été élus par plus de 650 000 Québécois. De toute façon, la majorité de ceux qui se sont prononcés sur le bill 63 était contre.

Mais il y a plus. Ce projet de loi a en effet donné naissance aux plus importantes manifestations populaires de toute l'histoire du Québec. Au moins 50 000 personnes y ont participé. En outre, la presse francophone du Québec s'est majoritairement déclarée contre. Que les journaux français de Montréal aient été opposés au projet de loi n'avait rien d'étonnant, mais en province l'opposition avait de quoi suprendre. Comme on peut le voir au tableau 11, 25 hebdomadaires se sont déclarés contre et trois pour; 10 étaient indécis. Les quotidiens *Le Nouvelliste* et *La Tribune* s'y sont aussi opposés. Cette réaction donnait beaucoup à penser. D'abord la presse régionale qui, dans l'ensemble, appuyait l'Union nationale avait trouvé là l'occasion de briser ses allégeances tradionnelles. En outre, plusieurs éditorialistes prétendaient qu'ils avaient changé d'opinion au cours du débat, sous la pression de l'opinion publique locale.

La presse régionale fit d'ailleurs ses choux gras de cette opposition. Dans un éditorial de *La Voix d'Alma*, on pouvait lire: «Lundi soir, à Alma, 11 organismes de la région se sont prononcés contre le bill 63. Il en est ainsi dans plusieurs régions du Québec. Le gouvernement ne peut donc dire que l'opposition vient seulement des étudiants et de quelques agitateurs professionnels»[7]. Un éditorialiste du *Nouvelliste* avait déclaré: «Nous aurions grandement tort de croire que l'opposition au bill 63 est circonscrite à un simple groupe de fanatiques.»[8] *Le Progrès de Magog* était encore plus catégorique: «Les politiciens ne peuvent faire insulte à notre intelligence plus longtemps en tentant de nous faire croire que le vaste mouvement de contestation est l'œuvre de terroristes.»[9] Certains éditorialistes faisaient même allusion aux «anges tutélaires» du gouvernement:

> Le bill risque de provoquer une guerre civile si les administrateurs provinciaux s'entêtent à défier l'opinion publique et à croire qu'ils sont les seuls maîtres de la destinée du peuple. Ils devront admettre que l'avenir du peuple se fait avec le peuple, non pas seulement selon le bon vouloir de la finance ou les caprices d'une certaine classe de la société[10].

La plupart des éditorialistes n'étaient cependant pas en faveur de l'unilinguisme, mais plutôt de l'intégration des nouveaux immigrants au système scolaire français. La plupart réclamaient aussi un référendum sur la question à la grandeur du Québec.

Enfin, on a pu prendre la mesure de l'opposition publique lors d'un sondage mené à Montréal par le département de psychologie de l'Université de Montréal dont les résultats ont été publiés dans *Le Devoir*: contre 38%; pour 33%; indécis, 17%[11]. Une analyse plus poussée révélait que l'opposition croissait avec le degré de connaissance du projet. Ainsi, 64% de ceux qui avaient «une bonne connaissance du projet de loi 63 y étaient opposés, contre 45% chez ceux qui le connaissaient mal. La population de Montréal étant constituée pour un tiers de Canadiens anglais et d'immigrants, l'opposition était importante.

On peut se demander pourquoi l'Union nationale décida de s'aliéner une aussi forte proportion des Québécois francophones en adoptant le projet de loi 63, et surtout pourquoi elle se résolut à affronter les éléments nationalistes de la classe moyenne qui lui avaient jusque-là fourni l'essentiel de ses assises. Etant donné que les élites commerciales ou économiques, tant canadiennes-anglaises que françaises, étaient les seuls groupes importants à appuyer le projet de loi, on est autorisé à croire que le gouvernement a été obligé de s'incliner devant leurs pressions[12].

La Commission Gendron ne fut pas non plus sans jouer un rôle important dans le comportement des divers groupes. Nommée d'après son président, M. Jean-Denis Gendron, elle avait en 1968 reçu mandat d'examiner la situation du français au Québec et de recommander les mesures à prendre pour en assurer la survie et le rayonnement. La Commission présenta ses recommandations au gouvernement du Québec en février 1973, soit près de cinq ans après sa création.

Dans un premier temps, la Commission avait tenu de nombreuses audiences publiques au cours desquelles individus et associations avaient été invités à présenter des mémoires. Entreprises et associations patronales avaient répondu en force à l'invitation, les deux tiers des mémoires ayant été soumis par eux. Ils avaient un objectif commun: s'opposer à toute mesure visant à faire du français la principale langue de travail au Québec. La plupart des mémoires faisaient état des problèmes que soulèveraient l'usage du français aux échelons moyens et supérieurs de la hiérarchie administrative[13]. On prétendait aussi que le niveau de vie diminuerait et que les capitaux fuieraient le Québec si le parlement adoptait une loi défavorable au monde des affaires. Le Board of Trade n'hésitait pas à déclarer: «Toute mesure coercitive adoptée en cette matière (la question linguistique) par le gouvernement aurait de graves répercussions sur l'environnement économique...[14]. La compagnie Imperial Oil embouchait la même trompette: «Toute tentative visant à restreindre l'usage de l'anglais peut compromettre le progrès économique du Québec.»[15] L'AMC évoquait les «malheureuses conséquences économiques que pourrait engendrer, pour la province, toute mesure législative tendant à imposer le français comme seule langue d'usage dans ses milieux commerciaux et industriels»[16] Elle ajoutait que les sièges sociaux pourraient bien déménager si on ne leur accordait pas le droit de «pouvoir choisir la ou les langues de travail les plus appropriées à (leurs) besoins corporatifs... Une province ne peut se permettre de perdre des sièges sociaux. Malheureusement, en cas d'une détérioration grave du climat des affaires..., ce secteur particulier de l'entreprise est le plus capable de se chercher un nouvel emplacement»[17]. Le mémoire de la firme Lever Brothers faisait valoir qu'en restreignant l'usage de l'anglais, le Québec risquait de provoquer une baisse du niveau de vie et un profond malaise social[18]. Pour Noranda Mines, le bilinguisme à tous les paliers administratifs était impossible à réaliser et l'instabilité de la société québécoise créait un climat malsain pour les affaires: «Nous recherchons un climat de stabilité économique et sociale à long terme, et nous avons foi aux autorités pour le rétablir et le maintenir.»[19] Enfin, Domglas menaçait de déménager son siège social à l'extérieur du Québec si le gouvernement «légalisait l'unilinguisme»[20].

Pendant les cinq années que dura la Commission Gendron, deux événements significatifs sur le plan linguistique se produisirent: les tentatives de M. Bourassa pour faire accepter le français comme langue de travail à l'usine de la General Motors à Sainte-Thérèse et la publication du rapport Fantus.

Au cours de sa campagne électorale de 1970, M. Bourassa, alors chef de l'opposition, avait beaucoup insisté sur le français, langue de travail au Québec. Une fois élu, il parut disposé à réaliser cette promesse électorale et se montra même fort actif dans ce domaine durant les premiers mois de son mandat. Six semaines après les élections, il rencontra 50 hauts dirigeants d'entreprises à Montréal pour les persuader qu'il était urgent d'agir[21]. C'est dans ce contexte qu'il décidait d'intervenir personnellement durant la grève à la General Motors à la fin de 1970 en appuyant les

Tableau 11

La position des hebdomadaires de langue française du Québec à l'égard du projet de loi 63

CONTRE

L'Avant-Poste Gaspésien (Amqui)
La Canada Français (Saint-Jean)
Le Clairon (St-Hyacinthe)
L'Action Populaire (Joliette)
Joliette Journal (Joliette)
La Voix d'Alma (Alma)
Le Meilleur Journal (Port-Cartier)
Le Saint-Laurent (Rivière-du-Loup)
La Boussole (Nicolet)
L'Union (Victoriaville)
La Voix Métropolitaine (Sorel)
Le Nouveau Courrier Riviera (Sorel)
Avenir de l'Est (Montréal-Est)
Le Progrès (Valleyfield)
Le Soleil du Saint-Laurent (Beauharnois)
La Voix des Mille-Iles (Sainte-Thérèse)
L'Echo du Nord (Saint-Jérôme)
L'Argenteuil (Lachute)
Le Dynamique de la Mauricie (Saint-Tite)
Beauce Nouvelle (Saint-Georges-de-Beauce)
Le Progrès-Chronique (Magog)
L'Echo du Saint-Maurice (Shawinigan)
Le Lac Saint-Jean (Alma)
L'Essor (Saint-Jean)
Le Citoyen (Asbestos)

POUR

Le Bien Public (Trois-Rivières)
La Parole (Drummondville)*
L'Echo d'Abitibi Ouest (La Sarre)*

INDECIS ou IMPRECIS

La Voix de Lévis et Lotbinière (Saint-Agapit)
L'Echo de Louiseville (Louiseville)
Le Réveil de Jonquière (Jonquière)
L'Eclaireur-Progrès (Saint-Georges-de-Beauce)
Le Richelieu (Saint-Jean)
Métro-Sun (Longueuil)
La Voix Populaire (Hebdo-Montréal)
Progrès-Dimanche (Chicoutimi)
L'Avenir (Sept-Iles)
La Voix Gaspésienne (Matane)

---

*Pour, dans l'éditorial du 29 octobre. Modérément contre, par la suite.

demandes du syndicat relativement au français. Il promit que le gouvernement interviendrait si la société n'accédait pas aux demandes légitimes des travailleurs. Le *Montreal Star* écrivait: «Le premier ministre, M. Bourassa, a déclaré formellement que la GM était une sorte de cas type devant lequel son gouvernement ne demeurerait pas indifférent.»[22]

Mais les entrevues de M. Bourassa avec les dirigeants de GM n'eurent aucun succès. Après avoir gagné quelques concessions monétaires, les syndicats conseillèrent aux travailleurs de retourner au travail sans avoir obtenu satisfaction sur la question linguistique[23]. M. Bourassa n'intervint pas. L'année d'après, il expliquait: «GM représente quatre fois le budget du Québec; c'est David et Goliath»[24].

«L'activisme» dont fit preuve M. Bourassa sur la question de la langue ainsi que ses interventions auprès de la GM indisposèrent les milieux d'affaires. A peine quelques semaines après l'incident GM, M. G.A. Hart accusa M. Bourassa de s'être montré trop agressif sur la question linguistique et lui fit savoir que le français, plus que les bombes, faisait fuir les investisseurs hors du Québec[25]. Dans une allocution prononcée par la suite, il déclara:

> Le Québec a besoin de capitaux, il a besoin d'un apport soutenu de techniques et de travailleurs compétents; et s'il est vrai que l'argent n'a pas de langue maternelle, il n'est pas moins certain que les incertitudes à propos du milieu linguistique pèsent lourdement sur les décisions concernant les mouvements de capitaux[26].

A la même époque, le *Financial Post* publiait un article selon lequel des entreprises étaient prêtes à quitter le Québec si la question linguistique n'était pas réglée à leur guise:

> Face aux pressions croissantes (concernant l'usage du français), le monde des affaires n'a pas oublié qu'il existe des solutions autres que résister ou acquiescer... De fait, certaines entreprises de Montréal en sont arrivées à penser qu'elles feraient preuve d'un plus grand sens de responsabilités et d'un plus grand souci du bien des Québécois si elles pliaient bagage et s'en allaient plutôt que de rester[27].

L'irritation des milieux d'affaires devant l'incertitude de la question linguistique et, plus précisément, devant la crainte que le gouvernement québécois ne légifère pour accroître l'usage du français au travail, apparaît clairement dans le rapport Fantus. Celui-ci soutenait que la langue était «l'un des principaux sujets de mécontentement»[28] des milieux d'affaires et «l'un des plus sérieux obstacles à l'expansion industrielle du Québec»[29].

> La crainte que le gouvernement du Québec puisse songer à décréter l'usage exclusif du français comme langue de travail est fort répandue... De telles exigences diminueraient indubitable-

> ment les chances du Québec d'attirer de nouvelles industries en provenance soit des Etats-Unis, soit des autres provinces du Canada. Il est probable, de plus, que les entreprises déjà installées décideraient de limiter leur expansion ou même de mettre fin à leur activité[30].

Le rapport concluait: «L'incertitude concernant la question linguistique ne saurait être dissipée que par une claire définition de la politique d'action du gouvernement dans ce domaine»[31].

Les réactions des entreprises citées dans le rapport Fantus étaient semblables à celles exprimées à la Commission Gendron. Les entreprises américaines, cependant, semblaient moins inquiètes devant les problèmes linguistiques que celles de l'Ontario ou du Québec. Un Américain avait par exemple déclaré que le climat économique du Québec était fort bon et qu'il «ne croyait pas que les luttes menées par les Québécois pour protéger leur culture menacée par le reste de l'Amérique du Nord, quel qu'en soit d'ailleurs le résultat, modifieraient le volume des investissements ou les méthodes commerciales traditionnelles»[32]. Une entreprise américaine spécialisée dans les instruments de précision estimait que la question de la langue n'était pas grave, puisqu'elle faisait déjà affaire en France et un peu partout dans le monde[33].

Les répondants choisis en Ontario et au Québec manifestèrent, eux, beaucoup plus de nervosité[34]. Plusieurs entreprises firent savoir qu'elles ne viendraient pas s'installer au Québec ou n'y prendraient pas d'expansion si la question linguistique n'était pas réglée à leur satisfaction. Une firme pharmaceutique déclarait: «Nos projets d'expansion au Québec dépendent dans une grande mesure des décisions que prendra le gourvernement provincial relativement à la langue.»[35] Une entreprise d'appareils électriques estimait que la question linguistique allait «décourager les anglophones d'investir dans la province[36]». Enfin, un fabricant de biens de consommation ajoutait brutalement: «Dites au gouvernement de ne pas se conduire stupidement en ce qui concerne la langue... Un faux pas en ce domaine, et les entreprises ou divisions seront forcées de déménager. C'est comme une épée de Damoclès suspendue sur la tête des hommes d'affaires du Québec.»[37]

Pendant ce temps, la Commission Gendron travaillait à rédiger son rapport. Des entrevues nous ont confirmé que certains grands hommes d'affaires du Québec ont bénéficié d'un traitement de faveur et participé à toutes les étapes de sa rédaction. D'abord, M. Aimé Gagné, directeur des relations publiques de l'Alcan Aluminium, fut invité à faire partie des cinq membres de la Commission. Selon un dirigeant de l'entreprise, M. Gagné agissait en quelque sorte comme «le porte-parole de l'industrie»: «Nous lui avons rendu la tâche plus facile en mettant quelques employés à sa disposition de façon qu'il puisse consacrer presque tout son temps au rapport Gendron»[38]. Chose plus grave, cependant, c'est à lui qu'on confia le soin de rédiger la partie du rapport qui portait sur la langue de travail.

Les entrevues nous ont appris que des réunions secrètes avaient eu lieu entre les membres de la Commission Gendron, et tout spécialement M. Gagné, et de petits groupes d'hommes d'affaires durant la préparation du rapport. Selon un dirigeant d'entreprise: «Nous avons rencontré Gagné avant que la dernière version soit rendue publique. Nous l'avons approuvée ici, critiquée là. Nous avons travaillé sans intermédiaire avec les commissaires.»[39] Le Conseil du patronat et la Chambre de commerce du Québec ont eux aussi soutenu que des rencontres privées avaient eu lieu entre le gouvernement, les hommes d'affaires et les commissaires. Les réunions groupaient généralement peu de gens, «les grandes assemblées devenant trop facilement connues»[40].

Les recommandations de la Commission Gendron furent publiées en février 1973. On y trouvait plusieurs suggestions de nature technique pour encourager les immigrants à s'orienter vers les écoles françaises et les entreprises à faire un place plus large au français dans leurs usines et leurs sièges sociaux[41]. Les milieux d'affaires s'en déclarèrent, et pour cause, fort satisfaits[42]. Le Conseil du patronat écrivait dans le *Montreal Star*: «Un grand nombre de déclarations et conclusions du rapport s'inspirent des mêmes lignes de pensée que les nôtres»[43]. L'AMC était également ravie: «Les commissaires ont donné suite à nos recommandations — ils ont inclus dans le rapport les garanties que nous leur avions suggérées. Les conclusions de la Commission coïncident presque complètement avec les nôtres»[44]. Tous les hommes d'affaires interviewés exprimèrent, à quelques nuances près, leur accord avec les principales conclusions de la Commission Gendron. A vrai dire, le milieu des affaires et la presse anglophone prirent tellement à la légère les recommandations des commissaires, — qui selon eux s'inscrivaient dans la ligne du *statu quo*, — que M. Gendron le leur reprocha amèrement[45]. M. Perrault déclara alors que, contrairement à l'opinion des média et du public, le rapport impliquait de profonds changements. «Le rapport Gendron, déclarait-il, apporte des modifications, dont certaines vont très loin; il ne fait pas que prolonger l'état actuel des choses.»[46]

Contrairement aux milieux d'affaires, les syndicats et les groupements nationalistes s'opposèrent vivement aux recommandations de la Commission Gendron. M. Fernand Daoust, secrétaire général de la FTQ et porte-parole du Mouvement pour un Québec français[47], reprocha notamment au rapport de laisser toute la question de la langue de travail presque entièrement entre les mains du secteur privé et accusa la Commission de se conduire comme le gouvernement qui rampait devant l'entreprise privée.

Au début d'avril 1973, les membres du Conseil général de l'industrie demandèrent à M. Bourassa et à plusieurs de ses ministres de les rencontrer officieusement pour étudier la loi que le gouvernement préparait sur la question. Cinq des hommes d'affaires interviewés ont assisté à cette réunion. Selon eux, M. Bourassa dut répondre à un interrogatoire serré sur des points précis du rapport Gendron, ainsi que sur le projet de loi qui devait en découler. Le président du conseil d'une société de fiducie déclara: «M. Bourassa nous a alors demandé de lui indiquer ce qui était acceptable dans le projet.»[48] Les hommes d'affaires quittèrent la réunion fort satisfaits des intentions du gouvernement.

Il faut dire que plusieurs d'entre eux, et notamment des dirigeants de la Banque Royale, de la Banque de Montréal, du Trust Royal, du Conseil du patronat et de l'AMC, avaient eu l'occasion d'analyser et de commenter plusieurs avant-projets de cette loi. Un dirigeant du Conseil du patronat prétendait même qu'il avait en sa possession l'avant-dernier projet du chapitre de la loi sur la langue de travail[49]. Or, c'est en mai 1974 seulement que le gouvernement du Québec déposa à l'Assemblée le projet de loi 22; c'est dire que les grands patrons avaient eu plus d'un an pour en étudier le contenu et suggérer des modifications.

Les hommes d'affaires qui avaient pris connaissance du projet de loi ne cachèrent pas leur satisfaction. Même si le gouvernement leur demanda de garder le secret[50], les entrevues nous ont révélé quelques-unes des caractéristiques principales de la loi: l'absence de coercition sur la langue de travail sauf dans certains cas comme l'étiquetage; l'existence de mesures pour inciter par le biais de l'aide financière ou technique les entreprises à utiliser plus de français et une déclaration de principe sur le français «langue officielle du Québec»[51].

La plupart des hommes d'affaires auraient sans doute préféré s'en tenir au *statu quo* et au laisser faire qui avait régné jusque-là. Certaines mesures en ennuyèrent quelques-uns; mais dans l'ensemble ils se dirent d'accord avec la loi. Selon un dirigeant: «M. Bourassa nous a déclaré qu'il fallait accepter une certaine réglementation si nous voulions qu'il soit réélu. Nous avons donc fermé les yeux sur certains points insignifiants (de la loi) pour atteindre l'objectif important.»[52] Un dirigeant de la Banque Royale s'exprimait dans les mêmes termes: «Le gouvernement était obligé sur le plan politique de légiférer. Lors de la réunion avec le CGI, nous avons dit au gouvernement que nous admettions le principe d'une loi dans la mesure où celle-ci ne ferait que consacrer la situation actuelle.»[53]

Durant l'année entre la publication du rapport Gendron et le dépôt du projet de loi 22, les milieux d'affaires continuèrent de faire pression sur le gouvernement. Dans une lettre à M. Bourassa, M. J. Claude Hébert[54], président de Warnock-Hersey International, déclara que si le gouvernement usait de coercition pour accroître l'usage du français, plusieurs sièges sociaux, hauts dirigeants et investisseurs quitteraient le Québec:

> Plus le Québec compliquera la vie aux grandes entreprises, plus le risque sera grand de le voir régresser par rapport au reste de l'Amérique. Il s'agit là pour nous d'un argument de poids, et c'est

pourquoi chacune des mesures qui seront prises devra faire appel à la persuasion plutôt qu'à la loi et devra déranger le moins possible l'état actuel des choses[55].

Durant la campagne éléctorale d'octobre 1973, le gouvernement parla peu de la question linguistique. Cependant, M. Bourassa choisit la «souveraineté culturelle» comme l'un des thèmes de cette campagne et s'engagea formellement, une fois élu, à légiférer sur la langue de travail. En mai 1974 avait lieu le dépôt du projet de loi 22. Au chapitre de la langue d'enseignement, le projet prévoyait qu'avant d'être envoyés dans des écoles françaises ou anglaises, les enfants subiraient un test d'aptitude dans la langue choisie. Les enfants d'immigrants ne parlant ni l'anglais ni le français iraient d'office à l'école française. Dans le domaine de la langue des affaires, le chapitre 4 prévoyait que les appellations commerciales, la plupart des contrats, les panneaux-réclame et les étiquettes, devaient au moins être en français. Le projet comportait en outre des mesures pour aider les sociétés qui le désiraient à utiliser plus de français. Enfin le chapitre 3, sur la langue de travail, rendait l'usage du français obligatoire dans les négociations ouvrières et le règlement des griefs, les conventions collectives ainsi que les avis et règlements internes des sociétés.

Le projet de loi 22 fut adopté le 31 juillet 1974 après plusieurs mois d'âpres débats. Parmi les 74 groupements ayant présenté des mémoires au comité de l'Assemblée nationale, seul ceux des hommes d'affaires avaient quelque peu appuyé le projet[56]. Tous les autres groupes, anglophones comme francophones, s'y étaient opposés, mais pour des raisons différentes. Quelques groupes francophones réclamaient l'unilinguisme, mais la plupart s'en tenaient à l'intégration des enfants d'immigrants dans le système scolaire français ainsi qu'à des règles plus sévères sur l'emploi du français comme langue de travail. Parmi les groupes francophones opposés à la loi, on retrouvait tous les syndicats ouvriers, la Commission des écoles catholiques de Montréal, plusieurs associations professionnelles (médecins, psychiatres, principaux d'écoles, professeurs d'université, ingénieurs et journalistes), la Ligue des droits de l'homme et les sociétés Saint-Jean-Baptiste. Claude Ryan, entre autres, déclara que sur le plan de la langue d'enseignement, le projet de loi 22 n'était qu'une réédition du projet de loi 63[57]. Citant des sondages selon lesquels 90% des enfants d'immigrants avaient choisi les écoles anglaises plutôt que françaises, Ryan recommandait que le français soit la langue d'enseignement pour tous, exception faite des anglophones résidant au Québec qui possédaient des droits acquis à un système d'enseignement anglais[58]. Les anglophones, et tout particulièrement certaines institutions d'enseignement comme le Protestant School Board of Greater Montreal, n'étaient guère plus heureux du projet de loi qui, selon eux, venait en contradiction avec le principe de la liberté de choix des parents sur la langue d'enseignement.

Le monde des affaires se déclara favorable aux directives sur l'application de la loi 22. En août 1975, par exemple, le gouvernement du Québec faisait connaître ses règles concernant entre autres l'étiquetage. Selon Lysiane Gagnon de *La Presse*, les chefs d'entreprises, et notamment le Board of Trade, l'Association des manufacturiers canadiens et la Chambre de commerce du Québec, réagirent avec sérénité, les directives ne faisant que consacrer officiellement ce qui se pratiquait déjà dans beaucoup d'entreprises[59]. Cela fut confirmé d'ailleurs lors d'une réunion de 150 hommes d'affaires organisée par le Business Linguistic Centre le mois suivant[60]. Sur la langue d'enseignement en particulier, des études publiées au début de 1976 ont démontré que le projet de loi 22 avait eu peu d'influence sur le mouvement d'assimilation des immigrants, mais avait contribué à exacerber les tensions entre francophones et immigrants.

En octobre 1973, l'auteur de cet ouvrage publiait certaines données qu'on retrouve dans ce chapitre dans les journaux de Montréal. Claude Ryan du *Devoir* réagit violemment dans un éditorial publié le 19 octobre. Il prétendit que nous avions grandement exagéré le pouvoir des milieux d'affaires et pris pour de l'argent comptant les «vantardises» de certains de ses représentants. En juillet 1974, Ryan revenait sur la question. Il publiait une lettre de M. Arnold Hart, président de la Banque de Montréal, au premier ministre Bourassa durant le débat sur le projet de loi 22. Ryan fit remarquer que certaines critiques et suggestions de M. Hart n'avaient pas été retenues par les gouvernants et du même souffle il décréta l'inexistence du prétendu pouvoir des milieux d'affaires sur la politique québécoise[61].

Cette attaque ne tient pas debout. Nous n'avons jamais prétendu que le gouvernement obéissait à la lettre à toutes les requêtes, suggestions ou propositions émanant de chaque dirigeant d'entreprise. Il existe d'ailleurs assez de contradictions entre les hommes d'affaires pour que cela ne soit pas possible. Nous avons tout simplement soutenu que, plus que tous les autres groupes, les milieux d'affaires avaient manœuvré de façon à ce que leurs relations avec le gouvernement du Québec leur donnent amplement satisfaction. Sur la question linguistique par exemple, ils avaient atteint leur principal objectif, soit éviter toute mesure coercitive relativement à l'usage du français dans les usines et les sièges sociaux. Des témoignages démontrent par ailleurs que la loi sur la langue était presque entièrement issue d'un dialogue entre le gouvernement et les milieux d'affaires et que ceux-ci avaient eu le privilège d'avoir accès à l'information ainsi qu'aux centres névralgiques de décision.

L'enseignement: la restructuration scolaire à Montréal[62]

La réforme de l'enseignement a été l'une des préoccupations majeures de tous les gouvernements du Québec à partir des années soixante. C'était alors la religion qui distinguait les systèmes, comme dans le projet de loi 60 par exemple[63], et l'objectif clé était avant tout d'adapter le système d'enseignement français aux besoins d'une société industrielle avancée. C'est pourquoi les milieux d'affaires se sont au début abstenus de participer à ces débats.

Au milieu des année soixante cependant, les entreprises commencèrent à s'intéresser aux grandes controverses que soulevait la restructuration scolaire à Montréal. Ce n'est pas tant qu'elles se soient senties menacées par les événements, mais plusieurs administrateurs, surtout des Canadiens anglais actifs dans les associations patronales, prêtèrent assez d'importance à la question pour lancer une campagne de pression en vue d'infléchir les lois en leur faveur[64]. Rien de comparable, cependant, à ce qui s'était fait dans le cas de la langue ou du séparatisme. Par ailleurs, la loi comportait des aspects techniques ou complexes qui empêchaient la politisation du débat et la mobilisation de l'opinion publique, comme cela s'était fait pour le langue. Enfin, il était difficile de distinguer les intérêts du groupe anglophone et ceux du monde des affaires, ceux-ci agissant en quelque sorte comme le fer de lance des premiers.

Le débat sur la réforme scolaire commença en 1966 avec la publication du quatrième volume du rapport Parent sur l'éducation. Les commissaires firent état des disparités choquantes entre les services offerts par les quelque 40 commissions scolaires indépendantes de la région montréalaise. Dans l'ensemble, les quartiers socio-économiquement favorisés offraient de bien meilleurs services que les quartiers «pauvres» et contribuaient à maintenir les structures de classe dans la métropole. Pour corriger la situation, le rapport Parent suggéra de réduire à sept le nombre des commissions scolaires régionales et de les «unifier», c'est-à-dire de ne plus les séparer comme précédemment selon la religion ou la langue. Il recommandait en outre la création d'un conseil scolaire de l'île de Montréal pour faire la coordination entre les commissions. Ce conseil jouerait un rôle stratégique puisqu'il serait chargé de recueillir et de répartir le fruit des taxes scolaires, ainsi que de regrouper les ressources et l'équipement disponibles. Les disparités régionales en matière de services scolaires allaient de la sorte être éliminées.

Or, on sait qu'à Montréal, les niveaux socio-économiques (riches / pauvres) recoupent en grande partie les origines ethniques (anglais / français); c'était donc les anglophones qui avaient le plus à perdre dans une redistribution équitable des services scolaires. Mené par ses élites éducatives et commerciales, le groupe anglophone se lança dans la mêlée sitôt après la publication du rapport Parent. Tout en prétendant qu'il s'agissait de leur survie culturelle, c'est-à-dire de l'autonomie de leur système scolaire, les Canadiens anglais poursuivaient en réalité trois objectifs précis: faire le plus d'obstruction possible à la loi, le *statu quo* étant considéré comme la meilleure solution; affaiblir le conseil de l'île et prendre le contrôle des immeubles dans les commissions scolaires locales; obtenir des commissions scolaires divisées selon la langue plutôt qu'unifiées. Bref, leur stratégie était de retarder le plus longtemps possible l'adoption d'une loi, à défaut de quoi il faudrait modifier la loi sur la restructuration scolaire pour la rendre favorable à leurs intérêts.

Les anglophones réussirent si bien à gagner du temps que la restructuration scolaire définitive fut reportée à la fin de 1976. Voici comment se sont déroulés les événements après la publication du rapport Parent en 1966.

En 1968, l'Union nationale institua une nouvelle commission chargée de faire enquête sur la restructuration scolaire: le rapport Pagé recommanda alors la création de commissions scolaires basées sur la langue. Le gouvernement ne tint aucun compte de ce rapport et, en 1969, déposait le projet de loi 62 qui, conformément aux recommandations du rapport Parent, favorisait la création de commissions scolaires unifiées et d'un puissant conseil de l'île. A l'exception de l'Association des parents catholiques du Québec qui préférait l'ancien clivage selon la religion, tous les groupes composés en totalité ou en majorité de Canadiens français se déclarèrent en faveur du projet[65]. On y remarquait le Conseil supérieur de l'éducation, la Commission des écoles catholiques de Montréal (CECM), la plus importante commission scolaire du Québec, la plupart des grands journaux d'expression française, l'Alliance des professeurs et les syndicats ouvriers.

Quelques Canadiens anglais, et notamment ceux de religion catholique, appuyèrent également le projet 62. M. Noël Herron, directeur régional adjoint de la CECM, section anglaise, se déclara en faveur d'un système unifié et d'un conseil de l'île très fort[66]. Deux dirigeants de la CECM, MM. John T. McIlhone et Kevin Quinn, avaient déjà signé un rapport dissident annexé au rapport Pagé et appuyant les mêmes objectifs. Enfin, le projet de loi 62 se gagna la sympathie du *Montreal Star*. Après avoir admis que la séparation des systèmes scolaires créait l'inégalité, le *Star* approuvait les principaux objectifs du projet: «Le premier objectif du gouvernement doit être de faire disparaître, au moyen de la nouvelle loi sur l'enseignement, les inégalités actuelles dans les équipements, les taxes et les votes.»[67]

L'opposition émana surtout des enseignants protestants anglophones, du Protestant School Board of Greater Montreal, par exemple, et d'associations patronales, comme le Montreal Board of Trade[68]. Ils lancèrent une campagne pour mobiliser l'opinion publique des anglophones et présentèrent des mémoires au comité de l'Assemblée nationale chargé de l'étude du projet de loi 62. Le PSBGM et le Board of Trade préconisaient tous deux des commissions scolaires axées sur la langue et un conseil de l'île faible. Ils prétendaient également que les investisseurs quitteraient la province si la loi était adoptée. Le mémoire du PSBGM déclarait notamment: «L'adoption du projet de loi 62 entraînerait un grave exode des capitaux du Québec»[69] et le Board of Trade entonnait le même refrain.

> La création d'un système d'enseignement totalement unifié, à ce moment-ci, aurait un effet inhibiteur sur la croissance économique de Montréal et de la province de Québec... Les structures éducatives que proposent le projet de loi 62 dans son état actuel ne répondent pas aux besoins économiques du monde des affaires[70].

Il est indiscutable que la grande majorité des groupes anglo-saxons était opposée au projet de loi. Fort de l'appui des milieux francophones et des anglophones catholiques, le gouvernement aurait néanmoins pu le faire adopter. L'UN décida au contraire de le retirer. Et peu après, elle déclenchait des élections.

Vainqueurs en avril 1970, les libéraux, durant leur campagne, avaient promis de présenter à nouveau et sans tarder une loi sur la restructuration scolaire. Ce n'est qu'en juillet 1971 cependant que M. Guy St-Pierre, alors ministre de l'Education, déposa le nouveau projet de loi 28. D'importantes concessions aux milieux anglophones des affaires et de l'enseignement y avaient été incorporées: tout en maintenant les commissions scolaires unifiées, la loi affaiblissait le conseil de l'île, compromettant ainsi les tentatives de l'ancienne loi pour rétablir l'équilibre. Conformément aux recommandations du Board of Trade, mais à l'encontre de celles de la Commission Parent et du projet de loi 62, le nouveau projet remettait aux commissions scolaires locales la propriété et l'administration des édifices et du matériel scolaire. A cause de cette mesure, non seulement était-il plus difficile pour le conseil d'assurer un emploi judicieux et réaliste des ressources, mais aussi d'en démocratiser l'usage[71]. Les commissions scolaires des quartiers économiquement défavorisés se voyaient, comme par le passé, aux prises avec des édifices, de l'équipement et des installations de qualité inférieure.

Il n'est donc pas surprenant que dans une lettre au ministre St-Pierre datée du 6 octobre 1971, le Board of Trade se soit déclaré fort heureux du projet de loi 28: «Le Board félicite ceux qui ont rédigé la loi pour le souci qu'ils ont eu d'y incorporer quelques-unes des suggestions proposées par plusieurs groupes relativement au projet de loi précédent, le projet de loi 62.»[72] Le Board demandait cependant qu'on en retarde encore l'adoption afin d'en étudier la constitutionnalité. Le PSBGM continuait d'exiger des commissions fondées sur la langue. C'est pourquoi, bien que le projet de loi ait été conforme aux principaux objectifs des milieux anglophones des affaires et de l'enseignement, ceux-ci continuèrent d'exercer des pressions dans l'espoir d'en obtenir davantage encore. Chez les Canadiens français, on déplorait l'affaiblissement du conseil scolaire de l'île, mais la complexité de la question rendait la contestation difficile.

En décembre 1971, le gouvernement du Québec retirait le projet de loi 28. Les libéraux prétendirent que l'opposition du Parti québécois[73] les avait empêchés d'en aborder l'étude. La chose est cependant peu probable; le gouvernement, en effet, avait déjà à plusieurs reprises réussi à faire adopter des projets de loi très controversés en dépit d'une opposition farouche, par exemple la loi instituant la Corporation de la Baie James et, bien sûr, le projet 22. Il est beaucoup plus vraisemblable que le retrait a fait suite aux pressions mises en œuvre par les milieux anglophones des affaires et de l'enseignement. D'après le *Montreal Star*, c'est «l'opposition d'une partie de la collectivité anglophone (qui) a forcé le gouvernement à différer la présentation du projet de loi»[74]. Lysiane Gagnon de *La Presse* s'exprima en termes plus nets:

> Selon des sources dignes de foi, il y a ces temps-ci dans les coulisses gouvernementales de fortes pressions visant à faire amender de nouveau ce projet de loi déjà rédigé, déjà soumis au Conseil des ministres... Il appert que ces pressions émanant des milieux financiers et de hauts responsables du secteur anglophone de l'enseignement seraient aussi le fait de plusieurs ministres qui représentent des comtés de l'ouest de Montréal. Ces derniers auraient réussi, au Conseil des ministres, à faire retarder une fois de plus la présentation du projet de loi...[75]

L'histoire du projet de loi 28 met de nouveau en lumière, comme ce fut le cas pour la langue, la position privilégiée des milieux anglophones des affaires et de l'enseignement face au gouvernement du Québec[76]. Le 14 avril 1971, M. K.D. Sheldrick, vice-président de Bailey Meter et président du Lachine Protestant School Board, déclarait qu'il avait reçu un exemplaire du projet de loi 28, gracieuseté de M. St-Pierre. Il ajoutait que ce projet devait être discuté la semaine suivante lors d'une réunion secrète avec M. St-Pierre et des représentants du ministère de l'Education. Le projet de loi fut déposé quelque trois mois plus tard et les dirigeants de la CECM n'en prirent connaissance, eux, qu'à ce moment-là[77].

Enfin, le 18 décembre 1972, l'Assemblée nationale adoptait une nouvelle loi sur la restructuration scolaire. Le projet de loi 71 prévoyait le regroupement des 33 commissions scolaires de Montréal en huit commissions divisées selon la religion: six catholiques et deux protestantes. Ces structures devaient être temporaires, le conseil scolaire étant chargé de soumettre un plan définitif de restructuration pour Montréal au ministère de l'Education avant le 31 décembre 1975. Le conseil scolaire n'avait pas plus de pouvoirs que ne lui en avait conférés le projet de loi 28; la propriété et l'administration des édifices et des ressources demeuraient toujours entre les mains des commissions locales. Mais pis encore, la nouvelle loi faisait dépendre le conseil scolaire des commissions locales. Sur les 17 membres du conseil, 14 devaient être choisis par les commissions et trois par le gouvernement. Privé de l'autonomie et du pouvoir nécessaires pour résoudre les problèmes de portée générale, comme les disparités régionales, le conseil semblait condamné à représenter uniquement les intérêts particuliers et spécifiques des commissions locales[78].

Le projet de loi 71 ne comportait aucune directive dont aurait pu s'inspirer le conseil pour éliminer les disparités régionales et redistribuer équitablement les biens entre toutes les commissions. Cette redistribution allait à toutes fins pratiques dépendre uniquement du bon vouloir des membres du conseil. Or, Jules Leblanc écrivait dans *La Presse:* «Les mesures spéciales pour assurer le rattrapage des zones défavorisées en matière d'enseignement ne seront possibles que si le conseil scolaire de l'île de Montréal adopte des règlements et des politiques efficaces en ce sens...»[79]

Autre facteur aggravant: les zones socio-économiquement faibles étaient sous-représentées au conseil scolaire; c'est ainsi que la CECM, représentant la plupart des quartiers pauvres de Montréal, comptait 35% seulement de membres au conseil scolaire alors même qu'elle était responsable de 56% de la population. Les décisions visant à éliminer les disparités scolaires allaient donc selon toute vraisemblance être prises par une majorité de commissions scolaires «riches». On était en droit de se demander:

> A quel point ces derniers (les biens nantis) accepteront-ils de ralentir leur progrès en matière scolaire pour permettre le rattrapage des zones défavorisées...? Dans quelle mesure accepteront-ils de s'imposer des taxes additionnelles pour aider ceux qui en ont un besoin pressant[80]?

On ne s'étonnera pas d'apprendre que seuls les milieux enseignants protestants et les hommes d'affaires applaudirent au projet de loi. On prête à un porte-parole du PSBGM les paroles suivantes: «Nous estimons que ce projet de loi respecte dans une grande mesure les exigences du groupe anglo-protestant.»[81] Le projet de loi 71 fut également approuvé par les Chambres de commerce de Montréal et du Québec[82] et par le Montreal Board of Trade. Parmi les répondants au questionnaire, 54,7% se déclarèrent en faveur. C'est une approbation néanmoins inférieure à celle qu'ont récoltée les autres mesures gouvernementales incluses dans le sondage[83]. Il convient également de noter que 25,9% des répondants se sont abstenus de répondre ou se sont déclarés mal informés. C'est une réaction qui en dit long sur l'intérêt que certains grands hommes d'affaires ont porté à la restructuration scolaire!

Tous les groupes francophones autres que les milieux d'affaires ainsi que les groupes anglo-catholiques s'opposèrent à la loi. Ces derniers le firent fort bruyamment; ils exigeaient les mêmes avantages que les anglo-protestants, soit le droit à leurs propres commissions scolaires. Même si les anglo-catholiques (qui comptent de nombreux immigrants) de la CECM étaient plus nombreux que les anglo-protestants du PSBGM, le gouvernement leur opposa un fin de non-recevoir, peut-être parce qu'ils ne disposaient pas de la même puissance économique que ces derniers.

Chez les francophones, les syndicats et la CECM, parmi d'autres, firent valoir que le projet de loi 71 ne ferait pas disparaître les inégalités socio-économiques du système scolaire de Montréal. Ils soutinrent également que la religion, pas plus que la langue, ne permettrait de former des commissions capables d'utiliser au mieux les ressources disponibles et de porter remède aux problèmes des zones défavorisées en matière de services scolaires[84].

Même si les milieux d'affaires n'ont pas accordé une importance vitale à la restructuration scolaire et même si celle-ci a mobilisé les cadres intermédiaires plutôt que les hauts dirigeants, on peut conclure sans risque d'erreur que ces milieux ont néanmoins réussi à faire pression sur le gouvernement du Québec. L'affaiblissement du conseil scolaire et la création de commissions fondées sur la religion, — et la religion, pour les anglo-protestants, joue le même rôle que la langue, — sont autant de victoires remportées malgré l'opposition marquée de la majorité des Québécois francophones et des anglo-catholiques.

La question du séparatisme

A partir des années soixante et jusqu'au début des années soixante-dix, les milieux d'affaires ont dépensé beaucoup d'efforts pour empêcher le Québec de se séparer du Canada. Comme on l'a vu, 99,3% des hommes d'affaires interrogés se sont dits opposés au séparatisme. Même ceux qui ont manifesté quelques tendances au nationalisme dans d'autres domaines, comme la langue, ont été unanimes contre le séparatisme. On peut donc en déduire que les hauts dirigeants canadiens-français n'ont pas estimé que le séparatisme pouvait leur offrir la chance de supplanter leurs collègues anglo-canadiens aux commandes des sociétés québécoises. Il n'en reste pas moins, comme nous le verrons, que les gestionnaires anglo-saxons du Québec et de l'Ontario ont été les plus farouches adversaires du séparatisme québécois[85].

On ne peut en dire autant, d'après certains témoignages, des investisseurs ou propriétaires américains ou étrangers au Québec qui se sont sentis beaucoup moins inquiets et beaucoup moins menacés par la question du séparatisme. Un article de Laurier Cloutier dans *La Presse*[86] révélait qu'en 1972, les institutions financières de Toronto n'avaient vendu que 2% des obligations du Québec, soit pour une dizaine de millions de dollars, tandis que sur le marché de New York il s'en vendait pour 275 millions et pour 55 millions sur les marchés européens. Cloutier expliquait que, selon les cercles financiers de Toronto, c'était surtout le séparatisme et la situation politique qui avaient sapé la confiance du marché torontois. Par contre, les investisseurs new yorkais, toujours selon le reporter de *La Presse,* ne s'étaient pas sentis menacés par le séparatisme et les autres débats politiques[87]. Les investisseurs japonais ont semblé réagir de la même façon. Dans un article analysant une transaction grâce à laquelle le Québec avait obtenu un prêt important sur les marchés financiers japonais, Claude Beauchamp écrivait: «L'indépendance du Québec a soulevé très peu de questions et celles-ci n'ont pas ébranlé la confiance des investisseurs japonais dans l'avenir du Québec»:

> La situation politique n'inquiète pas les prêteurs japonais et la possibilité de l'indépendance du Québec ne les effraie pas outre mesure. Les milieux financiers de Tokyo ne pensent pas que le Québec ira jusqu'à se séparer du reste du Canada, mais, dans l'hypothèse où cela se fasse, ils n'y voient pas de «conséquences dangereuses» pour eux[88].

En 1969, Yves Bernier du *Soleil* organisa une série d'entrevues avec des financiers de Bay Street et de Wall Street, et plus particulièrement avec ceux qui avaient déjà fait d'importants investissements au Québec. Il en conclut que les financiers américains ne s'inquiétaient pas des problèmes politiques du Québec et plaçaient leur argent en fonction des seuls critères économiques[89]. Bernier cita des dirigeants du Morgan Guaranty Trust et du New York Life; selon eux, que le Québec se sépare ou pas, il constituera toujours un marché, il aura encore besoin d'argent et «nous sommes toujours intéressés à faire une bonne affaire»[90]. C'est dans le même sens que M. David Rockefeller, président de la Chase Manhattan Bank, déclarait: «Les investisseurs ne font pas de distinction entre Québec et Canada et s'inquiètent beaucoup plus des propositions du livre blanc (fédéral) sur la taxation, comme l'impôt sur les gains de capital, que du séparatisme.»[91] Il ajoutait que ce n'était pas l'affaire des capitaux étrangers de décider pour le Québec quel gouvernement celui-ci aurait. Enfin, M. James Roosevelt, président de Investors Overseas Services, l'une des plus grandes sociétés internationales de placements, aurait estimé que les Américains, et sa société en particulier, continueraient de placer de l'argent dans un Québec indépendant[92].

Si les investisseurs étrangers ne se sont pas sentis menacés par le séparatisme, il est hors de doute que l'immense majorité des hommes d'affaires canadiens-français et anglais ont réagi différemment. Leur opposition se manifesta à partir de 1960, mais elle devint plus virulente à la fin de la décennie. Avec la création du Parti québécois en 1968, les milieux d'affaires commencèrent à penser que la séparation pourrait bien se faire.

La grande offensive antiséparatiste des hommes d'affaires se déclencha après que M. René Lévesque eût annonçé son option séparatiste en septembre 1967. On se rappellera qu'à cette époque, M. Johnson lui-même faisait preuve d'un nationalisme vigoureux avec son slogan «égalité ou indépendance» et en exigeant du gouvernement fédéral des pouvoirs de taxation considérablement accrus pour le Québec. C'est en octobre 1967, alors que M. Johnson était à Hawaii, que s'organisa un effort concerté des milieux d'affaires pour discréditer le séparatisme et décourager le nationalisme militant de l'Union nationale [93]. Un article en première page du *Globe and Mail* [94] marqua le début de ce que MM. Brunelle et Papineau appelèrent «une campagne de terrorisme économique». Le quotidien torontois soutenait que le capital et les entreprises quittaient le Québec et que certaines sociétés avaient arrêté leurs investissements par crainte du séparatisme. Il parla du cas d'Investors Syndicate, société de fonds mutuels établie à Winnipeg, qui venait tout juste de vendre 200 000 actions de la Banque Canadienne-Nationale [95], du transfert de 300 employés de Bell Canada de Montréal à Ottawa, des décisions prises par Dominion Textiles et Crane Canada, dont les sièges sociaux étaient au Québec, de diriger leur programme d'expansion plutôt vers l'Ontario, et des difficultés que l'on éprouvait à intéresser des investisseurs au développement hydroélectrique de Churchill Falls. A ce dernier sujet, M. Eric Kierans, alors président de la Fédération libérale du Québec, avait déclaré: «L'entreprise a du mal à trouver de l'argent parce que les investisseurs savent bien qu'un Québec indépendant aura besoin de moins d'énergie que si la province faisait partie de la confédération canadienne» [96]. Le *Globe and Mail*, dans le même article, citait plusieurs grands financiers de Montréal, dont M. Charles Neapole, président de la Bourse de Montréal: «Il n'y a pas de doute: la menace d'un Québec séparé a véritablement alarmé les investisseurs» [97], et M. Jean Ostiguy, négociant en valeurs mobilières à Montréal: «Je crois sincèrement que le capital fuit le Québec par crainte du séparatisme. Pour rétablir un climat de confiance, Canadiens anglais et français doivent finir par s'entendre.» [98]

Le lendemain, c'était au tour du *Financial Post* et du *Montreal Star*. R.G. Gibbens, rédacteur financier du *Star*, écrivait:

> Le Québec constitue un marché dont la croissance peut être énorme à partir de maintenant et jusqu'en 1975, plus rapide même que celle de l'Ontario à cause de l'évolution démographique. Mais si de bruyants débats constitutionnels s'ajoutent à l'incertitude générale de l'économie canadienne, on peut se demander si le Québec pourra exploiter ses possibilités, attirer suffisamment les investissements et prospérer au moins au même rythme que l'Ontario et l'Ouest [99].

Amy Booth du *Financial Post* rapporta que même si les actions du Québec «n'étaient pas descendues au plus bas niveau», certaines avaient accusé néanmoins une chute au cours de la semaine où «les principaux politiciens du Québec ont réchauffé le débat sur le séparatisme»[100].

Le 14 octobre, Laurent Lauzier de *La Presse* écrivait que même si l'exode des capitaux n'était pas encore tragique, la situation pourrait devenir critique si l'incertitude de la conjoncture politique continuait à saper la confiance des financiers dans la stabilité économique et politique du Québec[101]. Il prétendait en outre avoir entendu des dirigeants d'entreprise lui dire que si cet exode s'accroissait, il deviendrait extrêmement difficile de vendre les obligations de la province à des taux d'intérêt raisonnables[102]. M. Parizeau reconnut que les rumeurs d'exode des capitaux avaient effectivement fait glisser les obligations québécoises et que l'écart entre les taux d'intérêt de l'Ontario et du Québec s'était considérablement élargi[103]. Il ajoutait que durant «la crise», le ministère des Finances avait été «bombardé» d'appels téléphoniques alarmistes émanant de plusieurs hauts dirigeants, et notamment de la Banque de Montréal, du Trust Royal et de la Banque Royale[104]. Enfin, toujours selon M. Parizeau, deux hommes d'affaires canadiens-français s'étaient rendus à Hawaii pour persuader M. Johnson d'agir rapidement.

Le 31 octobre 1967, M. Johnson nommait M. Marcel Faribault, président du Trust Général du Canada, au poste de conseiller économique et constitutionnel et faisait entrer M. Jean-Guy Cardinal, également du Trust Général, au Cabinet. Il annonçait en outre la création éventuelle du Conseil général de l'industrie: «Nous aurons besoin dans un avenir rapproché d'un groupe de travail pour coordonner tout ce qui se fait en économique.»[105]

Le lendemain, M. Neapole, qui cinq jours auparavant seulement avait déclaré au réseau anglais de Radio-Canada que les capitaux fuyaient la province[106], se déclarait satisfait de la nomination de M. Faribault et précisait que l'exode des capitaux avait atteint son sommet et semblait se ralentir depuis quelques jours[107]. Le gouvernement du Québec réussit en outre à lancer une émission d'obligations de 50 millions de dollars à un taux d'intérêt raisonnable[108].

Même Ryan demeure sceptique devant le climat de panique créé par les cercles financiers:

> Les événements d'hier nous invitent à réfléchir sur certains éléments du climat de panique qui a paru se propager récemment dans les milieux financiers... Il semble, aux yeux de plusieurs observateurs, que la crise ait été grossie comme à plaisir par plusieurs individus plus affamés de profits que soucieux du bien public[109].

Cette opinion se trouva renforcée lors d'une allocution prononcée à la Chambre de commerce de Montréal par M. Otto Thür, ancien président du conseil de l'Institut d'études économiques de l'Université de Montréal.

M. Thür déclara que les investissements diminuaient depuis le début de 1967 et qu'il n'existait aucune relation de cause à effet, comme certaines personnes avaient voulu le faire croire, entre le climat de «turbulence politique» et la chute des investissements au Québec [110].

En 1971, l'ex-député de l'Union nationale, M. Jérôme Proulx, a confirmé que M. Johnson avait bien été soumis à de fortes pressions de la part des milieux d'affaires et que la nomination de M. Faribault avait pour but de rassurer les cénacles financiers sur les bonnes dispositions du gouvernement à l'égard de l'entreprise et du fédéralisme.

> A Hawaii, M. Johnson était soumis à de dures pressions de la part des financiers. Il était acculé au mur. Il lui fallait emprunter et les derniers événements avaient dû en indisposer plusieurs... Et c'est sans doute à la suite de pressions de cette nature et de multiples attaques au sujet de la fuite des investissements que M. Johnson fit entrer dans son cabinet MM. Fabribault et Cardinal, tous deux hommes d'affaires qui occupaient des postes de haut prestige. De réputation fédéraliste M. Faribault saurait redorer l'image du parti à trop grande saveur nationaliste pour nos adversaires naturels. Sa nomination avait pour but de rassurer les gens de la haute finance [111].

Les efforts des milieux d'affaires pour jeter le discrédit sur l'ultra-nationalisme de M. Johnson et sur les objectifs séparatistes du Parti québécois continuèrent sans interruption jusqu'aux élections de 1970. Les leaders de l'opposition libérale enfourchèrent le cheval de bataille des hommes d'affaires et à une cadence accélérée multiplièrent les déclarations selon lesquelles le Québec perdait des investissements à cause de l'ambiguïté de la position constitutionnelle de l'UN et en perdrait davantage encore s'il devait se séparer. Une citation de M. Jean Lesage résume bien cette attitude: «Il ne faut pas se le cacher, le seul mot indépendance éloigne les capitaux du Québec. Et je tiens responsable de la crainte des investisseurs le gouvernement actuel qui pratique une politique ambiguë et ambivalente en matière constitutionnelle.» [112]

M. William Tetley, député libéral de Notre-Dame-de-Grâce, imputa lui aussi au nationalisme et au séparatisme les difficultés économiques du Québec. Il prétendit que la société française de pneus Michelin ne s'était pas établie au Québec à cause de l'instabilité du climat politique. Il ajouta que Ford et Chrysler n'investiraient pas au Québec tant et aussi longtemps que la politique demeurerait instable.

> En d'autres mots, les bombes, notre ultranationalisme au Québec durant ces dernières années, les tendances «séparatistes» du gouvernement et le fait de s'afficher comme Etat indépendant aux conférences internationales sur l'éducation nous ont fait perdre la confiance des investisseurs étrangers, même français [113].

Comme pour la langue, on brandit la menace du départ des sièges sociaux. Dans l'article déjà mentionné, M. Tetley racontait qu'à titre de procureur, il avait en 1969 aidé trois sociétés à déménager leur siège social [114]. Dans un long article paru dans *Le Devoir*, M. William Hall, ancien président de Domtar, soutenait qu'au moins 500 000 Montréalais trouvaient de l'emploi dans des sièges sociaux et avertissait le Québec que même à l'intérieur du cadre confédératif, il lui était interdit de dépasser certaines limites dans ses efforts pour obtenir un statut particulier ou l'unilinguisme français sous peine de compromettre les emplois offerts par les sociétés canadiennes ayant leur siège social à Montréal [115].

Plusieurs associations patronales publièrent durant cette période des études qui faisaient ressortir les avantages économiques du fédéralisme et prédisaient que la séparation ou l'indépendance ne pouvait mener qu'à la stagnation économique. La Chambre de commerce du Québec publia un essai intitulé *Québec: le coût de l'indépendance* dans lequel on pouvait lire:

> La souveraineté-association et l'indépendance sont des idéaux abstraits sur le plan économique et leurs objectifs ne résistent pas à une analyse sérieuse. Ces deux options entraîneraient la société québécoise dans la stagnation et la régression pour plusieurs années sinon plusieurs générations [116].

Jusqu'en 1970, les milieux d'affaires, bien que plus près idéologiquement du Parti libéral que de l'Union nationale, s'étaient toujours fait un point d'honneur de contribuer généreusement à la caisse des deux partis. Aux élections de 1970, cependant, l'UN, à cause de son nationalisme intransigeant [117], perdit leur confiance et par voie de conséquence leur appui financier [118]. A partir de ce moment, ils appuyèrent presque uniquement le Parti libéral. Le questionnaire a révélé que 87,2% des hommes d'affaires estimaient que le Parti libéral était «le parti politique provincial le plus favorable au monde des affaires». L'UN et le Ralliement créditiste suivaient avec 6,7 et 6% respectivement; le Parti québécois n'avait été choisi par personne. Cela contraste singulièrement avec les 23,9 et 30,1% des suffrages électoraux que ce parti obtenait aux élections de 1970 et 1973.

Si l'on analyse les attaques menées par les milieux d'affaires durant la campagne électorale de 1970, on y distingue deux phases bien distinctes. D'abord, il y eut tentative de discréditer le parti sortant, l'Union nationale. Puis, quand les sondages mirent en lumière la montée rapide du Parti québécois, c'est celui-ci qui devint leur cible.

Au début d'avril 1970, les courtiers de Montréal, Lafferty, Harwood and Company, envoyèrent une lettre confidentielle à leurs clients accusant l'Union nationale de tendances «étatistes» c'est-à-dire socialistes et leur suggérant de sortir leurs actions et obligations de la province au moins jusqu'aux élections du 29 avril. La lettre fut publiée dans *La Presse* du 4 avril. M. Mario Beaulieu, ministre des Finances, s'en irrita et déclara qu'une enquête serait menée par le ministère des Institutions financières. Deux jours plus tard, M. Armand Maltais, autre ministre unioniste, tout en blâmant la firme Lafferty pour son électoralisme et sa partisannerie, s'empressa de réaffirmer la foi du gouvernement dans l'entreprise privée:

> Le ministre dans son discours s'est fait l'ardent défenseur de l'entreprise privée. Il a souligné la ferme détermination du gouvernement de demeurer non seulement le partenaire fidèle de l'entreprise privée, mais aussi son gardien vigilant et son aide le plus efficace [119].

Le 11 avril, une autre lettre «confidentielle» de Lafferty, Harwood and Company à ses clients était publiée dans la presse. On y annonçait, entre autres, que le crédit de la province s'affaisserait gravement sur les marchés internationaux et que les perspectives d'avenir des banques canadiennes-françaises seraient menacées si les partis politiques flirtant avec le séparatisme étaient en position forte à l'Assemblée nationale. Quelques jours plus tard, M. Bourassa déclarait que la firme Bombardier serait obligée de fermer ses portes si le PQ prenait le pouvoir à cause de l'annulation possible de l'entente Canada-Etats-Unis sur l'exportation des ski-doos [120].

Mais l'épisode le plus connu de la campagne électorale de 1970 fut sans contredit l'affaire de la Brink's et du Trust Royal. Le 26 avril au matin, neuf camions de la Brink's étaient stationnés devant les bureaux du Trust Royal, boulevard Dorchester à Montréal. Des employés de la société transportaient des boîtes métalliques dont on a dit plus tard qu'elles contenaient des actions à destination de Toronto. Edward Church, photographe à la *Gazette*, était sur les lieux, son journal ayant été averti durant la nuit par un appel téléphonique anonyme que des titres seraient envoyés en dehors de la province[121]. Le lendemain, l'affaire faisait la une des journaux [122].

Les milieux d'affaires participèrent également à la campagne par l'intermédiaire du «Comité Canada», association composée d'une centaine d'hommes d'affaires connus, choisis dans toutes les villes importantes du pays. Le comité avait comme principal objectif de «défendre le système confédératif, seul moyen d'assurer l'avenir du pays et d'en préserver la diversité ethnique et culturelle» [123]. En pratique cependant, et depuis sa fondation en 1964, «le comité Canada était surtout actif à Montréal, Trois-Rivières et Québec où il travaillait à faire échec au séparatisme». Des témoignages indiquaient aussi que, bien que présent dans tout le Canada, il visait surtout le Québec; cinq de ses six directeurs venaient en effet de sociétés situées au Québec, et notamment du Trust Royal, de Bell Canada, de la Banque Canadienne-Nationale, de Concordia Estate Holdings et de Clarkson, Gordon and Company [124]. Au cours de la campagne de 1970, plusieurs jours avant les élections, le Comité Canada distribua des documents de porte en porte dans tout le Québec. On y prédisait le chaos économique et plus particulièrement la perte des allocations de retraite versées par le gouvernement fédéral et d'autres avantages sociaux, si le séparatisme triomphait.

Après la victoire libérale du 29 avril, Lafferty, Harwood and Company publia un communiqué dans lequel elle déclarait que la publicité dont ses lettres confidentielles avaient fait l'objet, bien que non désirée, avait eu un effet bénéfique et que les élections avaient montré que le capital privé n'avait aucunement l'intention de se laisser intimider par «ceux (c'est-à-dire l'UN et le PQ) qui formulent de telles politiques»[125]. Le document précisait en outre que les actions et fonds transférés hors de la province reviendraient dans la mesure où le nouveau gouvernement respecterait le droit à la propriété privée des capitaux[126].

Dans un article intitulé «When Will the Money Return», le *Financial Post* précisait qu'un million de dollars avait ainsi quitté le Québec avant les élections:

> La saignée commença goutte à goutte en 1966-1967 lorsque certains ministres du cabinet de feu Daniel Johnson brandirent la menace du séparatisme. Elle tourna à l'hémorragie lorsqu'un convoi important de camions de la Brink's Express, chargés de titres, quittèrent les bureaux du Trust Royal à Montréal à destination de l'Ontario, quelques jours seulement avant les élections du 29 avril 1970[127].

Après avoir cité plusieurs exemples de transferts de capitaux hors de la province durant la campagne, le *Financial Post* concluait que «les capitaux reviendraient et seraient rejoints par d'autres selon le degré de stabilité politique de la province»[128].

Après les élections de 1970 et en dépit de nombreuses déclarations faites par des hommes d'affaires sur le rejet définitif du séparatisme[129], la haute finance n'en continua pas moins son offensive contre l'indépendance. Les armes demeuraient l'affaissement du crédit du Québec et le départ possible des sièges sociaux de Montréal. Dans une analyse des problèmes de crédit qu'éprouvait le Québec, le *Financial Post* expliquait en 1971 que la province n'avait connu aucune de ces difficultés dans les années cinquante et que «c'était le séparatisme et la défaite de M. Jean Lesage en 1966 qui avaient amené les premiers doutes sur les obligations du Québec»[130]. De plus, toujours selon le journal, «les courtiers déclarent que l'affaiblissement du crédit du Québec n'est pas dû à la faiblesse de son économie ou de sa situation financière, mais à l'incertitude des investisseurs quant à la stabilité politique de la province et à la fermeté de ses liens avec le reste du Canada»[131].

Dans une série d'articles sur la présence bénéfique des sièges sociaux à Montréal, Robert Stewart du *Montreal Star* entrevoyait les conséquences désastreuses qu'aurait le séparatisme pour la métropole:

> Imaginez Montréal sans gratte-ciel, sans train de banlieue, sans métro. Imaginez la ville sans ses filées de taxis, sans sa multitude de restaurants et d'hôtels. Ce serait une grande cité industrielle, sans doute, mais ce ne serait plus une métropole internationale. Voilà ce qui arriverait pourtant si tant de sociétés nationales et internationales n'y avaient pas leur siège social...
>
> Ce n'est pas être alarmiste que de dire: cela peut arriver. Ceux qui entrevoient le mieux cette triste perspective sont également les mieux placés pour la réaliser: les hauts dirigeants, qui menacent sans équivoque de s'en aller, — avec leurs sièges sociaux, — si jamais le Québec se séparait du reste du Canada[132].

Ici encore, le gouvernement libéral jugea qu'il avait intérêt à entretenir le climat de crainte. Le 17 août 1972, par exemple, M. Bourassa déclara qu'il s'inquiétait de voir certaines sociétés mettre la sourdine à leurs opérations au Québec[133]. Lisant dans la pensée de M. Bourassa, Patrick Finn du *Montreal Star* écrivit que vraisemblablement, le premier ministre «avait des motifs politiques d'attirer l'attention sur ce sujet» et que «de telles déclarations embarrasseraient M. René Lévesque et le Parti québécois lors des prochaines élections provinciales»[134].

Avant les élections de 1970, les milieux d'affaires avaient dirigé leurs attaques principalement contre «la menace du séparatisme». Après les élections, cependant, ils tentèrent surtout de discréditer ou de critiquer le Parti québécois. D'abord, ils essayèrent d'associer le PQ au terrorisme. Lorsqu'on lui demanda ce qu'il pensait des bombes qui avaient explosé à Montréal en mai 1970, M. Ouimet déclara: «Il y a des mauvais perdants. Nous avons eu des élections démocratiques et ils ont été battus»[135]. Commentant l'entrée de M. Pierre Vallières[136] au Parti québécois, un éditorial du *Financial Post* y voyait la preuve que le PQ «est infiltré par les révolutionnaires du Québec»[137].

La participation d'un homme d'affaires connu, M. Marc Carrière, aux élections partielles du 12 octobre 1972 dans la circonscription de Duplessis, s'inscrit dans la même stratégie. Président d'un important magasin à succursales, Dupuis Frères, M. Carrière déclara quatre jours avant les élections, qu'il se proposait de construire une succursale à Sept-Iles (dans la circonscription de Duplessis), mais que l'élection du candidat du Parti québécois pourrait compromettre ce projet[138].

Le candidat du PQ fut défait, mais M. Carrière changea néanmoins d'idée: le magasin ne fut pas construit. D'après M. Parizeau, le gouvernement libéral récompensa M. Carrière quelques semaines plus tard en louant quatre étages de la nouvelle Place Dupuis à Montréal pour le ministère de la Justice. Or, à cette époque, Dupuis Frères avait du mal à faire face à des prêts bancaires et à des paiements hypothécaires[139].

En 1972 et 1973, c'est contre le manifeste économique préparé par le PQ pour les élections de 1973 que se déchaînèrent les milieux d'affaires [140]. Pour M. Jean Brunelle du Centre des dirigeants d'entreprise, l'importance accrue apportée par le PQ au rôle économique de l'Etat entraînerait une chute vertigineuse du niveau de vie au Québec [141]. M. Claude Hébert qualifia le manifeste «d'hypocrite», «d'utopique» et de «prostitution intellectuelle» [142]. M. Desmarais fit entendre des menaces: «Les hommes d'affaires doivent prendre la parole et renseigner le peuple sur les coûts astronomiques non seulement de la séparation, mais aussi des discussions prolongées et de l'incertitude qui en résultera» [143]. Enfin, M. Perrault lança que le programme économique du PQ sonnerait le glas de l'entreprise privée au Québec: il prévoyait des hausses d'impôts, l'exode massif des sièges sociaux et de leur personnel clé et le ralentissement des investissements étrangers [144].

NOTES:

1 *Financial Times*, «Perspective on Québec», 19 novembre 1973.

2 En 1968, le gouvernement du Québec avait déposé le projet de loi 85 sur la langue qui fut retiré devant l'opposition des milieux canadiens-français et anglais. Les hommes d'affaires surtout s'en étaient montrés mécontents. Aussi quand ils soumirent des mémoires au comité de l'Assemblée nationale, l'AMC et le Board of Trade décidèrent d'appuyer les amendements qu'ils suggéraient avec des menaces de représailles économiques. L'AMC, par exemple, déclarait dans son mémoire:

«Nous nous devons de souligner que quel que soit le niveau des normes de l'enseignement, l'industrie québécoise ne pourra donner du travail aux futurs diplômés que dans la mesure où les politiques gouvernementales favoriseront un climat qui inspirera confiance aux bailleurs de fonds». Association des manufacturiers canadiens, *mémoire présenté au comité de l'Assemblée nationale sur le projet de loi 85*, Montréal, Association des manufacturiers canadiens, 1968, p. 7.

3 L'opposition appuyait son argumentation sur la menace que faisait peser sur les francophones du Québec le fait que 90% des immigrants s'assimilaient aux anglophones.

4 J.M. Provost, «Le bill 63», *Sept Jours*, 8 novembre 1969.

5 12,9% des hommes d'affaires interrogés n'ont pas répondu à la question.

6 Le *Montréal-Matin*, propriété de l'Union nationale, a été le seul quotidien francophone de Montréal à appuyer le projet de loi 63.

7 L. Tremblay, éditorial sur le projet de loi 63, *La Voix d'Alma*, 5 novembre 1969.

8 *Le Nouvelliste*, «Le bill 63», éditorial, 29 octobre 1968.

9 E. Hains, éditorial sur le projet de loi 63, *Le Progrès de Magog*, 12 novembre 1969.

10 F. Berthiaume, éditorial sur le projet de loi 63, *L'Argenteuil* de Lachute, 5 novembre 1969.

11 Gilles Francœur, «Les Montréalais et le bill 63», *Le Devoir*, 7 novembre 1969.

12 On peut se demander de quelle façon les hommes d'affaires s'y sont pris pour influencer le gouvernement. Certains ont prétendu que l'UN avait besoin d'argent pour les élections qui approchaient; d'autres, que l'UN a offert de stabiliser la question linguistique en échange d'une attitude plus ouverte des milieux financiers à l'égard des obligations du Québec. Ces derniers rappellent que l'émission de 50 millions de dollars d'obligations faites par le gouvernement du Québec une semaine avant le dépôt du projet de loi 63 a eu peu de succès jusqu'au jour où celui-ci a été adopté: elles se sont alors vendues en quelques heures. Voir Gérald Godin, «Une hypothèse: le bill 63 payable sur livraison», *Québec-Presse*, 7 décembre 1969.

13 Bien que du même avis que les sociétés canadiennes-anglaises sur le maintien d'un climat politique favorable aux investissements étrangers, les sociétés d'Etat et les milieux d'affaires canadiens-français différaient d'opinion avec eux sur la question du français, langue de travail. Dans leurs mémoires, l'Hydro-Québec, la Société nationale de fiducie, la Commission de transports de Montréal, entre autres, ont soutenu qu'il était possible de faire de l'argent en français au Québec.

14 Montreal Board of Trade, *Rapport annuel:1970-1971*, Montréal, Board of Trade, 1971, p. 3.

15 Lise Lachance, «Toute restriction imposée à l'anglais peut compromettre le progrès du Québec», *Le Soleil*, 13 mars 1970.

16 Association des manufacturiers canadiens, *Une politique industrielle pour le Québec*, Montréal, Association des manufacturiers canadiens, 1972, Annexe B, p. 1

17 *Ibid.*, Annexe F, p. 2. Lors de l'assemblée annuelle des actionnaires du Montréal Trust en 1971, M. Frank Case, président, déclara lui aussi que la politique linguistique qu'adopterait le gouvernement pourrait obliger certaines sociétés à déménager leur siège social hors du Québec. *Le Devoir*, «La situation linguistique au Québec préoccupe les milieux financiers anglophones», 26 février 1971.

18 *Montréal-Matin*, «L'usage de l'anglais lié au niveau de vie», 13 février 1970.

19 François Barbeau, «Noranda Mines: le bilinguisme à tous les échelons ne serait pas pratique au Québec», *Le Devoir*, 12 décembre 1969.

20 François Barbeau et Jean-Luc Duguay, «L'unilinguisme pousserait Dominon Glass à déménager son siège social hors du Québec», *Le Devoir*, 11 décembre 1969.

La seule voix discordante dans les milieux d'affaires sur cette question à été celle de Sun Oil of Canada. La société a déclaré qu'elle demeurerait dans un Québec unilingue. Voir *Montréal-Matin*, «Nous resterons dans un Québec devenu unilingue français», 20 mars 1970.

21 Pierre O'Neill, «Les chefs d'entreprises doivent faire vite; la situation presse», *Le Devoir*, 30 juin 1970.

22 David Waters, «Labor and the Language Issue», *Montréal Star*, 21 décembre 1971.

23 *Ibid.*, Waters expliquait ainsi les réticences du syndicat à faire la grève pour la question linguistique: «Les ouvriers refusent d'être les dindons de la farce en s'engageant les premiers dans une bataille dont ils seront victimes...»

24 M. Bourassa, interviewé par Jacques Keable, «Notre marge de manœuvre est très mince», *Québec-Presse*, 23 janvier 1972.

25 Dans Louis Fournier, «Qui est George Arnold Hart?», *Québec-Presse*, 3 janvier 1971.

24 Allocution de M. George Arnold Hart au temple Emmanu-El, Westmount, 25 janvier 1971.

27 Amy Booth, «For Business, Pressure in Québec Goes Higher», *Financial Post*, 2 janvier 1971.

28 La société Fantus, p. 89. Commandé à la société Fantus, firme d'économistes conseils de Chicago, par le ministère québécois de l'Industrie et du Commerce, le rapport portait sur les facteurs qui affectent la croissance industrielle du Québec. Ce rapport ne fut jamais rendu public, mais la presse mit la main dessus. L'auteur en a obtenu un exemplaire d'un journaliste de Montréal.

29 *Ibid.*, p. 162.

30 *Ibid.*, p. 162 et 163.

31 *Ibid.*, p. 171.

32 *Ibid.*, P. 86.

33 *Ibid.*, p. 83.

34 *Ibid.* Sur l'attitude des répondants ontariens, voir p. 43-55.

35 *Ibid.*, p. 18.

36 *Ibid.*, p. 25.

37 *Ibid.*

38 Entrevue, mai 1973.

39 Entrevue, mai 1973.

40 Entrevues avec des dirigeants de ces associations, mai 1973.

41 Un mois avant la publication du rapport Gendron, 72,2% des répondants au questionnaire estimaient que «l'attitude du gouvernement actuel sur la question linguistique (était) satisfaisante», (question IVJ). A ce moment-là, certains renseignements sur la Commission Gendron étaient parvenus clandestinement à la presse, mais on ignorait quelle attitude adopterait définitivement la Commission. On peut supposer que les répondants auraient été plus nombreux à s'estimer satisfaits si la question avait été posée après la publication du rapport.

42 Selon un dirigeant patronal, la Commission Gendron aurait utilisé dans son rapport un grand nombre de données fournies par le Centre linguistique commercial, comité créé sur l'initiative de l'Association des manufacturiers canadiens et de 40 grandes sociétés dont l'Alcan Aluminium, Steinberg, Eaton, etc. On y trouvait, entre autres renseignements, une enquête menée sur l'usage du français dans les usines. Le même dirigeant prétendait qu'il y avait eu plusieurs réunions secrètes entre les commissaires et le Centre linguistique.

43 *Montreal Star*, «Conseil Backs Gendron Proposals», 17 février 1973.

44 Entrevue avec un dirigeant de l'AMC, mai 1973.

45 Michel Guénard, «Déçu, M. Gendron critique la réaction des milieux anglophones à son rapport», *Le Devoir*, 10 mars 1973.

46 François Barbeau, «Le CPQ insiste sur l'urgence de donner suite au rapport Gendron», *Le Devoir*, 11 mai 1973.

47 Le Mouvement pour un Québec français était formé de tous les syndicats québécois, des sociétés Saint-Jean-Baptiste et de plusieurs autres groupements nationalistes.

48 Entrevue, mai 1973. Le président d'une société de produits chimiques a déclaré à l'auteur que M. Bourassa lui avait promis de maintenir le projet de loi 63 (entrevue mai 1973). Comme on le verra, le projet de loi fut retiré et remplacé par le projet de loi 22 qui, selon de nombreux observateurs, comportait pour l'essentiel les mêmes principes que le précédent. Il est impossible de préciser si c'est le gouvernement Bourassa qui est revenu sur sa décision ou l'interviewé qui a mal compris la réponse de M. Bourassa.

49 Entrevue, mai 1973.

50 Entrevue, mai 1973.

51 Par le contenu du projet de loi 22, on a pu constater que le monde des affaires avait été effectivement bien renseigné d'avance.

52 Entrevue, mai 1973.

53 Entrevue, mai 1973. Cette déclaration a été confirmée par la suite par M. Pierre A. Fréchette, directeur régional de la Banque Royale. Il a affirmé que la langue de travail au siège social continuerait d'être l'anglais et que même si certaines règles sur l'application du projet de loi 22 n'avaient pas encore été dévoilées, rien ne permettait de croire que la banque devrait modifier ses méthodes de travail au chapitre de la langue. Voir Gilles Gariépy, «L'anglais gardera ses droits à la Banque Royale», *La Presse*, 11 janvier 1975.

54 Pierre Godin, «Les dix commandements de la Warnock à Robert Bourassa», *Québec-Presse*, 10 juin 1973. La lettre était confidentielle, mais *Québec-Presse* en obtint une copie.

55 *Ibid.*

56 Voir Lysiane Gagnon, «Les Libéraux clouent le bec des adversaires du bill 22», *La Presse*, 11 juillet 1974. La plupart des entreprises canadiennes-françaises et anglaises appuyèrent les grands principes du projet de loi et notamment Alcan Aluminium, Bell Canada, l'Association des mines et métaux du Québec, le Centre des dirigeants d'entreprise et la Chambre de commerce de la province de Québec. Le Montreal Board of Trade et l'AMC y firent une légère opposition.

57 Claude Ryan, «Un projet sans épine dorsale», éditorial, *Le Devoir*, 22 mai 1974.

58 *Idem*. «Le projet de loi 22 et la langue d'enseignement», *Le Devoir*, 7 juin 1974. *Le Devoir* publia les résultats d'un sondage d'opinion mené par l'Institut québécois d'opinion publique: «Le Québec opte pour le français prioritaire» 8 juin 1974. L'institut avait choisi un échantillonnage probabiliste de personnes domiciliées au Québec et âgées de 18 ans et plus. Parmi les répondants, 15,5% optèrent pour «le français, seule langue officielle»; 40,5%, pour «le français langue officielle et l'anglais, langue secondaire»; 42%, pour «le français et l'anglais, langues officielles du Québec»; et 2% se classèrent dans la catégorie «autre». Certaines données importantes concernaient la langue d'enseignement; elles établissaient clairement que le projet de loi 22 n'allait pas aussi loin que l'aurait souhaité l'ensemble de la population. C'est ainsi que 61,5% des répondants se déclarèrent en faveur d'une loi qui forcerait les immigrants dont la langue maternelle n'était pas l'anglais à envoyer leurs enfants à l'école française; 33% s'y opposèrent et 5,5% se rangèrent dans la catégorie de ceux qui ne savaient pas ou n'ont pas voulu répondre. En outre, 50,5% des répondants étaient en faveur d'une loi qui forcerait les nouveaux immigrants dont la langue maternelle était l'anglais à envoyer leurs enfants à l'école française, tandis que 45,5% étaient contre, 4,5% ne savaient pas ou ne voulaient pas répondre.

59 Lysiane Gagnon, «Les milieux d'affaires réagissent sérieusement à la réglementation», *La Presse*, 21 août 1975.

60 Voir Jean-Paul Soulié, «Les hommes d'affaires ne sont pas inquiets», *La Presse*, 19 septembre 1975.

61 Claude Ryan, «Un cas instructif: la lettre du président de la Banque de Montréal à Robert Bourassa», *Le Devoir*, 23 juillet 1974.

62 Voir Pierre Fournier, «The Politics of School Reorganisation in Montreal», thèse de M.A., Université McGill, 1971.

63 Voir Dion, *Le Bill 60 et la société québécoise.*

64 Comme on le verra par la suite, il semble que certains éléments de la grande entreprise demeurèrent indifférents à la question.

On ne mentionne pas ici l'article du projet de loi 62 voulant que les membres du conseil de l'île soient nommés par le gouvernement du Québec et non pas élus ou nommés par les membres des commissions scolaires locales, article auquel s'opposèrent tous les groupes anglophones et francophones.

66 Noël Herron cité par Fournier, p. 72.

67 *Montreal Star*, «School Reforms», éditorial, 1er août 1970.

68 On retrouve fréquemment les mêmes personnes à la tête des milieux de l'enseignement et des affaires. C'est ainsi que les dirigeants, notamment, du PSBGM faisaient aussi partie des cercles financiers en général et du Board of Trade en particulier. Par exemple, les trois principaux auteurs du mémoire présenté par le Board of Trade sur la restructuration scolaire étaient membres du bureau de direction du PSBGM: MM. K.D. Sheldrick, vice-président de Bailey Meter et président du Lachine Protestant School Board; Van B. Wight, membre de la direction de Bell Canada et president du St.Laurent Protestant School Board; C.G. Southmayd, président de l'Engineering Institute of Canada, ancien dirigeant de Allis Chalmers et président du comité éducatif du PSBGM.

69 Cité par Derek Hill, «Bill 60 Confrontation Escalates Towards Impasse» *Montreal Gazette*, 10 mars 1970.

70 Montreal Board of Trade, *Memoir to the Standing Parliamentary Committee on Education*, Montréal, Board of Trade, 1970, p. 4. Le mémoire réclamait en particulier que l'on remette aux commissions scolaires locales le soin d'administrer les propriétés et l'équipement.

71 Dans une étude intitulée *Report of the Royal Commission on Metropolitan Toronto*, Toronto, Imprimeur de la Reine, 1965, le sénateur H. Carl Goldenberg soutenait que pour réduire les disparités socio-économiques régionales, il était essentiel que le conseil scolaire soit puissant. Dans son essai, il décrivait dans les détails les inégalités des services éducatifs dans les divers secteurs socio-économiques de Toronto. Enfin, il recommandait tout particulièrement de réduire l'autonomie administrative des commissions scolaires et de renforcer le conseil scolaire.

72 Cité dans David Allnut, «Bill 28 Under the Microscope» *Montreal Star*, 12 avril 1971.

73 Le Parti québécois appuyait le projet de loi dans ses principes, mais exigeait qu'on y ajoute une claire définition de la politique linguistique.

74 Allnutt, «Bill 28 under Microscope».

75 Lysiane Gagnon, «Bill 28, la minorité aurait plus de garanties», *La Presse*, 12 mai 1971.

76 Les milieux canadiens-anglais de l'enseignement et des affaires ont été probablement épaulés dans leur campagne de pression par un grand nombre de porte-parole à l'intérieur même du gouvernement du Québec. A la suite des élections de 1970, les anglophones furent mieux représentés au cabinet comme à l'Assemblée nationale du Québec. M. Victor Goldbloom, député de d'Arcy McGee, fut nommé ministre d'Etat à l'Education; hiérarchiquement, il venait tout de suite après M. St-Pierre.

De plus, deux hommes d'affaires sans aucune expérience dans le domaine de l'enseignement furent nommés à des postes clés au ministère de l'Education: M. M.H. Dinsmore, précédemment de la General Electric, devint sous-ministre adjoint, et M. J.N. Rutherford, de la Commission de développement industriel de Chambly, conseiller spécial du ministre.

77 K.D. Sheldrick, cité dans Fournier. On a appris de M. Tilley que le ministre St-Pierre avait demandé au PSBGM, au début de 1971, de rédiger à sa guise le projet de loi 62, tout en maintenant le principe de l'unification des commissions scolaires. Le gouvernement devait accepter la plupart des recommandations du PSBGM. Voir Fournier.

78 Dans «Des miettes pour les défavorisées», *La Presse*, 24 janvier 1973, Jules Leblanc écrivait: «Le conseil scolaire régional sera étroitement contrôlé par l'ensemble des commissions scolaires. Le conseil régional ne pourra faire que ce que celles-ci voudront bien «par consensus» qu'il fasse».

79 *Ibid.*

80 *Ibid.*

81 Lysiane Gagnon, «Seuls les anglo-protestants voient d'un bon œil la nouvelle restructuration scolaire», *La Presse*, 16 novembre 1972.

82 *Le Devoir*, «La Chambre de commerce appuie le principe du projet sur la restructuration scolaire», 8 décembre 1972.

83 Parmi les répondants canadiens-français, 66,6% étaient en faveur du projet de loi 71, tandis que chez les anglophones, 51,4% étaient contre. Cette divergence s'explique, comme on l'a déjà mentionné, par le fait que les hommes d'affaires canadiens-anglais et une bonne partie du groupe anglophone en général étaient plutôt en faveur du *statu quo*. En outre, la restructuration scolaire éveillait chez eux certaines inquiétudes vers 1975.

84 Jules Leblanc, «Un défi impossible à relever — Mme Lavoie-Roux», *La Presse*, 26 janvier 1973. Aussi, *idem*, «Des protestants contents, des francophones écœurés», *La Presse*, 2 décembre 1972.

85 Selon Jean-Marc Piotte et coll., *Québec occupé*, Montréal, Parti Pris, 1971, le séparatisme québécois va à l'encontre des intérêts des milieux industriels de l'Ontario, puisque le principal objectif économique du Parti québécois est de créer un réseau d'entreprises de fabrication dans le secteur des biens de consommation durables. Or, le Québec avait depuis toujours dépendu de l'industrie lourde de l'Ontario, p. 61-63.

L'Ontario est encline à emplifier les problèmes du Québec, du fait que bien des investisseurs étrangers ou américains ont tendance, dans leurs décisions, à mettre en parallèle le Québec et l'Ontario. Le *Financial Post*, par exemple, a à plusieurs reprises insisté de façon injustifiée sur l'instabilité au Québec.

86 Laurier Cloutier, «Toronto a écoulé moins de 2% des 900 millions de dollars d'obligations du Québec», *La Presse*, 16 mai 1972.

87 Parlant des difficultés rencontrées par les obligations du Québec sur les marchés financiers de Toronto, Frédéric Wagnière faisait remarquer que «le crédit du Québec était en meilleure santé sur les marchés étrangers» et en donnait comme explication possible que «les investisseurs européens et américains sont plus habitués à l'instabilité politique et sociale que les Canadiens», cité dans «Quebec Credit Still Feeling Effects of FLQ», *Financial Post*, 12 mars 1971.

88 Claude Beauchamp, «Encore beaucoup de yens pour le Québec» *La Presse*, 7 novembre 1972.

89 Yves Bernier, «Wall Street n'est aucunement influencé par les problèmes politiques actuels du Québec», *Le Soleil*, 6 novembre 1969. «La situation politique du Québec de nos jours n'affecte en rien le jugement de l'investisseur américain qui investit pour faire de l'argent, pas pour faire de la politique».

90 *Ibid.*

91 Cité dans Confédération des syndicats nationaux, *Ne comptons que sur nos propres moyens*, p. 25.

92 Cité dans Parti québécois, *La question économique n'est pas un problème*, Montréal, Editions du Parti québécois, 1970.

93 Voir Brunelle et Papineau pour avoir plus de détails sur cet épisode.

94 Roger Newman, «Flight of Capital, Company Exodus, Project Changes Point to Québec Separatism Fear», *Toronto Globe and Mail*, 6 octobre 1967.

95 C.A. Atchison, président de Investor's Syndicate, aurait dit: «Si le séparatisme se maintient, nous serons peut-être obligés de modifier nos investissements dans des sociétés québécoises», *ibid.*

96 Cité dans *ibid.*

97 Cité dans *ibid.*

98 Cité dans *ibid.*

99 T.G. Gibbens, «Can Quebec Keep Up its Growth Rate», *Montreal Star*, 7 octobre 1967.

100 Amy Booth, «Some Money Likes Quebec», *Financial Post*, 7 octobre 1967. «Parlez à presque n'importe quel courtier ou banquier, analyste des marchés boursiers ou vendeur de titres; il vous dira que, si tant est que cela doive se produire, le Québec est déjà en train de payer le prix de son indépendance».

101 Laurent Lauzier, «La fuite des capitaux hors du Québec n'est pas tragique pour le moment», *La Presse*, 14 octobre 1967.

102 *Ibid.*

103 Jacques Parizeau, «De certaines manœuvres d'un syndicat financier en vue de conserver son empire au Québec», *Le Devoir*, 2 février 1970.

104 *Idem.*, «Le terrorisme économique dégénère», *Québec-Presse*, 26 novembre 1972.

105 Daniel Johnson cité par Claude Beauchamp, «Faribault, un puissant conseiller auprès du cabinet», *La Presse*, 1er novembre 1967.

106 Cité par Claude Ryan, «Les explications incomplètes de M. Neapole», éditorial, *Le Devoir*, 26 octobre 1967.

107 Michel Roy, «Le président de la bourse se réjouit de la nomination de Faribault», *Le Devoir*, 2 novembre 1967.

Canadian Business accueillait aussi la nomination de M. Faribault avec joie: «Avant cette nomination, la confiance des milieux financiers dans le gouvernement du Québec était indubitablement à la baisse. Cette nomination prend donc une importance toute particulière. Non seulement le premier ministre Johnson se ménage-t-il les services d'un expert reconnu en droit constitutionnel et civil, mais aussi ceux d'un représentant du monde des affaires, porte-parole émérite de la rue Saint-Jacques, dont la réputation personnelle dans son domaine est de la plus haute qualité», «Faribault on Federalism», février 1968, p. 58 et 59.

108 Claude Ryan, «Un frein à la panique», éditorial, *Le Devoir*, 3 novembre 1967.

109 *Ibid.*

110 *Le Devoir*, «La conjoncture politique québécoise», 25 janvier 1968. Pour plus de renseignements, voir Brunelle et Papineau, p. 82-91.

111 Proulx, p. 70.

112 Pierre Godin, «Lesage prédit une très forte baisse des investissements», *La Presse*, 11 mars 1968.

113 William Tetley, «L'affaire Michelin ou les raisons de la stagnation des investissements au Québec», *Le Devoir*, 4 septembre 1969.

114 *Ibid.*

115 William Hall, «La place importante des bureaux-chefs canadiens dans l'économie de Montréal, *Le Devoir*, 3 décembre 1969.

116 Chambre de commerce de la province de Québec, *Québec, le coût de l'indépendance*, Montréal, Editions du Jour, 1969, p. 93.

117 L'attitude intransigeante de l'Union nationale à l'égard d'Ottawa, son flirt avec l'indépendance et, à un moindre degré, le dépôt du projet de loi 62, comme on l'a vu précédemment, avaient irrité les cercles financiers.

118 Voir Proulx. Proulx soutenait aussi qu'en courtisan l'indépendance, l'Union nationale s'était aliéné les milieux d'affaires aux élections de 1970, p. 23 et 24.

119 *La Presse*, 6 avril 1972.

120 Pierre Godin, «La victoire de la peur», *Québec-Presse*, 3 mai 1970.

121 D'après Gérald Godin, «Les dessous de l'affaire Brink's-Royal Trust: des faits nouveaux», *Québec-Presse*, 17 mai 1970, contrairement aux mesures de sécurité habituellement prises, le Trust Royal remplit les camions de Brink's à la vue de tout le monde. Généralement, les camions étaient remplis dans le sous-sol de l'édifice CIL où le Trust Royal a ses bureaux. Notons en outre que les titres transportés n'avaient aucune valeur en soi et pouvaient être remplacés sans problème advenant qu'il aient été perdus, brûlés ou détruits de quelque façon.

122 Le *Montreal Star* titrait: «Securities Shipment Confirmed»; *La Presse*, «Inquiétudes face aux élections: des Québécois déménagent leurs valeurs mobilières en Ontario»; et *Le Devoir*, «Des valeurs mobilières sont transférées à Toronto».

123 Douglas Cunningham, «Corporate Group Accelerates its National Unity Effort», *Financial Post*, 6 mai 1972.

124 *Ibid.*

125 Lafferty, Harwood and Company, communiqué de presse, 7 mai 1970.

126 *Ibid.*

127 Amy Booth, «When Will the Money Return», *Financial Post*, 9 mai 1970.

128 *Ibid.*

129 M. Louis Hébert, président de la Banque Canadienne-Nationale soutenait par exemple à la Conférence des investisseurs européens en 1972, que le mouvement séparatiste avait connu son apogée en 1970. Claude Beauchamp, «Bourassa rassure les financiers européens sur le climat socio-économique du Québec», *La Presse*, 1er décembre 1972. De même Ian Rodger, «Is the Handwriting on the Wall for Lévesque and the Parti Québécois?», *Financial Post*, 31 mars 1973, spéculait sur la fin du Parti québécois.

130 Frédéric Wagnière, «Québec Credit Still Feeling Effects of FLQ», *Financial Post,* 13 mars 1971.

131 *Ibid.*

132 Robert Stewart, «The City's Forgotten Assets: Head Offices», *Montréal Star,* 25 mai 1971.

Amy Booth écrivait: «La menace de la sécession donne aux hommes d'affaires le sentiment qu'ils doivent y faire quelque chose... Ils peuvent déménager en partie leur siège social, ne laissant ici qu'une base d'opération. Ou ils peuvent s'installer à Ottawa où ils seront néanmoins à proximité», «For business, Pressure in Quebec goes higher», *Financial Post,* 2 janvier 1971.

133 Pierre Bellemare, «L'exode des sièges sociaux préoccupe le gouvernement», *Le Devoir,* 18 août 1972.

134 Patrick Finn, «Companies Still Sneaking Out of Quebec», *Montreal Star,* 31 août 1972.

135 Cité dans le *Montreal Gazette,* «City Businessmen Only Ruffled by Bombs», 2 juin 1970.

136 M. Pierre Vallières s'était officiellement identifié au mouvement socialiste et séparatiste appelé le Front de Libération du Québec depuis plusieurs années.

137 *Financial Post,* «Fifth Column in Separatist Camp» éditorial, 25 décembre 1971.

138 Pierre-Paul Gagné, «Carrière attend le vote dans Duplessis avant d'implanter Dupuis à Sept-Iles», *La Presse,* 9 octobre 1972.

139 Jacques Parizeau, «Le terrorisme économique dégénère», *Québec-Presse,* 26 novembre 1972.

140 Le Parti québécois, *Quand nous serons vraiment maîtres chez nous,* Montréal Editions du Parti québécois, 1972.

141 Cité dans Gilles Léveillée, «Un homme d'affaires rejette le caractère étatique de la société proposée par le PQ», *Le Devoir,* 5 mai 1972.

142 Cité dans *La Presse,* «Le manifeste économique du PQ: de l'inconscience ou de l'hypocrisie», 15 avril 1972.

143 Cité dans R.G. Gibbens, «Canada Can't Go It Alone... Nor Quebec», *Montreal Star,* 31 mai 1972.

144 Charles Perrault, «Le programme du PQ, arrêt de mort de l'entreprise privée», *Le Devoir,* 22 mars 1973.

Chapitre 9

Les politiques sociales et ouvrières

Chapitre 9

Les politiques sociales et ouvrières

Plutôt que de présenter un exposé critique des politiques du gouvernement dans les domaines social et ouvrier, nous nous proposons, dans ce chapitre, d'étudier avec quel succès des groupes autres que les milieux d'affaires, — travailleurs, associations de consommateurs, coopératives et locataires, — ont essayé de mettre un frein au pouvoir du monde des affaires et d'obtenir du gouvernement des décisions favorables. Souvent d'ailleurs ces groupes se recoupent et poursuivent les mêmes objectifs, si bien qu'on a vu à maintes reprises les syndicats appuyer des groupes de consommateurs dans leur lutte. Nous examinerons en particulier les questions les moins bien perçues par les hommes d'affaires, comme la protection du consommateur ou les coopératives de travailleurs.

Il est exact que depuis quelques décennies, il y a eu un net progrès sur les fronts ouvrier et social: la syndicalisation, notamment, et certaines mesures de sécurité sociale comme l'assurance-chômage, les régimes de pension de retraite et d'assurance-santé en sont autant d'exemples. Pour évaluer équitablement ces gains, cependant, il faut les envisager dans une perspective plus large et voir jusqu'à quel point ils ont modifié le partage des revenus et du pouvoir.

Pour ce qui est du partage des revenus, de nombreux témoignages révèlent que les inégalités n'ont guère régressé dans les pays occidentaux depuis quelques décennies. Dans une étude intitulée *Wealth and Power in America*, Gabriel Kolko concluait: «La répartition fondamentale des revenus et de la richesse aux Etats-Unis est à toutes fins pratiques la même qu'en 1939 et même qu'en 1910.»[1] Kolko avait trouvé que les cinq déciles les moins bien rémunérés touchaient ensemble 27% du revenu national total des particuliers en 1910, mais seulement 23% en 1959, les deux déciles les plus démunis ayant accusé une nette régression de 4,9 à 2,9% pour le neuvième et de 3,4 à 1,1% pour le dixième[2].

Les seuls déciles à marquer des progrès avaient été le second et le troisième, passant respectivement de 12,3 à 15,8 et de 10,2 à 12,7%; ils constituaient sans doute la classe moyenne aux U.S.A. Le premier décile était tombé, lui, de 33 à 28,9%. «Cette perte disparaît cependant, expliquait Kolko, quand on prend en considération pour la période de 1950 à 1959 toutes les formes de rémunération que pratiquèrent les riches à mesure que s'étendirent les impositions sur le revenu après 1941.»[3]

D'après Statistique Canada, aucune redistribution importante de revenus ne s'est produite de 1951 à 1965. La répartition en pourcentage du revenu total entre les quintiles n'a pas varié pour la peine; la situation du quintile le plus défavorisé s'est légèrement améliorée, passant de 4,4 à 4,6%, tandis que le quintile le plus favorisé s'appropriait 41,1% du revenu total en 1965 contre 42,8% en 1951[4]. De plus, la fraction du PNB canadien affectée au bien-être social est restée pratiquement la même de 1959 à 1969, soit 6,3% en moyenne avec un sommet de 6,7 en 1961-1962 et un creux de 5,7 en 1965-1966.

Au Québec, un rapport publié en 1972 et connu comme le rapport Castonguay-Nepveu du nom de ses deux auteurs principaux, respectivement ministre et sous-ministre des Affaires sociales, établissait que les mesures de sécurité sociale avaient peu modifié le partage des revenus[5]. En 1965, par exemple, 2,5% seulement du revenu total des particuliers gagnant plus de 5 500 dollars par an avaient été redistribués au profit des groupes gagnant moins de 4 000; les gens touchant entre 4 000 et 5 500 dollars par an n'en avaient pas profité[6]. En outre et malgré l'adoption de nouvelles mesures, comme l'assurance-chômage, l'abaissement de l'âge de l'admissibilité à la pension, l'augmentation des prestations de pension et les allocations familiales, la fraction du PNB québécois consacrée au bien-être social était passée de 4,4 à seulement 5,6% entre 1954 et 1969[7]. Le rapport faisait remarquer que l'augmentation des dépenses allouées au bien-être social avait été «plus faible que ce à quoi on aurait pu s'attendre durant cette période» et que «contrairement à ce que l'on croit généralement, la proportion de la richesse distribuée grâce à ces moyens (c'est-à-dire les mesures de sécurité sociale) n'avait pratiquement pas augmenté[8]». Sur le plan social, à tout le moins, la «révolution tranquille» du Québec a effectivement été très tranquille[9].

Si les programmes gouvernementaux de sécurité sociale ont eu pour résultat au premier chef, comme l'affirme Birnbaum, «de redistribuer les propres revenus de la classe ouvrière»[10] sans modifier en profondeur le partage des richesses, on n'a pas à s'étonner que l'action du gouvernement en ce domaine ait été dans l'ensemble bien reçue par les milieux d'affaires. On sait, par le questionnaire, que 93% des hommes d'affaires étaient en faveur de l'assurance-chômage et 97,1%, du Régime de rentes du Québec[11]. D'une façon plus générale, 80,1% des répondants estimaient que l'initiative dans la solution des problèmes sociaux appartenait au gouvernement, 5,7%, aux hommes d'affaires et 14,2%, aux deux[12].

Quant aux réformes sociales, elles ont été le résultat non seulement des pressions exercées par les travailleurs syndiqués, mais d'une attitude préventive et essentiellement défensive des milieux d'affaires et du gouvernement. Dans *The Higher Circles*, Domhoff note que les réformes sont nées d'une «crainte de l'avenir». Les hommes d'affaires ont fini par reconnaître que «certaines réformes étaient moins onéreuses que les conflits qui les avaient amenées», «les lois protégeant les travailleurs» par exemple n'étant qu'une manifestation «du sens des affaires»[13]. Dans une allocution prononcée au Club Kiwanis Saint-Laurent de Montréal en 1971, M. Claude Castonguay, alors ministre des Affaires sociales, avait déclaré sans détour que le «progrès social» était une condition essentielle de stabilité et allait d'ailleurs profiter au progrès de l'économie:

> Le développement social doit poursuivre des objectifs réalistes sans compromettre le développement économique. Le développement social a un rôle positif à jouer par rapport au développement économique: il doit faire en sorte que le climat social ne se détériore pas, que les changements résultant du progrès technologique ne donnent pas lieu à des tensions sociales trop marquées, que les ressources humaines soient aptes à concourir au développement économique[14].

Nous allons maintenant passer à l'étude de campagnes menées par certains groupes pour obtenir du gouvernement québécois des lois qui leur soient favorables sur des questions qui ont, à des degrés divers, ameuté les hommes d'affaires et constitué, souvent de façon secondaire, il est vrai, une sorte de défi au pouvoir du monde des affaires.

Les groupes de consommateurs et le projet de loi 45

Au Québec comme au Canada et dans le monde, les années soixante et soixante-dix ont vu naître des associations de consommateurs. Elles surveillaient principalement la qualité et la sécurité des produits, les sociétés prêteuses et les prix.

La plus importante au Québec était le mouvement des Associations coopératives d'économie familiale (ACEF) fondées en 1962. Les neuf associations régionales s'étaient fédérées en 1971 et établies à Montréal. En 1972-1973, les ACEF comptaient 53 employés permanents assistés de plusieurs centaines de bénévoles. Leur objectif principal était d'informer et d'éduquer les consommateurs. Le mouvement offrait notamment des services de consultation en économie familiale pour les familles pauvres ainsi que sur les problèmes résultant de l'endettement. On estime qu'environ 2 500 personnes aux prises avec des sociétés prêteuses reçurent l'aide des ACEF. En 1968, les ACEF fondaient un service d'assistance judiciaire; en 1973, ce service avait permis à 431 familles de toucher environ 167 320 dollars en dommages-intérêts et remboursements d'intérêts. Enfin, le mouvement avait donné des cours sur l'organisation de coopératives et prêté main-forte à plusieurs groupes engagés dans l'établissement de coopératives de production, de prêts et de distribution d'aliments[15].

Comme la plupart des associations de consommateurs[16], les ACEF manquaient d'argent. Elles étaient financièrement soutenues par leurs 389 associations membres, parmi lesquelles on retrouvait notamment les syndicats, quelques comités de citoyens, des caisses d'épargne et des caisses populaires, et bénéficiaient de subventions octroyées par des organismes privés et des fondations, notamment la Fédération des œuvres de Montréal[17]. Enfin 30 ou 40% de leurs revenus venaient des gouvernements fédéral et provincial.

En mars 1972, M. William Tetley, ministre des Institutions financières, Compagnies et Coopératives, annonçait que le gouvernement québécois avait décidé de ne plus subventionner les ACEF[18]. De 1969 à 1972, le gouvernement provincial leur avait versé 178 000 dollars, — 41 000 en 1969, 57 000 en 1970 et 90 000 en 1971, — et était de la sorte devenu une source essentielle de revenus pour le mouvement. Pour l'exercice 1972-1973, les ACEF avaient demandé 120 000 dollars, montant égal à environ 24% de tous leurs revenus.

Suite à la déclaration de M. Tetley, les ACEF déclenchaient une campagne de pression pour informer le public de leurs difficultés financières et amener le gouvernement à revenir sur sa décision. En septembre 1972, le gouvernement annonçait sa décision de leur verser 25 000 dollars, coupant ainsi de 70% sa subvention de 1971[19]. Le mouvement fut donc forcé de réduire son activité dans plusieurs régions du Québec et notamment à Thetford, en Mauricie et sur la Côte Nord. Le gouvernement ne donna aucune explication, mais les dirigeants des ACEF estimèrent qu'ils s'étaient sans doute montrés trop agressifs envers les sociétés prêteuses, compte tenu des quelque 300 poursuites intentées par leur service d'assistance judiciaire.

En 1972-1973, les ACEF accusèrent un déficit de plus de 60 000 dollars en dépit de coupures budgétaires importantes, y compris une diminution de personnel. En 1973-1974, le déficit prévu s'élevait à 160 000 dollars. M. Pierre Marois, directeur exécutif, déclara que l'existence du mouvement était menacée si le gouvernement ne lui venait pas en aide rapidement[20].

En 1971, l'administration Bourassa posait un premier geste pour protéger les consommateurs en adoptant la Loi de la protection du consommateur. Connu comme le projet de loi 45, la loi comportait d'importantes faiblesses qui en limitaient l'efficacité. D'abord, elle laissait dans l'ombre des secteurs stratégiques: ventes de maisons, sociétés de perception, taux d'intérêt exigé par les sociétés prêteuses, ventes d'automobiles neuves et publicité trompeuse. En outre, les sanctions imposées en cas d'infraction étaient insignifiantes; la première infraction était frappée d'une amende de 500 à 1 000 dollars, ce qui, selon les ACEF, donnait à la loi peu de pouvoir de dissuasion, surtout pour une grande entreprise[21].

Tout comme les ACEF, tous les syndicats québécois s'opposèrent au projet de loi 45[22]. Sans succès. Selon M. Normand Caron, dirigeant des ACEF, la loi donnait une liberté d'action encore plus grande aux sociétés prêteuses[23]. Le Board of Trade et la Chambre de commerce, d'autre part, appuyèrent la loi[24].

Une fois la loi adoptée, plusieurs autres facteurs augmentèrent son inefficacité. En premier lieu, les hommes d'affaires occupèrent une place prépondérante en sein du nouveau Conseil de la protection du consommateur, composé de 15 membres nommés par le gouvernement et dont le premier président fut M. Luc Laurin, président de Paula, petite société d'importation de produits pharmaceutiques[25]. De fait, sept des 15 membres du conseil étaient des hommes d'affaires; on y remarquait notamment M. Raymond Girardin, vice-président de Niagara Finance Company, et M. Perrault[26]. Ainsi donc, plutôt que de servir spécifiquement à la protection des consommateurs, le conseil constituait une sorte de tribune où différents groupes économiques pouvaient discuter de relations entre hommes d'affaires et consommateurs.

En second lieu, ni l'Office de protection du consommateur, ni le Conseil ne furent suffisamment subventionnés pour faire œuvre utile. Dans son premier rapport de septembre 1972, le Conseil se plaignait de ne pas avoir assez de ressources financières et matérielles et déplorait le manque d'information du peuple québécois sur le projet de loi 45[27]. L'Office, par ailleurs, faisait savoir que par manque des pouvoirs nécessaires, il n'avait donné suite qu'à moins de 20% des plaintes déposées devant lui; en d'autres termes, plus de 80% des réclamations échappaient à la loi[28]. Des 2 000 griefs présentés au bureau de Montréal la première année, un seul donna lieu à des poursuites judiciaires[29]. Le 19 juin 1975, le gouvernement adoptait le projet de loi 18, version retouchée du projet de loi 45. Certains groupes de consommateurs s'y opposèrent, mais il est encore trop tôt pour dire s'il sera supérieur à celui qui l'a précédé.

Les coopératives: Sogefor, Cabano et Tembec

Au cours des années soixante, à cause de la désuétude de leur machinerie ou de leur trop faible volume de production, bien des usines fermèrent leurs portes pour déménager dans de plus grandes installations créant de la sorte des situations d'urgence dans les petites villes où elles constituaient la seule source d'emplois ou l'une des plus importantes. Pour contrer cet état de chose, les municipalités eurent, entre autres solutions, recours à la formation de «coopératives» pour mettre sur pied de nouvelles usines ou ranimer celles qui avaient fermé leurs portes. En plus de créer de l'emploi et d'assurer, à toutes fins pratiques, la survie de la municipalité, plusieurs de ces coopératives avaient pour objectif de faire participer les travailleurs à la gestion. En effet, aigris par les décisions unilatérales des grandes sociétés, les élites locales et les anciens travailleurs exigèrent dans bien des cas d'être représentés à la direction des nouvelles usines ou même d'en assumer le contrôle.

Les hommes d'affaires ne réagirent pas tous de la même façon devant cette nouvelle expérience. Si 47,1% prétendirent que la coopérative de production constituait «une menace au bon fonctionnement du système économique», 52,9% furent d'avis contraire. Francophones et anglophones divergèrent d'opinion: 61,1% de ceux-ci et 20,8% de ceux-là y virent une menace contrairement à 79,2% des francophones et 38,9% des anglophones. Cette divergence d'opinion ne s'expliquait pas seulement par l'échantillonnage, un grand nombre de répondants canadiens-français venant du secteur coopératif: caisses populaires et coopératives de distribution de produits agricoles, mais non coopératives de production[30]. Elle tenait peut-être davantage au fait que le pouvoir économique des Québécois francophones résidait principalement dans les coopératives et qu'elles leur étaient donc beaucoup plus familières qu'aux anglophones.

Devant les fermetures d'usines et les fortes pressions exercées sur lui par les municipalités qui réclamaient des subventions pour fonder leurs coopératives, le gouvernement du Québec se montra ambivalent. En appuyant les coopératives, il remplissait son rôle de pourvoyeur d'emplois. En outre, comme aux hommes d'affaires québécois, les coopératives ne lui paraissaient pas mettre en danger le système économique. Bien au contraire. Dans une entrevue accordée au *Financial Post*, le ministre Saint-Pierre déclarait qu'encourager les coopératives, c'était prêter main-forte au capitalisme: «Je pense qu'une façon de sauver le capitalisme ici et de protéger le rôle social qu'il remplit, c'est de porter une attention toute spéciale au capitalisme canadien-français et notamment aux coopératives.»[31] D'autre part, cependant, le gouvernement répugnait, comme la grande entreprise, à créer des précédents en matière d'autogestion ou de cogestion. Si bien que tout en accordant d'une main un certain appui financier aux coopératives, le gouvernement s'employa de l'autre à faire avorter toute tentative pour intégrer de quelque façon les travailleurs dans la gestion de l'entreprise.

Pourtant, même si les coopératives avaient obtenu de bons résultats dans les domaines du crédit et de la distribution des produits agricoles, elles ne semblaient pas menacer la suprématie des grandes entreprises dans le secteur de la production. Tout au plus pouvaient-elles être «gênantes» dans la mesure où à chaque fermeture d'usine, la population locale ferait pression pour remplacer celle-ci par une coopérative. Or, si trop d'entre elles voyaient le jour, elles risquaient d'empiéter sur les marchés des entreprises privées. Il reste qu'on n'imaginait guère comment, dans de telles circonstances, une coopérative de production pouvait connaître le succès. Le Groupe de recherche économique[32] avait démontré dans une étude que les coopératives ont les mêmes difficultés que les petites entreprises[33] à concurrencer les grandes. Or, les coopératives de production étaient forcément petites; elles profitaient donc moins facilement des économies afférentes au volume de production et des capitaux à bon marché. Menacée, la grande entreprise pouvait facilement rétorquer en empêchant les coopératives de distribuer et de vendre leurs produits et en leur compliquant l'accès aux approvisionnements à prix modique.

En janvier 1971, la population de Mont-Laurier organisa un large front commun avec la participation des travailleurs, des petits producteurs et des marchands pour sauver «Sogefor»[34], c'est-à-dire empêcher les trois usines locales de Sogefor d'être vendues ou de fermer. En juin 1971, les usines de Dupan et de Dubé fermaient effectivement leurs portes et une campagne véhémente de protestation avec barrages sur les routes et manifestations éclata. Le 31 août 1971, une manifestation massive groupant la population, les notables, les travailleurs et les commerçants de Mont-Laurier tenta d'amener le gouvernement à réouvrir les usines et à créer un conseil d'administration dans lequel ouvriers et patrons auraient la même représentation. Le gouvernement ne bougeant pas, la population décida de fonder une coopérative pour racheter l'usine de Dupan et la placer entièrement sous le contrôle des bûcherons et des travailleurs. Le projet fut appuyé par les syndicats du Québec, les caisses populaires et d'autres groupements.

En novembre 1971, le gouvernement du Québec ouvrait à nouveau l'usine de Dupan. Les travailleurs avaient accepté un gel des salaires en échange de deux des neuf sièges du conseil d'administration. Dix-huit mois plus tard, le gouvernement chassait du conseil les deux représentants du syndicat, soi-disant, selon le ministre Saint-Pierre «pour l'assainir»[35]. En juin 1974, après avoir constaté que toute tentative pour acheter l'usine de Dupan était vouée à l'échec, la coopérative fut dissoute[36].

Le cas de Cabano est le mieux connu du genre. Autant qu'on puisse en juger, c'est aussi le seul cas qui ait suscité une assez forte réaction chez certains éléments du monde des affaires. Le 10 juillet 1966 à Cabano, l'usine de pâtes et papiers appartenant au groupe K.C. Irving, D'Auteuil Lumber, passait au feu. Elle était de taille plutôt modeste, comptait environ 200 ouvriers et fournissait quelque mille emplois indirects; mais elle était essentielle à la survie de la municipalité qui comptait 3 000 habitants. D'Auteuil Lumber se déclara d'abord disposée à reconstruire l'usine. En 1970, cependant, elle annonçait que faute de capitaux elle devait abandonner son projet. La population, aidée du conseil municipal et d'un comité de citoyens, décida alors de monter sa propre usine de carton et fondait une coopérative appelée la Société populaire des pâtes et papiers du Québec.

Deux rapports de rentabilité terminés en 1971[37] déclaraient le projet rentable à moyen et long terme et recommandaient la construction d'une cartonnerie qui produirait du carton ondulé d'épaisseur moyenne. L'entreprise devait créer 267 emplois en production proprement dite et fournir du travail à plusieurs centaines de bûcherons. De nombreux facteurs, y était-il dit, donnaient à Cabano des avantages sur ses concurrents: une main-d'œuvre expérimentée et spécialisée, des coûts de transport raisonnables, de bonnes ressources en matière première, le bois, à proximité.

Le coût total du projet fut estimé à 31,5 millions de dollars. Il s'agissait maintenant pour la Société populaire des pâtes et papiers de trouver le capital. Elle réussit à obtenir de clients européens éventuels l'assurance d'un prêt de 16,5 millions et un capital-actions de cinq millions de la population locale, d'investisseurs européens et de diverses associations. Elle reçut également l'assurance que la Belgique et l'Espagne achèteraient 75% de sa production. Sybetra, vaste entreprise belge avec un actif de quelque 300 millions de dollars, serait son principal acheteur ainsi que son principal fournisseur de capitaux.

La phase suivante du projet est plus difficile à analyser. Pour obtenir les dix millions qui lui manquaient, la Société populaire dut ouvrir la porte à une intervention accrue du gouvernement, surtout celui du Québec. Or, le cas de Cabano avait retenu l'attention des média et était devenu à plusieurs égards la pierre de touche de la détermination du gouvernement à créer des emplois en encourageant l'initiative locale.

Au même moment, cependant, les milieux d'affaires et plus précisément quelques gros producteurs de pâtes et papiers faisaient pression pour faire échec au projet[38]. Le questionnaire révèle en effet que 72,2% des répondants étaient opposés à ce que le gouvernement finance le projet de Cabano. En novembre 1972, le Conseil des producteurs de pâtes et papiers, au sein duquel on retrouvait la plupart des producteurs ayant leur siège social au Québec, soutint dans un mémoire soumis au gouvernement du Québec que le projet n'était pas rentable. Selon un de ses dirigeants[39], Domtar exerça même des pressions sur le gouvernement. Etant un des grands producteurs de carton ondulé, Domtar ne pouvait que perdre par l'émergence d'un nouveau concurrent.

Durant l'année 1972, la Société populaire des pâtes et papiers abandonna petit à petit son projet. Les subventions gouvernementales étaient lentes à venir et le gouvernement avait à toutes fins pratiques pris l'affaire en main. En octobre 1973, il rompait les négociations avec Sybetra, privant la coopérative de son principal client et appui financier, sous prétexte que la société belge était «peu sérieuse et incompétente»[40]. Cette opinion allait à l'encontre d'une déclaration faite antérieurement par le député libéral André Déom, chargé des négociations avec Sybetra[41], dans laquelle il affirmait que l'offre de Sybetra était sérieuse, mais que la Société populaire avait été maladroite dans ses négociations. D'ailleurs, il n'avait jamais été question du «manque de sérieux» de Sybetra dans aucune des études entreprises par le gouvernement fédéral et provincial et la Société populaire durant les deux années qu'avaient duré les négociations.

Le 14 juin 1974, on annonçait qu'une cartonnerie, au coût de 17 millions de dollars, ouvrirait en 1976 à Cabano[42]. La capacité de la nouvelle usine (75 000 tonnes) serait de 50% inférieure à celle du projet original et créerait une centaine d'emplois en production. Trente pour-cent du capital-actions seraient détenus par le gouvernement du Québec, par le truchement de la Régie d'exploration forestière (Rexfor)[43], 30% par Les Papiers Cascades, producteur privé de pâtes et papiers, 20% par les Caisses populaires et 20% par la population locale[44].

Si tout se déroule selon les prévisions, le cas de Cabano ne pourra être qualifié d'échec total: la population aura réussi, en dépit de l'opposition des milieux d'affaires, — encore qu'il soit difficile d'évaluer l'ampleur de cette opposition, — à faire accepter et financer son projet par le gouvernement du Québec. C'est cependant un succès mitigé. D'abord, l'usine sera beaucoup plus petite que prévue, mais, en outre — et c'est important — la Société populaire et la population de Cabano n'auront pas réussi à en prendre le contrôle. La cartonnerie de Cabano offrira des emplois, et la ville en a un urgent besoin. Mais elle n'aura certes pas créé de précédent en matière de gestion par les travailleurs[45].

Une situation semblable à celle de Cabano s'était produite en 1972 dans la ville de Témiscaming. En janvier 1972, Canadian International Paper décidait de fermer son usine de pâte au bisulfite de Kipawa, à Témiscaming. Seule entreprise industrielle d'une ville qui comptait 2 500 habitants, l'usine offrait 850 emplois; sa fermeture mettait en péril l'existence même de la municipalité[46]. Pour se justifier, la CIP invoquait l'insuffisance de la demande et la concurrence excessive et alléguait que la construction, avec l'appui du gouvernement québécois, de l'usine ITT-Rayonnier à Port-Cartier[47] avait, entre autres facteurs, contribué à détériorer sa position concurrentielle. En conséquence, International Paper, société établie à New York et propriétaire de CIP, avait décidé de ramener toute sa production de pâte au bisulfite dans son usine du Mississipi.

Comme à Cabano, la population de Témiscaming réagit avec vigueur. Menés par M. Charlie Carpenter, chef du syndicat de Kipawa, par leur député à Québec et par le maire, les citoyens de la ville décidèrent de faire pression auprès du gouvernement du Québec pour qu'il les aide à racheter l'usine. Ils réunirent près de un million de dollars, mais la CIP en demandait 2,5 millions.

A la fin de 1972, le directeur de l'usine de Kipawa et trois anciens dirigeants de la CIP, MM. George Petty, ancien vice-président au marketing de International Paper, Jack Stevens, vice-président chargé de la planification au siège social de la CIP à Montréal, et Jim Chantler, directeur des relations industrielles, également du bureau de Montréal, tentaient, eux aussi, de ranimer l'usine; ils décidaient de créer Tembec (Témiscaming-Québec) Forest Products et prévoyaient que moyennant l'assistance financière de Québec et d'Ottawa, quelques investissements privés et la participation de la population et des ouvriers de l'usine de Kipawa, il était possible de rouvrir celle-ci.

Deux rapports distincts, l'un préparé par une société de consultation de Montréal et l'autre par une maison de Toronto, ayant conclu que le marché de la pâte au bisulfite justifiait l'existence de l'usine, les deux gouvernements décidèrent d'appuyer financièrement le projet. S'apercevant que l'affaire devenait sérieuse, CIP demanda six millions de dollars pour ses concessions forestières en plus des 2,5 millions pour l'usine. Le 1er août 1973, après de longues négociations avec le gouvernement du Québec, CIP acceptait 2,4 millions de dollars pour son usine de Kipawa et 5,9 millions[48] pour ses concessions forestières et ses réserves de bois. En somme, elle avait pour ainsi dire gagné sur toute la ligne[49].

En octobre 1973, l'usine de Kipawa rouvrait ses portes à quelque 500 ouvriers et fournissait par ailleurs environ 350 emplois dans la forêt; durant les trois premiers mois, soit d'octobre à décembre, Tembec réalisa des profits. Il avait fallu 25 millions de dollars pour rouvrir l'usine, c'est-à-dire acheter l'usine et les concessions, moderniser la machinerie et installer des dispositifs antipollution. Le ministère fédéral de l'Expansion économique régionale avait fourni 4,4 millions de dollars et le gouvernement du Québec, 3,5; des banques avaient consenti un prêt de six millions et la vente d'obligations à des investisseurs privés de Montréal avait rapporté 2,5 millions. En outre, les ouvriers de l'usine avaient fourni 400 000 dollars, la population de Témiscaming, 200 000, et les anciens dirigeants de CIP, 100 000.

Malgré leur faible investissement, ceux-ci s'arrangèrent pour occuper une position dominante dans l'administration de la société; avec leurs 100 000 dollars, ils s'approprièrent 38% du capital-actions, les syndicats et la population en ayant également 38% et le gouvernement du Québec, 24%. C'est que la plus grande partie des capitaux avancés par la population de Témiscaming et par les syndicats avaient été transformés en obligations et non pas en actions. Au conseil d'administration, les anciens dirigeants de CIP obtinrent quatre des neuf sièges, tandis que le gouvernement et les syndicats en occupaient deux chacun et le représentant des investisseurs privés, un.

Comme à Cabano, les ouvriers et la population de Témiscaming furent à peu près privés de tout contrôle sur la nouvelle usine. Or, non seulement leurs investissements avaient-ils été supérieurs à ceux des anciens dirigeants de CIP, mais les ouvriers avaient accepté par un contrat de trois ans des salaires fort inférieurs à la moyenne dans l'industrie; selon M. Parizeau, cela représentait une contribution indirecte totale de 2,7 millions[50]. En outre, — et il faut le noter, — les 2,5 millions de dollars d'obligations lancées sur le marché par Nesbitt Thomson à Montréal étaient de «première hypothèque»; en cas de faillite, les investisseurs privés étaient donc mieux protégés que les ouvriers dont les obligations étaient de «deuxième hypothèque»[51].

Bref, dans le cas des coopératives, on ne peut pas dire que le succès ait été complet. Les populations locales et les ouvriers ont sans doute réussi jusqu'à un certain point à garder les usines ouvertes en dépit des pressions de l'entreprise privée. Mais ils ont eu beaucoup moins de succès dans leurs efforts pour participer effectivement à la gestion des usines. Dans bien des cas, pour tout dire, le secteur privé a fait en sorte d'avoir la haute main dans la nouvelle entreprise.

Les locataires et les lois sur la régie des loyers

En juin 1972, le gouvernement du Québec déposait en chambre la première loi sur les loyers depuis celle de 1951, loi inefficace puisqu'elle limitait la juridiction de l'ancienne Commission des loyers aux maisons construites avant avril 1951 et dont les loyers ne devaient pas dépasser 125 dollars par mois. Le nouveau projet de loi 59 s'appliquait à tous les logements loués et fixait aux augmentations annuelles de loyer un plafond de 5% que le propriétaire ne pouvait dépasser qu'en alléguant des améliorations ou des réparations[52].

Les groupements de locataires, comme l'Association des locataires du Montréal métropolitain et la Fédération des associations de locataires du Québec, ainsi que les syndicats se déclarèrent en faveur du projet tout en suggérant un certain nombre d'amendements et notamment que le plafond des hausses annuelles soit fixé à 3% plutôt qu'à 5%, que les propriétaires coupables de discrimination salariale ou autre soient frappés de sanctions plus sévères et que la loi empêche la démolition des logements à loyers modiques[53].

Les hommes d'affaires et les propriétaires d'immeubles résidentiels, par contre, s'y opposèrent vigoureusement. Le docteur Perras, président de la Ligue des propriétaires de Montréal, qualifia le projet de loi 59 de «socialiste» et déclara que le gouvernement n'avait pas plus d'affaires à s'immiscer dans la location des logements que dans d'autres secteurs de l'économie[54]. D'après la Chambre de commerce du Québec, le gouvernement ne devait pas intervenir dans le mécanisme de l'offre et de la demande; elle rejetait catégoriquement le plafond de 5% et prédisait un exode des capitaux et un ralentissement de la construction[55].

En novembre 1972, le gouvernement retirait le projet de loi 59 pour le remplacer par deux autres: le projet de loi 78, «Loi concernant les locations» et le projet de loi 79 créant la Régie des loyers. Le plafond de 5% avait été aboli et le fardeau de la preuve qu'une hausse de loyer était injustifiée était reporté sur le locataire. Ce fut au tour des groupements de locataires, du mouvement ACEF et des syndicats de s'opposer au nouveau projet. Dans une conférence de presse tenue conjointement le 30 novembre, ils accusèrent le ministre de la Justice, M. Jérôme Choquette, de faire le jeu des hommes d'affaires et des propriétaires et de trahir les intérêts des locataires qui constituaient à Montréal, estimait-on, 80% de la population. Ils prétendirent en outre que sans plafond, la loi perdait toute signification et toute portée véritable.

Inutile de dire que les milieux d'affaires et les associations de propriétaires accueillirent les projets de loi 78 et 79 avec grande satisfaction. La Chambre de commerce du Québec se réjouit de retrouver dans la loi «plusieurs de (ses) propres recommandations» et de voir disparaître le plafond de 5%[56]. Aux audiences de l'Assemblée nationale sur cette législation en mai 1973, la Chambre de commerce exprima de nouveau sa satisfaction:

> La Chambre de commerce de la province de Québec accepte d'emblée la nécessité d'une législation permanente favorisant de meilleurs rapports entre locataires et propriétaires. Les projets de loi 78 et 79 lui apparaissent sur ce plan, à la fois efficaces, réalistes et empreints d'une recherche de l'équité et de la justice tout en maintenant un sain équilibre entre l'intervention nécessaire de l'Etat et le contrôle administratif indu[57].

Il n'y a guère de doute qu'en retirant le projet de loi 59, le gouvernement n'ait cédé aux pressions des possédants. Le *Financial Post* écrivait: «Le projet de loi sur la régie des loyers déposé l'an dernier (projet de loi 59) a amené précipitamment à Québec des courtiers en immeuble, des promoteurs, le Montreal Board of Trade et la Chambre de commerce» et «leurs longs mémoires ont contribué au retrait du projet»[58].

En février 1973, le gouvernement du Québec dut déposer une loi d'urgence «pour empêcher les propriétaires d'augmenter les loyers avec une précipitation indécente»[59]. Profitant du retrait du projet 59 et des débats sur les projets 78 et 79, ceux-ci avaient en effet haussé les loyers de 15% en moyenne en 1973. Dans la seule ville de Montréal, les locataires logèrent 50 000 plaintes auprès de la Régie des loyers durant janvier et février 1973. Les clameurs du public forcèrent le ministère de la Justice à faire adopter le projet de loi 280, «Loi pour empêcher les hausses abusives de loyer en 1973». Cette loi d'urgence ne fixait pourtant aucun plafond; elle se contentait d'établir des mécanismes permettant aux locataires de demander à la Régie de statuer sur les augmentations de loyer[60].

Comme les projets de loi 78 et 79 n'avaient pas encore été adoptés quand la session prit fin, ils furent déposés à nouveau au début de la session suivante sous les noms de projets de loi 2 et 3 et adoptés le 22 décembre 1973[61].

Les syndicats, le monde des affaires et le gouvernement

On a vu au chapitre 7 que les hommes d'affaires du Québec tenaient le monde ouvrier pour le groupe le plus influent en politique au Québec. L'information dont nous disposons tend à démontrer le contraire. Malgré leurs efforts acharnés et une unité sans précédent à partir de 1960, les syndicats ouvriers ont été incapables de modifier en leur faveur le rapport des forces en présence. Le gouvernement et l'entreprise, séparément ou ensemble, ont réussi dans la plupart des cas à faire échec à leurs principales revendications.

Avant d'étudier en détail la grève du front commun, nous allons montrer par quelques exemples combien l'efficacité des grèves peut être minée par le contexte difficile dans lequel elles se déroulent. Les syndicats y ont presque toujours perdu l'estime du public, que l'employeur ait été le gouvernement ou l'entreprise privée.

Dans un régime économique d'interdépendance, il est facile de présenter une grève dans le secteur industriel comme contraire à l'intérêt public et néfaste pour l'économie en général. Dans la plupart des grandes grèves, l'employeur prétend volontiers que l'économie régionale va en souffrir et des emplois, disparaître. Durant la grève au port de Montréal, à l'été de 1972, «les porte-parole des patrons n'ont cessé de parler des 204 millions de dollars injectés par le port dans la vie économique de la métropole et des 10 000 emplois qui en dépendaient»[62]. M. Jack Crighton, directeur de la Shipping Federation of Canada, annonçait que la grève aurait «des effets politiques et sociaux durables sur la ville de Montréal» et que des mises à pied étaient imminentes dans le port lui-même, mais aussi dans le camionnage, les sociétés de transport, les chemins de fer et chez les pilotes fluviaux. Crighton brandit aussi le spectre d'une «rélocalisation du commerce de céréales», ce qui, «signifie la perte de 10 000 autres emplois dans la région montréalaise même»[63].

Durant la grève de dix mois à la Firestone Tire and Rubber Company de Joliette, de mars 1973 à janvier 1974, on a de nouveau pu voir à l'œuvre les tactiques employés par les patrons. Avant la grève, l'usine de Joliette détenait le plus haut taux de productivité par employé de toutes les usines de la société en Amérique du Nord, mais les salaires y étaient en moyenne de trois dollars l'heure, soit environ un dollar de moins qu'en Ontario. Avec ses 40 usines un peu partout dans le monde, la transnationale Firestone avait les reins solides. Pour ameuter l'opinion publique, Firestone annonçait en septembre 1973 qu'à cause de la grève, elle devrait renoncer à ses projets d'expansion de 23 millions de dollars, privant ainsi le Québec de 400 nouveaux emplois[64]. Cette annonce parut deux semaines après que le siège social de Firestone, à Akron dans l'Ohio, eut menacé d'annuler tout le programme d'expansion si la grève ne cessait pas immédiatement[65].

Toujours en septembre 1973, Firestone promettait aux ouvriers des concessions importantes si ceux-ci acceptaient qu'elle congédie les membres les plus militants de leur syndicat, soit une trentaine de personnes[66]. Les ouvriers refusèrent. Grâce à son obstination, le syndicat fit par la suite des gains importants à la table de négociation. Décrivant la grève à la Firestone comme l'une des grandes victoires ouvrières du Québec, M. Marcel Pépin, président de la CSN, reprocha au gouvernement du Québec d'avoir été incapable d'amener l'entreprise à négocier alors que le syndicat, lui, y était disposé[67].

Les milieux d'affaires et les agences gouvernementales ont souvent, en outre, dénigré les syndicats ouvriers auprès de la population et surtout de la main-d'œuvre non syndiquée et mal payée, cherchant à les rendre responsables de la montée des prix et d'autres problèmes économiques. Après le règlement de la grève à l'Hydro-Québec en 1973, le *Financial Post* écrivait: «Le 23 février, soit une semaine seulement après avoir signé un contrat avec le Syndicat canadien de la fonction publique au nom de ses 8 500 employés syndiqués, l'Hydro-Québec a annoncé une importante hausse de tarif, la première en trois ans.» Et d'ajouter: «ce n'était pas qu'une simple coïncidence»[68].

Quant à l'attitude du gouvernement québécois dans les conflits ouvriers, elle avait sans nul doute évolué depuis le régime Duplessis. A la fin des années quarante et dans les années cinquante, l'Union nationale s'était toujours manifestement opposée aux syndicats ouvriers; on connaît de nombreux cas patents de collusion entre le gouvernement et l'entreprise pour briser des grèves, mais le meilleur exemple en est peut-être la grève à l'usine Johns-Manville d'Asbestos en 1949. Dans *La grève de l'amiante*, M. Pierre Trudeau décrivait le rôle répressif joué par le gouvernement Duplessis à l'égard des grévistes et la collusion entre celui-ci et les dirigeants de l'entreprise[69]. Dans *The Union Nationale*, H.F. Quinn parle de l'attitude générale du régime Duplessis à l'égard des grèves.

> L'Union nationale avait pour tactique de dépêcher un grand nombre d'agents de la sûreté provinciale sitôt qu'il se produisait une grève quelque part. A plusieurs reprises, cette décision fut prise, non pas à la demande des autorités municipales, les seules habilitées à le faire, mais à la demande de la société impliquée dans

le conflit. Plus souvent qu'autrement, la police avait pour mission d'intimider les grévistes, d'arrêter leurs chefs, d'accompagner les briseurs de grève à travers les lignes de piquetage, bref de faire tout en son pouvoir pour briser la grève[70].

Un ancien président d'une société de pâtes et papiers se rappelait que durant les années cinquante, à sa demande, «Duplessis (avait) envoyé des agents de police et des fiers-à-bras pour garder les grilles ouvertes et mater les ouvriers à l'usine Laurentide de la société, à Shawinigan Falls». Il ajoutait: «Avec Duplessis, les ouvriers se tenaient tranquilles»[71]. Ce n'est pas que le gouvernement du Québec ne soit plus intervenu directement dans les grèves. Un dirigeant d'Alcan Aluminium rappelait justement qu'à la demande de la société, le gouvernement avait émis une injonction forçant les ouvriers à retourner au travail lors de la grève à l'usine d'Arvida en mai 1973. Cela s'était passé, apparemment, deux jours après que la société en eut fait la demande à M. Jean Cournoyer[72]. Ce dirigeant d'Alcan Aluminium estimait qu'en général «le gouvernement Bourassa réussissait très bien à faire échec aux meneurs des syndicats ouvriers»[73].

La grève déclenchée en avril 1972 dans les services publics du Québec par un front commun groupant tous les fonctionnaires, les enseignants et d'autres employés d'organismes d'Etat, demeure le meilleur exemple d'un effort concerté des syndicats ouvriers pour augmenter leur pouvoir. En apparence, il s'agissait «d'une guerre d'usure» entre le gouvernement et les syndicats. Le véritable enjeu était autrement plus grave. Les milieux d'affaires se sentirent menacés, sachant très bien que si le gouvernement cédait aux pressions des syndicats qui réclamaient un salaire minimum de 100 dollars par semaine, ceux-ci exerceraient par la suite d'énormes pressions sur le secteur privé pour obtenir les mêmes salaires. Bref, ce n'était pas tant la rémunération et les conditions de travail de 210 000 fonctionnaires et enseignants qui étaient en jeu que la structure générale des salaires et la répartition des revenus au Québec.

En plus d'encourager le gouvernement à ne rien céder au chapitre des augmentations de salaires, les milieux d'affaires voulaient que l'administration Bourassa mette le holà au militantisme croissant des syndicats québécois. D'après les hommes d'affaires interrogés dans le rapport Fantus soumis au gouvernement du Québec quelques semaines avant la grève, l'activisme et la politisation des syndicats ouvriers contribuaient, entre autres facteurs, à retarder l'implantation de nouvelles usines au Québec ou l'expansion de celles qui s'y trouvaient déjà[74]. «Le militantisme accru des dirigeants des grandes fédérations de travailleurs, lisait-on dans le rapport, inquiète beaucoup les hommes d'affaires québécois.»[75] Ceux-ci ne se cachaient pas pour demander au gouvernement de mettre les syndicats au pas. L'un des dirigeants d'une brasserie demanda au gouvernement «d'adopter la ligne dure avec les syndicats»[76] et un important producteur de produits laitiers, «de se montrer ferme devant le monde syndical du Québec»[77].

D'après les témoignages dont nous disposons, les hommes d'affaires auraient entretenu des préjugés non fondés sur le militantisme ou l'activisme des syndicats québécois. Leur hostilité, déclare le rapport Fantus, «est particulièrement regrettable, car on n'a pas de preuve concrète que les conflits ouvriers aient été plus fréquents ou plus graves au Québec que dans le reste du Canada»[78].

> A vrai dire, les données dont nous disposons sur les grèves prouvent tout le contraire... Proportionnellement au nombre des travailleurs syndiqués, il y a eu beaucoup moins de grèves au Québec que dans l'ensemble du Canada. Le temps perdu à cause d'arrêts volontaires de travail durant une période de 31 mois allant de janvier 1969 à juillet 1971 s'élève en moyenne à 7,6 jours par ouvrier syndiqué au Canada et à 4,9 au Québec, soit 50% de moins que la moyenne nationale. Au cours de chacune des trois dernières années, les arrêts de travail ont duré plus longtemps en Ontario à la fois en chiffres absolus et en proportion de la main-d'œuvre[79].

Lors de la grève dans les services publics en 1972, 210 000 employés syndiqués du gouvernement, fonctionnaires, infirmières, employés de la Régie des alcools, entreprenaient pour la première fois des négociations collectives avec le gouvernement du Québec. Les trois grandes centrales syndicales, CSN, FTQ et CEQ, représentant chacune certaines catégories de travailleurs, avaient décidé de négocier conjointement avec le gouvernement dans l'espoir d'obtenir des conditions meilleures et plus uniformes. Elles estimaient qu'une seule table de négociation leur donnait de meilleures chances de faire passer leur principale réclamation, le salaire hebdomadaire minimum de 100 dollars, et d'obtenir du gouvernement une politique générale des salaires. Après plusieurs mois de rencontres infructueuses, les syndiqués votaient massivement pour la grève en mars 1972. Après plusieurs autres semaines de négociation, le front commun ordonnait une grève générale. La grève de 11 jours qui s'ensuivit se termina par la promulgation par l'Assemblée nationale du Québec de la Loi sur le retour au travail.

Adopté le 21 avril après 24 heures de débats ininterrompus, le projet de loi 19 prolongeait d'un mois les négociations, mais donnait au gouvernement après ce délai le droit d'imposer unilatéralement un règlement par simple décret si les parties n'avaient pas encore réussi à s'entendre. Il stipulait en outre que des amendes allant de 5 000 à 50 000 dollars par jour pouvaient être imposées aux syndicats et aux chefs syndicaux qui n'obtempéreraient pas à l'ordre de retour au travail.

Les chefs du front commun décidèrent de se soumettre à la loi alors même qu'un vote pris rapidement dans la soirée du 21 avril eut démontré que 60% des syndiqués étaient prêts à défier le gouvernement et à continuer la grève. Dans les semaines qui suivirent, les grévistes qui n'avaient pas obéi à des injonctions antérieures furent amenés devant les tribunaux et condamnés à l'amende et à la prison. Les sentences furent particulièrement dures. Plusieurs travailleurs du milieu hospitalier furent condamnés à une amende de 5 000 dollars et à six mois de prison. La situation atteignit son point culminant lorsque les présidents des trois centrales ouvrières du front commun furent traduits en cour sous l'inculpation d'avoir donné à leurs membres l'ordre de défier les injonctions.

Leur condamnation à une année d'emprisonnement déclencha le plus formidable arrêt de travail de toute l'histoire du Québec. Du 9 au 17 mai, la grève éclata non seulement chez les employés des services publics du gouvernement, mais aussi chez plusieurs employés du secteur privé et des municipalités[80]. Neuf hôtels de ville et une douzaine de stations privées de radio, y compris Joliette, Thetford Mines et Saint-Jérôme, furent occupés par les travailleurs syndiqués. Après une semaine de grève, les chefs ouvriers ordonnèrent le retour au travail. Plusieurs mois plus tard, devant l'imminence d'un décret gouvernemental, les syndicats en vinrent à une entente avec le gouvernement du Québec. Même si le gouvernement avait dû lâcher du lest, «le front commun, comme l'écrivait le *Financial Times*, n'avait pas réussi à atteindre ses objectifs fondamentaux»[81].

Une des conclusions qui se dégagent de cette expérience, c'est que le mouvement ouvrier reste faible, même unifié. A cause principalement de restrictions budgétaires, le front commun, obligé d'utiliser sa propagande à consolider la solidarité syndicale, — opération d'ailleurs couronnée de succès, — avait échoué totalement en essayant de se gagner la faveur du public, tandis que le gouvernement «lançait une vaste campagne de propagande sur la générosité de ses offres»[82]. Dans *Last Post*, Nick Auf der Maur écrivait:

> La campagne fut menée par une armée bien payée de journalistes nouvellement embauchés qui étalaient massivement devant le public le point de vue du gouvernement. Il (le gouvernement) dépensa une fortune pour produire un encart de 32 pages, en polychromie et sur papier lustré, intitulé «L'important» et inséré dans la plupart des journaux de la province. Il publia d'innombrables annonces de journaux visant des groupes spécifiques de travailleurs et laissant toutes entendre qu'ils auraient plus de succès à négocier séparément[83].

La grève terminée, la Ligue des droits de l'homme du Québec blâma le gouvernement de n'avoir pas convenablement renseigné le public sur les causes réelles de la crise et sur le déroulement de ses principaux épisodes, et de l'avoir de la sorte obligé à porter un jugement aveugle sur le conflit. Le cas était d'autant plus sérieux, selon la Ligue, que la grève du front commun visait finalement à instaurer un nouvel équilibre social[84]. On releva aussi des cas où les média privés avaient refusé de diffuser la publicité des syndicats. Le conseil d'administration du canal 10, à Montréal, refusa de mettre en ondes un message télévisé des chefs du front commun à

23 heures le 8 mai, alors même que le contrat avait été signé et le temps payé. Le directeur de la station ne donna aucune raison pour justifier sa conduite[85].

Tout au long de la grève, les chefs syndicaux prétendirent que la principale stratégie du gouvernement au cours des négociations avait été de ne rien céder au chapitre des salaires pour protéger l'entreprise privée. D'abord, le gouvernement prétendit que c'était faux. Au cours des négociations pourtant, le front commun proposa de réduire substantiellement ses exigences à l'égard des employés les mieux payés de façon que l'instauration d'un salaire hebdomadaire minimum de 100 dollars n'oblige pas le gouvernement à des déboursés supplémentaires. M. Garneau déclara alors aux chefs syndicaux que le gouvernement ne pouvait accéder à cette demande parce que cela obligerait l'entreprise privée à en accorder autant[86]. La thèse des syndicats voulant que le gouvernement se soit surtout employé durant la crise à protéger l'entreprise privée a pris du poids lorsqu'un document secret du gouvernement sur ses objectifs au cours des négociations est parvenu clandestinement à la presse en juillet 1973. Il s'agissait d'un rapport de 60 pages préparé avant les négociations par un groupe de fonctionnaires de Québec et dans lequel il était dit que l'un des principes clés de la politique salariale du gouvernement et de ses négociations était d'éviter tout précédent qui pourrait nuire aux échelles de salaires dans l'entreprise privée[87].

Le rapport Fantus confirma d'ailleurs ce que soupçonnaient les chefs ouvriers, à savoir que le gouvernement s'était fait dire par les milieux d'affaires de briser le militantisme syndical et de faire de la grève du front commun une épreuve de force. Selon M. Claude Girard, vice-président de la CSN;

> Le rapport (Fantus) confirme... que le gouvernement Bourassa est manipulé par les grandes entreprises et que les décisions sont prises en fonction du pouvoir économique plutôt qu'en fonction de la collectivité québécoise... On comprend maintenant pourquoi ce gouvernement a passé des lois comme la loi 19, pourquoi il impose de fortes amendes aux leaders syndicaux, pourquoi il a emprisonné les présidents des centrales et pourquoi il s'apprête maintenant à passer le bill 89[88].

En déclarant au *Financial Post* à propos de la grève du front commun: «Les syndicats ont eu leur leçon l'an dernier»[89], M. Bourassa a accrédité l'hypothèse selon laquelle l'objectif du gouvernement était de briser le militantisme syndical.

Comme on pouvait s'en douter, les milieux d'affaires furent ravis du projet de loi 19 comme de l'attitude du gouvernement durant la grève du front commun. En réponse au questionnaire, 99,3% des hommes d'affaires se dirent en faveur de la loi. La Chambre de commerce du Québec félicita le gouvernement «d'avoir d'une main si ferme protégé la santé et la sécurité des citoyens»[90], et exprima «la satisfaction générale de (ses) membres devant la façon dont le gouvernement a mené les négociations avec les employés des services publics au cours des derniers mois»[91]. L'AMC engageait le gouvernement à «demeurer ferme dans son attitude anti-casseurs... lorsque la crise actuelle (aurait) pris fin»[92].

C'est ce qu'il fit. Par exemple, en mai 1972, il amenda le projet de loi 64, déposé en juillet 1971, de façon que les agriculteurs aient plus de difficulté à se syndiquer. Dans sa version originale, le projet de loi 64 stipulait que 60% de tous les agriculteurs devaient voter et que 60% des votants devaient être en faveur de la syndicalisation pour que le syndicat soit officiellement reconnu, c'est-à-dire accrédité. La nouvelle version exigeait une majorité des deux tiers[93]; la plupart des observateurs firent remarquer qu'il serait à peu près impossible de réunir une telle majorité, étant donné surtout la dispersion géographique des fermes. Ryan critiqua sévèrement l'amendement, le jugeant beaucoup trop rigoureux; de fait, fit-il remarquer, ces conditions étaient plus strictes que celles qui donnaient au gouvernement sa propre légitimité, celle-ci reposant sur le consentement de quelque 30% seulement de l'électorat[94].

Le projet de loi 73 forçant les employés de l'Hydro-Québec à retourner au travail en novembre 1973 fut un autre exemple de la ligne dure adoptée par le gouvernement. Celui-ci se retrancha derrière le maintien des services essentiels pour se justifier. La grève n'avait causé aucun ennui grave aux clients de l'Hydro et les employés eux-mêmes avaient promis d'assurer ces services. D'ailleurs, la législation du gouvernement força *tous* les employés de l'Hydro à retourner au travail, qu'ils soient ou non préposés aux services essentiels. L'éditorialiste du *Devoir*, Laurent Laplante, porta le jugement suivant:

> En ramenant au travail ceux qui parent aux pannes, le gouvernement satisfaisait aux exigences légitimes du public. Il n'était pas nécessaire d'aller plus loin. En dépassant les bornes du nécessaire de façon aussi scandaleuse, le gouvernement a cherché des résultats qui n'ont plus rien à voir avec les besoins du public. Il a évité à l'administration de l'Hydro-Québec des pressions d'ordre économique[95].

Bref, il est indéniable que sur les fronts social et ouvrier, la situation a progressé de 1960 à 1974. Sur la protection des consommateurs et de l'environnement, par exemple, il vaut mieux avoir des lois, même inefficaces et de portée limitée, que de ne pas en avoir du tout. Il n'en reste pas moins que les groupes autres que les milieux d'affaires ont eu du mal à obtenir du gouvernement des décisions qui leur soient favorables. Par contre, même si le militantisme des syndicats les a, à l'occasion, impatientés, les milieux d'affaires, eux, se sont en général déclarés fort satisfaits de la plus grande partie des initiatives gouvernementales dans les domaines social et ouvrier. Il faut dire que la plupart des lois, dans ces deux domaines, ont semblé conçues avant tout pour ménager la susceptibilité des hommes d'affaires.

NOTES:

1 Gabriel Kolko, *Wealth and Power in America, An Analysis of Social Class and Income Distribution,* New York, Praeger Books, 1962, p. 3.

2 *Ibid.*, p. 15. Voir tableau 1: «Percentage of National Personal Income Received by Each Income-Tenth».

3 *Ibid.*, p. 15. Kolko appuie sa thèse par une étude détaillée des statistiques, p. 15-29. Il estimait que le revenu non déclaré augmenterait de 3 à 5% le revenu total des plus hauts déciles et que les notes de frais, dans les sociétés, y ajouteraient un autre 1% au moins.

4 Bureau fédéral de la Statistique, *Répartition du revenu 1951-1965,* no de catalogue 13-529F Hors série, Ottawa, L'Imprimeur de la reine, 1969, Tableau 12, p. 78. Les chiffres sont donnés pour les personnes seules et pour les familles.

5 Commission d'enquête sur la santé et le bien-être, *Rapport de la Commission d'enquête sur la santé et le bien-être,* vol. 4, Québec, Editeur officiel du Québec, 1972.

6 *Ibid.*, vol. 5.

7 *Ibid.* Les avantages sociaux ont atteint un sommet de 6% de 1960 à 1963 pour décliner légèrement par la suite.

8 *Ibid.* Le rapport faisait remarquer qu'en 1969, 52% des avantages sociaux consistaient en programmes universels, tels que les allocations familiales et le régime de rentes, s'appliquant à tous les citoyens. 36% de la population du Québec, révélait-on, étaient dits «pauvres», c'est-à-dire démunis du minimum vital, et 70% des pauvres n'étaient pas assistés sociaux mais salariés.

9 Dans une allocution prononcée à l'assemblée annuelle du Conseil du patronat le 26 mai 1972 et intitulée «L'entreprise et la société québécoise», Léon Dion déclarait: « ... On sait que, malgré tous les efforts des gouvernements et ceux, beaucoup plus timides, des grandes entreprises elles-mêmes, les écarts dans la répartition des biens économiques entre les couches sociales sont demeurés substantiellement aussi grands qu'il y a cinquante ans et que dans certains cas, ils se sont même accrus; malgré certaines apparences, les riches deviennent toujours plus riches, et la situation des pauvres, si elle ne s'aggrave généralement pas, reste stationnaire.» P. 1.

10 Birnbaum, p. 78.

11 Il en va de même du Régime d'assurance-maladie du Québec qui entra en vigueur en 1970. La plupart des hommes d'affaires interviewés par Rhéal Bercier, reporter de *La Presse*, se déclarèrent en faveur du régime. «Bourassa un an après», *La Presse,* 30 avril 1971.

12 Ici encore, les grandes société se montrèrent moins réticentes devant l'intervention de l'Etat que les entreprises moyennes. C'est pourquoi 84,2% des dirigeants de grandes entreprises, et seulement 63% des dirigeants de moyennes entreprises, se déclarèrent en faveur de l'action du gouvernement dans la solution des problèmes sociaux.

13 Domhoff, *The Higher Circles,* p. 178.

14 Claude Castonguay, allocution prononcée au club Kiwanis de Saint-Laurent en 1970.

15 Renseignements tirés de Rhéal Bercier, «La guerre est déclarée entre les ACEFs et Québec», *La Presse,* 21 mars 1972, et «Faute de fonds, Les ACEFs menacent de se saborder à leur prochain congrès», *La Presse,* 31 juin 1973.

16 Ellen Roseman du *Financial Post* rapporte que la Consumers Association of Canada (CAC), qui comprend 90 000 membres, n'a pas pu présenter son point de vue aux audiences de la Commission canadienne des transports à Ottawa en 1972 parce qu'il lui manquait les 20 000 dollars nécessaires pour payer les avocats, la recherche, les transcriptions et le transport à Ottawa. Un dirigeant de la CAC est censé avoir dit que «les agences régulatrices sont créées pour protéger l'intérêt public» alors qu'en réalité «elles ne communiquent jamais avec le public; elles s'adressent seulement aux gens qu'elles dirigent». «Do Consumers Have a Fighting Chance?», *Financial Post,* 24 février 1973.

17 En 1972-1973, les ACEF ont reçu 92 000 dollars de la Fédération des œuvres. Selon Pierre Godin, les sociétés financières exerçaient de fortes pressions sur elle pour qu'elle cesse «de financer la révolution». «Fédération; la rue Saint-Jacques devra partager son pouvoir avec les syndicats», *Québec-Presse,* 29 avril 1973.

18 Rhéal Bercier, «La guerre est déclarée». La CSN, pour sa part, critiqua vertement le

gouvernement, l'accusant d'essayer d'empêcher les citoyens de se grouper en tant que consommateurs, à cause des pressions exercées par les sociétés financières. *La Presse*, «La réforme des structures aura la priorité», 16 mars 1972.

19 Clément Trudel, «L'ACEF devra réduire ses activités, Québec ayant coupé ses subventions», *Le Devoir*, 22 septembre 1972.

20 *Ibid.*

21 Maurice Roy, «La situation du consommateur québécois est dramatique», *Québec-presse*, 25 octobre 1970.

22 Voir, par exemple, la position de la FTQ, *Un seul front*, p. 31.

23 Louis-Bernard Robitaille, «Les ACEFs en ont assez de faire du patchage», *Québec-Presse*, 7 novembre 1971.

24 Montreal Board of Trade, *Rapport annuel: 1970-1971*, Montréal, Board of Trade, 1971, p. 5, et La Chambre de commerce de la province de Québec, *Bulletin sur la législation provinciale*, Montréal, Chambre de commerce de la province de Québec, juin 1972, p. 4.

25 Cette nomination fut critiquée par les ACEF et les syndicats. Voir Roy, «La situation du consommateur».

26 Dans une allocution au Club Richelieu de Montréal, M. Perrault avouait son scepticisme devant le rôle de l'Etat en matière de protection du consommateur. Venant d'un membre du Conseil de la protection du consommateur, cette déclaration était assez curieuse. Voir Renée Rowan, «Le président du CPQ est sceptique quant au rôle de l'Etat dans le secteur de la consommation», *Le Devoir*, 9 novembre 1972.

27 La Presse Canadienne, «Le Conseil de la protection du consommateur se dit incapable de remplir son rôle», *La Presse*, 26 septembre 1972.

28 Gérald Leblanc, «Le premier rapport de l'Office de protection du consommateur: un pas dans la bonne voie», *Le Devoir*, 11 avril 1973.

29 Louise Tassé, «Une poursuite en un an», *Québec-Presse*, 1er octobre 1972.

30 Il est important de faire la distinction entre les coopératives d'épargne (les caisses populaires, par exemple) et les coopératives agricoles (comme la Coopérative agricole de Granby) où les travailleurs sont tout simplement les employés de la coopérative qui appartient conjointement à plusieurs individus ou à plusieurs groupements, et les coopératives de production dont les ouvriers sont propriétaires ou partenaires.

31 M. Guy St-Pierre cité par Ian Rodger, «How Guy St-Pierre Hopes to Save Quebec Capitalism», *Financial Post*, 18 mars 1972.

32 Groupe de recherche économique, *Coopératives de production, usines populaires et pouvoir ouvrier*, Montréal, Editions québécoises, 1973.

33 Voir chapitre 2.

34 Sogefor appartenait en pleine propriété à la Société générale de financement qui elle-même appartient au gouvernement du Québec.

35 Réal Pelletier, «Saint-Pierre: la SGF a assaini le Conseil de Dupan en excluant deux employés syndiqués», *La Presse*, 20 mai 1973.

36 Pierre Vallières, «Les travailleurs renoncent à la coop pour reprendre l'action militante», *Le Devoir*, 18 juin 1974.

37 Les études furent exécutées par deux sociétés conseils: Morelli, Gaudette et Laporte Ltd. et Monarque Ltd.

38 Selon M. Joseph Landry, maire de Cabano, «Pendant que nous discutions avec eux (Sybetra), les grosses sociétés de papiers intriguaient à Ottawa et à Québec pour dissuader les gouvernements de nous aider financièrement en prétendant que les marchés mondiaux étaient déjà saturés de carton», cité par Claude Arpin, «Cabano's Long Struggle Nears Happy Ending», *Montreal Star*, 27 décembre 1974.

En outre, *Québéc-Presse* prétendit le 25 juin 1972 que M. Maurice Sauvé, ancien ministre dans le cabinet libéral et vice-président de Consolidated-Bathurst, intrigua contre le projet à Ottawa et que M. Walter Lavigne, sous-ministre adjoint de l'Expansion économique régionale et ami de M. Sauvé, fut celui qui retarda les subventions gouvernementales.

39 Entrevue, mai 1973.

40 *Le Devoir,* «Dès avril, Québec voulait rompre toute négociation avec la Sybetra jugée peu sérieuse et incompétente», 26 juillet 1973.

41 André Déom était aussi ancien président du Centre des dirigeants d'entreprise.

42 La Presse Canadienne, «Cabano Mill to Open in 1976», *Montreal Star,* 14 juin 1974.

43 Voir au chapitre 10 une étude sur cette institution économique.

44 Voir Claude Arpin, «Cabano's Long Struggle». Le conseil d'administration de la cartonnerie de Cabano devait être composé de deux représentants de chacun des quatre partenaires: Papiers Cascades, Rexfor, les caisses populaires et la population locale.

45 Comme le disait M. Landry: «Ce que nous voulions, c'était une société appartenant à 100% au peuple et aux travailleurs, mais au cours des négociations, nous nous sommes vite rendus compte que cela ne peut se faire sans qu'il y ait plus de gouvernements sympathiques à cette idée et prêts à appuyer cette initiative et à épauler le peuple», cité par Claude Arpin, «Cabano's Long Stuggle».

46 Voir Jacques Forget, «Tembec», *Perspectives,* 10 août 1974, et Tim Dickson, «Tembec: A Dream Comes True for Quebec Town», *Financial Post,* 15 septembre 1973.

47 Voir au chapitre 10 une étude sur les subventions accordées par le gouvernement du Québec à ITT-Rayonnier pour la construction d'une usine de plusieurs millions de dollars à Port-Cartier.

48 Durant les négociations, un conflit éclata entre la CIP et les ouvriers en chômage. La société avait décidé de flotter 150 000 cordes de bois à pâte qui ne servaient pas depuis plus d'un an vers son usine de Gatineau. Les travailleurs décidèrent d'empêcher le flottage pendant plus d'une semaine. Sans bois, Tembec n'aurait pu fonctionner avant au moins une année puisque la saison de coupe était terminée. Voir Dickson, «A Dream Comes True». Selon M. Carpenter, la CIP voulait par ce geste faire chanter le gouvernement du Québec durant les négociations. Voir Louis Fournier, «Qui mène le Québec? International Paper ou le Premier Ministre Robert Bourassa?», *Québec-Presse,* 22 juillet 1973.

49 Selon MM. Parizeau et Carpenter, l'usine valait tout au plus 800 000 dollars. Les concessions forestières que la CIP louait du gouvernement du Québec à un prix modique furent aussi considérées comme surestimées. *Ibid.*

50 Jacques Parizeau, «Les bizarreries de Tembec», *Québec-Presse,* 17 mars 1974.

51 *Ibid.*

52 Un rapport confidentiel soumis au ministère de la justice par M. Gaston Massé, vice-président de la Régie des loyers, révélait que 56% des propriétaires d'immeubles résidentiels à Montréal touchaient des profits nets supérieurs à 15%. Voir Pierre-Paul Gagné, «Louer des appartements, un commerce qui rapporte bien», *La Presse,* 25 janvier 1973.

53 Le mémoire soumis au gouvernement du Québec par la Corporation des enseignants du Québec était représentatif. On n'y décelait aucun enthousiasme; la loi était considérée comme un pas dans la bonne voie: «Nous constatons avec intérêt que le gouvernement a fait des pas en avant dans la protection des locataires», Corporation des enseignants du Québec, *Mémoire sur le projet de code des loyers présenté à la commission parlementaire permanente de la justice,* Québec, Corporation des enseignants du Québec, 1972.

54 Cité par Claude Gravel, «Les locataires et le bill 59», *La Presse,* 8 septembre 1972.

55 La Chambre de commerce de la province de Québec, *La Législation provinciale,* vol. 10, no 5, Montréal, Chambre de commerce de la province de Québec, août 1973, p. 23.

56 La Chambre de commerce de la province de Québec, *La Législation provinciale,* vol. 11, no 2, Montréal, Chambre de commerce de la province de Québec, janvier 1973, p. 9.

57 La Chambre de commerce de la province de Québec, *La Législation provinciale,* vol. 11, no 4, Montréal, Chambre de commerce de la province de Québec, mai 1973, p. 3.

58 Jane Davidson, «Rent Controls: Will They Really Work», *Financial Post,* 10 mars 1973.

59 *Ibid.*

60 *Ibid.*

61 Il faut noter que même si le gouvernement du Québec se montra bienveillant envers les propriétaires dans ses lois sur le contrôle des loyers, dans plusieurs provinces, et en Ontario notamment, il n'existe aucune loi de ce genre.

62 Kendal Windeyer, «Port Strike: What We Have Lost is Going to Stay Lost», *Montreal Gazette*, 14 juin 1972.

63 Cité dans *ibid.*

64 Pierre Richard, «Firestone règlerait contre la tête des chefs syndicaux», *Le Devoir*, 21 septembre 1973.

Le *Montreal Gazette*, généralement favorable aux points de vue des hommes d'affaires, accusa la Firestone dans un éditorial de manifester «l'arrogance d'une transnationale», «Multinational Arrogance», 21 septembre 1973. Le journal soutint que les demandes du syndicat étaient raisonnables (c'est-à-dire des salaires s'approchant de ceux payés en Ontario pour les mêmes tâches, mais non pas égaux à eux, des avis en cas de changements technologiques, la garantie que ces changements ne feraient pas disparaître des emplois existants et de l'aide pour s'adapter à ces changements) et que la Firestone en annonçant ses projets d'annulation faisait penser à «l'enfant gâté qui rentre chez lui avec ses billes parce que ses camarades n'ont pas voulu se soumettre à ses règles du jeu».

65 Durant la grève à son usine de Longueuil, la United Aircraft fit de même. Elle acheta des annonces d'une page dans les quotidiens de Montréal pour faire savoir que les 5 300 emplois qu'elle offrait seraient menacés si le syndicat n'acceptait pas rapidement ses offres. L'annonce intitulée «Les emplois sont en jeu» fut publiée le 22 février 1974, le jour même où les travailleurs de United Aircraft devaient voter sur les dernières offres de l'entreprise. En dépit de cette tentative d'intimidation, elles furent rejetées.

66 Richard, «Firestone règlerait».

67 Marcel Pepin, «Le conflit de Firestone a marqué la fin du «cheap labor» québécois pour multinationales», *La Presse*, 19 janvier 1974.

68 *Financial Post*, «Labor Settlement Pushes Up Quebec Power Rates», 28 avril 1973.

69 Voir Pierre E. Trudeau, éd., *La Grève de l'amiante*, Montréal, Editions Cité Libre, 1956.

70 H.F. Quinn, *The Union Nationale*, Toronto, University of Toronto Press, 1963, p. 94.

71 Entrevue, mai 1973.

72 Entrevue, mai 1973.

73 Entrevue, mai 1973.

74 La société Fantus. L'un des dirigeants d'une grande société de construction déclara «qu'elle ne s'installerait pas au Québec à cause de l'irresponsabilité de la main-d'œuvre syndiquée», p. 17. Le directeur d'une grande entreprise d'exploitation minière fit savoir «qu'elle penserait à prendre de l'expansion à l'extérieur du Québec à cause de l'attitude de MM. Pepin, Laberge, Chartrand, etc.», p. 16.

75 *Ibid.*, p. 112. Le rapport Fantus fit cependant ressortir que la disponibilité et le bas prix, toutes proportions gardées, de la main-d'œuvre du Québec (par opposition à celle de l'Ontario et des Etats-Unis), ainsi que sa qualité, constituaient «les grands avantages pour une société industrielle à s'installer au Québec», p. 4. Comme l'exprimait un dirigeant d'une société pétrolière américaine, «Québec a le plus fort taux de chômage et les plus bas salaires en général de toutes les provinces du Canada. C'est un excellent atout vis-à-vis la concurrence», p. 70.

76 *Ibid.*, p. 45.

77 *Ibid.*, p. 31.

78 *Ibid.*, p. 112.

79 *Ibid.*, p. 112. Les chiffres présentés par le *Financial Times*, «Perspectives on Quebec», 19 novembre 1973, appuyaient les conclusions du rapport Fantus voulant que le temps perdu à cause de grèves ou de lockouts a été considérablement moindre au Québec que dans le reste du Canada.

80 Elle éclata notamment dans les sociétés suivantes: Domtar, CIP, General Motors, ITT, Carnation Foods, Weston, Alcan Aluminium, Canadair, Steinberg, Dominion Stores, Imperial Tobacco, Firestone, Robin Hood Multifoods, Christie, Regent Knitting, Davies Shipbuilding, Canadian Reynolds Aluminium, Quebec North Shore Paper, Continental Can, ainsi que dans des sociétés minières de Thethford, Gaspé et Asbestos et dans des quotidiens de Montréal et de Québec. Les cols bleus de Montréal et de Québec, la plupart des ouvriers de la construction et les employés du réseau français de Radio-Canada firent aussi la grève.

81 *Financial Times*, «Perspectives on Québec». Pour connaître en détail l'histoire de la grève du front commun, voir Nick Auf der Maur, «The May Revolt», *Last Post*, vol. 2, no 6, juillet 1972.

82 Auf der Maur, «The May Revolt», p. 14.

83 *Ibid.*

84 La Ligue des droits de l'homme, «La responsabilité de l'Etat dans la crise actuelle», *Le Devoir,* 17 mai 1972.

85 Voir François Trépanier, «Le front dénonce le réseau TVA pour son refus de diffuser un de ses messages», *La Presse,* 9 mai 1972.

86 Don MacPherson, «Front Leaders Attack Garneau», *Montreal Star,* 25 avril 1972. Le gouvernement avait précédemment répondu que le minimum hebdomadaire de 100 dollars coûterait trop cher et donc qu'il ne pouvait l'accepter.

87 *Le Devoir,* «Marcel Pepin révèle une stratégie du gouvernement», 4 juillet 1973. En juillet 1973, Auf der Maur affirmait qu'en demandant un minimum de 100 dollars «les travailleurs avaient attaqué de front les véritables intérêts des hommes d'affaires» et que «ce qui n'aurait été qu'une négociation collective ordinaire était devenu une confrontation politique avec un gouvernement engagé à protéger un système basé sur le profit». «The May Revolt», p. 13.

88 *La Presse,* «Le rapport Fantus: du chantage», 26 mars 1973.

89 Cité par Amy Booth, «Capital Spending Signals New Buoyancy in Quebec», *Financial Post,* 31 mats 1973.

90 Il est intéressant de remarquer que la Chambre de commerce appuya les médecins lors de leurs grèves, quand le gouvernement du Québec déposa son Régime d'assurance-maladie en 1970. La «santé et la sécurité des citoyens» parut être un élément d'importance secondaire pour la Chambre au moment de cette grève.

91 La Chambre de commerce de la province de Québec, *La Législation provinciale,* vol. 10, no 3, Montréal, Chambre de commerce de la province de Québec, mai 1972, p. 3.

92 L'Association des manufacturiers canadiens, *Une politique industrielle pour le Québec,* Montréal, Association des manufacturiers canadiens, août 1972, Annexe G, p. 2.

93 Le Conseil du patronat et la Coopérative fédérée avaient, entre autres sociétés, demandé au gouvernement d'instaurer des mécanismes d'accréditation plus rigoureux à l'intention du syndicat des cultivateurs dans les mémoires qu'ils soumirent après le dépôt du projet de loi 64.

94 Claude Ryan, «La volte-face du gouvernement sur le bill 64», éditorial, *Le Devoir,* 6 mai 1972. Un rapport de La Presse Canadienne, «Les libéraux craignent que l'UCC ne devienne une nouvelle force syndicale», *La Presse,* 23 mai 1972, fit remarquer que les conditions fixées par le gouvernement Bourassa pour permettre à l'Union des produteurs agricoles de représenter officiellement 50 000 agriculteurs devinrent plus sévères au moment même où les syndicats accentuaient leurs protestations contre le projet de loi 19. En dépit de la rigueur de ces exigences, les cultivateurs réussirent à obtenir la double majorité des deux tiers nécessaire à l'accréditation de leur syndicat.

95 Laurent Laplante, «Une loi simpliste et abusive», éditorial, *Le Devoir,* 16 novembre 1973.

Chapitre 10

La politique économique

Chapitre 10

La politique économique

Depuis quelques décennies, l'intervention de l'Etat s'est fait de plus en plus sentir dans l'économie des sociétés industrielles avancées, soit dans la planification du développement économique, soit, comme l'écrit Birnbaum, dans l'exercice «des fonctions de coordination et de direction»[1]. Le rôle de l'Etat dans ce domaine peut s'exercer de multiples façons. Par leurs politiques monétaires et fiscales, les gouvernements ont tenté de stabiliser les cycles économiques; en affectant des crédits au développement des infrastructures (construction de routes et de chemins de fer, réduction des coûts de l'électricité, mise sur pied de réseaux nationaux de communications), ils ont cherché à stimuler la croissance économique et à attirer les capitaux du secteur privé; enfin, par le biais de diverses mesures incitatrices, comme des subventions, des dispositions tarifaires, des dégrèvements d'impôt, ils ont aidé des compagnies ou des secteurs industriels spécifiques.

Dans l'ensemble cependant, l'intervention croissante de l'Etat dans l'économie s'est faite davantage pour répondre aux besoins du monde des affaires que pour édifier un pouvoir économique indépendant du secteur privé. Par exemple, ce sont les milieux d'affaires plutôt que le gouvernement qui ont élaboré le principe de la planification économique. «Ce sont, dans la plupart des cas, les cercles financiers qui ont réclamé la rationalisation de la croissance économique»[2], déclarait Allan Fenton de *Canadian Business* en 1963. En Grande-Bretagne, «cette initiative est venue de la Fédération des industries britanniques, c'est-à-dire surtout des dirigeants d'entreprises, à partir des moyennes jusqu'aux plus grandes»[3]. Au Canada aussi, Fenton a remarqué que les milieux d'affaires ont de plus en plus réclamé «une forme quelconque de planification qui irait de concert avec la rationalisation de nos affaires économiques». La nécessité de la planification est née «du ralentissement du taux de croissance au cours des dernières années et des problèmes qui en découlèrent: chômage, surcapacité productive, balance des paiements déficitaire, déficits gouvernementaux»[4]. Dans un mémoire soumis récemment au gouvernement du Québec, l'AMC clarifiait l'attitude des hommes d'affaires face à l'intervention du gouvernement dans l'économie.

> Nous admettons... qu'un certain degré d'engagement gouvernemental direct est un préalable aux activités normales du système économique mixte qui s'est maintenant développé au Canada ainsi que dans la plupart des pays occidentaux. La majorité des hommes d'affaires canadiens reconnaît qu'il est souhaitable, voire essentiel, que le gouvernement assume une responsabilité générale dans la gestion de l'économie, responsabilité que doit compléter son action directe sur le marché[5].

On a vu au chapitre 4 que l'immense majorité des hommes d'affaires avaient abandonné la conception du laisser-faire et qu'ils avaient une idée très précise du rôle économique que devait assumer l'Etat. Par exemple, environ 85% des répondants au questionnaire estimaient que la principale fonction du gouvernement était de créer des conditions favorisant la croissance du secteur privé. Dans une étude subventionnée par le Bureau du Conseil privé d'Ottawa sur l'idéologie des milieux d'affaires au Québec, Laurent Bélanger en était arrivé aux mêmes conclusions.

> L'intervention gouvernementale que le patronat accepte s'allie avec le principe de la libre concurrence. Cette intervention souhaitée consiste dans la création et le maintien par l'Etat d'une infrastructure qui permettra des opérations rentables; dans l'élaboration de politiques monétaires et fiscales visant à maintenir à un niveau convenable la demande pour les biens et les services, à favoriser le plein emploi des ressources humaines et physiques, à contenir l'inflation à l'intérieur de limites acceptables...[6]

Bref, quittant son attitude traditionnellement négative envers l'Etat, le secteur privé cherchait maintenant à utiliser celui-ci au mieux de ses intérêts, tout en rejetant toute tentative du gouvernement de contrôler ou de limiter son pouvoir économique. Toujours au chapitre 4, on a pu voir que la quasi totalité des hommes d'affaires s'opposait «au contrôle des prix pour faire obstacle aux monopoles», comme à «toute initiative gouvernementale pour réglementer les profits»[7].

On peut se demander quelle attitude a adoptée le gouvernement face aux exigences du monde des affaires et dans quelle mesure son comportement en ces matières a répondu à l'attente de celui-ci. En analysant l'Etat canadien dans *Our Generation*, Rick Deaton soutenait que le secteur public avait primordialement servi de support à l'entreprise privée.

> L'histoire nous apprend que le secteur public au Canada s'est développé pour étayer le secteur privé, dont le moteur est le profit, et répondre à ses besoins. Il a mis en place les infrastructures techniques (les services de soutien) nécessaires à l'entreprise privée; il a attiré des capitaux pour encourager l'entreprise privée et la rendre plus rentable; il a «socialisé» (c'est-à-dire assumé) les coûts et les risques inhérents à la production de façon à augmenter

les profits de l'entreprise privée. Bref, le secteur public de l'économie s'est développé de façon à appuyer directement ou indirectement l'entreprise privée et à répondre à ses besoins de sorte que les coûts de la production soient publics et les bénéfices, privés[8].

Notre étude sur le Québec ne visait pas à vérifier les hypothèses de Deaton. Notre intention était plutôt de déterminer, par l'analyse de l'activité du gouvernement en matière d'économie au cours de la dernière décennie, quelle a été l'orientation des politiques gouvernementales du Québec face à l'entreprise privée et à qui ont profité ses initiatives en ce domaine. Nous nous sommes tout particulièrement arrêté aux institutions économiques mises en place par le gouvernement du Québec depuis 1962: l'Hydro-Québec, la Caisse de dépôt et placement et la Société générale de financement. Nous avons essayé de voir si, comme plusieurs l'ont prétendu, ces institutions conféraient un pouvoir économique au gouvernement et par conséquent au peuple québécois, ou si elles avaient été principalement conçues comme auxiliaires de l'entreprise privée. Notre hypothèse de travail a été qu'en dépit des dépenses croissantes de l'Etat et de son intervention dans les affaires économiques, le gouvernement du Québec a joué un rôle essentiellement complémentaire face à l'entreprise, sans réussir à augmenter pour la peine son propre pouvoir. En d'autres termes, les initiatives de plus en plus nombreuses de l'Etat québécois dans le domaine de l'économie, au cours de la dernière décennie, ne semblent pas avoir sérieusement remis en cause le pouvoir économique de l'entreprise privée.

Le premier indice significatif de la perception du rôle économique de l'Etat nous est fourni par les membres du gouvernement eux-mêmes. D'après la plupart des politiciens québécois durant la période allant de 1960 à 1974, ceux-ci voient dans le gouvernement un élément de «stabilisation», de réglementation, un auxiliaire de l'entreprise privée. M. Johnson l'exprimait clairement: «Le rôle de l'Etat n'est pas de se substituer à l'entreprise privée, mais de l'aider, de l'orienter, de la soutenir, de l'entrourer d'un climat de confiance et de stabilité, de la stimuler...»[9]. En 1972, M. Saint-Pierre écrivait dans *Le Devoir:*

> ... Le fondement de la doctrine du néo-libéralisme comporte la nécessité pour l'Etat d'intervenir dans le déroulement de la vie industrielle sans aller jusqu'au dirigisme que redoute l'entreprise.
>
> ... Le gouvernement québécois demeure convaincu que l'entreprise privée, encadrée par une législation progressiste, demeure le meilleur champ pour le développement du potentiel industriel du Québec[10].

M. Saint-Pierre enchainait ensuite sur la définition de certaines priorités économiques du gouvernement québécois: la défense et la protection des marchés des entreprises, la mise en place d'un système offrant aux hommes d'affaires du Québec des capitaux de risque, un programme pour développer l'industrie à technologie de pointe et des mesures pour encourager et faciliter les exportations. Mais à toutes fins pratiques, cependant, le gouvernement du Québec continuait de se fier à la bonne volonté de l'entreprise privée pour améliorer sa structure industrielle.

> Le gouvernement québécois... fait appel au secteur privé pour le développement d'un secteur secondaire, particulièrement manufacturier, dont l'importance doit doubler au Québec durant les années qui viennent. Trop longtemps, le Québec a été une terre d'entreprises primaires et a livré ses ressources naturelles sans les transformer[11].

On peut voir d'après les témoignages qui précèdent qu'il existait une grande concordance de vues entre les entreprises privées et le gouvernement en matière de politique économique. D'ailleurs, plusieurs leaders gouvernementaux ont admis sans faux-fuyant que dans un système économique de libre entreprise, les politiques économiques de l'Etat ne pouvaient avoir qu'une portée limitée. Et M. Saint-Pierre d'ajouter:

> ... La nature même de notre système économique limite la portée des politiques de l'Etat dans le domaine industriel et commercial. En très grande partie, les décisions importantes dans l'industrie et le commerce relèvent du secteur privé et sont régies, du moins en partie, par les mécanismes du marché. De plus, les sociétés multinationales ont un processus de décision qui peut être complètement indépendant des politiques industrielles et commerciales des pays où elles sont implantées[12].

Dans une interview à *Québec-Presse*, M. Bourassa déclarait lui-même que «la marge de manoeuvre» de son gouvernement était «très mince»[13].

Comme cela s'était pratiqué à l'égard des politiques linguistiques, sociales et ouvrières du gouvernement, l'entreprise n'a cessé de rappeler à l'Etat que le développement industriel et les investissements étaient liés à des politiques économiques favorables aux affaires et au maintien d'un climat de confiance chez les investisseurs. Dans une étude faite en 1970, le Conseil général de l'industrie avertissait le gouvernement qu'il serait «futile — et en fin de compte — néfaste pour le Québec de s'orienter vers la nationalisation des moyens de production ou vers une expansion indue du secteur public de son économie». Le CGI ajoutait: «Une déclaration non équivoque des autorités provinciales sur les principes qui guideront les politiques économiques du Québec à l'avenir ferait beaucoup pour créer un climat favorable à l'accroissement des investissements privés[14]. M. R.B. MacPherson, économiste en chef de Du Pont, fut encore plus direct: il déclara aux gouvernements de Québec et d'Ottawa que l'industrie canadienne des textiles pourrait créer 12% de tous les emplois dont le Canada avait besoin, — et 20% de ceux du Québec, — si ces gouvernements lui accordaient des mesures incitatrices suffisantes[15].

Avant d'entrer dans l'étude détaillée de certaines politiques économiques du gouvernement et notamment les lois concernant l'industrie des pâtes et papiers, les budgets, les services offerts à l'industrie et les institutions économiques de l'Etat, nous allons brièvement examiner les embûches suscitées par le pouvoir économique des entreprises au gouvernement pour l'empêcher de participer efficacement au développement de la province.

Pour ce qui est du développement régional et des fermetures d'usines, notamment, le gouvernement a été à peu près incapable d'intervenir avec autorité. Comme on l'a vu dans le chapitre précédent, le gouvernement a été impuissant à empêcher les sociétés de fermer leurs établissements ou de déménager en dehors de la province. Au mieux, et seulement dans des cas exceptionnels, a-t-il pu fournir assez de subventions pour garder l'usine ouverte ou aider financièrement un nouveau groupe, coopérative ou autre, à la rouvrir. Comme le constatait le président d'une société de produits chimiques: «Quand nous fermons une usine, nous ne négocions pas avec le gouvernement; nous l'en informons.»[16] De même, le gouvernement n'a pas réussi à prévenir les mises à pied; il n'a rien pu faire pour empêcher certaines grandes entreprises (Domtar, General Motors, Regent Knitting et Northern Electric, parmi d'autres), de réduire considérablement leur personnel au début des années soixante-dix.

Dans le domaine du développement régional, le gouvernement a été, de bien des façons, à la merci des entreprises. Une étude portant sur le quartier de Saint-Henri à Montréal a révélé que les décisions prises par de grandes sociétés avaient transformé un quartier relativement prospère en une agglomération de taudis[17]. Entre 1900 et la Deuxième guerre mondiale, plusieurs grandes entreprises, RCA Victor, Stelco, Johnson Wire et Imperial Tobacco, notamment, avaient construit des usines à Saint-Henri dont la population locale avait ainsi bénéficié de revenus et de conditions de travail supérieurs à la moyenne. Après la guerre, plusieurs d'entre elles quittèrent le quartier et furent remplacées par des entreprises plus petites offrant des salaires moins élevés. Après 1960, d'importantes mises à pied contribuèrent à détériorer encore davantage la situation. Depuis 1966, 30 sociétés en tout ont soit quitté Saint-Henri, soit retiré du quartier une importante partie de leurs opérations. Or, le gouvernement a assisté, passif, à ces transformations, se contentant d'offrir des prestations d'assurance-chômage et de bien-être social à une portion toujours plus grande de la population.

Lorsque l'activité des sociétés a un impact majeur sur le bien-être d'une collectivité, par exemple là où quelques entreprises concentrent entre leurs mains toute l'activité industrielle, les gouvernements en sont réduits à jouer un rôle de courtisan et à solliciter les faveurs de l'entreprise privée. Dans une annonce d'une page parue dans le *Financial Post* en 1961, par exemple, le gouvernement québécois décrivait le climat économique du Québec à d'éventuels investisseurs:

> Province richement dotée, le Québec fournit de l'électricité, de la main-d'œuvre et des matières premières en abondance...
>
> Ses habitants ont la réputation de s'adapter rapidement aux changements technologiques... La maturité politique de son gouvernement garantit la liberté d'entreprise, l'harmonie sociale et des chances égales pour tous[18].

Une annonce datée de mars 1971 dans *Institutional Investor*, intitulée «Here We Talk Profits», expliquait aux investisseurs que le Québec est «incroyablement riche en ressources naturelles et en précieuse énergie hydroélectrique» et qu'il «offre des chances uniques de profits aux investisseurs»[19].

Autre indice du pouvoir limité du gouvernement québécois en matière d'économie: les entreprises faisant affaires au Québec ou obtenant leurs capitaux dans la province par le truchement, par exemple, des dépôts bancaires, des polices d'assurances ou des fonds des sociétés de fiducie, n'étaient en aucune façon obligées de réinvestir ces capitaux au Québec. Dans une allocution prononcée à la Chambre de commerce, M. Saint-Pierre soulignait que de 1968 à 1971, les épargnes des Québécois avaient dépassé le chiffre total des investissements, mais que le Québec avait été néanmoins dans l'obligation de compter pour une bonne part sur des capitaux étrangers, car une grande partie des épargnes étaient placées hors du Québec par les institutions financières et les sociétés[20].

Lorsque le gouvernement du Québec a essayé d'orienter le placement de ces capitaux, il s'est heurté au mur du silence. Un des dirigeants de l'Association des banquiers canadiens a déclaré à ce sujet que M. William Tetley, ministre des Institutions financières et coopératives, avait à plusieurs reprises tenté d'obtenir de l'information sur les opérations des grandes banques au Québec, mais qu'on la lui avait refusée. Selon un membre de l'ABC: «Nous avons eu de nombreuses rencontres avec lui à ce sujet; après quelques mois, il a renoncé à son projet»[21]. En l'absence de chiffres précis sur les activités financières des banques et autres institutions semblables, il était pratiquement impossible au gouvernement du Québec d'émettre des directives ou d'exercer un contrôle sur les investissements privés[22].

Les témoignages de Bell Canada aux audiences de la Commission canadienne des transports en 1972 et 1973 sont un autre exemple de ce mur du silence. Le gouvernement du Québec était opposé aux augmentations de tarif réclamées par la Bell et accusait le monopole de transférer des bénéfices à ses filiales, notamment à la Northern Electric, et de ne pas partager équitablement ses investissements entre les régions. La Bell refusa de fournir des données détaillées sur ses investissements, alors que plus de la moitié de ses revenus étaient réinvestis chaque année et refusa également de fournir des renseignements financiers sur les opérations de ses filiales[23]. La CCT autorisa Bell à hausser ses tarifs, mais on peut sérieusement se demander si sa décision s'appuyait sur une information suffisante.

Le gouvernement a aussi été dans une grande mesure impuissant à orienter l'exploitation des ressources naturelles du Québec en fonction de l'intérêt public. On a vu au chapitre 3 que l'Iron Ore avait très peu contribué au développement économique du Québec. Un rapport gouvernemental secret préparé par le ministère des Richesses naturelles et remis clandestinement à la presse en 1972 confirmait que la même chose s'était produite dans le cas de l'amiante. Ecrit par M. Yves Fortier de l'Office de planification et de développement et daté du 26 mars 1972, le rapport concluait que «l'industrie de l'amiante est loin de constituer un facteur d'expansion économique au Québec»[24], et que le gouvernement du Québec devrait l'étatiser en partie.

La production québécoise d'amiante représentait 40% de la production mondiale et 83% de la production canadienne; de plus elle répondait à 85% des besoins américains. La province était donc en position d'exercer un quasi monopole par rapport aux Etats-Unis. Or, la production d'amiante était entre les mains de huit sociétés ayant leur siège social aux Etats-Unis, la plus importante d'entre elles étant la Canadian Johns-Manville. L'amiante fournissait 6 000 emplois aux Québécois, mais seulement 1 225 dans le secteur de la transformation. Aux Etats-Unis, par contre, l'amiante fournissait 22 000 emplois dans le secteur secondaire et 2 000 en recherche. La Johns-Manville ne possédait qu'une seule usine de transformation au Québec, avec 425 employés, contre 46 usines aux Etats-Unis. On a estimé que 2% seulement de l'amiante québécois était transformé sur place. Si bien qu'en 1971, le Canada, premier producteur mondial d'amiante, avait acheté à l'étranger pour 14,5 millions de dollars de produits finis en amiante, mais n'en avait vendu que pour 5,7 millions[25].

Le Livre blanc sur l'industrie de l'amiante, qui s'inscrivait dans le cadre plus vaste d'un rapport sur le développement de l'Estrie, fut finalement rendu public le 25 janvier 1973. Les conclusions les plus sévères concernant l'industrie de l'amiante et l'inertie du gouvernement avaient été éliminées de la «version revue et corrigée» du rapport. Selon M. Maurice Tessier, ministre des Affaires municipales, certains passages avaient été supprimés à la demande de M. Paul A. Filtreau, directeur général de l'Association québécoise des producteurs d'amiante, après «consultation», de dire M. Tessier, et non pas à la suite de «pressions». S'abstenant de critiquer l'industrie de l'amiante et de réclamer l'intervention de l'Etat, la nouvelle version du rapport suggérait au ministère des Richesses naturelles d'étudier la façon d'augmenter les retombées économiques de l'industrie de l'amiante au Québec[26].

Enfin, même dans les cas où les gouvernements ont subventionné les industries en posant leurs conditions, ils ont été impuissants à faire respecter ces conditions. Durant la campagne fédérale de 1972, M. David Lewis, chef du Nouveau parti démocratique, a publié des chiffres éloquents sur les emplois créés par les subventions accordées par le ministère de l'Expansion économique régionale aux entreprises. M. Lewis faisait entre autre remarquer que 3 100 emplois avaient été supprimés à la Northern Electric en dépit d'une subvention de 26 millions de dollars; 420 à Canadian Celanese malgré une subvention de 500 000 dollars et enfin que 30 emplois avaient été créés en février 1972 à l'usine de l'Alcan Aluminium à Arvida à la suite d'une subvention de 495 300 dollars, mais que 206 employés avaient été mis à pied à la même usine un mois plus tard[27].

Les services offerts à l'industrie par les gouvernements du Québec

Durant les années quarante et cinquante, aucune règle spéciale ne régissait les relations économiques entre le gouvernement et les entreprises; les membres du cabinet et les dirigeants d'entreprises communiquaient au besoin directement les uns avec les autres. Comme l'écrivait le *Financial Post* en 1962, «On peut dire qu'avant l'arrivée au pouvoir de l'administration actuelle, il n'y avait pas de planification économique nationale au niveau de la province... Le favoritisme était le plus souvent de règle dans les ententes entre les autorités gouvernementales, soit les députés ou le premier ministre Duplessis lui-même, et les sociétés industrielles[28].»

On en trouve un bon exemple dans la lettre que faisait parvenir le 4 mars 1946 M. R.E. Powell, alors président d'Alcan Aluminium, à M. Duplessis. M. Powell expliquait au premier ministre que son entreprise avait besoin de compter sur des tarifs d'électricité très bas et de faibles impôts pour demeurer concurrentielle sur les marchés internationaux[29]. Et M. Powell concluait habilement en jouant sur l'anticommunisme de Duplessis: «Nous avons de bonnes raisons de croire que nos concurrents les plus redoutables sur le plan international peuvent venir de Russie ou des pays satellites, y compris la Yougoslavie, qui disposent tous de vastes ressources en bauxite et en énergie hydraulique»[30].

Avec l'arrivée au pouvoir d'un gouvernement libéral en 1960, on assista au début de la planification et de la promotion industrielle sous l'égide, notamment, du ministère de l'Industrie et du Commerce. La Loi des fonds industriels, ou projet de loi 65, adoptée par l'Assemblée nationale le 24 mai 1961, fut l'une des premières mesures à assurer une aide directe à l'entreprise. La loi autorisait les municipalités à créer au moyen de subventions gouvernementales un fonds industriel destiné à financer l'achat de terrains pour la création de parcs industriels ou l'achat et la construction de bâtiments industriels. Ces propriétés étaient ensuite vendues ou louées à bon compte, pour des périodes allant de 20 à 25 ans, à des entreprises manufacturières. En réalité, le principal objectif de la loi était de consentir des prêts aux entreprises intéressées à construire de nouvelles usines dans certaines localités du Québec[31].

Au cours des années soixante et soixante-dix, le gouvernement continua, par le biais du ministère de l'Industrie et du Commerce, à multiplier les services offerts aux entreprises. Parmi ceux-ci, on peut nommer une division des études et des enquêtes qui, entre autres, produisait des études de marchés pour l'entreprise privée, une division des pratiques commerciales chargée de renseigner l'entreprise sur les nouvelles techniques, une division de la promotion commerciale, un service du commerce extérieur s'occupant notamment de missions commerciales, de participation à des foires internationales et un service de techniques d'exportation s'occupant aussi d'organiser des visites d'acheteurs. La direction de l'industrie comprenait un bureau de la statistique; un centre de recherches industrielles ayant pour objectifs la recherche en science appliquée, la mise au point, de concert avec l'entreprise privée, de produits, procédés et appareils industriels et la diffusion de renseignements d'ordre technique; un conseil de développement industriel ayant pour but de faciliter l'implantation de nouvelles industries à Montréal, une société du parc industriel du centre du Québec principalement active à Bécancour; une direction du développement régional chargée d'aider les entreprises désireuses de prendre de l'expansion, et une société de développement industriel dont nous parlerons en détail plus loin[32].

D'autres ministères offraient également certains services aux entreprises; le ministère des Terres et Forêts fournissait des chiffres sur les disponibilités et les allocations en ressources forestières, un service de la cartographie, un service de l'inventaire forestier, un service pour la conservation des forêts et un autre pour la construction de chemins d'accès aux forêts. Le ministère des Richesses naturelles offrait des renseignements sur les gisements et sur l'exploration minière, construisait des routes et avait un centre de recherche sur les techniques d'extraction[33].

Pour ce qui est des allègements fiscaux, le gouvernement adoptait le 1er avril 1971 une «Loi modifiant la loi de l'impôt sur les corporations pour stimuler le développement industriel» (projet de loi 24) accordant aux entreprises manufacturières qui placeraient de l'argent dans de nouvelles usines ou de l'équipement, partout au Québec, un dégrèvement de 30% sur leurs investissements annuels au delà de 50 000 dollars[34].

Mais l'instrument le plus important du programme gouvernemental d'aide aux entreprises industrielles fut sans doute la Société de développement industriel créée le 8 avril 1971 par l'adoption à l'Assemblée nationale du projet de loi 20. Son premier objectif était de remplacer l'ancien Office de crédit industriel, mis en place en août 1967 (projet de loi 60) qui, durant ses quatre années d'existence, avait à toutes fins pratiques joué le rôle d'une banque industrielle, fournissant des prêts à termes aux entreprises industrielles désireuses de s'implanter au Québec ou de moderniser leurs installations. L'Office du crédit industriel avait fait porter le gros de ses efforts sur la petite et la moyenne entreprise appartenant à des Québécois. C'est ainsi qu'en 1971 par exemple, 95% des clients de l'Office étaient québécois. Fait à noter, l'Office de crédit industriel n'entrait pas en concurrence avec les institutions financières ou les prêteurs privés, puisqu'il ne consentait de prêts qu'aux entreprises qui n'avaient pu en obtenir auprès de ceux-ci, assumant ainsi en fin de compte de plus grands risques[35].

En créant la Société de développement industriel, le gouvernement voulait jouer un rôle plus actif que celui de prêteur auprès des entreprises du Québec. Le projet de loi 20 avait pour objectif de créer des emplois nouveaux et de stimuler la transformation de la structure industrielle du Québec en accordant l'aide financière nécessaire aux entreprises faisant surtout appel aux technologies de pointe. Aux termes de l'article 2 de la loi, la Société se proposait d'accorder des prêts à un taux d'intérêt préférentiel, courant ou inférieur, pour aider aux paiements d'intérêt sur des sommes équivalant au plus à 50% des coûts totaux, et l'achat d'au plus 30% du capital-actions émis[36]; les investissements en capital-actions ne devaient pas être supérieurs à 10% de l'actif total de la société. Pour être admissibles, les entreprises devaient faire un nouvel investissement au Québec d'au moins 150 000 dollars mettant en œuvre une technologie avancée afin de fabriquer un produit de conception nouvelle ou offrant des perspectives de croissance importante et continue. Le projet de loi 20 offrait également de l'aide financière et technique aux entreprises désireuses de fusionner ou de se regrouper, ainsi que divers modes de dégrèvement allant de 30 à 100% selon la région. Bref, la Société de développement industriel du Québec allait chapeauter la plupart des programmes d'assistance au développement industriel créés par le gouvernement québécois[37].

Le nouvel organisme fut bien reçu dans les milieux d'affaires. L'AMC écrivait: «L'on se doit de louer vivement le gouvernement québécois pour ces mesures éclairées introduisant des stimulants financiers et fiscaux, destinés à encourager les fabricants faisant usage de méthodes technologiques avancées.»[38] En outre, le Conseil du patronat et le Centre des dirigeants d'entreprise,suggéraient en août 1972 d'élargir les pouvoirs de la société de manière à en faire un puissant instrument de transformation industrielle au Québec[39]. En somme, le projet de loi répondait à l'attente des milieux d'affaires. C'est pourquoi en mai 1970, le Conseil général de l'industrie recommandait au gouvernement du Québec «d'encourager l'expansion des industries à haut taux de productivité et de donner au Québec une structure industrielle plus dynamique»[40]. Il recommandait en outre:

> ... de créer un organisme autonome pour encourager les fusions entre petites et moyennes entreprises au Québec... de stimuler la recherche et le développement industriels dans la province au moyen de dégrèvements fiscaux... (de fonder) une société pour aider les nouvelles entreprises industrielles à s'installer au Québec en leur fournissant des prêts et du capital-actions. Seules les entreprises désireuses de se lancer dans la production d'un bien non encore fabriqué au Québec seraient admissibles. (Plutôt que de créer un nouvel organisme, le gouvernement pourrait confier cette mission de façon exclusive à une société déjà en place, comme la Société générale de financement ou à un nouvel Office du crédit industriel[41].)

Comme on peut le constater, les recommandations du CGI se rapprochaient sensiblement des dispositions du projet de loi 20.

Durant les deux premières années, la Société de développement industriel du Québec distribua quelque 53 millions de dollars à 201 entreprises; de ce montant, 34 millions furent consacrés à trois grands secteurs de pointe: le transport, les mines et l'équipement électrique. La plus forte subvention, de 4,4 millions, fut accordée à Union Carbide pour la construction d'une usine de produits pétrochimiques de 26,5 millions[42].

Dans les faits, la Société de développement industriel du Québec demeura à toutes fins pratiques une banque industrielle, même si elle s'intéressa davantage aux moyennes entreprises à technologie avancée qu'aux petites entreprises qu'avait par le passé appuyées l'Office du crédit indutriel. Mais les objectifs de la Société de créer de l'emploi et de transformer la structure industrielle du Québec étaient trop ambitieux compte tenu des pouvoirs que lui conférait le projet de loi 20. La Société fut obligée d'adopter une attitude passive et d'attendre que le secteur privé fasse appel à son aide financière plutôt que de travailler à orienter l'expansion industrielle du Québec. Au lieu de lancer des initiatives et des projets de son cru, la Société se contenta d'aider les entreprises dont les investissements allaient dans le sens des intérêts économiques du Québec[43].

Les réponses au questionnaire montrèrent que les hommes d'affaires avaient été fort heureux des politiques économiques du gouvernement Bourassa, 81,1% des répondants se déclarant d'accord avec elles. Les réactions ne furent pas aussi chaleureuses à l'égard des «initiatives économiques récentes du gouvernement du Québec (par exemple, la Société de développement industriel, les stimulants fiscaux)» qui ne furent approuvées que par 63,1% des répondants. La tiédeur des grandes entreprises devant les programmes d'assistance et les services du ministère de l'Industrie et du Commerce tiennent sans doute au fait que ceux-ci s'adressaient principalement aux petites et moyennes entreprises. Les grandes entreprises, elles, n'avaient aucune difficulté à obtenir des prêts du secteur privé pour leurs projets d'expansion ou de construction et pouvaient se passer de certains services gouvernementaux, comme les études de marché, les bureaux de statistique, l'information commerciale, etc.

Les politiques gouvernementales touchant l'industrie des pâtes et papiers

Comme on l'a vu au chapitre 3, l'industrie des pâtes et papiers est d'une importance vitale pour l'économie du Québec. Par les emplois qu'elle procure et par son chiffre d'exportation, elle est le secteur industriel le plus important et plusieurs régions du Québec en dépendent. Dans l'Estrie, par exemple, Domtar embauche de 70 à 75% de la main-d'œuvre de Windsor et de East Angus, tandis que 85% des travailleurs de Bromptomville se retrouvent chez Kruger.

On comprend dès lors pourquoi Ottawa et Québec décidèrent d'intervenir[44] lorsque l'industrie, commençant d'éprouver de graves difficultés financières, mit à pied des milliers de travailleurs de 1969 à 1972[45]. Le gouvernement fédéral réduisit de 49 à 40% l'impôt sur les profits des entreprises de pâtes et papiers à partir de janvier 1973 et Québec renonça à sa taxe de vente de 8% sur la machinerie[46], décida d'assumer les coûts de construction et d'entretien des routes forestières et créa une société d'Etat, Rexfor, pour conserver les ressources forestières[47]. Enfin, le gouvernement du Québec annonçait en septembre 1971 que par des mesures spéciales, il fournirait de l'aide financière aux entreprises qui adopteraient des dispositifs antipollution. Mais en dépit d'une assistance financière aussi substantielle, ni Ottawa ni Québec ne réussirent à s'approprier suffisamment de pouvoirs de décision pour orienter le développement de l'industrie.

En dépit de leurs subventions, les deux gouvernements eurent peu d'influence auprès des grands producteurs des pâtes et papiers. L'exemple le plus frappant est celui de ITT-Rayonnier dans le nord du Québec. Filiale à part entière de International Telephone and Telegraph, la société construisait une usine de papier à Port-Cartier, à 350 milles au nord-est de la ville de Québec. Le coût total de l'usine, des routes pour y mener et des installations devait s'élever à 165 millions de dollars. Les deux gouvernements fournirent 57,3 millions[48]: le gouvernement du Canada, 20,8 millions, 13,8 millions du ministère de l'Expansion économique régionale et 7 millions pour la construction de routes et autres infrastructures; le gouvernement du Québec promit de construire pour 17,5 millions de voies d'accès et de fournir 19 millions en machinerie pour la coupe du bois par l'entremise de Rexfor, société de la Couronne[49].

En outre, et c'est peut-être le plus important, le gouvernement du Québec accordait à ITT-Rayonnier des droits presque exclusifs de coupe sur

51 000 milles carrés de forêts domaniales, grâce à la création d'une «forêt de la Couronne». Selon Walter Stewart du *Toronto Star*:

> En théorie, cela voulait dire qu'au lieu de vendre des concessions à des entreprises industrielles, comme par le passé, la province gardait le contrôle de ses réserves et vendait des droits de coupe aux plus offrants...
>
> En pratique, Québec réservait le cœur de la forêt, un bloc de 26 000 milles carrés, exclusivement à Rayonnier et lui donnait à toutes fins pratiques un droit de veto sur les autres opérations forestières à l'intérieur de ce territoire[50].

Toujours par l'entremise de Rexfor, ITT-Rayonnier s'était également vu accorder de généreux stimulants pour la coupe du bois. L'entente établie entre Rexfor et la société, dont une copie était parvenue au *Toronto Star*[51], stipulait que Rayonnier ne paierait en redevances que 50 cents par corde, au lieu du montant normal de 2.50 dollars à 3 dollars, et que Québec assumerait la responsabilité du reboisement et de la sylviculture[52]. L'entente permettait en outre à Rayonnier de couper 600 000 cordes de bois par année jusqu'en 1987 et deux millions de cordes annuellement par la suite. Enfin, une disposition prévoyait que «si les ressources en bois (n'étaient) pas suffisantes sur les terres concédées à Rayonnier, la province (était) obligée de livrer la différence à l'usine de Rayonnier au prix moyen des propres opérations de coupe de Rayonnier»[53]. L'accord avait une durée de 40 ans avec option de renouvellement pour 40 autres années; «il (donnait) à Rayonnier le contrôle de réserves forestières égales au double de la superficie du Nouveau-Brunswick et ce pour une période de presque cent ans»[54].

Le projet, par ailleurs, ne devait créer que 459 emplois permanents à l'usine et 1 330 emplois saisonniers pour la coupe du bois, soit un investissement de 359 477 dollars pour chaque emploi permanent en usine ou de 92 174 dollars pour chaque emploi temporaire. Ici encore, c'est en dehors du Québec qu'un tel projet allait créer le plus d'emplois, et surtout dans l'Europe de l'ouest. L'usine ITT-Rayonnier devait en effet produire de la pâte à usage chimique «matière assez brute expédiée en Europe de l'ouest pour y être transformée en fibres de rayonne servant à fabriquer des tissus, des pneus de caoutchouc et d'autres produits finis que les Canadiens rachèteront à des prix bien plus forts»[55].

L'accord entre ITT et le gouvernement du Québec fut signé en janvier 1972. L'ITT était représentée par un avocat de Québec, Me Marcel Piché, membre de plusieurs conseils d'administration de grandes entreprises installées au Québec. Le gouvernement avait comme négociateur M. Lesage qui, comme nous l'avons déjà souligné, était aussi membre de plusieurs conseils d'administration de grandes sociétés privées. Pour tout dire, MM. Lesage et Piché siégeaient tous deux au conseil de Reynolds

Aluminum Company.

Plusieurs hommes d'affaires exprimèrent quelques réticences devant cette entente. Les grandes sociétés de pâtes et papiers, en particulier, s'élevèrent contre le traitement de faveur accordé à ITT. Le président de l'une d'elles fit remarquer que les producteurs déjà en place n'obtenaient pas autant de concessions que les nouveaux et que ITT bénéficierait d'un avantage injuste sur ses concurrents puisque par ses subventions, le gouvernement lui permettrait d'obtenir son bois à meilleur compte [56]. Un autre fit amèrement remarquer que sa société n'avait rien reçu pour la construction d'une usine au coût de 100 millions de dollars dans le nord du Québec [57]. Enfin, le président d'une banque déclara que les emplois ainsi créés ne rimeraient à rien puisque certaines usines parmi les plus vieilles, incapables de rivaliser avec ITT, se verraient dans l'obligation de fermer leurs portes [58].

L'indice le plus significatif de l'attitude du gouvernement québécois envers l'industrie des pâtes et papiers demeure ses tentatives pour réformer le système des concessions forestières et, par là, retrouver un certain pouvoir décisionnel sur l'utilisation de ses ressources en bois.

En 1972, sept entreprises de pâtes et papiers se partageaient 163 000 milles carrés de forêts, soit 80% de toutes les concessions accordées par le gouvernement. Contrairement à ce qui s'était fait aux Etats-Unis, le Québec n'avait aucune loi sur l'utilisation rationnelle de ses forêts. Plusieurs entreprises s'étaient donc servies de bulldozers pour la coupe du bois, méthode de loin la plus économique et la plus rapide, mais qui gaspillait les ressources et retardait gravement le cycle du reboisement [59]. En outre, le partage des concessions forestières n'obéissait à aucune logique; certaines entreprises étaient fort éloignées de leurs concessions tandis que d'autres se trouvaient à côté de concessions ne leur appartenant pas.

Dès le début de 1963, le gouvernement du Québec mettait sur pied un comité «pour faire enquête sur la répartition des ressources forestières de la province et suggérer des moyens d'en améliorer l'utilisation» [60]. Selon Amy Booth du *Financial Post*, le comité avait, entre autres méthodes, étudié la possibilité de retirer toutes les concessions aux entreprises» [61]. Selon M. Parizeau, qui était alors conseiller économique auprès du gouvernement du Québec, le gouvernement avait décidé d'effectuer de vastes réformes forestières dès 1966, mais il s'était buté à l'opposition de la CIP qui contrôlait quelque 25 000 milles carrés de concessions forestières [62].

En avril 1972, le gouvernement du Québec dévoilait enfin les propositions contenues dans un Livre blanc sur la réforme forestière. Le principal objectif du ministère des Terres et Forêts, selon le rapport, devait être de contribuer «à la rectification, à la croissance et à l'expansion de l'industrie forestière en aidant à réduire le coût de la fibre de bois» [63]. Le Livre blanc recommandait principalement d'abolir dans les dix ans toutes les concessions forestières et d'instaurer une «société de gestion forestière». Les concessions seraient remplacées par des contrats de 20 à 40 ans, à la seule disposition des producteurs de pâtes et papiers.

Outre la planification, l'orientation du développement, la gestion des terres forestières et la garantie des approvisionnements en bois, le Livre blanc suggérait d'autres moyens pour le gouvernement du Québec de réduire les coûts de production des fabricants de pâtes et papiers, et notamment la création de plusieurs centres de recherche appliquée sur les problèmes de la sylviculture, le financement de la construction et de l'entretien des voies d'accès et la participation aux coûts de protection et de conservation des forêts[64].

Individus et groupements reprochèrent au Livre blanc d'être resté à mi-chemin dans son projet de redonner à l'Etat le contrôle des forêts québécoises. M. Yvon Valcin, économiste à la CSN, accusa le gouvernement d'avoir eu peur d'affronter l'entreprise privée; il qualifia d'écran de fumée l'abolition des concessions forestières et soutint que le nouveau système serait encore plus profitable aux producteurs de pâtes et papiers[65]. Selon M. Parizeau, les concessions n'avaient été abolies qu'en paroles et les contrats de 20 à 40 ans mettraient les entreprises en meilleure posture qu'auparavant[66].

Les producteurs, eux, maintinrent leur opposition au Livre blanc. On peut en voir la preuve dans les mémoires soumis au gouvernement par le Conseil des producteurs de pâtes et papiers, l'Association des industries forestières du Québec, Domtar, CIP et Consolidated-Bathurst[67]. Ces deux dernières demandèrent à M. Kevin Drummond, ministre des Terres et Forêts, de préparer un nouveau Livre blanc. Les principaux producteurs n'étaient pourtant pas formellement opposés à l'abolition des concessions forestières; ils s'inquiétaient plutôt de savoir si les compensations seraient suffisantes[68] et si «la gestion des terres forestières de la province demeurerait, au fond, entre les mains de l'entreprise privée»[69]. Plusieurs mémoires mettaient le gouvernement en garde contre les conséquences économiques désastreuses qui résulteraient de l'adoption des propositions contenues dans le Livre blanc. L'Association des industries forestières déclarait notamment: «Nous pouvons affirmer, sans crainte de nous tromper, que si les mesures socialistes suggérées pour l'approvisionnement des usines sont adoptées, nous n'attendrons malheureusement pas si longtemps pour voir la fin de toute croissance dans le secteur forestier au Québec.»[70] Domtar, de son côté, soutenait que plusieurs usines de pâtes et papiers fermeraient probablement si le Livre blanc acquérait force de loi[71].

Le projet de réforme forestière fut différé et en juin 1974, le gouvernement n'avait pas encore indiqué clairement s'il légiférerait en ce domaine. La chose était d'autant plus étonnante qu'il avait à maintes reprises annoncé son intention de présenter une loi sur la réforme forestière dans les mois suivants la publication du Livre blanc. Dès le 8 juillet 1972, Ian

Rodger du *Financial Post* avait pu écrire: «La législation requise est en cours de préparation pour être présentée cet automne et les crédits ont déjà été prévus dans le budget de l'an prochain.»[72] Durant les audiences sur le Livre blanc, M. Drummond avait adopté une attitude hostile et agressive à l'endroit des producteurs de pâtes et papiers. Devant les mémoires présentés par les associations patronales de l'industrie, il avait même qualifié l'attitude des producteurs de «réactionnaire et méprisable». Il avait en outre déclaré que ce n'était pas du *statu quo* qu'allait émerger une politique forestière orientée en fonction de l'intérêt public plutôt que de celui d'un groupe privilégié[73]. Un peu plus tard au cours des audiences, M. Drummond se fit encore plus direct:

> Faire des lois, c'est la tâche du gouvernement, et ni la Canadian International Paper, ni aucune autre compagnie, ne viendra nous dire quoi faire. Peut-être y eut-il une époque où les concessionnaires pouvaient dicter une ligne de conduite au gouvernement, mais ce n'est sûrement plus le cas aujourd'hui... Nous savons que les compagnies aimeraient maintenir le *statu quo*; mais une réforme répondant aux exigences de la population s'impose, et elle aura lieu[74].

Le 29 octobre 1972, M. Drummond annonçait que le projet de réforme forestière était remis à plus tard et que le gouvernement n'avait plus l'intention de constituer une société d'Etat pour administrer ses ressources forestières, soit la Société de gestion forestière. D'après La Presse Canadienne, ce sont les pressions exercées par les entreprises de pâtes et papiers qui expliquent ce revirement du gouvernement[75]. Dès le 7 septembre, durant les brûlantes discussions de la commission parlementaire, les grands seigneurs des pâtes et papiers avaient prédit que la législation sur la réforme forestière «n'était pas pour demain»[76].

En mai 1973, M. Drummond annonçait de nouveau qu'il déposerait un projet de loi abolissant les concessions forestières avant les vacances d'été[77]. Il n'en fut rien. En janvier 1974, M. Drummond déclarait que le gouvernement avait décidé de ne pas abolir les concessions forestières d'un seul coup; le ministère des Terres et Forêts négocierait plutôt des contrats avec chacune des entreprises productrices, dans chaque région du Québec.

Il est trop tôt pour déterminer quelle sera l'issue des tentatives du gouvernement en matière de réforme forestière, mais on peut d'ores et déjà affirmer que les entreprises de pâtes et papiers ont réussi à lui arracher d'importantes concessions et que leur opposition et leurs moyens de pression ont retardé l'adoption d'une loi en ce domaine. Ici encore, les réponses au questionnaire indiquent bien que les hommes d'affaires ont été satisfaits du gouvernement québécois. Par exemple, 82,4% d'entre eux ont appuyé la décision gouvernementale de différer le projet de loi sur la réforme forestière. Enfin, dans une entrevue avec un dirigeant d'une entreprise de pâtes et papiers, celui-ci déclara que depuis deux ou trois ans, des assemblées, à la cadence d'une par mois environ, réunissaient les principaux dirigeants des entreprises de pâtes et papiers et un groupe de ministres dont faisait parfois partie le premier ministre lui-même. Ces assemblées, ajoutait-il, avaient été «très utiles», mais «depuis quatre mois à peu près, il n'y (en avait) plus... parce que nous avons obtenu ce que nous voulions»[78]. Il précisa d'ailleurs que le gouvernement leur avait demandé «de ne pas trop parler de ces assemblées parce qu'on pourrait lui reprocher de favoriser notre industrie»[79].

Le budget du Québec

A partir de l'année financière 1972-1973, le Conseil du patronat prit l'habitude de soumettre des recommandations détaillée au gouvernement du Québec sur le contenu du budget, plusieurs mois avant le dépôt de celui-ci.

Avant de voir si, en 1972-1973, ces démarches ont eu du succès, nous allons étudier brièvement de quelle façon le budget se détermine. Si l'on en croit une étude réalisée par la FTQ, les revenus fiscaux du gouvernement québécois durant la période allant de 1961 à 1970 provenaient de plus en plus de l'impôt sur le revenu des particuliers et de moins en moins des impôts payés par les sociétés. Par exemple, la portion des revenus fiscaux totaux représentée par l'impôt sur le revenu des particuliers était passée durant cette période de 16,5 à 41,7%, tandis que la portion représentée par les impôts des sociétés baissait de 27 à 10,8%[80]. Le produit de la taxe de vente passait de 51,2 à 44,6%. On peut donc conclure que les dépenses gouvernementales accrues de la «révolution tranquille» ont été surtout financées par les particuliers[81]. En outre, selon la même étude, il est faux de prétendre que la révolution tranquille a vu se décupler les dépenses aux postes des affaires sociales et de l'éducation. De 1961 à 1970, les dépenses en éducation ont diminué légèrement, passant de 25,93 à 24,04% du budget total, tandis que le budget pour la santé et le bien-être social tombait de 28,86 à 25,42%[82].

Pour ce qui est du budget de l'année 1972-1973, une délégation du Conseil du patronat dirigée par M. Perrault recontrait MM. Bourassa et Garneau le 24 janvier 1972 pour leur présenter officiellement ses recommandations et en discuter avec eux[83]. Les témoignages recueillis indiquent que le Conseil eut un succès certain et que le gouvernement adopta effectivement quelques-unes de ses suggestions.

Le Conseil recommandait, par exemple, que les dépenses gouvernementales totales n'augmentent pas de plus de 5%. L'augmentation, au budget, fut de 8,1%, soit une baisse radicale par rapport aux trois années financières précédentes durant lesquelles le taux d'accroissement avait dépassé les 15%. Le Conseil recommandait en outre au gouvernement d'augmenter ses investissements dans des secteurs contribuant directement à l'enrichissement. Le budget de 1972-1973 comporta une augmentation de 23% des investissements dans les secteurs parapublics, soit principalement dans l'Hydro-Québec et la construction d'écoles. Les investissements publics et parapublics se chiffrèrent en tout à 1,5 milliard de dollars. Enfin sa troisième recommandation portait sur une diminution du taux d'accroissement des dépenses aux postes de la santé et du bien-être social et de l'éducation. Or, dans le domaine de l'éducation, le taux d'accroissement, de 15% qu'il avait été l'année précédente, tomba à 5,6% tandis qu'il passait de 12,5 à 8% dans le cas des affaire sociales[84].

Plusieurs autres propositions du Conseil se retrouvèrent dans le budget, notamment l'ouverture d'une délégation du Québec à Bruxelles pour faciliter les relations avec la Communauté économique européenne, la nomination d'une mission commerciale en Extrême-Orient (réalisée par le CGI en 1973), le retrait de la taxe de vente sur la machinerie industrielle, la diminution des droits sur les successions et l'augmentation du budget du Centre de recherche industrielle[85]. Enfin, les propositions budgétaires du Conseil du patronat contenaient des recommandations générales sur la politique salariale du gouvernement pour les négociations qui s'amorçaient avec les employés du secteur public[86]. Comme on l'a vu au chapitre précédent, le gouvernement s'y montra fort réceptif lors de la grève du front commun.

Le budget de 1972-1973 fut reçu avec grande satisfaction par les milieux d'affaires du Québec. Le Conseil du patronat, la Chambre de commerce du Québec, le Centre des dirigeants d'entreprise et l'AMC l'appuyèrent publiquement[87]. M. Brunelle du Conseil félicita le gouvernement d'avoir diminué le taux d'accroissement des dépenses publiques conformément aux vœux exprimés par les hommes d'affaires[88]. Le Conseil fit remarquer que le gouvernement avait tenu compte dans son budget de la situation difficile dans laquelle se trouvait l'industrie québécoise; il se réjouissait en particulier de voir abolie la taxe de vente sur l'équipement industriel, progressivement éliminés les droits sur les successions et supprimée la taxe sur les transferts d'actions[89].

Au cours d'une entrevue, un dirigeant du Conseil se déclara fort satisfait des résultats obtenus. Il avait fallu, selon lui, presque une année de travail et de nombreuses réunions avec des ministres et des fonctionnaires pour préparer ce document. Le Conseil, ajouta-t-il, a été «très optimiste et fort satisfait» devant le succès de ses propositions et s'est félicité de voir que «le gouvernement nous écoute, même pour les détails»[90]. Il précisa que les réactions officielles de M. Bourassa à ces propositions avaient été discrètes de crainte que l'opinion publique ne croie que les milieux d'affaires menaient le gouvernement[91]. Enfin, le *Financial Post* rapporta que selon de hauts fonctionnaires du gouvernement, les propositions du Conseil étaient «le document le plus important que nous possédions pour nous aider à préparer le budget»[92].

Les sociétés d'Etat au Québec

L'élément le plus marquant dans les politiques économiques du Québec durant la période de 1960 à 1975 demeure indiscutablement la création d'un réseau d'entreprises d'Etat exerçant leur activité dans plusieurs secteurs de l'industrie et dont les plus importantes sont l'Hydro-Québec, créée à la suite de la nationalisation des entreprises privées d'électricité en 1963, la Société générale de financement, la Caisse de dépôt et placement, la Société québécoise d'initiatives pétrolières, la Société québécoise d'exploration minière et la Sidérurgie du Québec.

La plupart ont été constituées par le gouvernement libéral de M. Lesage entre 1960 et 1966. Bien que les objectifs aient varié d'une institution à l'autre, l'intention avouée du gouvernement était de contribuer à la «libération économique» du Québec, conformément au slogan électoral des libéraux: «maîtres chez nous». En réalité, le gouvernement se proposait de jouer un rôle actif dans la création d'une base canadienne-française de pouvoir économique. Il estimait que ce n'est que par le biais de l'instance étatique que les Canadiens français accéderaient au processus décisionnel dans l'économie, ce qui, jusqu-là, avait été presque exclusivement réservé aux Anglo-canadiens ou aux étrangers. Pour citer M. Parizeau:

> Au Québec, il faut faire intervenir l'Etat. C'est inévitable. C'est ce qui nous donne une allure plus à gauche. Si nous avions au Québec 25 entreprises Bombardier et si nous avions des banques très importantes, la situation serait peut-être différente. Nous n'avons pas de grosses institutions, il faut donc les créer[93].

Le message de M. Parizeau était clair. L'Etat intervenait non pas pour des motifs sociaux, mais plutôt pour redonner aux Québécois un certain poids dans la balance économique du pouvoir au Québec. M. Dion partageait cette opinion: «C'est dans le dessein de constituer une base économique proprement québécoise que furent créées à l'époque de la révolution tranquille des entreprises comme la Société générale de financement, Soquem, Soquip, Rexfor et Sogefor.»[94]

Même si un certain nationalisme a inspiré la création de ces institutions, il est certain qu'en pratique celles-ci ont assumé bien d'autres fonctions. Il s'agissait notamment de renflouer les entreprises — surtout petites et moyennes — en difficulté financière, de prendre en charge certains secteurs économiques que l'entreprise privée ne jugeait plus rentables et de fournir, directement ou indirectement, de l'assistance à des entreprises ou à des secteurs industriels spécifiques.

Nous allons maintenant examiner l'importance relative de ces fonctions pour chacune des grandes sociétés d'Etat et voir surtout quel écart a pu exister entre les intentions explicites du législateur et les résultats obtenus. Quels intérêts ont-elles réellement servis? Quel pouvoir ont-elles exercé, quelle influence ont-elles eue sur les prises de décisions, chacune dans son secteur? Enfin, quelles ont été leurs relations avec l'entreprise privée? Bref, nous allons essayer de déterminer si ces grandes sociétés d'Etat ont constitué pour le gouvernement du Québec un levier ou un instrument de pouvoir économique face à l'entreprise privée.

A quelques exceptions près, on peut dire que les entreprises d'Etat ont eu peu d'effet sur l'économie du Québec même si elles ont œuvré dans des secteurs clés de l'économie québécoise, comme les pâtes et papiers, l'acier, le pétrole, les mines et même si les lois leur ont accordé des pouvoirs étendus. Dans les faits, elles ont principalement servi à épauler l'entreprise privée plutôt qu'à faire échec à son pouvoir et à constituer la base d'un pouvoir économique indépendant pour le gouvernement du Québec. Parmi les facteurs qui ont contribué à gêner leur activité, on peut nommer l'insuffisance des budgets, des faiblesses de structures, l'exiguïté de leurs sphères d'action, limitées par la loi, et leurs nombreuses affinités avec l'entreprise privée.

L'Hydro-Québec

La nationalisation des entreprises privées d'électricité en 1963 a été proclamée comme une victoire majeure du gouvernement du Québec sur le pouvoir économique de la grande entreprise et comme la prise en charge par l'Etat d'un secteur économique essentiel, pour le plus grand bien de la population québécoise.

On ne saurait mettre en doute l'importance économique de l'Hydro-Québec. En 1975, son actif s'élevait à quelque six milliards de dollars, ses ventes annuelles à plus de 800 millions et elle comptait plus de 12 000 employés[95]. Les témoignages que nous avons recueillis indiquent cependant que c'est au secteur privé qu'a surtout profité l'activité de l'Hydro-Québec. D'abord, les entreprises auraient été incapables d'investir à leurs risques les milliards de dollars qu'exigeaient les grands projets hydroélectriques comme ceux de Manic-Outardes, de Gentilly et, plus récemment, de la Baie James, selon M. Jean-Paul Gignac, commissaire de l'Hydro-Québec de 1961 à 1969, puis président de Sidbec, le complexe sidérurgique de l'Etat québécois.

> Je ne crois pas qu'une compagnie privée aurait pu prendre le risque de développer le complexe Manic-Outardes et de transporter de l'électricité à un voltage de 375 000 volts. Il faut se rendre compte que ce risque calculé a permis à l'Hydro de faire des centaines de millions d'économie tout en développant une source énergétique à bon marché[96].

En outre, la nationalisation a permis de consolider et de rationaliser le marché de l'électricité[97]. Les tarifs de l'Hydro-Québec ont surtout profité aux entreprises industrielles. En 1973, par exemple, le coût moyen de l'électricité pour une entreprise industrielle à Montréal était de 1.92 dollar par million de BTU, alors qu'il était de 4.19 dollars pour les entreprises commerciales et de 4.34 dollars pour les particuliers[98]. En outre, à partir de 1961 et jusqu'à la fin de 1972, le prix de l'électricité au Québec n'a augmenté que de 3,5%, alors que l'indice général des prix à la consommation grimpait de 100 à 146,3[99]. Comme l'entreprise privée fait grande consommation d'électricité et comme celle-ci est une ressource naturelle essentielle à la plupart des secteurs industriels, la stabilisation des prix et les tarifs préférentiels accordés aux industriels ont surtout avantagé le secteur privé.

Les données dont nous disposons nous autorisent également à croire que les huit entreprises privées d'électricité ont été généreusement dédommagées par le gouvernement du Québec au moment de leur nationalisation en 1963. D'après le *Financial Post*, les offres du gouvernement ont été dans tous les cas supérieures à la valeur courante des actions en bourse et dans la plupart des cas supérieures à la plus haute valeur atteinte par ces actions depuis septembre 1962[100]. Bref, il en a coûté 604 millions de dollars au gouvernement du Québec pour nationaliser l'électricité. Enfin, quelques-uns des propriétaires des entreprises nationalisées n'auraient pas été mécontents, dit-on, de retrouver une partie du capital investi pour le replacer dans des secteurs à taux de profit élevé[101]. Power Corporation, pour ne nommer que celle-là, s'est développée et diversifiée rapidement à partir de 1963, surtout grâce au capital liquide obtenu par la nationalisation de sa filiale, la Shawinigan Light and Power Corporation[102].

On n'a donc pas à s'étonner que l'entreprise ait largement appuyé la nationalisation de l'électricité. Les réponses au questionnaire indiquent que 72,3% des hommes d'affaires et 80% des dirigeants de grandes entreprises y étaient favorables[103]. L'Hydro-Québec aurait pu être un instrument important de libération économique entre les mains du gouvernement du Québec, mais la société se contenta de fournir de l'électricité au secteur privé à des prix relativement bas et avec suffisamment de stabilité.

La Société générale de financement

La Société générale de financement a été constituée par le gouvernement du Québec le 6 juillet 1962 pour accélérer, selon les termes mêmes du projet de loi 50, le développement industriel du Québec en suscitant, finançant et aidant les entreprises. Plus spécifiquement, la SGF devait:

prêter de l'argent aux entreprises ne pouvant avoir accès à des sources de crédit à long terme;

acquérir des intérêts minoritaires ou majoritaires dans des entreprises nécessitant des capitaux de placement;

participer à la création et à l'expansion de nouvelles industries destinées à mettre en valeur ou à transformer les ressources naturelles du Québec ou d'entreprises industrielles capables d'offrir un grand nombre d'emplois;

offrir des services techniques, administratifs et de recherche aux entreprises dont la marge de profit peut s'accroître par l'adoption de nouvelles techniques ou la mise en œuvre de réformes administratives[104].

La SGF était en réalité une société mixte. Elle n'appartenait pas entièrement à l'Etat puisque son capital-actions était réparti entre le gouvernement, les caisses populaires, les secteurs privé et public. Un des objectifs secondaires du projet de loi était en effet d'amener la population du Québec à participer par son épargne à l'économie de la province[105].

Il suffit de lire le projet de loi 50, article 8, pour voir que la SGF n'était autorisée à acquérir des intérêts minoritaires ou majoritaires dans une entreprise que dans le seul but d'en assumer les risque ou de sauver celles qui étaient menacées. Une fois la période critique passée et l'entreprise redevenue rentable, la SGF devait s'en retirer et la remettre au secteur privé. C'est ce qui faisait dire à M. Filion, premier directeur de la société: «La société ne prendra le contrôle d'une entreprise que lorsque ce sera pour le bien commun; par la suite, elle essayera de la revendre aux intérêts privés»[106].

M. Gérard R. Ryan, l'un des membres du comité chargé de la rédaction du projet de la loi 50, confirmait le caractère temporaire des incursions de la SGF dans le secteur privé:

La SGF est une banque d'affaires bienveillante qui a pour objectif de fournir le tout ou une partie importante du capital permanent d'une nouvelle entreprise, de participer à sa direction... jusqu'au jour où ses actions peuvent être émises dans le grand public avec un risque grandement diminué[107].

Dans les faits, la SGF devint rapidement une société de gestion constituée principalement d'entreprises familiales sur le point de faire faillite ou aux prises avec de grandes difficultés financières. Sa principale fonction étant de renflouer les entreprises non rentables, elle portait une attention toute spéciale aux entreprises canadiennes-françaises. On peut même dire que la SGF a été la principale initiative du gouvernement pour améliorer la position relative des entreprises canadiennes-françaises dans la structure économique du Québec. M. René Paré, premier président et directeur du comité qui a rédigé le projet de loi 50, l'indiqua clairement dans un article qu'il écrivit dans la revue *Commerce*.

Par notre faute nous (les Canadiens français) n'occupons qu'une place secondaire dans l'économie de notre province. Il faut que ça change! Nous devons avoir un réseau d'institutions bien à nous. Nous devons adopter plus que des demi-mesures en vue de notre développement...[108].

Bien qu'étant actionnaire majoritaire[109], le gouvernement ne nommait que quatre des 16 membres du conseil d'administration de la société. Huit autres étaient choisis par les actionnaires et les quatre derniers par les caisses populaires. En 1971, la plupart des administrateurs de la SGF étaient des hommes d'affaires parmi lesquels on comptait MM. Paul Leman, président d'Alcan Alumunium, Pierre Salbaing, président de Air Liquide, Gérard Filion, président de Marine Industries, William Bennet, président de Iron Ore, et Marcel Faribault, président du Trust Général du Canada.

Comme les filiales de la SGF étaient principalement des entreprises en mauvaise posture financière, on n'a pas à s'étonner que ses résultats sur le plan financier aient été piètres. En 1971, la société perdit huit millions de dollars sur des investissements de quelque 50 millions. La plus importante filiale de la SGF était de loin Marine Industries, l'entreprise de la famille Simard. La SGF fit l'acquisition de 60% du capital-actions de Marine Industries en octobre 1965 au coût de 12,5 millions de dollars; cette somme représentait à l'époque 43% de tous les investissements de la société. Il semble que la famille Simard se soit défait au bon moment de Marine Industries; l'entreprise, qui avait déclaré 2,1 millions de profits en 1965, accusait un déficit de 3,2 millions en 1971. Après que la SGF eut affecté de substantiels capitaux à la modernisation de l'entreprise, Marine réalisa de nouveau des profits de 3,8 millions de dollars en 1972.

La plupart des placements de la SGF se firent dans de petites entreprises canadiennes-françaises ayant moins de quelques centaines d'employés. On peut nommer Forano, Volcano, Bonnex, Cégelec Industries, LaSalle Tricot, David Lord[110], Soma et Sogefor. Bien qu'elle ait visé à réorganiser et à regrouper plusieurs de ses filiales, l'action de la SGF eut principalement pour effet d'assurer, au moyen de subventions, la survie d'entreprises en difficultés financières. Avec Soma et Sogefor, la SGF s'employa à mettre sur pied de nouvelles industries; dans les deux cas, ce fut un échec sur le plan financier. La Soma désignait une usine de montage d'automobiles constituée en février 1965 suite à un accord conclu entre la Régie Renault et la SGF. Selon les termes de cet accord, la Soma devait assembler des pièces d'automobiles fournies par Renault; la SGF investit quatre millions de dollars dans l'usine et embaucha 545 employés. Renault ayant par la suite pris la décision de ne plus faire de montage en Amérique du Nord, la Soma fermait ses portes en février 1973[111]. Elle les rouvrait en décembre 1973 pour faire le montage d'autocars pour le compte d'une entreprise allemande, la Mann; la transformation de l'usine coûta de nouveau trois millions de dollars à la SGF[112].

La Sogefor avait été constituée en 1963 par la SGF en tant que société de gestion dans le secteur des pâtes et papiers. On ambitionnait rien moins que d'en faire «un important complexe industriel»[113]. La réalité fut autre. Sogefor acheta trois usines, Albert Gigaire, la scierie Dubé et Maki et en construisit une autre, Dupan. Fidèle à ses principes la SGF achetait ainsi trois usines petites, familiales, financièrement instables et techniquement inefficaces. Leur regroupement n'en fit pas une entreprise profitable. Les quatre usines Sogefor accusèrent des déficits. Dupan et Dubé fermaient en juin 1971. Dupan rouvrait en novembre 1971. Maki était vendue aux Produits forestiers Maniwaki en 1972 et Albert Gigaire, à Multigrade.

Les usines de Sogefor souffraient d'une même grave tare: le manque d'accès à des réserves de bois. Maki, par exemple, située dans une région où toutes les concessions forestières avaient été accordées à la CIP, était forcée d'acheter son bois de celle-ci au prix fort. En dépit des multiples tentatives de la SGF pour obtenir du gouvernement du Québec des concessions pour les usines de Sogefor, celui-ci refusa de réviser le régime des concessions. Lorsque M. Parizeau démissionna du conseil d'administration de Sogefor le 9 mars 1971, il en attribua l'échec à l'inertie du gouvernement face au régime des concessions forestières dominé par CIP et Consolidated-Bathurst. Il prétendit même qu'une modification de ce régime aurait été la seule solution possible aux problèmes de Sogefor[114].

En septembre 1972, la SGF devint une entreprise d'Etat; par l'adoption du projet de loi 75, le gouvernement en fut le seul actionnaire. En décembre 1973, la SGF héritait d'un capital-actions additionnel de 25 millions de dollars et ses fonctions étaient précisées dans le projet de loi 20. En 1975, l'actif de la SGF s'élevait à 59,4 millions de dollars et ses filiales réalisaient un chiffre de vente de 382,5 millions de dollars. La «nouvelle» SGF a joué le rôle d'une société de gestion, soit qu'elle finançât directement les grandes et moyennes entreprises en achetant leur capital-actions, soit qu'elle encourageât les petites entreprises œuvrant dans le même secteur à fusionner. La SGF, comme elle l'a dit elle-même, voulait «intensifier son intervention dans l'économie de la province pour créer des secteurs industriels puissants au Québec par l'association du capital d'Etat et de l'entreprise privée»[115].

Elle s'est donc surtout contentée, en pratique, d'aider les entreprises en difficultés financières et de fournir des capitaux pour les projets hasardeux. Jusqu'à maintenant, elle aura réussi, souvent temporairement cependant, à protéger des emplois en aidant quelques entreprises à survivre. Nous sommes loin de son objectif initial qui était d'accélérer la croissance économique du Québec en modifiant la structure de son économie.

La Caisse de dépôt et placement du Québec

La Caisse de dépôt et placement du Québec a été constituée le 15 juillet 1965. Cette société d'Etat devait administrer les sommes recueillies par la Régie des rentes du Québec et par plusieurs autres organismes comme la Régie de l'assurance-maladie du Québec et la Régie de l'assurance-dépôts du Québec. Avec un capital d'environ 4,3 milliards de dollars en 1965, la Caisse pouvait être l'instrument économique le plus important du gouvernement. M. René Lévesque, alors ministre des Richesses naturelles dans le gouvernement libéral de M. Lesage, prétendait en 1966 que la Caisse était la seule institution d'Etat capable de contester l'hégénomie économique et politique de la majorité anglo-canadienne au Québec[116].

La création de la Caisse, comme celle des autres institutions d'Etat, suscita les plus grands espoirs. M. Lesage déclara: «La Caisse est appelée à devenir l'instrument financier le plus important et le plus puissant que l'on ait eu jusqu'ici au Québec»[117]. On y voyait le moyen de donner au gouvernement et aux Canadiens français un plus grand contrôle sur leur économie. Un comité interministériel formé par M. Lesage pour étudier le Régime de rentes du Québec déclara en 1963 dans son rapport que la Caisse ramènerait entre les mains de ses administrateurs les centres de décision jusque-là situés hors du Québec[118].

Il est certain que la Caisse de dépôt et placement du Québec a donné au gouvernement une certaine indépendance par rapport au «cartel» financier. Lors de certaines périodes critiques où les obligations du Québec ne se vendaient pas, la Caisse a pu venir à la rescousse du gouvernement et en acheter une bonne tranche[119]. C'est notamment ce qui arriva, selon M. Parizeau, lorsqu'en 1966, M. Johnson fut élu sur le thème «égalité ou indépendance»[120]. Alarmés par cette flambée de nationalisme, les marchés financiers s'étaient montrés particulièrement réticents à acheter des obligations du Québec. La Caisse arriva à point nommé pour soutenir leur valeur en les achetant en grande quantité. Selon Alain Pinard du *Montreal Star*, «Cette politique a littéralement empêché, dans certains cas, le gouvernement du Québec d'être publiquement humilié parce qu'il ne pouvait vendre ses obligations»[121].

La Caisse de dépôt et placement n'aura cependant pas permis au gouvernement de reprendre le contrôle des centres de décisions économiques. Le capital de la Caisse, de 4,3 milliards de dollars, était relativement modeste à comparer aux vastes ressources dont disposent les institutions financières privées. La Banque Royale du Canada, par exemple, avait un actif de 18,5 milliards de dollars en 1973. En outre, et c'est plus grave, la Caisse a engagé plus de 70% de son capital dans les obligations émises par le gouvernement et ses sociétés[122], le reste de son portefeuille étant constitué de placements hypothécaires ou immobiliers[123].

La Caisse aurait pu participer aux grandes décisions économiques en achetant des actions de sociétés privées. La loi qui la constituait l'en empêcha en lui interdisant de détenir plus de 30% des actions d'une entreprise et d'investir plus de 30% de son capital dans des actions[124]. L'intention du gouvernement était en effet, en achetant des actions ou des obligations, de fournir des capitaux à l'entreprise privée, mais non pas d'exercer un réel contrôle sur elle. M. Claude Prieur, qui fut président de la Caisse de 1966 à 1973, n'hésita pas à décrire la Société comme «un réservoir de capitaux avant tout». Parlant de ses investissements en actions, il ajoutait:

> C'est en 1967 que la Caisse commença à se constituer un portefeuille d'actions. L'objet était de faire participer la Caisse à la croissance industrielle par le truchement des marchés boursiers. C'était là un autre moyen pour la Caisse de fournir aux entreprises un accès plus facile au marché des capitaux, en aidant à créer un meilleur marché boursier[125].

Un autre article de la charte de la Caisse fait bien ressortir son rôle essentiellement passif dans la structure industrielle de la province. La loi lui interdisait en effet de placer de l'argent dans des entreprises ayant moins de cinq ans, ce qui l'empêchait de créer de nouvelles entreprises, ou de lancer de nouvelles sociétés d'Etat. «La Caisse, d'expliquer M. Prieur, ne peut se substituer à l'entreprise privée ou même à l'Etat dans le lancement de projets, étant donné les conditions de gestion qui lui sont imposées.»[126]

Autre faiblesse: l'assèchement à long terme du capital de la Caisse. Dans le rapport annuel de 1972, M. Prieur déclarait en effet qu'une étude actuariale sur le Régime de rentes du Québec prévoyait que la Caisse atteindrait un sommet avec quelque 5,5 milliards de dollars en 1990, pour décliner rapidement par la suite et se tarir complètement en 1998[127].

Les hommes d'affaires interviewés se déclarèrent satisfaits du rôle de la Caisse. Le vice-président d'une banque estima que la Caisse avait «un rôle très important» à jouer et que «sa fonction principale, outre celle d'acheter les obligations du gouvernement, était d'encourager les entreprises québécoises en achetant leurs actions»[128]. Le président du conseil d'une société de fiducie estimait pour sa part que la Caisse avait été «créée pour des raisons politiques plutôt qu'économiques» et que «le même rôle aurait pu être rempli par l'entreprise privée»[129], opinion partagée par un dirigeant d'une autre société de fiducie[130]. Ces dernières déclarations indiquent bien que certains hommes d'affaires regardaient avec scepticisme les tentatives du gouvernement québécois pour devenir maître chez lui et créer l'infrastructure d'un pouvoir économique qui appartiendrait aux Canadiens français.

Bref, la Caisse de dépôt et placement du Québec a permis au gouvernement d'écouler ses obligations, surtout lorsque les marchés financiers, pour des raisons politiques ou autres, les boudaient. Sa principale fonction, cependant, fut d'appuyer des entreprises québécoises en leur fournissant des capitaux. Contrairement aux espoirs qu'elle avait suscités, la Caisse n'a pas donné au gouvernement le pouvoir de participer davantage aux décisions économiques, ni modifié de façon appréciable la structure industrielle du Québec.

La Sidérurgie du Québec (Sidbec)[131]

Sidbec a été créée le 18 novembre 1964 sur l'initiative de M. René Lévesque. Son mandat et ses pouvoirs étaient vastes. La société pouvait agir dans toutes les phases de la production de l'acier: exploitation minière, recherche, affinage, distribution et vente des produits finis. Sidbec existait d'abord et avant tout pour fournir de l'acier aux industries québécoises à des prix concurrentiels. M. Saint-Pierre, alors ministre de l'Industrie et du Commerce, aurait déclaré, dit-on: «Plusieurs industries ont décidé de ne pas s'établir ou de ne pas s'agrandir ici (au Québec) à cause du coût élevé de l'acier et de sa rareté.»[132] En 1973, le Québec ne produisait que 8% de tout l'acier canadien, à comparer à 80% pour l'Ontario. Comme Sidbec avait pour objectif de rendre les entreprises industrielles québécoises plus concurrentielles en suppléant à une carence dans la structure industrielle de la province, les hommes d'affaires, dont la Chambre de commerce, appuyèrent l'initiative du gouvernement.

Bien que Sidbec ait été constituée officiellement en 1964 avec un capital autorisé de 25 millions de dollars, ce n'est qu'en juillet 1968, après l'achat de la sidérurgie privée Dosco, qu'elle démarra pour de bon. La transaction avait été conclue au coût de quelque 60 millions de dollars après deux années de négociations avec la société britannique Hawker-Siddeley, actionnaire majoritaire de Dosco. Comme ses techniques et son équipement étaient désuets, Dosco était aux prises avec de gros déficits depuis plusieurs années. Sidbec fut donc obligée, durant les premières années, de consacrer quelque 125 millions de dollars à la rénovation des usines de Dosco et à la construction de nouvelles installations.

Durant ses sept premières années, l'activité de la Sidérurgie du Québec se solda par d'importants déficits, dont un de près de 20 millions de dollars en 1975. Le gouvernement du Québec était cependant préparé à éponger ces pertes puisque son objectif était, selon M. Saint-Pierre, «d'offrir de l'acier à des prix plus abordables», «d'augmenter les avantages de la production dans la province» et «d'y attirer des entreprises utilisant de l'acier». M. Saint-Pierre concluait donc «qu'il n'était pas essentiel que la rentabilité de Sidbec se compare à celle d'autres sidérurgies»[133]. Du jour où Sidbec serait rentable, il y avait fort à parier qu'elle serait remise entre les mains de l'entreprise privée. En effet, selon M. Jean-Paul Gignac, président, si le gouvernement du Québec donnait à sa sidérurgie le statut d'une entreprise à capital-actions, et non pas celui d'une société de la Couronne ou d'une entreprise d'Etat, «c'était dans l'intention de lancer les actions de Sidbec sur le marché dès que la société deviendrait rentable»[134]. Il n'était pas «normal, de dire M. Gignac, qu'un gouvernement administre une sidérurgie»[135], écartant de la sorte l'hypothèse qu'une société d'Etat puisse poursuivre des objectifs ou protéger des intérêts autres que ceux de l'entreprise privée.

Le gouvernement était le seul actionnaire de Sidbec; pourtant on ne retrouve aucun de ses représentants au premier conseil d'administration de la société élu le 20 mars 1965. Outre M. Gérard Filion, nommé président dès le début, figuraient au conseil MM. Pierre Gendron, président de Dow Breweries, Gérald Plourde, président de United Auto Parts, Peter N. Thomson, dirigeant de Power Corporation, et René Paré. Pour corriger en partie cette anomalie, le gouvernement nommait le 17 août 1965 deux fonctionnaires: MM. Jean Deschamps, sous-ministre de l'Industrie et du Commerce, et Michel Bélanger, du ministère des Richesses naturelles, futur président de la Bourse de Montréal et de la Bourse canadienne.

Le gouvernement du Québec affaiblit encore davantage la position de Sidbec en aidant financièrement certains de ses concurrents. C'est ainsi qu'il subventionna la nouvelle usine de 14,5 millions de dollars de Stelco à Contrecœur tout comme la nouvelle usine de 24 millions de Sidbec à Longueuil. Dans ce dernier cas, les subventions fédérales et provinciales s'élevèrent à 50% du coût de construction de la nouvelle usine[136].

Ainsi donc, Sidbec fut administrée par des hommes d'affaires conformément aux intérêts de l'entreprise privée. La sidérurgie, bien sûr, créa des emplois, mais elle eut toujours comme objectif principal de fournir plus d'acier et à meilleur compte aux entreprises industrielles du Québec. Si le gouvernement du Québec accepta d'assumer les déficits inhérents à un secteur industriel non rentable, ce fut pour réduire les coûts d'exploitation des sociétés qui avaient besoin d'acier. Il était par ailleurs implicitement entendu que ce secteur reviendrait à l'entreprise privée du jour où celle-ci pourrait en tirer des profits.

La Société québécoise d'exploration minière (Soquem)

La Société québécoise d'exploration minière fut constituée par le gouvernement le 15 juillet 1965. Selon M. Lévesque, il était urgent de rationaliser la prospection et la production minière pour mieux répondre aux besoins du Québec. Depuis le début du siècle, disait-il, les ressources minières de la province avaient été exploitées avec les capitaux et selon les intérêts des entreprises américaines et leur activité, fondée uniquement sur le profit, avait nui au développement régional; les entreprises avaient en effet extrait de chaque région les ressources minières les plus accessibles plutôt que de faire de la prospection systématique. M. Lévesque allait jusqu'à soutenir qu'une telle politique avait à long terme une influence néfaste sur la viabilité de ces régions, ainsi que sur les efforts du gouvernement pour tirer le meilleur rendement possible de ses dépenses en infrastructures et surtout des routes qu'il avait construites[137].

Soquem avait pour objectif:

a) de faire de l'exploration minière par toutes les méthodes;

b) de participer à la mise en valeur des découvertes, y compris celles faites par d'autres, avec possibilité d'acheter et de vendre des propriétés à divers stades de développement et de s'associer à d'autres pour ces fins;

c) de participer à la mise en exploitation des gisements, soit en les vendant, soit en prenant une participation contre la valeur des propriétés transmises[138].

Fait à noter: Soquem ne pouvait faire de l'exploitation minière seule, mais devait s'adjoindre un partenaire. A toutes fins pratiques, cela voulait dire que dans la plupart des cas, Soquem allait être le partenaire mineur d'une entreprise privée.

Le gouvernement accorda à Soquem un capital de 15 millions de dollars sur une période de dix ans au rythme de 1,5 million par an. Ce budget, de dire M. Côme Carbonneau, ancien vice-président de St.Lawrence Columbium and Metals et par la suite président de Soquem, était insuffisant et laissait loin en avant ceux des grandes entreprises minières: «Nous avons vu que les milieux d'affaires acceptent un coût moyen de 35 millions de dollars par découverte et que les firmes spécialisées en recherche acceptent un coût moyen allant de 10 à 20 millions de dollars.»[139]

A la fin de 1970, Soquem disposait d'un actif de quelque 8,4 millions de dollars. Suite au ralentissement de la prospection privée et à la fermeture de plusieurs mines, le gouvernement décidait d'augmenter le budget de Soquem d'abord en 1971, puis de nouveau en 1973. Le capital total de la société était censé atteindre les 45 millions de dollars en 1980. C'était néanmoins modeste devant la fortune de certains de ses partenaires privés. En 1970, par exemple, Falconbridge Nickel annonçait un investissement de 200 millions de dollars dans les mines de cuivre et de nickel de l'Ungava, suivie, la même année, par Noranda Mines avec un programme d'expansion de 123 millions pour augmenter la production de cuivre dans ses installations québécoises.

A partir de 1966, Soquem s'occupa surtout de prospecter de nouveaux gisements, de mettre en valeur ses découvertes et de faire de la recherche sur les techniques d'extraction. Au chapitre de la prospection, la société lança 16 programmes d'exploration en 1966-1967, neuf autonomes et sept partagés. Devant les succès obtenus, le nombre des programmes partagés fut porté à 20 en 1970-1971, tandis qu'il n'en restait que deux d'autonomes [140]. Parmi les partenaires de Soquem, on remarquait les géants New Jersey Zinc, Rio Tinto Exploration, Asbestos Corporation, Québec Cartier Mining et Falconbridge Nickel Mines.

Aux yeux même de Soquem, son rôle en exploration consistait à subventionner l'entreprise privée et à en diminuer les risques. Lorsque les recherches préliminaires semblaient prometteuses, quand, par exemple, elle découvrait des gisements susceptibles d'être exploités commercialement, elle faisait un appel de soumission dans le secteur privé. Alors même qu'elle fournissait le plus clair des capitaux dans les programmes de prospection partagés [141], elle ne détenait que des intérêts minoritaires dans la plupart des programmes partagés d'exploitation. Sauf une seule exception, les entreprises privées détenaient le contrôle des programmes partagés avec des participations de 50 à 85%. Bref, l'entreprise privée était invitée à entrer en scène sitôt que le projet s'annonçait rentable.

Pour ce qui est de l'exploitation des gisements déjà découverts, il y eut une nette augmentation des programmes partagés par rapport aux programmes autonomes: 12 autonomes et 11 partagés en 1966-1967, mais seulement un autonome contre six en 1970-1971. Le diagramme 6 nous fait voir l'évolution du nombre et de la nature des programmes d'exploration minière du 1er avril 1966 jusqu'en 1971. Il comprend tous les programmes d'exploration, depuis la prospection jusqu'à la mise en valeur [142]. Des six programmes partagés de mise en valeur, cinq étaient contrôlés par des entreprises privées avec des participations allant de 50 à 60%. La seule exception à cette règle fut le forage d'un gisement d'uranium dans les Cantons de l'Est qui fut contrôlée par Soquem, Rio Tinto Exploration ne détenant que 10% des actions [143].

Soquem ne fut partenaire d'aucune entreprise de production, si ce n'est la Louvem Mining Company et Niobec. Cette dernière avait été constituée conjointement avec Copperfield Mining et devait commencer à exploiter des gisements de columbium dans la région du Lac Saint-Jean en 1976; Soquem et Copperfield Mining y détenaient chacune 50% des actions.

Louvem appartenait entièrement à Soquem et faisait donc exception aux dispositions de la loi interdisant à Soquem de s'occuper seule, sans partenaire privé, de production minière. Louvem avait été créée en 1967, après que Soquem fut devenue partenaire de Nemrod Mining Group, pour exploiter des gisements de cuivre qu'elle avait découverts près de Val d'Or. Après deux années de débats complexes en cour supérieure pour déterminer qui de Soquem ou de Nemrod était propriétaire, Soquem achetait en 1971 les actions detenues par Nemrod. L'entreprise commençait à produire en 1970 et dévait demeurer active jusqu'en 1976; elle fournit 290 emplois.

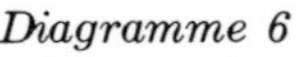

Diagramme 6

*Evolution du nombre et du type de programmes depuis le 1er avril 1966**

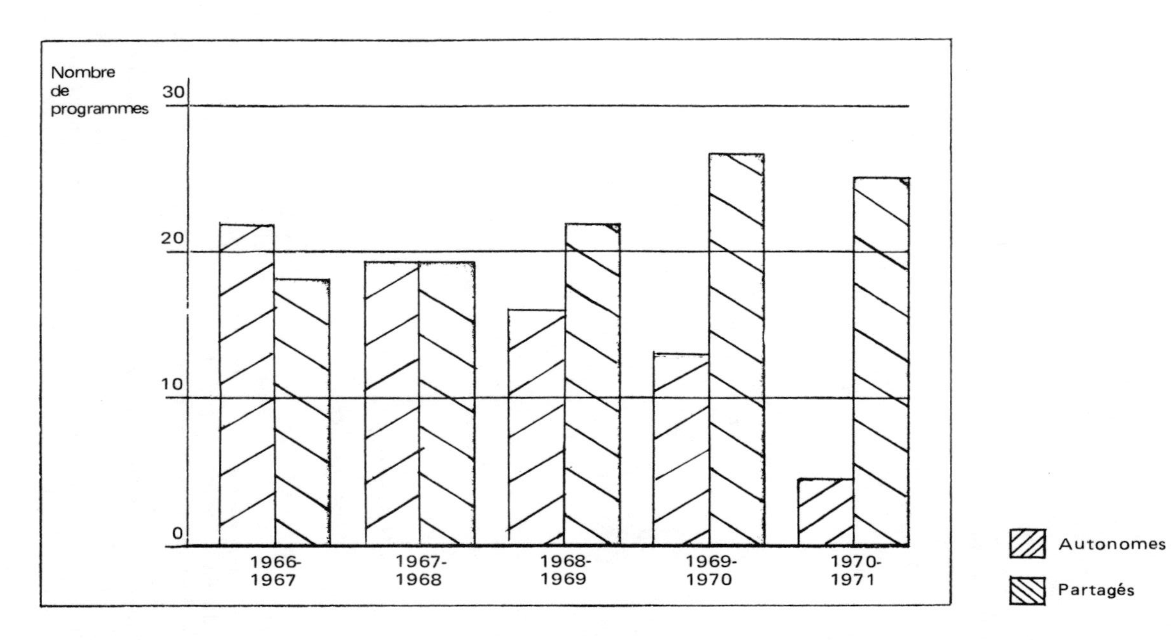

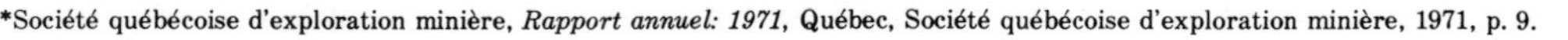

*Société québécoise d'exploration minière, *Rapport annuel: 1971*, Québec, Société québécoise d'exploration minière, 1971, p. 9.

Sur le plan de la recherche, Soquem avait porté «une attention particulière à l'amélioration des méthodes d'exploration»[144]. En 1971, elle affectait 400 000 dollars à la recherche. L'un des hauts faits de Soquem dans ce domaine a été la mise au point d'un instrument de relevés électromagnétiques aéroportés. Appelé Emal-19, cet instrument, mis en service en juin 1971, réduisait substantiellement le coût de l'exploration aérienne, soit de 25 à 35 dollars à seulement trois ou quatre dollars du mille. Soquem autorisa Aerophoto Inc. à commercialiser Emal-19, laissant ainsi à l'entreprise privée le soin de récolter les profits d'une invention pourtant issue du secteur public. En mai 1970, Soquem participait avec plusieurs entreprises minières privées, dont Cominco et New Jersey Zinc, à une étude consacrée à l'élaboration de stratégies d'exploration des gîtes de sulfure massifs[145].

D'après M. Claude Genest, vice-président de Soquem, les entreprises privées accueillirent tièdement l'entreprise d'Etat, voyant en elle une éventuelle concurrente. «Quand nous nous sommes montrés prêts à participer avec elles, d'ajouter M. Genest, et à nous intégrer au système économique, leur attitude a changé»[146].

On n'a pas à s'étonner de cette bienveillance puisque Soquem offrait de financer le coût de l'exploration minière, tout en renonçant dans la plupart des cas à acquérir un certain contrôle[147]. Faute d'argent, Soquem ne joua aucun rôle significatif en exploitation minière[148], si bien que le secteur le plus rentable fut laissé à l'entreprise privée. Fait plus grave, celle-ci continua d'agir en fonction de ses seuls intérêts, c'est-à-dire de manière à réaliser les meilleurs profits possibles. Dans l'ensemble donc, Soquem n'a joué qu'un rôle marginal dans le domaine minier et a peu progressé dans la réalisation des objectifs qui lui avaient été assignés au départ. L'entreprise privée a continué de développer le secteur minier à sa guise, Soquem échouant à rationaliser l'exploitation minière et l'utilisation des infrastructures dans les diverses régions du Québec.

La Société québécoise d'initiatives pétrolières (Soquip)

La Société québécoise d'initiatives pétrolières a été constituée par le gouvernement du Québec le 28 novembre 1969. C'était «une société à fonds social ayant les attributs d'une compagnie privée»[149], sauf que toutes ses actions avaient été souscrites par le gouvernement. Soquip avait été créée pour parer à l'insécurité et au coût élevé des approvisionnements en pétrole qui se percevaient déjà à la fin des années soixante. Non seulement le Québec dépendait-il du pétrole pour 75% de ses besoins énergétiques, mais 80% du pétrole consommé était importé du Vénézuéla et du Moyen-Orient. Cette dépendance s'était déjà révélée dangereuse lors des crises de Suez en 1957 et en 1967 et lorsque l'Organisation des pays exportateurs de pétrole décida d'augmenter les prix. Enfin le gouvernement québécois estimait que le pipeline Portland-Montréal acheminant le pétrole en provenance du Moyen-Orient et du Vénézuéla ne suffirait plus à la demande vers la fin des années soixante-dix. «La création de Soquip, déclarait M. Bernard Cloutier, président, reflète la prise de conscience du gouvernement de l'importance vitale de la sécurité d'approvisionnement et des prix de l'énergie pour le développement économique du Québec.»[150]

On confia donc à Soquip un large mandat qui englobait à toutes fins pratiques toutes les phases de l'activité pétrolière: production, raffinage et distribution.

Les objectifs de la société, décrits à l'article 3 de sa charte, étaient:

a) de rechercher, produire, emmagasiner, transporter et vendre des hydrocarbures bruts, liquides ou gazeux;

b) de participer au raffinage des hydrocarbures bruts, liquides ou gazeux, à l'emmagasinage, au transport et à la vente d'hydrocarbures raffinés, ainsi qu'à la mise en valeur des découvertes d'hydrocarbures faites par d'autres.

Elle a aussi pour objet de s'associer à toute personne ou société pour ces fins[151].

Comme pour Soquem, le gouvernement déclara clairement que Soquip ne pourrait s'occuper de raffinage et de vente qu'en collaboration ou en association avec le secteur privé. La volonté du gouvernement de confier les travaux d'exploration en priorité à Soquip se percevait clairement dans l'article 14 de la Charte: «La Société ne peut, sans l'autorisation du lieutenant-gouverneur en conseil, exercer ces pouvoirs relativement aux objets visés au paragraphe *b* de l'article 3»[152]. M. Clouthier lui-même était convaincu que le gouvernement avait la plus ferme intention de limiter l'activité de Soquip à l'exploration:

> Parmi cet éventail d'activités possibles, son actionnaire a choisi d'accorder la priorité à la mise en valeur du potentiel pétrolier des bassins sédimentaires du Québec par l'exploration systématique de ceux-ci seule ou en association avec des compagnies privées[153].

C'est ce que fit Soquip dès 1969. La société fit l'acquisition de 39 millions d'acres dont 10 millions devaient être prospectés conjointement avec dix entreprises privées, dont Shell, Texaco et Gulf. Elle fit de nombreuses explorations sismiques, sur terre et en mer, et participa avec l'entreprise privée au forage de huit sondages d'exploration. Son activité s'exerça principalement dans le bassin du golfe Saint-Laurent, la baie des Chaleurs, le bassin de l'île d'Anticosti et le complexe Taconic[154]. Bref, la principale fonction de Soquip fut de subventionner les recherches de l'entreprise privée. Pour M. Cloutier lui-même, d'ailleurs, Soquip devait servir à épauler l'entreprise privée: «Dans notre contexte libéral nord-américain, le rôle de Soquip est celui d'une structure d'accueil chargée de promouvoir des initiatives industrielles et commerciales susceptibles d'accroître la sécurité de l'approvisionnement pétrolier du Québec...»[155]

Soquip bénéficia d'un capital initial de 15 millions de dollars répartis sur une période de dix ans. C'était trop peu pour entrer dans le domaine de la production: c'était même à peine suffisant pour se lancer dans des opérations majeures de prospection. «Dans l'industrie du pétrole, écrivait David Oancia du *Montreal Star*, tout le monde sait qu'on ne peut forer bien des puits avec un investissement total limité à 1,5 million de dollars par année»[156]. En outre, selon le *Financial Post*, les coûts de forage peuvent facilement monter à trois millions par puits; or «il a fallu forer quelque 200 puits dans les eaux glacées de la Mer du Nord avant de trouver une nappe de gaz susceptible d'être exploitée commercialement»[157]. Bref, compte tenu de son modeste budget, Soquip n'avait d'autre alternative que de s'allier à l'entreprise privée.

En 1974, le gouvernement du Québec lui accorda 7,5 millions de dollars pour l'année 1974-1975 et prit à son égard un engagement à long terme de 92,5 millions. Aucun document ne précisait sur combien d'années le gouvernement répartirait ces crédits, mais c'était néanmoins une amélioration[158]. Soquip avait pour première fonction d'assumer une partie des coûts de façon à encourager les entreprises privées à investir dans l'exploration pétrolière:

> Les 100 millions de dollars (et ce chiffre inclut l'argent dépensé à ce jour) que Québec a accordés à Soquip sont comme des stimulants destinés à amener l'entreprise privée à participer à des programmes partagés.
>
> Les résultats jusqu'à présent sont excellents. Les entreprises privées dépensent actuellement 4.50 dollars pour chaque dollar avancé par Soquip; il y a deux ans, le rapport était de 1.30 à un dollar[159].

Comme dans le cas de Soquem, les sociétés privées ne se déclaraient intéressées que lorsque les travaux préliminaires semblaient prometteurs. «L'augmentation récente des capitaux privés investis dans les programmes partagés, déclarait M. Cloutier, s'explique par la découverte de deux puits qui nous ont donné des renseignements utiles, bien que coûteux.»[160] Bref, on se trouve encore ici devant une institution d'Etat qui constitue en quelque sorte un système complexe de subventions masquées ou de stimulants. Elle assume une partie des risques et des coûts, mais préfère demeurer un partenaire mineur et laisser à l'entreprise privée l'initiative et le contrôle des opérations.

Le gouvernement alla à l'encontre des vœux des dirigeants de Soquip en interdisant à la société d'entrer dans les secteurs du raffinage et de la vente. En 1970, par exemple, Soquip manifesta le désir d'installer une station-service aux portes de Québec. Le gouvernement s'y opposa. «Soquip s'est fait frapper sur les doigts par ses actionnaires, écrivait le *Financial Post*, lorsqu'elle a proposé le printemps dernier d'installer une station-service près de la ville de Québec.»[161] Plus récemment, le président de Soquip, M. Cloutier, ne cachait pas que seul le refus du gouvernement empêchait Soquip de s'occuper de production et de distribution: «Lorsque le conseil des ministres nous le permettra, nous passerons à la seconde étape: le raffinage des hydrocarbures et leur mise en marché...»[162]

Le 16 novembre 1972, M. Gilles Massé, ministre des Richesses naturelles, rendait public son Livre blanc sur la politique énergétique du Québec. On y dénonçait notamment l'insuffisance des opérations de prospection et des investissements des sociétés pétrolières et on recommandait que le gouvernement du Québec entre dans le champ du raffinage, en achetant une raffinerie ou en en construisant une, et dans celui de la distribution en ouvrant des stations-service. Plus spécifiquement, le Livre blanc, pourtant approuvé par le cabinet, recommandait de confier à Soquip le mandat de regrouper les distributeurs indépendants d'essence et de mazout non seulement pour consolider leur position sur le marché mais en même temps pour créer une société mixte de production, de raffinage, d'entreposage et de distribution de pétrole. Le Livre blanc suggérait également de construire un port en eau profonde dans le Saint-Laurent pour les pétroliers étrangers de façon que le Québec ne dépende plus uniquement du pipeline Portland-Montréal et pour réduire les coûts de transport[163].

Bref, le Livre blanc recommandait ni plus ni moins de créer une société pétrolière contrôlée par l'Etat, parallèle aux grandes entreprises privées et qui participerait à toutes les phases de l'exploitation pétrolière et notamment à l'achat de pétrole des fournisseurs étrangers, à la prospection, au raffinage et aux ventes dans les stations-service. Des négociations directes avec les pays producteurs et une franche compétition avec les transnationales serviraient, y lisait-on, les intérêts à long terme de la province en empêchant les prix de monter et en donnant au Québec une marge de manœuvre à l'égard des prix fixés par les sociétés pétrolières[164].

Le lancement du Livre blanc se fit à grand renfort de publicité. Plusieurs ministres y voyaient un geste décisif du gouvernement pour résoudre les problèmes énergétiques du Québec. Le 12 mars 1973, M. Massé répéta au cours d'une conférence de presse que le gouvernement avait l'intention de regrouper les distributeurs indépendants pour créer au Québec, avec l'appui des institutions financières, un secteur pétrolier intégré, contrôlé par l'Etat. Evoquant l'urgence de la situation, il déclara que la mise sur pied de ce projet serait amorcée avant la fin de 1973. Enfin, il fit remarquer que la Caisse de dépôt et placement avait été invitée à participer à l'opération et que plusieurs rencontres avaient déjà eu lieu avec des distributeurs indépendants et des institutions financières[165].

Les milieux d'affaires s'opposèrent vivement à ce projet, surtout les grands producteurs de pétrole[166]. En décembre 1970, une réunion avait lieu entre les sociétés pétrolières et les autorités du ministère de l'Industrie et du Commerce. Le gouvernement voulait apparemment les consulter sur son intention d'acheter directement son pétrole[167]. Comme on l'a déjà vu, le Conseil général de l'industrie se montra fort hostile à l'initiative gouvernementale. En mai 1973, le CGI présenta un mémoire à MM. Saint-Pierre et Garneau condamnant l'intervention de l'Etat dans le domaine du pétrole. Au cours d'une entrevue, un dirigeant de la Chambre de commerce du Québec révéla que celle-ci était, elle aussi, tout-à-fait opposée au projet. La Chambre avait, selon lui, rencontré M. Bourassa et plusieurs ministres, le 14 mai 1973, pour leur expliquer que le gouvernement n'avait aucune raison de s'immiscer dans le raffinage et la distribution des produits pétroliers. D'après lui, toute cette histoire venait de ce que Soquip «voulait agrandir son empire»[168].

Il semble bien que les recommandations du Livre blanc tombèrent à l'eau, même si elles avaient déjà été approuvées par le cabinet. D'après un éditorial paru dans *La Presse* en novembre 1973, le projet fut abandonné, suite à la présentation du mémoire très négatif du CGI:

> A la suite d'un mémoire, très controversé d'ailleurs, remis aux ministres Guy Saint-Pierre et Raymond Garneau par le Conseil général de l'industrie, en mai dernier, les études sur le projet du port pétrolier et les pourparlers entamés avec les éventuels partenaires d'une raffinerie mixte québécoise furent interrompus[169].

Lorsque M. Garneau déclara en annonçant une augmentation du budget de Soquip que cet argent devait servir exclusivement à l'exploration, on comprit que le projet n'avait pas simplement été différé; il avait été abandonné[170].

Soquip se contenta donc de faire de la prospection, puisque l'entreprise privée avait réussi à annihiler ses tentatives pour pénétrer dans le champ éminemment rentable du raffinage et de la distribution du pétrole. Même là, cependant, elle en fut réduite à jouer le rôle d'un partenaire mineur et dut se contenter de financer une partie des coûts d'exploration sans exercer aucun contrôle sur la nature des projets.

Que faut-il conclure de cette brève analyse des diverses sociétés d'Etat? A part l'Hydro-Québec et la Caisse de dépôt et placement du Québec, elles sont demeurées marginales dans l'économie du Québec. Entravées dans leur activité par toutes sortes de restrictions et dotées de budgets trop modestes, elles ont été incapables de prendre pied dans les secteurs économiques qui leur avaient été confiés et n'ont pas réussi à donner plus d'autorité au gouvernement dans les grandes décisions économiques.

De plus, les sociétés d'Etat du Québec se sont elles-mêmes considérées comme des auxiliaires, des collaboratrices de l'entreprise privée. Soquem et Soquip, par exemple, ont à toutes fins pratiques subventionné les entreprises minières et pétrolières en assumant une partie des coûts d'exploration. La SGF a renfloué certaines sociétés à la veille de la faillite. L'Hydro-Québec a permis aux usagers industriels d'obtenir de l'électricité à bon compte tout en se lançant, au coût de plusieurs milliards de dollars, dans de vastes projets destinés à mieux approvisionner ses clients. Il serait peut-être simpliste de n'y voir que des instruments au service de l'entreprise privée, mais il serait utopique de prétendre qu'elles ont contribué à rendre les Québécois maîtres chez eux.

Les entrevues avec des hommes d'affaires ont d'ailleurs confirmé ces conclusions. Pour la plupart, les sociétés d'Etat n'ont joué qu'un rôle marginal. Le président d'une association patronale, par exemple, estimait qu'à part la Caisse de dépôt et placement, elles avaient joué un rôle «insignifiant dans l'économie du Québec» et n'avaient fait «qu'aider l'entreprise privée»[171]. Un banquier ajoutait: «les interventions gouvernementales ne font pas de mal aux affaires» ... «au contraire, elles peuvent servir à mettre en valeur des secteurs qui deviendront éventuellement des sources de profit pour l'entreprise privée»[172].

NOTES:

1 Birnbaum, p. 59.

2 Allan Fenton, «Economic Planning in Free Societies», *Canadian Business*, février 1963, p. 26.

3 *Ibid.*

4 *Ibid.* Selon Fenton, M. A.J. Little, vice-président de la Chambre de commerce du Canada, aurait déclaré: «La condition essentielle du progrès économique au Canada aujourd'hui, c'est la planification détaillée et intelligente, à court et à long terme, au niveau gouvernemental». P. 28.

5 Association des manufacturiers canadiens, *Une politique industrielle pour le Québec*, App. D. p. 3.

6 Laurent Bélanger, *Evolution du patronat et ses répercussions sur les attitudes et pratiques patronales dans la province de Québec*, étude no 14, bureau du Conseil privé, Ottawa, Imprimeur de la Reine, janvier 1970, p. 110.

7 Selon Birnbaum, l'intervention de l'Etat dans l'économie a servi à «nationaliser les risques», mais n'a pas porté atteinte aux profits des entreprises privées. P. 85.

8 Rick Deaton, «The Fiscal Crisis of the State», *in* Dimitrios Roussopoulos, éd., *The Political Economy of the State*, Montréal, Black Rose Books, 1973, p. 19.

9 Daniel Johnson, «Les intentions du gouvernement pour les mois à venir», *Le Devoir*, 2 mai 1968.

10 Guy St-Pierre, «Le Québec en quête d'une politique économique», *Le Devoir*, 1er mai 1972.

M. St-Pierre a déclaré qu'il avait «confiance dans l'entreprise privée» et «moins confiance dans l'entreprise publique». Cité par Ian Rodger dans «How Guy St-Pierre Hopes to Save Quebec Capitalism».

11 Guy St-Pierre, «Le Québec en quête d'une politique économique».

12 Cité par Claude Beauchamp dans «Du Québec doit jaillir...», *La Presse*, 23 mai 1972.

13 Cité par Jacques Keable dans «Notre marge de manœuvre est très mince».

14 Riopel et Takacsy, p. 62.

15 La Presse Canadienne, «L'industrie du textile peut créer 20% des nouveaux emplois nécessaires au Québec», *La Presse*, 12 juin 1970.

16 Entrevue, mai 1973.

17 *Les Gens du Québec: St-Henri*, Montréal, Editions Québécoises, 1972, p. 4-15.

18 *Financial Post*, 4 février 1961.

19 Selon un homme d'affaires interviewé par le *Montreal Gazette* en 1972, le gouvernement a «obligé Bourassa lui-même, récemment, à donner un coup de fil aux plus grands investisseurs éventuels, pour leur demander ce qu'il fallait faire pour les amener au Québec». Un industriel ontarien a confirmé qu'il avait reçu un appel de ce genre de M. Bourassa lui demandant «ce qu'il fallait faire pour nous convaincre de construire une usine quelque part au Québec», cité par David Tafler, «Canadian Businessmen: Everyone is Scared of Quebec», 8 juin 1972.

20 Cyrille Felteau, «Québec veut stopper l'exode des épargnes», *La Presse*, 6 février 1973.

21 Entrevue, mai 1973.

22 Dans un rapport préparé pour le CGI, Riopel et Takacsy lançaient l'avertissement suivant: «Le gouvernement provincial doit résister à la tentation de recourir à la fiscalité ou à la coercition pour s'assurer que les épargnes des Québécois soient investies dans la province», p. 78.

23 Selon Dominique Clift, «Québec Quizzes Bell», *Montréal Star*, 25 janvier 1972, «Les allégations du gouvernement québécois sont difficiles à prouver, étant donné le genre de rapport que présente la Bell sur ses opérations. Les états financiers de la société renseignent peu sur la nature de ses investissements, sur leurs objectifs et sur les endroits où ils sont faits».

24 Louis Fournier, «Dossier amiante», *Québec-Presse*, 25 mars 1973. Voir aussi Louis-Bernard Robitaille, «Dans le secteur de l'amiante, les emplois et les profits vont aux U.S.A.», *La Presse*, 12 juin 1972. Ce diagnostic sévère sur l'industrie et sur l'inertie du gouvernement poussa sans doute celui-ci à ne pas publier ce rapport.

25 Ces renseignements proviennent d'un rapport gouvernemental secret sur l'industrie de l'amiante cité *in* Robitaille, «Dans le secteur de l'amiante». Le rapport établissait aussi qu'une grande partie des profits réalisés par les producteurs locaux d'amiante quittait la province. De 1961 à 1966, les mines d'amiante du Québec ont versé quelque 249 millions de dollars en dividendes aux actionnaires (des entreprises américaines), mais seulement 193 millions en salaires.

26 Robert Pouliot, «Tessier rassure l'industrie de l'amiante en supprimant des passages d'un rapport», *La Presse*, 26 janvier 1973. Voir aussi Denis Giroux, «Le scandale de l'amiante», *Magazine Maclean*, janvier 1975, p. 30-35.

27 David Lewis, «Les cadeaux du régime Trudeau aux grosses compagnies», *Le Devoir*, 19 septembre 1972.

28 L. Chisholm, «Bold Plans For Expansion», *Financial Post*, 14 juillet 1962.

29 R.E. Powell, lettre inédite à M. Maurice Duplessis sur les besoins de l'Alcan Aluminium en électricité, 4 mars 1946. La lettre a été communiquée par M. T.L. Brock, secrétaire de l'Alcan.

30 *Ibid.*

31 Chisholm, «Bold Plans».

32 Chambre de commerce de la province de Québec, Répertoire des mesures d'assistance technique et financière des gouvernements fédéral et provincial au commerce et à l'industrie du Québec, Montréal, Chambre de commerce de la province de Québec, juin 1972.

33 *Ibid.*

34 *Ibid.*

35 Voir les rapports annuels de l'Office du crédit industriel de 1968 à 1971.

36 Selon l'article 4, l'aide financière pouvait être accordée pour «la construction, l'amélioration ou l'agrandissement d'usines...», pour «l'achat de machinerie», «l'acquisition de brevet d'invention» et «l'amélioration... de la structure financière de l'entreprise». Voir Assemblée nationale du Québec, *projet de loi 20*, Québec, Editeur officiel du Québec, 1971.

37 *Financial Times*, «Perspectives on Quebec».

38 Association des manufacturiers canadiens, app. E, p. 1.

39 *La Presse*, 18 août 1972.

40 Riopel et Takacsy, p. 55.

41 *Ibid.*, p. 79.

42 *La Presse*, «La SDI», 17 avril 1973.

43 Deux membres de la Société de développement industriel du Québec démissionnaient en juillet 1972. MM. Robert Gagnon et Jacques Clermont trouvaient que la société tenait trop d'une institution financière et pas assez d'une agence de développement industriel. Ils regrettaient, en outre, que le ministère de l'Industrie et du Commerce ait donné trop peu de pouvoirs de décision à la société.

44 Plusieurs raisons furent invoquées pour expliquer les problèmes économiques des entreprises industrielles, et notamment la situation économique des Etats-Unis, la réévaluation du dollar canadien, les grèves dans les ports du Canada et des Etats-Unis et le programme de dégrèvement fiscal du gouvernement américain (Disc). M. J.P. Monge, président de CIP, blâma, lui, l'industrie. Il critiqua les dirigeant des entreprises de pâtes et papiers pour avoir «manqué d'imagination», avoir consacré trop peu d'argent à la recherche et trop augmenté leur capacité de production après la Deuxième guerre mondiale. Cité dans le *Financial Post*, «Marketing Board No Answer for Paper», 16 octobre 1971.

45 Gilbert Athot, «Crise dans l'industrie des pâtes et papiers», *Le Soleil*, 29 mai 1972, estimait que 12 650 travailleurs avaient été mis à pied en 1970 et 9 000 en 1971.

46 Amy Booth, «From Pulp and Paper: Smiles», *Financial Post*, 13 mai 1972.

47 Voir l'allocution prononcée par M. Bourassa devant l'American Paper Institute de New York, *Le Devoir*, «Vers une réorientation des priorités québécoises dans l'industrie du papier», 13 mars 1974. M. Bourassa soutient que le meilleur coup de main que puisse donner le gouvernement aux entreprises de pâtes et papiers serait d'aider à réduire le coût des ressources ligneuses.

48 Il ne faut pas oublier que ITT, maison-mère de la Rayonnier, avait un chiffre de vente annuel égal au double du budget du Québec environ, soit 7,3 milliards de dollars en 1971, et des profit de 353 millions en 1970.

49 Les renseignements sur les subventions accordées à ITT-Rayonnier sont tirés de Walter Stewart, «$57 Million Deal Helps ITT Exploit Quebec Forests» *Toronto Star*, 8 mai 1972.

50 *Ibid.* Selon Ian Rodger du *Financial Post*, un dirigeant d'une société de pâtes et papiers aurait déclaré: «L'affaire ressemble plus à mon avis à une concession qui aurait changé de nom, qu'à une véritable forêt domaniale». Voir «Pulp Firms Surpringly Willing on Forest Reform», *Financial Post*, 30 octobre 1970.

51 *Ibid.*

52 *Ibid.*

53 *Ibid.*

54 *Ibid.*

55 *Ibid.*

56 Entrevue, mai 1973.

57 Entrevue, mai 1973.

58 Entrevue, mai 1973.

59 Voir Louis Sabourin, «Les bois du Québec sont des cimetières», *Québec-Presse*, 13 août 1972.

60 Amy Booth, «Quebec Examines Roots of Woods Tenure Usage», *Financial Post*, 10 août 1963.

61 *Ibid.*

62 Jacques Parizeau, «Vertu, la maternité et l'exploration forestière», *Québec-Presse*, 2 avril 1972.

63 Ian Rodger, «Quebec to Impose Direct Management of Forest», *Financial Post*, 8 juillet 1972.

64 Voir Gilles Lesage, «Québec abolira progressivement les concessions et les réserves», *Le Devoir*, 29 mars 1972.

65 Roch Desaulnais, «Des réactions au Livre blanc sur la politique forestière», *Québec-Presse*, 9 avril 1972.

66 Parizeau, «La vertu, la maternité».

67 Voir La Presse Canadienne, «Domtar dénonce la réforme forestière projetée au Québec», *La Presse*, 1er septembre 1972, et «CIP et Consol somment le ministre Drummond de rédiger une nouveau Livre blanc sur la forêt», *La Presse*, 8 septembre 1972. Voir aussi l'Association des industries forestières du Québec, *Mémoire sur l'exposé sur la politique forestière*, Québec, Association des industries forestières, juin 1972.

68 Selon Ian Rodger, «Direct Management», «Selon la façon dont le gouvernement fixera les taux d'essouchement, il pourrait être plus avantageux pour les concessionnaires de renoncer purement et simplement à leurs concessions sans compensation immédiate; voilà pourquoi les dirigeants d'entreprises hésitent à condamner le principe d'une réforme du système de gestion avant d'en connaître les détails».

69 Canadian International Paper, *Brief to the Parliamentary Commission on Natural Resources and Lands and Forests*, Montréal, Canadian International Paper, juin 1972, p. 13.

M. Paul Lachance, président du conseil des producteurs de pâtes et papiers, déclara que les producteurs étaient loin d'être hostiles à une modification du système en cours, mais ils voulaient une réduction du coût des ressources ligneuses et une juste compensation pour les concessions, Roch Desaulnais, «Réactions au Livre blanc».

70 Association des industries forestières, p. 23.

71 La Presse Canadienne, «Domtar dénonce la réforme forestière».

72 Ian Rodger, «Direct Management».

73 La Presse Canadienne, «Drummond fustige l'attitude réactionnaire des grandes sociétés de pâtes et papiers», *Le Devoir*, 25 août 1972.

74 Cité dans *Le Devoir*, «La CIP ne viendra pas nous dire quoi faire!», 11 septembre 1972.

75 La Presse Canadienne, «Drummond cède aux pressions et retarde son projet de gestion de la forêt», *La Presse*, 30 octobre 1972.

76 La Presse Canadienne, «CIP et Consol somment le ministre».

77 *Idem*, «Le projet de loi visant à abolir les concessions forestières sera déposé d'ici l'ajournement», *La Presse*, 23 mai 1973.

78 Entrevue, mai 1973.

79 Entrevue, mai 1973.

80 La Fédération des travailleurs du Québec, *Le gouvernement de la minorité*, Montréal, Fédération des Travailleurs du Québec, 1972, p. 14.

81 *Ibid.* La FTQ établissait dans ce document que les revenus du gouvernement avaient quadruplé de 1961 à 1970. Durant la même période, le produit des impôts sur le revenu avait augmenté de 100% et celui des impôts de sociétés de 150%. Voir p. 13-15.

82 *Ibid.*, p. 28.

83 Les propositions du CPQ concernant le budget furent publiées le lendemain dans *Le Devoir*. Selon le *Financial Post*, «Input From Market Place, But No Political Fence Mending», 31 mars 1973, les propositions, préparées par des experts, «constituaient un budget complet pour la province» avec «des chiffres détaillés sur les prévisions des revenus, des précisions sur la façon d'utiliser ces revenus et une analyse sur l'opportunité de terminer l'année avec un déficit ou un surplus».

84 Les renseignements sur le budget sont tirés de Claude Masson et Claude Beauchamp, «Tout sur le budget du Québec», *La Presse*, 19 avril 1972.

85 Le budget du Centre fut porté de 3,5 à 4,5 millions de dollars. Le Conseil avait demandé une augmentation de trois à quatre millions.

86 La recommandation se lisait ainsi: «Le CPQ recommande que la politique salariale du gouvernement tienne vraiment compte des réalités de l'économie québécoise. Toute comparaison avec l'Ontario ou avec les Etats américains qui ne tient pas compte du fait que le rendement des économies de cette province ou de ces Etats est bien supérieur au rendement de l'économie du Québec serait inacceptable», *Le Devoir*, 25 janvier 1972.

87 Voir *La Presse*, «Le gouvernement démontre qu'il entend vivre selon ses moyens», 20 avril 1972, et «Réconfort chez les manufacturiers», 13 avril 1972. Voir aussi la Chambre de commerce de la province de Québec, *Mémoire annuel*, Montréal, Chambre de commerce de la province de Québec, juin 1972, p. 4.

88 *La Presse*, «Le Gouvernement démontre qu'il entend vivre».

89 *Ibid.*

90 Entrevue, mai 1973.

91 Entrevue, mai 1973. Le même dirigeant rappelait la réaction de M. Bourassa devant les propositions budgétaires du Conseil: «C'est exellent votre affaire. Si je ne suis pas plus enthousiaste en public, si ma réaction est modérée, c'est à cause de l'opinion publique; je ne veux pas qu'il soit dit que c'est le patronat qui nous mène».

92 *Financial Post*, «Input From Market Place».

93 Jacques Parizeau, «Au Québec, l'Etat doit intervenir», *Québec-Presse*, 15 février 1970.

94 Léon Dion, «L'entreprise et la société québécoise», p. 15.

95 Hydro-Québec, *Rapport annuel de 1973*, Montréal, Hydro-Québec, 1973.

96 Jean-Paul Lefebvre, «Etat s'abstenir», *Magazine Maclean*, novembre 1972, p. 43.

97 N'oublions pas que 37,48% de toute l'électricité produite au Québec n'a pas été nationalisée. Une trentaine de sociétés privées ont donc échappé à la nationalisation, dont l'Alcan Aluminium qui produit de l'électricité pour ses propres besoins. Voir Carol Jobin, «La nationalisation de l'électricité au Québec en 1962», thèse de MA, Université du Québec à Montréal, août 1974, p. 65-68.

98 *Financial Times*, Perspectives on Quebec».

99 Alain Batty, «L'Hydro-Québec dix ans après la nationalisation», *Le Jour*, 19 juin 1974. Les chiffres sont tirés de Statistique Canada, catalogue no 57-202.

Selon Jobin, «La nationalisation de l'électricité», le tarif de l'électricité pour usage domestique a augmenté de 19% de 1960 à 1970, tandis que le tarif pour usage commercial baissait de 16% et que celui pour usage industriel demeurait stable, p. 230-233.

100 Patrick Durant, «Shareholders Advised to Take Quebec Offer», *Financial Post*, 23 mars 1963. Le *Financial Post* donne des détails sur l'offre du gouvernement québécois et les fluctuations du cours du marché pour les actions de chaque société. Selon Jobin, «La nationalisation de l'électricité», l'offre gouvernementale était en moyenne supérieure de 20% aux cours du marché les plus récents, p. 76.

101 Jobin, «La nationalisation de l'électricité», soutient qu'en 1960, le bénéfice sur le capital investi dans l'industrie de l'électricité n'était que de 4,45%, p. 186.

102 *Ibid.* Jobin estime que Power Corporation a reçu 20 millions de dollars en compensation pour la nationalisation, p. 187.

103 Les hommes d'affaires interrogés se sont dits satisfaits des opérations de l'Hydro-Québec. Un dirigeant d'une association patronale se plaignait, cependant, que l'Hydro-Québec était devenue «trop indépendante» et soutenait que «le gouvernement devrait se donner les outils pour la contrôler efficacement», entrevue, mai 1973.

104 *Financial Post*, «Quebecers Take No Fliers; Timid with Capital — Filion», 8 février 1964.

105 Laurie Chisholm, «Bold Plans for Expansion», *Financial Post*, 14 juillet 1962.

106 Cité dans Jacques Pigeon, «La SGF mettra en vente au printemps des actions à $10 chacune», *La Presse*, 13 novembre 1963.

108 René Paré, «Comment devenir maîtres chez nous», *Revue Commerce*, vol. 65, no 2, mars 1963.

109 En 1971, le gouvernement du Québec détenait 50,29% des actions, les caisses populaires, 16,58%, d'autres institutions financières, 28,38% et le public 4,75%.

110 David Lord a été achetée par la SGF en 1964 pour 2,6 millions de sollars et reendue à son précedent propriétaire en 1972 pour1,1 millions.

111 Voir Confédération des syndicats nationaux, *Qui a mis le cadenas dans Soma?* Montréal, Confédération des syndicats nationaux, décembre 1972.

112 Gérard Leblanc, «Trois des $25 millions de la SGF serviront à transformer Soma en une usine d'autobus, *Le Devoir*, 19 décembre 1973.

113 Gérard Filion, cité par Diane Ethier, «L'histoire de Sogefor», document inédit présenté à un colloque de MA sur la politique québécoise à l'Université du Québec à Montréal.

114 Jacques Parizeau, «L'Etat doit intervenir».

115 Société générale de financement, *Rapport annuel: 1975*, SGF, 1975, p. 6.

116 Cité dans Gérald Godin, «La Caisse de dépôt permet au gouvernement de se soustraire à l'empire de la haute finance», *Québec-Presse* 7 décembre 1969.

117 Cité dans Claude Prieur, «La Caisse de dépôt et placement» *Forces*, no 11, 1970.

118 Cité dans Gérald Godin, «La Caisse de dépôt».

119 Voir passage sur le syndicat financier au chapitre 5.

120 Jacques Parizeau, «Claude Prieur, un grand, un commis de l'Etat», *Québec-Presse*, 15 avril 1973.

121 Alain Pineard, «Your Money at Work for Quebec», *Montreal Star*, 11 janvier 1972.

122 N'oublions que ce n'est pas en détenant des obligations qu'un investisseur peut participer aux décisions prises par une société; contrairement aux actions, elle ne donnent pas de droits de propriétaire.

123 Caisse de dépôt et placement du Québec, *Rapport annual: 1973*, Montréal, Caisse de dépôt et placement du Québec, 1073.

124 N'oublions pas que le portefeuille d'actions de la Caisse est secret — contrairement aux portefeuille des fonds mutuels, des fonds de fiducie ou des autres institutions financières. Selon Louis Fournier, «SMA + Power + Caisse de dépôt», *Québec-Presse*, 13 février 1972, la Caisse avait une participation de 10% dans Power Corporation et a effectivement aidé Power à acquérir en 1972 le contrôle de SMA, société spécialisée dans les sondages, la production cinématographique, etc. en achetant pour 200 000 dollars du capital-actions de SMA, tandis que Power en achetait pour 400 000.

125 Claude Prieur, «La Caisse de dépôt», p. 6.

126 *Ibid.*, p. 7.

127 Caisse de dépôt et placement du Québec. *Rapport annuel: 1972,* Montréal, Caisse de dépôt et placement, 1972.

128 Entrevue, mai 1973.

129 Entrevue, mai 1973.

130 Entrevue, mai 1973.

131 Voir François Taisne, «Sidbec», document inédit présenté à un séminaire de maîtrise sur la politique au Québec à Montréal en avril 1974.

132 Cité dans Denis Giroux, «Québec Steel Prodution Far Below Needs», *Montreal Gazette,* 13 décembre 1973.

L'économiste Jacques Parizeau définissait l'objectif de Sidbec à peu près de la même façon que M. St-Pierre: «L'objectif reste ce qu'il a toujours été: celui de fournir au centre industriel du Québec des produits sidérurgique et, en particulier, des produits plats à un prix aussi bas et avec des délais de livraison aussi courts que ceux dont dipose le centre industriel de l'Ontario», «Le rôle capital des organismes publics et mixtes créés depuis sept ans», *Le Devoir,* 4 décembre 1969.

133 Cité dans Denis Giroux, «Steel Production Below Needs».

134 Cité Dans Jean-Paul Lefebvre, «Etat, s'abstenir».

135 *Ibid.*

136 Denis Giroux, «Steel Production Below Needs».

137 Assemblée nationale du Québec, *Débats de l'Assemblée nationale,* Québec, Editeur officiel du Québec, mai 1965, p. 2221 et p. 2622.

138 Cité dans Société québécoise d'exploration minière, *Rapport annual: 1971,* Québec, Société québécoise d'exploration minière, 1971, p. 4.

139 Côme Carbonneau, «Soquem: bilan de quatre années d'activités», *Le Devoir,* 15 juillet 1970.

140 Société québécoise d'exploration minière, *Rapport annuel: 1971,* p. 9.

141 Selon la Société québécoise d'exploration minière, *Rapport annuel: 1968,* Québec, Société québécoise d'exploration minière, 1968, Soquem a mis 1,5 millions de dollars dans les programmes partagés, contre seulement 500 000 dollars pour les entreprises privées en 1967-1968.

142 Société québécoise d'exploration minière, *Rapport annuel: 1971,* p. 9

143 *Ibid.*, p. 12.

144 *Ibid,* p. 22.

145 *Ibid.*

146 Cité dans Candide Charest-Wallot, «La Soquem sert-elle les intérêts de la société québécoise?», document inédit présenté à un séminaire de maîtrise sur la politique au Québec à l'Université du Québec à Montréal en avril 1974.

147 Selon un banquier: «Il est juste que Soquem agisse ainsi parce que certaines explorations minières n'ont pas été faites par l'entreprise privée. Si Soquem découvre un gîte de cuivre, par exemple, elle le passera à l'entreprise privée; de toute façon, cela aura un effet bénéfique sur le progrès de l'économie et sur l'industrie privée», entrevue, mai 1973.

148 Selon Claude Genest (cité dans Candide Charest-Wallot «La Soquem», «Soquem ne s'occupe pas de production par principe, sauf si une partenaire l'y invite ou pour s'assurer que la production se fait avec ordre et méthode».

149 Société québécoise d'initiatives pétrolières, *Rapport annuel: 1971,* Québec, Société québécoise d'initiatives pétrolières, 1971, p. 4.

150 *Ibid.*

151 *Ibid.*, p. 6.

152 *Ibid.*

153 *Ibid.*, p. 4.

154 Voir *Financial Post,* «Quebec Still Dreams of Finding the Big Gusher», 30 mars 1974, pour renseignements.

155 Société québécoise d'initiatives pétrolières, *Rapport annuel: 1971,* p. 4.

156 David Ooancia, «Oil: Give Us Money, We'll Punch Holes», *Montreal Star,* 16 février 1974.

157 Frederick Rose, «Quebec Gets Serious in its Search for Oil», *Financial Post,* 13 avril 1974.

158 *Ibid.*

159 *Financial Post,* «Quebec Still Dreams of Finding Big Gusher».

160 Cité dans *ibid.*

161 Ian Rodger, «How Soquip Promotes Oil Deals in Quebec» *Financial Post,* 6 novembre 1971.

162 Cité dans Jacques Forget, «Serons-nous bientôt pétroquébécois?», *Perspectives,* 12 janvier 1974, p. 3.

163 Renseignements tirés de *La Presse,* «Québec réduira sa dépendance dans le domaine énergétique», 17 novembre 1972.

164 Dès le 16 août 1972, M. Massé avait exprimé le désir de voir une raffinerie de pétrole contrôlée par l'Etat s'ouvrir au Québec: «Il serait indécent que la prochaine raffinerie soit construite par l'entreprise privée avec les mêmes avantages dont a bénéficié la Golden Eagle à Saint-Romuald près de Québec», dans Denis Giroux, «Un tribunal de l'énergie pour le Québec», *Le Devoir,* 16 août 1972.

164 L'état de dépendance et d'impuissance dans lequel se trouve le gouvernement du Québec devant les sociétés pétrolières s'est manifesté durant la «crise de l'énergie» en 1973-1974. En dépit d'essais répétés, le ministère des Richesses naturelles n'est pas parvenu à savoir quelles étaient les réserves des sociétés pétrolières. M. Massé déclara à l'Assemblée nationale que le gouvernement ne pouvait rien faire pour forcer les sociétés pétrolières à lui fournir cette information; dans Bernard Racine, «Le problème énergétique témoigne de l'impuissance du gouvernement», *Le Devoir,* 18 janvier 1974.

165 Pour avoir plus de renseignements, voir Robert Pouliot, «Québec se hâte de créer une société mixte du pétrole», *La Presse,* 13 mars 1973.

166 *Ibid.*

167 Claude Beauchamp, «Québec convoque les «grands du pétrole», *La Presse,* 12 décembre 1972.

168 Entrevue, mai 1973.

169 Robert Pouliot, éditorial sur la politique énergétique, *La Presse,* 3 novembre 1973.

170 Voir Jacques Parizeau, «Le torpillage de Soquip», *Québec-Presse,* 7 avril 1974.

171 Entrevue, mai 1973.

172 Entrevue, mai 1973.

Conclusion

Cette étude n'aura pas accompli grand chose si elle est perçue simplement comme un autre épisode de l'épopée de la corruption politique au Québec. Même s'il est vrai que le gouvernement Bourassa et ses prédécesseurs ont fait preuve d'une servilité particulière à l'égard du patronat, nous nous devons de souligner que le pouvoir politique de la classe capitaliste ne découle pas avant tout de la corruption des hommes d'affaires et des politiciens, mais plutôt de la propriété et du contrôle qu'exerce la classe dominante sur les moyens de production, et de son hégémonie idéologique sur la société.

Le pouvoir qu'exerce la classe capitaliste à l'égard de la production, des investissements, des innovations scientifiques et technologiques, et de la distribution donne à cette dernière un rôle déterminant dans le développement et le bien-être d'une société. Les différentes études de projets de loi gouvernementaux présentées dans les chapitres huit, neuf et dix démontrent que le patronat n'ésite pas à utiliser sa force économique brutale: menaces de déménager, de réduire les investissements ou de ralentir la production, pour atteindre ses objectifs politiques.

Pour des raisons politiques, il est dangereux de trop insister sur le comportement peu scrupuleux de certains membres de la classe capitaliste ou de certains dirigeants politiques. En effet, cela peut servir de prétexte à l'arrivée au pouvoir d'une autre fraction de classe dominante, ou encore à sanctionner un programme politique différent pour gouverner le même système économique. A ce niveau, l'expérience des partis sociaux-démocrates en Europe et au Canada est fort révélatrice. Leur timidité excessive une fois élus et leurs efforts constants pour conserver «la confiance du monde des affaires» sont la preuve que les politiques de l'Etat sont avant tout déterminées par les stuctures de la société capitaliste et non pas par les individus qui occupent les sommets des appareils d'Etat.

La première année de pouvoir du Parti québécois confirme, à notre avis, ce qui précède. Même s'il faudrait un bilan plus poussé de l'action du nouveau gouvernement depuis le 15 novembre 1976, le gouvernement a déjà fait la preuve qu'il entend jouer le jeu et se mettre à table avec les principaux dirigeants capitalistes. Le conservatisme des deux premiers budgets, le voyage de Lévesque à New York, les amendements de dernière heure apportés à une loi qui devait au départ être «anti-scab», la mise en veilleuse de la plupart des mesures sociales prévues dans le programme électoral, les plaintes répétées des dirigeants péquistes à l'effet qu'ils n'ont pas de marge de manœuvre, sont autant d'indices qui permettent de conclure que le nouveau gouvernement, malgré ses prétentions sociales-démocrates, sera un gouvernement comme les autres.

Même s'il sert les intérêts de la classe dominante, l'Etat n'est pas simplement un instrument du patronat ou des hommes d'affaires. Comme Gramsci l'a souligné, l'Etat est relativement autonome; il défend les intérêts à long terme de la classe capitaliste dans son ensemble, tout en étant en mesure de dépasser les intérêts particuliers de capitalistes individuels ou de fractions de classes capitalistes. Il est évident que toutes les politiques gouvernementales ne peuvent être attribuées à l'initiative du patronat. Dans notre analyse du Québec, nous avons vu plusieurs exemples où le monde des affaires n'était pas totalement satisfait des actions gouvernementales. Dans le cas de la langue, par exemple, le patronat aurait préféré le statu quo ou aucune législation. On pourrait affirmer la même chose dans le cas du projet de loi sur la protection du consommateur.

Dans l'ensemble, cependant, le patronat a réussi à rendre ces différents projets de loi inoffensifs, soit en les amendant, soit en s'assurant que leur mise en application ne se ferait pas au détriment de leurs intérêts. Ainsi les politiques de l'Etat sont souvent le résultat d'un dialogue ou d'un compromis entre le monde des affaires et le gouvernement. Il faut dire aussi que l'Etat a comme fonction, au moins dans une certaine mesure, d'assurer la survie et la crédibilité du système capitaliste, et que ceci se fait en partie par l'entremise de «concessions opportunes» aux opposants de la classe capitaliste.

Une bonne partie des faits et des données présentées dans cette étude constitue une démystification de la révolution tranquille au Québec. L'intervention soutenue de l'Etat de même que l'avalanche de prétendues réformes depuis 1960 n'ont eu aucun impact majeur sur la distribution du pouvoir au Québec. La classe ouvrière et les autres groupes sociaux ont été incapables d'améliorer leur position économique relative et leur pouvoir politique face à la classe capitaliste. Les relations entre le gouvernement du Québec et le grand capital sont demeurées essentiellement les mêmes que sous Duplessis. Globalement, la révolution tranquille aura servi avant tout à moderniser les structures et infrastructures économiques au Québec, et à renforcer le capitalisme.

Nonobstant ce qui précède, cette étude ne prétend pas avoir analysé toutes les implications et aspects du rôle de l'Etat au Québec. Nous avons poursuivi l'objectif beaucoup plus limité d'examiner les liens entre la classe dominante et l'Etat. Nous espérons avoir jeté un certain éclairage sur l'évolution des relations entre les appareils d'Etat et la classe capitaliste à l'ère du capitalisme monopoliste. Les données présentées démontrent, à notre avis, que le patronat a non seulement réussi à dominer les instances décisionnelles clés, mais a aussi obtenu des succès remarquables quant à la détermination de l'orientation générale et des politiques spécifiques du gouvernement du Québec.

Une meilleure compréhension et une analyse plus complète du rôle de l'Etat devraient inclure au minimum une étude plus approfondie des rouages de l'économie québécoise et de ce que Gramsci appelle la société civile. Le rôle de l'idéologie et de la société civile est de toute évidence primordial dans le maintien de l'hégémonie de la classe capitaliste. Dans la mesure où la classe capitaliste réussit à faire accepter ses propres intérêts et son idéologie par la société dans son ensemble, l'Etat pourra éviter les moyens ouvertement répressifs pour assurer la domination de la classe capitaliste.

Appendice A

Méthodologie

Nous allons faire ici une brève analyse critique des deux principales méthodes utilisées pour étudier l'influence et le pouvoir, c'est-à-dire l'approche institutionnelle ou structurelle, et l'approche décisionnelle. Nous verrons aussi comment notre méthodologie emprunte les meilleurs éléments des deux.

L'approche institutionnelle

La majorité des auteurs qui traitent de l'influence des élites, groupes ou classes sur le pouvoir abordent le sujet par le truchement des institutions ou des groupes. Selon cette méthode, on met en lumière les individus ou les élites qui contrôlent les institutions clés de la société: gouvernement, média, entreprises et syndicats, ou encore les institutions et groupes eux-mêmes. De nombreux analystes ont ainsi souligné les antécédents et les caractéristiques sociales des individus qui occupent les échelons supérieurs du système social, économique et politique[1].

Ces auteurs posent en général comme postulat que les origines sociales d'un individu jouent un rôle capital dans la détermination de ses attitudes et de son comportement politique[2]. S'ils constatent par exemple que les dirigeants du système économique et ceux du système politique tirent tous leur origine des classes aisées ou bourgeoises, ils vont en conclure que l'autonomie des deux systèmes est rompue et que ces dirigeants vont collaborer, sinon conspirer, pour l'avancement de leurs «intérêts de classe»[3]. Analysant les élites politiques d'Angleterre, W.L. Guttsman prétend que ce groupe «ne peut pas être facilement considéré indépendamment de la classe puissante et plus vaste où il recrute un si grand nombre de ses membres»[4].

D'autres auteurs ont fait ressortir la position des individus et des groupes dans l'échelle des institutions. Dans *The Power Elite*, Mills écrit: «Nul ne peut être vraiment puissant s'il n'a pas accès à la direction des grandes institutions car c'est par l'entremise de ces leviers du pouvoir que les puissants sont, au premier chef, puissants»[5]. Bien que dans *The Vertical Mosaic* Porter se soit longuement attaché aux caractéristiques sociales des élites canadiennes, il a accordé beaucoup d'importance aux multiples contacts officiels tels le cumul des postes de direction, et contacts officieux tels l'appartenance aux mêmes clubs, qu'ont entre eux les dirigeants des entreprises, de la politique, des média et des autres organes du pouvoir. Porter a également analysé l'interpénétration des divers systèmes de pouvoir et la différence de pouvoir entre les divers systèmes en termes de ressources, moyens d'accès aux structures décisionnelles et groupes de pression. De façon plus générale, il a tenté de déterminer l'indépendance et le pouvoir relatifs des diverses élites de la société. Il a conclu que la société canadienne est dominée par des élites homogènes qui se perpétuent elles-mêmes, et que l'élite des affaires est la plus importante.

La principale faiblesse des études axées sur les institutions ou groupes, y compris *The Vertical Mosaic* de Porter, *The Power Elite* de Mills et *The State in Capitalist Society,* est d'accorder trop d'importance aux antécédents de classe et aux institutions comme facteurs déterminants du pouvoir[6]. Il faut néanmoins reconnaître que les facteurs relatifs aux institutions et groupes sont souvent des sources clés du pouvoir et fournissent fréquemment au chercheur des indices quant à savoir pourquoi, comment et pour qui le pouvoir est exercé.

Une autre faiblesse de la plupart des études sur les institutions est qu'on n'y tient pas assez compte du rôle des systèmes idéologiques dans l'exercice du pouvoir. Une analyse de l'influence de l'argent sur la politique devrait comporter une appréciation «des efforts déployés par les milieux d'affaires pour persuader la société d'adopter non seulement les mesures qu'ils préconisent, mais aussi l'éthique, les valeurs et les buts qui leur sont propres et le système économique dont ils constituent le noyau...»[7] Il est certain ainsi que dans la mesure où les hommes d'affaires réussissent à pénétrer la société tout entière de leur idéologie et à réaliser un accord fondé sur leurs valeurs particulières, ils ne sont pas obligés d'avoir recours aux sources du pouvoir qu'ils trouvent dans les institutions. Dans la section qui suit, nous tentons de montrer que l'analyse de l'idéologie des milieux d'affaires revêt une importance particulière en ce qui a trait aux processus de décision et aussi pour mieux comprendre le rôle du gouvernement dans les structures du pouvoir.

Le processus de décision

L'étude des processus de décision est une méthode assez récente et l'on compte encore peu de travaux d'importance dans lesquels elle a été employée. En théorie, la méthode est fort simple. Elle consiste à envisager une décision particulière et à déterminer quels sont les individus ou groupes qui ont contribué non seulement à ce qu'elle soit prise mais aussi à en fixer la portée. En pratique, cependant, la méthode comporte de grandes difficultés.

La principale et la plus évidente est le secret dont s'entourent ordinairement les décideurs: les nombreux contacts officieux et pressions qui entourent une décision sont rarement rendus publics. Mais cette difficulté peut être contournée jusqu'à un certain point si, au lieu de s'attacher aux moyens de pression spécifiques, on compare les désirs et les besoins exprimés par les individus ou groupes dans leurs mémoires et déclarations publics avec ce qu'ils ont fini par obtenir par le jeu des processus décisionnels.

De toute façon, les résultats d'une campagne de pression mesurés en termes de succès ou d'échec sont plus importants que ses mécanismes spécifiques. Cette méthode tend inévitablement à orienter l'analyse des processus de décision vers une étude du comportement du groupe, car dans la plupart des cas, il est plus facile de se documenter sur la position de l'Association canadienne des manufacturiers, du Board of Trade ou d'une entreprise quelconque que de déterminer quelles influences personnelles ont joué dans le processus de décision.

L'analyse des processus décisionnels comporte une seconde difficulté d'importance qui est de classer les décisions selon leur importance. De nombreuses études sur les influences que subit le pouvoir ont été rejetées pour avoir accordé trop d'importance à des problèmes secondaires. Ainsi, celle de Robert Dahl sur le pouvoir de la collectivité à New Haven a été critiquée par certains parce que l'auteur aurait analysé des décisions qui n'étaient pas essentielles aux intérêts des milieux d'affaires. On a prétendu, plus spécifiquement, que toutes les décisions importantes pour les hommes d'affaires se prenaient au niveau national et non au niveau local[8]. Ce qui importe donc, c'est de définir ce qu'est un problème politique clé. Il serait oiseux d'analyser l'influence des milieux d'affaires au Québec si les décisions qui y sont prises n'avaient qu'une importance marginale pour eux. Pour qu'une étude ait quelque sens, il faut que la décision étudiée ait de l'importance pour le groupe en cause[9]. Peter Bachrach et Morton Baratz ont défini ce qu'est un problème politique clé dans les termes suivants: «celui qui remet véritablement en cause les sources du pouvoir ou de l'autorité de ceux qui dirigent alors les orientations politiques au sein du système» ou encore «celui qui comporte des transformations durables dans la société en cause et dans la répartition même des valeurs»[10].

Donc, d'après la définition ci-dessus, il faudrait mettre l'accent sur les problèmes ou décisions qui menacent ou remettent en question la répartition du pouvoir, et plus spécifiquement la position de la grande entreprise sur ce plan. Cette méthode n'est pas totalement satisfaisante, néanmoins, car il est difficile de définir des critères objectifs pour juger de ce qui constitue une menace pour le pouvoir de la grande entreprise. C'est pourquoi notre étude repose dans une large mesure sur l'appréciation subjective faite par les dirigeants et groupes d'hommes d'affaires eux-mêmes de ce qui menace leur position. Il a fallu également établir comme postulat que «lorsque les élites économiques semblent se désintéresser d'une décision politique, il est plus que vraisemblable que celle-ci ne menace pas leurs intérêts»[11].

Le séparatisme au Québec illustre la difficulté qu'il y a à distinguer entre intérêts subjectifs et objectifs. Une analyse même superficielle des réactions des milieux d'affaires à l'idée du séparatisme permet de croire que ces milieux, au Québec, estiment que le séparatisme pourrait miner leur pouvoir. Mais on pourrait très bien soutenir que le séparatisme, du moins la version qu'en présente le Parti québécois, aurait objectivement très peu d'effet sur la répartition du pouvoir et ne menacerait pas la survie du régime économique. Il pourrait y avoir aussi d'appréciables divergences subjectives de perception entre propriétaires étrangers, administrateurs anglais et administrateurs français. Selon toute vraisemblance, par exemple, un propriétaire dont le siège des affaires se trouve aux Etats-Unis ne se sentirait pas menacé par le séparatisme tant que le milieu conserverait sa stabilité. Les administrateurs canadiens-anglais, cependant, pourraient estimer que leurs emplois sont compromis, tandis que certains administrateurs canadiens-français pourraient avoir l'impression que le séparatisme les aiderait à gravir plus rapidement les échelons supérieurs de l'administration.

L'étude du pouvoir par le truchement des processus de décision est rendue encore moins sûre par la notion de non-décision. Bachrach et Baratz ont soutenu qu'une idée politique doit surmonter de nombreux obstacles avant de devenir une décision ou un changement réel; mais, les valeurs et le système idéologique de la collectivité de même que des facteurs qui tiennent aux institutions peuvent empêcher une idée de jamais atteindre les processus de décision. De fait, Bachrach et Baratz ont élargi la notion classique de pouvoir en y ajoutant celle de non-décision:

> Il y a exercice du pouvoir lorsque A participe à la prise d'une décision qui affecte B... (Mais) il y a aussi exercice du pouvoir lorsque A consacre ses énergies à créer ou à renforcer des valeurs sociales et politiques et des comportements sociaux qui limitent la portée de l'activité politique à l'étude, en public, des seuls problèmes qui sont relativement inoffensifs pour lui-même[12].

Plus encore, prétendent les mêmes auteurs: «La principale méthode pour appuyer un point de vue donné est l'abstention de toute décision»[13], et «il arrive qu'un groupe ou un individu déploie plus d'efforts pour appuyer l'abstention qu'il n'en mettrait à participer à la prise de décisions concrètes dans le même régime»[14].

Il existe une autre difficulté corollaire et c'est la possibilité qu'une décision ou une initiative soit étouffée au stade de sa mise en application. Ainsi, une bonne part des mesures législatives sur la pollution, les normes de sécurité des automobiles, la protection du consommateur et les pratiques restrictives du commerce n'ont été appliquées que partiellement ou pas du tout[15]. C'est dire que «la seule adoption d'une loi nuisible aux hommes d'affaires peut n'avoir que des effets négligeables si les dispositions relatives à son application sont faibles»[16].

Enfin, l'étude de décisions particulières comporte d'autres difficultés en ce qu'elle se situe hors d'un cadre historique. L'analyse du processus décisionnel doit porter sur de nombreuses décisions réparties sur une longue période et tenir compte de l'effet cumulatif de ces décisions. Pour citer Miliband: «Ce qui importe, au sujet des gouvernements, c'est l'effet net de leur mandat sur l'ordre économique et social et sur la répartition des privilèges et du pouvoir dans la société»[17].

On ne peut se contenter d'analyser les répercussions d'une série de décisions dans un domaine particulier; il faut les étudier dans plus d'un domaine. C'est le seul moyen de généraliser sur l'influence d'un groupe au sein des structures du pouvoir.

Pour conclure, une décision favorable à l'entreprise peut se présenter sous diverses formes: l'adoption d'une loi avantageuse pour les hommes d'affaires ou d'autres avantages directs tels des mesures de protection douanière, des dégrèvements d'impôt ou des subventions; des avantages indirects tels des lois ou autres mesures limitant le pouvoir des syndicats; le fait d'empêcher l'application de lois qui pourraient nuire aux affaires; l'abstention attribuable au pouvoir des milieux d'affaires ou à leurs pressions (non-décisions); et, évidemment, l'échec des mesures législatives nuisibles aux hommes d'affaires.

Une méthode intégrée pour l'étude de l'influence des milieux d'affaires au Québec

Ce coup d'œil sur les deux principales méthodes d'étude des influences subies par le pouvoir montre bien qu'il n'est pas facile d'élaborer une méthodologie entièrement satisfaisante, chacune d'elles isolément ne pouvant évidemment pas nous donner une idée claire des mécanismes de ces influences. La méthode la meilleure consisterait donc à contrer les faiblesses de chacune en les utilisant toutes deux. Théoriquement d'ailleurs, elles sont complémentaires et en pratique, ce n'est qu'en les conjuguant qu'on peut venir à bout de la difficulté d'obtenir des renseignements sur l'influence exercée par les milieux d'affaires.

Il est indispensable d'avoir recours à l'étude des structures ou groupes pour obtenir des données sur les milieux et les institutions où se prennent les décisions. Si l'on peut établir dans quelle mesure l'entreprise moule ou domine ce secteur, on aura fait un grand pas vers une juste appréciation de son influence.

Concrètement, nous examinons dans la Partie I les avantages structurels et stratégiques du monde des affaires au Québec. Nous voyons d'abord la puissance et la cohésion de son système de pouvoir, car l'unité sur les plans de la pensée et de l'action est indispensable à l'efficacité de l'influence d'un groupe. Il faut connaître le système idéologique des hommes d'affaires pour comprendre les objectifs politiques que ceux-ci poursuivent dans les divers domaines abordés dans la Partie II, et les problèmes qu'ils jugent importants.

Le pouvoir des hommes d'affaires s'appuie sur deux autres éléments importants soit les ressources financières et structurelles qu'ils peuvent utiliser pour exercer leur influence, et leur facilité d'accès auprès des politiciens responsables des décisions. Ce sont là les deux conditions *sine qua non* pour exercer une influence sérieuse. En examinant les moyens d'accès auprès du pouvoir au chapitre 5, nous avons tenu compte non seulement de l'ampleur de ces moyens mais aussi des personnes qui les mettent en œuvre. On y voit par exemple le rôle des associations patronales par opposition à celui des dirigeants eux-mêmes, et par quelle entremise les hommes d'affaires exercent leur influence sur le gouvernement: partis politiques, ministres et fonctionnaires.

Un autre élément important du pouvoir de l'entreprise est son aptitude à infiltrer et à contrôler d'autres systèmes de pouvoir. Ses liens avec les média sont particulièrement révélateurs sur ce plan. Enfin, l'entreprise tire son pouvoir, quoique indirectement, de la faiblesse relative des autres groupes socio-économiques. Si les groupes qui lui font opposition, par exemple les syndicats, sont faibles, l'élite économique pourra d'autant plus facilement exercer son pouvoir. Comme l'écrit Henry Ehrmann dans *La Politique du patronat en France:* «Les faiblesses et les divisions des forces qui s'opposent au capitalisme ont multiplié les possibilités de succès des initiatives provenant du monde des affaires et de ses organisations»[18].

Ainsi donc, dans la Partie I, nous avons adopté jusqu'à un certain point la méthodologie de Porter, mais avec certaines différences importantes. Porter met en valeur les origines de classe, les modes de recrutement et les caractéristiques socio-économiques de ceux qui détiennent le pouvoir dans les institutions canadiennes. Quant à nous, nous nous sommes plutôt attaché aux divers éléments structurels qui permettent aux milieux d'affaires d'exercer leur influence y compris les moyens d'accès des hommes d'affaires auprès du gouvernement et la dépendance du gouvernement à l'égard de l'entreprise. Nous examinons aussi l'idéologie politique de l'entreprise afin de connaître, dans tous les domaines, quelles décisions ont de l'importance pour les hommes d'affaires et dans quelle mesure le gouvernement est réceptif aux buts qu'ils poursuivent.

Plutôt que de nous limiter à l'étude des décisions, nous examinons dans la Partie II le comportement de l'entreprise et son engagement politique dans divers domaines. A cause des difficultés et faiblesses que comporte la méthode reconnue d'analyse des décisions, dont nous avons déjà parlé, nous avons modifié celle-ci en l'élargissant substantiellement.

Dans trois domaines particuliers — développement économique, politique sociale et du travail, et langue et éducation — nous étudions les répercussions de l'activité gouvernementale et nous tentons de voir si celle-ci a été conforme aux expectatives de l'entreprise. Nous voyons ensuite dans quelle mesure les milieux d'affaires ont été satisfaits des initiatives générales et spécifiques dans chaque domaine puis nous apprécions l'ampleur des contrôles que le gouvernement exerce sur l'activité des entreprises dans chacun. Nous examinons de plus les moyens de pression employés par les hommes d'affaires auprès du gouvernement et la mesure de succès qu'ils ont obtenue dans le cas de lois particulières.

Ainsi, tout en étudiant certains cas particuliers — lois sur la langue (projets 63 et 22), réforme de l'enseignement (projet 71), Livre blanc sur la réforme forestière, Lois sur les consommateurs (projet 45), et autres, — nous utilisons un cadre plus vaste où des domaines de contestation servent d'unités d'analyse[19].

De plus, pour apprécier le pouvoir de l'entreprise, nous employons des critères tant subjectifs qu'objectifs. Le système idéologique des milieux d'affaires et la satisfaction qu'ils éprouvent à l'égard des initiatives gouvernementales sont incontestablement des éléments subjectifs. Par contre, pour étudier le rôle des institutions économiques d'Etat au Québec, nous employons des critères plus objectifs. Nous tentons de voir, par exemple, si ces institutions ont été mises sur pied pour assurer à l'Etat une autorité indépendante sur l'économie ou au contraire uniquement pour jouer un rôle complémentaire ou d'appoint par rapport au secteur privé. De même, en matière de politique sociale et ouvrière, nous analysons l'attitude et les réactions du gouvernement à l'égard de groupes comme les consommateurs ou autres qui tentent de faire échec au pouvoir de l'entreprise.

Il convient de souligner de nouveau ici que l'analyse structurelle faite dans la Partie I est une condition indispensable à l'étude des domaines de contestation spécifiques. Le lien entre les deux méthodes ne tient pas seulement au fait que les initiatives spécifiques du gouvernement sont comparées aux systèmes idéologiques et aux expectatives des hommes d'affaires, mais aussi au fait que les institutions dominées par les entreprises (Conseil du patronat et Conseil général de l'industrie, par exemple) jouent un rôle dans l'élaboration des politiques.

NOTES:

1 Voir, par exemple, W.L. Guttsman, *The British Political Elite*, New York, Basic Books, 1963, Porter, et Domhoff, *Who Rules America?* Englewood Cliffs, Prentice-Hall, 1967.

2 Porter, par exemple, soutenait ceci: «La définition de la réalité qui constitue le cadre des décisions politiques dépend dans une large mesure des antécédents sociaux et des expériences passées des politiciens», p. 391.

3 Cet enchevêtrement de relations au niveau de la haute direction ne se retrouve pas uniquement dans les domaines économique et politique, mais fréquemment aussi dans les média, en éducation, dans les milieux de travail et dans d'autres structures de pouvoir.

4 Guttsman, p. 319.

5 Mills, p. 9.

6 Miliband a mis l'accent sur les antécédents de classe des décideurs.

7 Miliband, p. 211.

8 Epstein prétendait même: «Aujourd'hui, les dirigeants d'entreprise — et particulièrement les administrateurs de sociétés téléguidées, — se sont retirés dans une large mesure de la politique locale». p. 237. Peter Bachrach et Morton Baratz, dans *Power and Poverty*, New York, Oxford University Press, 1970, ont en outre critiqué l'étude de Dahl: «Il est évident, d'après le témoignage de Dahl lui-même, que les notables (du domaine économique) ne s'intéressaient pas à deux des trois décisions clés qu'il a choisies». p. 12.

9 Léon Dion, par exemple, dans son étude sur la réforme de l'enseignement au Québec au début des années soixante intitulée *Le Bill 60 et la société québécoise*, Montréal, Editions HMH, 1967, concluait que le problème était d'importance secondaire pour les milieux d'affaires et que ceux-ci n'avaient pas tenté d'exercer d'influence sur la législation du gouvernement dans ce domaine.

10 Bachrach et Baratz, p. 47-48.

11 Mankoff, p. 20.

12 Bachrach et Baratz, p. 7.

13 *Ibid.*, p. 44.

14 *Ibid.*, p. 8-9.

15 Voir notamment Jerry Cohen et Morton Mintz, *America Inc.*, New York, Dial Press, 1971.

16 Epstein, p. 127.

17 Miliband, p. 102.

18 Henry Ehrmann, *La Politique du Patronat en France*, Paris, Armand Colin, 1959, p. 398.

19 Un bon nombre de mesures ont été choisies délibérément pour cette étude parce qu'elles passaient pour avoir été adoptées contre les milieux d'affaires, notamment la création depuis 1960 d'un réseau de sociétés d'Etat et l'adoption de divers régimes de sécurité sociale, dont le Régime de rentes du Québec.

Appendice B

*Liste par secteur industriel**
des 100 sociétés établies au Québec
auxquelles un questionnaire a été envoyé

MINES

Iron Ore Co. of Canada
Asbestos Corp.
Sullivan Mining Group
Canadian Salt Co.
*Noranda Mines Ltd.
*Canadian Johns-Manville Co.
*Gaspé Copper Mines

BOIS, PÂTES et PAPIERS

Canadian International Paper Co.
Consolidated-Bathurst Ltd.
Domtar Ltée
Price Co. Ltd.
MacLaren Power and Paper Co.
Anglo-Canadian Pulp and Paper Mills Ltd.
La Compagnie de Papier Rolland Ltée

MATÉRIEL de TRANSPORT

United Aircraft of Canada Ltd.
Canadair Ltd.
Bombardier Ltée
Canadian Vickers Ltd.
Marine Industries Ltd.
M.L.W. Worthington Ltd.
*General Motors of Canada Ltd.
CAE Industries Ltd.

PRODUITS CHIMIQUES

Canadian Industries Ltd.
DuPont of Canada Ltd.
National Drug and Chemical Co. of Canada
Petrofina Canada Ltd.
Sherwin-Williams Co. of Canada Ltd.
Genstar Ltd.
Monsanto Canada Ltd.
*Gulf Oil Canada Ltd.
*Shell Canada Ltd.
*La Compagnie Pétrolière Impériale Ltée (Imperial Oil)
*Union Carbide Canada Ltd.

PRODUITS MINÉRAUX et MÉTALLIQUES

Dominion Glass Co. (Domglas)
Alcan Aluminium
Reynolds Aluminum Co.
*Steel Co. of Canada
*Atlas Steel Co.
*Quebec Iron and Titanium Corp.
*Canadian Copper Refiners Ltd.

ALIMENTS, BOISSONS, TABACS

Ogilvie Flour Mills Ltd.
Distillers Corporation
Seagram's Ltd.
Imasco of Canada Ltd.
Coopérative agricole de Granby
Coopérative fédérée du Québec
Atlantic Sugar Refineries Co. Ltd.
*Molson Industries Ltd.
*Canada Packers Ltd.
*John Labatt Ltd.
Macdonald Tobacco Ltd.
*Canada Dominion Sugar Ltd.
*Weston Bakeries Ltd.

MATÉRIEL ÉLECTRIQUE

Northern Electric Co.
RCA Victor Co. Ltd.
Canadian Marconi Ltd.
Brinco Ltd.
Fleetwood Corp.
Robert Morse Corp.
*Canadian General Electric Co.
*Canadian Westinghouse Co.

TEXTILES

Dominion Textile Co. Ltd.
Celanese Canada Ltd.
Bruck Mills Ltd.
Wabasso Ltd.

SERVICES PUBLICS

Bell Canada Ltée
Canadian Pacific Ltd.
Canada Steamship Lines Ltd.
Québec Téléphone Ltée
Anglo-Canadian Telephone Co.
Gaz Métropolitain Inc.

AUTRES INDUSTRIES MANUFACTURIÈRES

Canron Ltd.
Dominion Bridge Co. Ltd.
Canada Ciment Lafarge Ltd.
Miron Co. Ltée
St.Lawrence Cement Co.
Domco Industries Ltd.
*Continental Can Co. of Canada Ltd.

MISE EN MARCHÉ

Steinberg's Ltd.
Zeller's Ltd.
Dupuis Frères Ltée

INSTITUTIONS FINANCIÈRES: BANQUES, SOCIÉTÉS de FIDUCIE SOCIÉTÉS D'ASSURANCE, SOCIÉTÉS de GESTION

Banque de Montréal
Trust Général du Canada

Banque Royale du Canada
Banque Canadienne-Nationale
Banque Provinciale du Canada
Banque d'épargne de la cité et du district de Montréal
Banque Mercantile du Canada
L'Assurance-Vie
Unions régionales des caisses populaires Desjardins
Trust Royal
Montréal Trust Co.
Société nationale de fiducie
Prudential Assurance Co.
Guardian Trust Co.
Crédit Foncier Franco-Canadien
Industrial Life Insurance Co.
Power Corp. of Canada Ltd.
Warnock-Hersey International Ltd.
Canadian International Power Co.
Sun Life Assurance Co. of Canada

---

* L'astérisque identifie les sociétés qui ont d'importantes affaires au Québec, mais dont le siège social est ailleurs. Toutes les autres ont leur siège social au Québec. Les secteurs industriels ont été déterminés d'après Statistique Canada, *Annuaire du Canada: 1973*, Ottawa, Imprimeur de la Reine, p. 720.

Appendice C

Questionnaire pour hommes d'affaires de la province de Québec

N.B. Ce questionnaire de type «choix multiples» peut être complété en quelques minutes. Toutefois, si vous désirez expliquer certaines de vos réponses, vous pouvez utiliser l'espace prévu au-dessous de la question ou l'autre côté de la page.

IA A quel niveau géographique se situent les principales opérations de la compagnie dont vous faites partie?

( ) La Province de Québec ( ) Le Canada dans son ensemble
( ) Les Etats-Unis et / ou le niveau international

B Quelle est votre position dans la compagnie?

( ) Président ou vice-président
( ) Membre du conseil d'administration
( ) Gérant (division, usine, ventes, etc.)
( ) Autre (précisez)

C A quel secteur industriel votre compagnie appartient-elle?

( ) Secteur minier
( ) Aliments, boissons, et tabac
( ) Bois, papier et produits connexes
( ) Appareils et matériel électriques
( ) Matériel de transport
( ) Produits chimiques
( ) Produits métalliques et minéraux
( ) Textiles, cuir, caoutchouc
( ) Banque, assurance, trust, gestion et placement
( ) Service, (gaz, téléphone, électricité, etc.)
( ) Alimentation (détail)
( ) Autre (précisez)

IIA Dans l'ensemble, pensez-vous que les associations patronales (le Board of Trade, le Conseil du patronat, le Centre des dirigeants d'entreprise, etc.) reflètent les opinions des hommes d'affaires?

( ) oui ( ) non

B Selon vous, quelle association patronale a été la plus efficace dans ses relations avec le gouvernement du Québec? (Faire *un* choix ou classer numériquement.)

( ) Board of Trade
( ) Chambre de Commerce
( ) Conseil du patronat
( ) Centre des dirigeants d'entreprise
( ) Association des Manufacturiers Canadiens
( ) Association verticale (secteur industriel)

C A quelle(s) association(s) patronale(s) votre compagnie appartient-elle?

( ) Board of Trade
( ) Chambre de Commerce
( ) Conseil du patronat
( ) Centre des dirigeants d'entreprise
( ) Association des Manufacturiers Canadiens
( ) Association verticale (secteur industriel)

D Lorsque vous conférez avec le gouvernement (Québec), avec qui faites-vous le plus souvent affaire? (Faire *un* choix ou classer numériquement.)

( ) Députés
( ) Sous-ministres
( ) Autres fonctionnaires
( ) Partis politiques
( ) Ministres ou Premier ministre
( ) Comités de l'Assemblée Nationale

E D'après vous, qui joue ordinairement le rôle le plus important dans la détermination d'une décision gouvernementale? (Faire *un* choix ou classer numériquement.)

( ) Députés
( ) Sous-ministres
( ) Autres fonctionnaires
( ) Partis politiques
( ) Minitres ou Premier ministre
( ) Comités de l'Assemblée Nationale

F Lorsque surgit un problème important impliquant le gouvernement du Québec, est-ce que vous avez un accès raisonnablement rapide aux

fonctionnaires supérieurs	( ) oui	( ) non
ministres concernés	( ) oui	( ) non

G Dans la plupart des cas, quelle est la méthode la plus efficace pour influencer le gouvernement? (Faire *un* choix.)

( ) Contacts personnels
( ) Par une campagne dans l'opinion publique
( ) Par l'intermédiaire des associations patronales
( ) Autre (précisez)

H De quelle façon votre compagnie* aborde-t-elle ordinairement le gouvernement? (Faire *un* choix).

( ) Contacts personnels
( ) Par une campagne dans l'opinion publique
( ) Par l'intermédiaire des associations patronales
( ) Autre (précisez)

I Votre compagnie* maintient-elle une section ou un département (relation gouvernementale, relation publique, etc.) qui est responsable des relations avec le gouvernement?

( ) oui ( ) non

J Au cours des deux dernières années, votre compagnie* a-t-elle fait des représentations (orales ou écrites) au gouvernement du Québec concernant des questions législatives (projet de loi)?

( ) oui ( ) non

K Dans l'ensemble, la réaction du gouvernement vous a-t-elle satisfait?

( ) oui ( ) non

L Au cours des deux dernières années, le gouvernement a-t-il sollicité votre opinion (ou celle de votre compagnie) sur des questions politiques?

( ) oui ( ) non

M Dans l'ensemble, croyez-vous qu'il existe une certaine unité de vue chez les hommes d'affaires concernant les *principaux* problèmes sociaux et politiques actuels?

( ) oui ( ) non

N Dans l'ensemble, croyez-vous que le monde des affaires (et ses associations) est efficace dans ses relations avec le gouvernement?

( ) oui ( ) non

IIIA Quel est le problème le plus important auquel doit faire face le monde des affaires à l'heure actuelle? (Faire *un* choix ou classer numériquement).

( ) La question linguistique
( ) Le chômage et l'inflation en Amérique du Nord
( ) Le séparatisme
( ) Les problèmes sociaux et ouvriers
( ) La faiblesse de la structure économique du Québec

B Classez par ordre les objectifs les plus importants que devrait poursuivre le monde des affaires.

( ) Croissance de l'économie
( ) Objectifs sociaux
( ) Rentabilité économique et profit
( ) Autre (précisez)

C Quelle devrait être la principale fonction économique du gouvernement? (Classer numériquement)

( ) Le bien-être et la redistribution du revenu
( ) La création et l'administration d'entreprises publiques

( ) La protection de l'environnement et le contrôle de la pollution

( ) Le maintien de conditions économiques favorisant la croissance du secteur privé (tarifs, stimulants économiques, la construction de routes, etc.)

( ) Autre (précisez)

D Qui devrait prendre l'initiative dans la solution des problèmes sociaux au Québec?

( ) Les hommes d'affaires ( ) Le gouvernement

E Qui devrait faire les choix économiques importants pour la société?

( ) Les hommes d'affaires ( ) Le gouvernement

F D'après vous, quel groupe a le plus d'influence sur la politique gouvernementale au Québec (Faire *un* choix ou classer numériquement.)

( ) Les intellectuels
( ) Les syndicats ouvriers
( ) Les groupes religieux
( ) Les groupes nationalistes
( ) Les média
( ) Le monde des affaires
( ) Autre (précisez)

G D'après votre expérience, pensez-vous qu'au cours des dernières années, les conseils d'administration ont perdu quelque peu de pouvoir et d'influence aux mains des gérants et des comités exécutifs?

( ) oui ( ) non

H Certains prétendent qu'il y a souvent d'importantes divergences d'opinions entre les membres de l'exécutif et ceux du conseil d'administration d'une compagnie. Etes-vous d'accord?

( ) oui ( ) non

I Certaines compagnies ont des directeurs américains. D'après-vous, y a-t-il souvent des divergences d'opinion entre eux et leurs collègues canadiens?

( ) oui ( ) non ( ) ne sait pas

J Si le climat politique et social était plus stable au Québec, votre compagnie songerait-elle à augmenter ses investissements?

( ) oui ( ) non

K Certaines compagnies ont été critiquées parce qu'elles avaient acheté de la publicité dans des journaux qui sont opposés au système politique et économique actuel. Croyez-vous que les compagnies devraient éviter cette pratique?

( ) oui ( ) non

IVA Dans l'ensemble, croyez-vous que les politiques économiques du gouvernement Bourassa ont été satisfaisantes?

( ) oui ( ) non

B Dans l'ensemble, quel parti politique provincial est le plus favorable au monde des affaires?

( ) Libéral ( ) Ralliement créditiste
( ) Unité Québec ( ) Parti québécois

C Malgré certains abus, est-ce que vous approuvez le principe de l'assurance-chômage?

( ) oui ( ) non

D De même, êtes-vous favorable au Régime de rentes de la province de Québec?

( ) oui ( ) non

E Croyez-vous que le gouvernement devrait appuyer des projets qui impliquent la gestion par les ouvriers, comme dans le cas de Cabano?

( ) oui ( ) non

F En général, pensez-vous que les coopératives de production pourraient constituer une menace au bon fonctionnement du système économique au Québec?

( ) oui ( ) non

G Pensez-vous que le gouvernement devrait éliminer les grèves dans les secteurs publics et essentiels?

( ) oui ( ) non

H Pensez-vous que le gouvernement a eu raison de mettre fin à la grève du front commun au mois de mai dernier (Projet de loi 19)?

( ) oui ( ) non

I Est-ce que vous appuyez le projet de loi 63?

( ) oui ( ) non

J Dans l'ensemble, croyez-vous que l'attitude du gouvernement actuel sur la question linguistique est satisfaisante?

( ) oui ( ) non

K Etes-vous favorable au projet de loi 71 (loi réorganisant le système scolaire à Montréal)?

( ) oui ( ) non

L Etes-vous favorable au séparatisme?

( ) oui ( ) non

M Croyez-vous que le gouvernement a eu raison de retarder le projet de loi sur la réforme forestière (abolition du système de concession des forêts)?

( ) oui ( ) non

N Croyez-vous que la nationalisation de l'Hydro au Québec aura été avantageuse, surtout si on considère les capitaux considérables que nécessitent des projets comme celui de la Baie James?

( ) oui ( ) non

O Dans l'ensemble, pensez-vous que les initiatives économiques récentes du gouvernement québécois (par exemple, La Banque de Développement Industriel, les stimulants fiscaux, les prêts, etc.) ont eu des effets avantageux pour les affaires?

( ) oui ( ) non

P Est-ce que vous approuvez l'attitude du gouvernement du Québec pendant la crise du FLQ?

( ) oui ( ) non

Q Certains chefs syndicaux ont suggéré que le gouvernement gèle les prix pour contrecarrer le prétendu pouvoir des monopoles au Canada. Etes-vous d'accord?

( ) oui ( ) non

R Certains ont aussi suggéré que les gouvernements devraient intervenir pour contrôler les profits. Etes-vous d'accord?

( ) oui ( ) non

---

*Les gérants devraient interpréter «compagnie» comme voulant dire non seulement usine ou division, mais aussi bureau-chef.

Appendice D

Les sources
Le questionnaire

Le 19 janvier 1973, 250 questionnaires ont été envoyés à des hommes d'affaires du Québec. Ceux-ci n'avaient pas été choisis au hasard; ils appartenaient tous à la haute direction de grandes sociétés et institutions financières. De ces 250 questionnaires, 200 ont été adressés aux hauts dirigeants (présidents, vice-présidents et directeurs d'usines) et aux membres des conseils d'administration des 100 plus grandes sociétés établies au Québec. Pour des raisons sur lesquelles nous reviendrons, 50 questionnaires ont été remis à des hauts dirigeants de sociétés de moindre importance.

Premier problème: il s'agissait de dresser une liste des 100 sociétés les plus importantes du Québec. De tels renseignements ne sont pas accessibles au public; aussi a-t-il fallu avoir recours à des moyens détournés pour arriver à nos fins.

Pour ce qui est des secteurs de la fabrication, des ressources naturelles et des services publics, nous avons eu accès à trois sources. La première a été une liste préparée par *Canadian Business* en 1970 et groupant les 200 plus grandes entreprises du Canada[1]. On y trouvait à vrai dire 260 sociétés, les entreprises étant groupées sous trois rubriques différentes: l'actif, le chiffre de vente et le revenu net. De celles-ci, 57 avaient leur siège social au Québec, et principalement à Montréal. Nous avons également consulté une liste compilée par le service de recherche du Parti québécois[2]; elle comportait 62 entreprises industrielles totalisant entre elles 50% de la production industrielle du Québec et cinq sociétés dans le secteur des services publics et du transport. Cette liste recoupait en grande partie celle de *Canadian Business*, mais elle avait le mérite d'inclure des sociétés très actives au Québec bien que n'y ayant pas leur siège social. Vingt entreprises s'ajoutèrent de la sorte à notre liste, soit un total de 77 dans les secteurs énumérés plus haut. Enfin, en guise d'ultime vérification, nous avons examiné la liste des 100 plus grandes entreprises manufacturières du Canada établie par le *Financial Post* à partir de leur chiffre de vente[3]. Des 77 sociétés québécoises, 39 figuraient sur cette liste. Notons en passant que 51 entreprises figuraient au moins sur deux des trois listes.

Pour arriver au chiffre de 100, nous avons en outre ajouté à notre liste 20 institutions financières et trois grandes sociétés de mise en marché ayant leur siège social au Québec. Sept de ces 20 institutions financières, dont cinq banques, figuraient sur la liste établie par le *Financial Post* en fonction de l'actif des sociétés[4]. Les autres ont été trouvées dans le *Financial Institutions Index* du *Financial Post.* On peut donc affirmer que, dans l'ensemble, notre liste est une approximation assez exacte des 100 plus grandes sociétés faisant affaire au Québec[5]. Le rôle fondamental joué par ces sociétés dans l'économie du Québec est évident. Dans les secteurs de la fabrication, des ressources naturelles et des services publics, les 77 sociétés figurant sur notre liste totalisent entre elles plus de 50% de la production industrielle. Pour ce qui est des institutions financières, leur pouvoir est encore plus considérable, compte tenu du petit nombre de banques et de sociétés de fiducie au Québec[6].

Deuxième problème: il fallait dresser une liste de 200 hommes d'affaires, à raison de deux par société. Nous avons donné la préférence aux hauts dirigeants, présidents et vice-présidents surtout, parce qu'ils sont le plus susceptibles d'être en contact avec les échelons supérieurs du gouvernement et qu'à toutes fins pratiques, comme nous l'avons démontré, ce sont eux qui prennent les décisions. Lorsqu'une société n'avait pas de siège social au Québec, nous avons envoyé le questionnaire au directeur de l'usine ou de la division car, comme nous l'avons déjà souligné, ce sont les hommes d'affaires œuvrant au Québec qui nous intéressaient. Une étude approfondie des relations entre le gouvernement et les milieux d'affaires aurait sans doute dû inclure les sièges sociaux situés à l'étranger (au Canada, aux Etats-Unis ou en Europe), mais nous avions de bonnes raisons de croire que ces entreprises communiquent avec le gouvernement du Québec surtout par le truchement de leurs usines ou de leurs bureaux du Québec. Nous avons examiné cette question au chapitre 5.

Nous avons en outre prélevé un échantillon de 40 membres de conseils d'administration à qui nous avons fait parvenir notre questionnaire. Ce groupe se distingue à peine des hauts dirigeants dans son comportement. Notons cependant que nous avons eu du mal à trouver des membres de conseils d'administration qui n'étaient pas eux-mêmes dirigeants d'entreprises. C'est pour cette raison que notre groupe comprend surtout des avocats, des hauts dirigeants à la retraite ou d'importants actionnaires.

Certains d'entre eux ont souligné le rôle marginal du conseil d'administration dans le fonctionnement de l'entreprise. Bien que la plupart des questions aient été de caractère général et non technique, plusieurs membres de conseils d'administration ont jugé qu'ils ne connaissaient pas suffisamment à fond les opérations de leur entreprise pour y répondre.

Enfin, pour compléter notre échantillonnage, nous avons fait parvenir 50 questionnaires à des entreprises de taille moyenne ayant leur siège social à Montréal[7]. Comme nous l'avons vu au chapitre 3, nous avions de bonnes raisons de croire que les dirigeants d'entreprises moyennes ne réagiraient pas de la même façon que ceux des grandes entreprises. Leurs voies d'accès auprès des gouvernants, en particulier, ne sont pas les mêmes. Compte tenu du caractère restreint et non systématique de cet échantillonnage, nos conclusions ne pouvaient être que provisoires et hypothétiques. Les données dont nous nous sommes surtout servi dans notre étude proviennent des répondants choisis dans les 100 plus grandes sociétés.

Autre facteur dont nous avons dû tenir compte: la distinction entre les milieux d'affaires canadiens-anglais et canadiens-français. Nous avons adopté la proportion suivante: deux tiers pour les uns et un tiers pour les autres. En l'absence de données sûres, il semble que ce rapport surestime quelque peu la présence des francophones aux échelons supérieurs des entreprises. Si l'on en croit le directeur de la recherche de la Commission d'enquête sur le statut de la langue française au Québec, seulement 15% des individus travaillant au Québec dans des sièges sociaux en 1971 et gagnant 22 000 dollars ou plus par an, étaient de langue maternelle française[8]. La surreprésentation des francophones au sein de l'échantillonnage nous a néanmoins permis de faire ressortir les différences de comportement pouvant exister entre les deux groupes, encore que celles-ci soient moins notoires, si significatives soient-elles, que la concordance de vues qui caractérise avant tout l'élite économique.

Une lettre accompagnait les questionnaires; elle promettait l'anonymat aux répondants et leur révélait le but de l'enquête: «l'analyse des voies de communication entre l'entreprise et le gouvernement». La missive comportait enfin une enveloppe affranchie pour retourner le questionnaire. Dans la mesure du possible, c'est-à-dire en se fiant aux noms, les répondants ont reçu questionnaire et lettre dans leur langue maternelle. Une semaine plus tard, un rappel leur était adressé.

Comme on peut le voir au tableau A, le pourcentage des retours a été fort satisfaisant, puisque 143 répondants ont rempli leur questionnaire, soit 57,2%, résultat considéré comme très élevé dans toute enquête de ce genre. Le tableau A détaille également les résultats selon les sous-groupes: anglophones et francophones, grandes et moyennes entreprises, hauts dirigeants et membres de conseils d'administration; ils sont à peu près les mêmes.

Les entrevues

Les entrevues nous ont permis d'examiner certaines des hypothèses et de vérifier certaines des conclusions émanant des données du questionnaire. Elles nous ont également aidé à étudier plus à fond les relations qui existent entre gouvernants et hommes d'affaires, et notamment la nature et l'ampleur des moyens d'accès des dirigeants d'entreprise auprès du gouvernement, le rôle des associations patronales et la plus ou moins grande satisfaction éprouvée par les milieux de l'argent devant les décisions du gouvernement. Contrairement aux questionnaires, les entrevues ne se sont pas déroulées sous le couvert de l'anonymat.

Au cours d'avril et de mai 1973, il y a eu 21 entrevues personnelles avec des hauts dirigeants québécois[9]. Etant donné que la plus grande partie des sièges sociaux sont établis à Montréal, c'est dans cette ville qu'elles ont eu lieu. D'une façon générale, les hommes d'affaires ne s'y sont pas refusés.

Trois groupes cibles avaient été déterminés au préalable. Le premier et le plus important était composé de hauts dirigeants d'entreprises industrielles ou financières. Hormis deux exceptions, les 13 personnes interviewées se trouvaient au moins au niveau de la vice-présidence et faisaient partie de l'exécutif des 100 plus grandes sociétés que nous avons identifiées. Ces entrevues ont été parmi les plus enrichissantes et les plus utiles. Les six entrevues avec des présidents et des présidents du conseil[10] ont été particulièrement intéressantes, et elles nous ont permis de constater que c'est à ce niveau que s'établissent les contacts clés entre le monde de l'industrie et du commerce et le gouvernement.

Tableau A

Pourcentage de retour des questionnaires envoyés aux hommes d'affaires du Québec

	Envoyés	Retournés	Pourcentage de retour
Total	250	143	57,2
Grandes sociétés: hauts dirigeants*	160	94	58,7
Membres de conseils d'administration	40	22	55,0
Sociétés moyennes: hauts dirigeants*	50	27	54,0
Canadiens anglais	167	93	55,7
Canadiens français	83	50	60,2

*Présidents, vice-présidents et directeurs compris.

Le deuxième groupe comprenait les associations patronales[11]. Sept entrevues ont eu lieu. L'objectif était de déterminer le rôle des associations dans la prise de décisions des gouvernants. Le Conseil du patronat excepté, les associations patronales nous ont paru moins bien renseignées que les hauts dirigeants et leurs voies d'accès auprès des hautes sphères gouvernementales, quelque peu plus limitées. Ces entrevues nous ont néanmoins renseigné sur leur activité et nous avons pu obtenir des exemplaires des divers mémoires qu'elles ont soumis au gouvernement du Québec.

Le troisième et dernier groupe était composé de deux anciens hauts dirigeants, maintenant à la retraite. Ils nous ont fourni des renseignements précieux sur ce qu'étaient les relations patronales-gouvernementales durant les années quarante et cinquante et surtout nous ont permis de voir si elles étaient bien différentes sous Duplessis, soit de 1936 à 1959.

Les publications d'affaires

Les publications d'affaires ont été une autre source utile d'information. Le *Financial Post*, hebdomadaire publié à Toronto, et *Canadian Business*, mensuel publié à Montréal par la Chambre de commerce du Canada, nous ont paru particulièrement pertinents et nous avons étudié en détail tous leurs numéros de 1960 à 1973. Nous avons également consulté certains numéros de la *Revue Commerce*, *Les Affaires*, et *Canadian Investor*, tous publiés à Montréal. Enfin, nous avons à l'occasion fait appel aux publications régulières ou occasionnelles des associations patronales.

Autres sources

Pour la période allant de 1968 à 1973, nous avons fait un constant appel aux articles publiés dans quatre quotidiens de Montréal: *Le Devoir*, *La Presse*, le *Montreal Gazette* et le *Montreal Star*. Nous avons trouvé des analyses critiques sur le monde des affaires et le système économique dans les publications des trois grandes centrales syndicales du Québec, la Confédération des syndicats nationaux, la Fédération des travailleurs du Québec et la Corporation des enseignants du Québec. Nous avons également consulté l'hebdomadaire *Québec-Presse*, le mensuel *Last Post* et certains numéros des magazines *Canadian Dimension*, *Socialisme* et *Point de Mire*. Enfin, nous avons étudié certaines publications d'autres groupes dont plusieurs analyses faites par le Parti québécois et par le Groupe de recherche économique.

NOTES:

1 *Canadian Business, Canada's 200 Largest Industrial Companies,* Montréal, *Canadian Business,* 1971.

2 Parti québécois, *Qui contrôle l'économie du Québec?,* Montréal, Editions du Parti québécois, 1972.

3 Phyllis Morgan, «Canada's Top 100 Club Gets a Lot of New Members», *Financial Post,* 5 août 1972.

4 *Financial Post,* «25 Biggest in Finance», 5 août 1972.

5 La pertinence de cette liste a été par la suite confirmée par la Chambre de commerce du district de Montréal. Dans une étude intitulée *La Chambre de Commerce de Montréal et le rapport Gendron,* Montréal, la Chambre de commerce du district de Montréal, 1973, se trouve une liste des 100 sociétés les plus importantes du Québec en fonction du nombre de leurs employés (p. 15-18). Or, 71 des 100 sociétés dont nous avons retenu les noms pour notre étude figurent sur la liste de la Chambre de commerce. La différence entre les deux listes tient par ailleurs au fait que celle de la Chambre de commerce inclut huit entreprises d'Etat. Pour illustrer, s'il en est besoin, la difficulté qu'il y a à dresser une telle liste, mentionnons que la Chambre de commerce qualifie la sienne «d'hypothétique».

6 Voir le chapitre 2 pour une étude de l'importance relative des grandes banques canadiennes. Comme on ne dispose d'aucune donnée sur les opérations des institutions financières au niveau local ou provincial, il est impossible d'évaluer avec précision leur actif.

7 Notons que dans ce cas-ci, il nous a été impossible de recourir à un échantillonnage systématique, vu qu'il existe des milliers de sociétés moyennes et qu'acune information d'ordre financier n'est disponible pour bon nombre d'entre elles comme les entreprises familiales ou les filiales d'entreprises étrangères. Le seul critère sur lequel nous nous sommes appuyés pour définir et choisir de moyennes entreprises, c'est le fait qu'elles n'appartenaient pas au groupe des 100 grandes sociétés. Notre liste comportait entre autres Kruger Pulp and Paper Co., Uniroyal Ltd., Standard Brands Ltd., Sylvania Electric Ltd., et Allied Chemical Ltd.

8 Pierre E. Laporte, «Les dossiers économiques de la Commission Gendron», *Le Devoir,* 14 mai 1974. Les 15% de francophones présents au sein de la haute administration des sièges sociaux constituent un chiffre très bas compte tenu du fait que les francophones représentent environ 80% de la population du Québec.

9 Voir dans la bibliographie, la liste des personnes interviewées avec les postes qu'elles occupent.

10 Le président du conseil est généralement la personne la plus précieuse à interviewer; il est plus disponible, étant moins pris par la routine quotidienne des affaires; en outre, dans plusieurs cas, il s'occupe des relations entre les milieux d'affaires et le gouvernement.

11 L'auteur a personnellement interviewé des représentants du Conseil du patronat, du Board of Trade, de l'Association des manufacturiers canadiens (Québec), du Centre des dirigeants d'entreprise, de la Chambre de commerce du Québec et de deux des plus importantes associations professionnelles, l'Association des producteurs de pâtes et papiers du Canada et l'Association des banquiers canadiens, dont les membres se regroupent par secteur industriel.

Bibliographie

Livres

Almond Gabriel et Powell G. Bingham, *Comparative Politics: A Developmental Approach*, Boston, Little, Brown and Company, 1966.

Bachrach Peter et Baratz Morton, *Power and Poverty*, New York, Oxford University Press, 1970.

Baltzell E. Digby, *An American Business Aristocracy*, New York, Crowell-Collier Publishing Company, 1962.

Baran Paul et Sweezy Paul, *Monopoly Capital*, New York, Monthly Review Press, 1966.

Bell Roderick, Edward David et Wagner R. Harrison, éd., *Political Power: A Reader in Theory and Research*, New York, Free Press, 1968.

Bendix Reinhard et Lipset Seymour M., éd., *Class, Status and Power: A Reader in Social Stratification*, Glencoe, Illinois, Free Press, 1953.

Berg Ivar, éd., *The Business of America*, New York, Harcourt, Brace and World, 1960.

Berle Adolf et Means G., *The Modern Corporation and Private Property*, New York, MacMillan Company, 1933.

Berle, Adolf, *Power*, Harcourt, Brace and World, 1967; — *Power Without Property: A New Developement in American Political Economy*, New York, Harcourt, Brace and World, 1959; — *The Twentieth Century Capitalist Revolution*, New York, Harcourt, Brace and World, 1954.

Birnbaum Norman, *The Crisis of Industrial Society*, New York, Oxford University Press, 1969.

Bottomore T.B., *Elite and Society*, New York, Basic Books, 1965.

Braunthal Gerard, *The Federation of German Industry in Politics*, Ithica, Cornell University Press, 1965.

Brayman Harold, *Corporate Management in a World of Politics*, New York, McGraw-Hill Book Company, 1967.

Broadbent Edward, *The Liberal Rip-Off*, Toronto, New Press, 1970.

Burnham James, *The Managerial Revolution*, New York et Londres, Putnam Press, 1942.

Campbell Angus, Converse Philip, Miller Warren et Stokes Donald, *The American Voter*, New York, John Wiley and Sons, 1960.

Campbell Angus, Gurin Gerald et Miller Warren, *The Voter Decides*, Evanston, Illinois, Row, Peterson and Company, 1954.

Chambre de commerce de la province de Québec, *Québec, le coût de l'indépendance*, Montréal, Editions du Jour, 1969; *Politique d'action 73*, Montréal, Chambre de commerce de la province de Québec, 1973.

Champlin, John R., éd. *Power*, New York, Atheneum Press, 1971.

Cheit Earl, éd., *The Business Establishment*, New York, John Wiley and Sons, 1964.

Child, John, *British Management Thought: A Critical Analysis*, Londres, Allen and Unwin, 1969; — *The Business Entreprise in Modern Industrial Society*, Londres, Collier-MacMillan, 1968.

Confédération des syndicats nationaux, *L'Avenir des travailleurs de la forêt et du papier*, Montréal, Confédération des syndicats nationaux, 1972; *La grande tricherie*, Montréal, Confédération des syndicats nationaux, 1973; —*Ne comptons que sur nos propres moyens*, Montréal, Confédération des syndicats nationaux, 1972; — *Qui a mis le cadenas dans Soma?*, Montréal, Confédération des syndicats nationaux, 1972; — *Aide-mémoire au document «Ne comptons que sur nos propres moyens»*, Montréal, Confédération des syndicats nationaux, 1972.

Conseil du patronat du Québec, *Détruire le système actuel? C'est à y penser*, Montréal, Publications Les Affaires, 1972.

Dahl Robert, *Pluralist Democracy in the United States: Conflict and Consent*, Chicago, Rand McNally and Company, 1967; — *Who Governs?*, New Haven, Yale University Press, 1961.

Devirieux, Claude-Jean, *Manifeste pour la liberté de l'information*, Montréal, Editions du Jour, 1971.

Dion Léon, *Le Bill 60 et la société québécoise*, Montréal, Editions HMH, 1967.

Domhoff G. William, *The Higher Circles*, New York, Vintage Books, 1971; — *Who rules America?*, Englewood Cliffs, New Jersey, Prentice-Hall, 1967.

Edinger Lewis, *Political Leadership in Industrialized Societies*, New York, John Wiley and Sons, 1967; — *Politics in Germany*, Boston, Little, Brown and Company, 1968.

Ehrmann Henri W., *La politique du patronat en France*, Paris, Armand Colin, 1959.

Epstein Edwin M., *The Corporation in American Politics*, Englewood Cliffs,

New Jersey, Prentice Hall, 1969.

Favreau Louis, *Les travailleurs face au pouvoir,* Montréal, Centre de formation populaire, 1972.

Finer S.E., *Private Industry and Political Power,* Londres, Pall Mall Company, 1958.

Florence P. Sargent, *Ownership, Control and Success of Large Companies,* Londres, Sweet and Maxwell, 1962.

Fox Paul, éd., *Politics: Canada,* 3e éd., Toronto, McGraw-Hill of Canada, 1970.

Gagnon Henri, *C'est quoi l'Etat?,* Montréal, Caucus Ouvrier, 1972.

Galbraith John K., *American Capitalism,* Boston, Houghton Mifflin Company, 1952; — *The New Industrial State,* Boston, Houghton Mifflin Company, 1967.

Godin Pierre, *L'Information-opium,* Montréal, Parti pris 1973.

Gordon Robert, *Business Leadership in the Large Corporation,* Berkeley et Los Angeles, University of California Press, 1966.

Groupe de recherche économique, *Coopérative de production, usines populaires et pouvoir ouvrier,* Montréal, Editions québécoises, 1973.

Guttsman W.L., *The British Political Elite,* New York, Basic Books, 1963.

Hacker Andrew, éd., *The Corporation Take-Over,* New York, Anchor Books, 1965.

Heilbroner, Robert, éd., *In the Name of Profits,* New York, Warner Paperbacks, 1973.

Hunter Floyd, *Community Power Structure,* Garden City, Anchor Books, 1963.

Kaplan Abraham et Lasswell Harold D., *Power and Society,* New Haven, Yale University Press, 1950.

Kariel H.S., *The Decline of American Pluralism,* Stanford, Stanford University Press, 1961.

Keller Suzanne, *Beyond the Ruling Class,* New York, Random House, 1963.

Kelley Stanley, *Professional Public Relations and Political Power,* Baltimore, Johns Hopkins Press, 1956.

Key V.O., *Politics, Parties and Pressure Groups,* 5e éd., New York, Thomas Y. Crowell Company, 1964.

Kitzinger U.W., *German Electoral Politics,* Oxford, Clarendon Press, 1960.

Kolko Gabriel, *The Roots of American Foreign Policy: An analysis of Power and Purpose,* Boston, Beacon Press, 1969; — *Wealth and Power in America: An Analysis of Social Class and Income Distribution,* New York, Praeger Books, 1962.

La Palombara Joseph, *Interest Groups in Italian Politics,* Princeton,

Princeton University Press, 1964.

Laxer James, *The Politics of the Continental Resources Deal*, Toronto, New Press, 1970.

Les gens du Québec: St-Henri, Montréal, Editions québécoises, 1972.

Le Père Noël des capitalistes jérômiens, St-Jérôme, Presses du Cirque, 1972.

Levitt Kari, *Silent Surrender*, Toronto, Macmillan Company of Canada, 1970.

Lipset S.M. et Bendix R., *Social Mobility in Industrial Society*, Berkeley et Los Angeles, University of California Press, 1966.

Lundberg Ferdinand, *The Rich and the Super-Rich*, New York, Bantam Books, 1969.

Magdoff Harry, *The Age of Imperialim*, New York, Monthly Review Press, 1969.

Mandel Ernest, *Marxist Economic Theory*, Londres, Merlin Press, 1962.

Marvick Dwaine, *Political Decision-Makers*, New York, Free Press, 1961.

Mason Edward, *The Corporation in Modern Society*, New York, Atheneum Press, 1970.

McLeod J.T. et Rea K.J. éd., *Business and Governement in Canada*, Toronto, Mathuen Publications Company, 1969.

McDougall W.J. et Fogelberg G., *Corporate Boards in Canada*, London, Ontario, University of Western Ontario, 1968.

Menshikov S., *Millionnaires and Managers*, Moscou, Progress Publishers, 1969.

Meynaud Jean, *Les groupes de pression en France*, Paris, Armand Colin, 1958; — *Technocracy*, New York, Free Press, 1969.

Michels R., *Political Parties*, Glencoe, Illinois, Free Press, 1958.

Miliband Ralph, *The State in Capitalist Society*, Londres, Camelot Press, 1969.

Miller D.C., *International Community Power Structures*, Bloomington, Indiana University Press, 1970.

Mills C. Wright, *The Power Elite*, New York, Oxford University Press, 1956.

Mintz Morton et Cohen Jerry, *America Inc.*, New York, Dial Press, 1971.

Moore W.E., *The Conduct of the Corporation*, New York, Random House, 1962; *The Impact of Industry*, Englewood Cliffs, New Jersey, Prentice-Hall, 1965.

Paltiel K.Z., *Political Party Financing in Canada*, Toronto, McGraw-Hill of Canada, 1970.

Paquet Gilles, éd. *The Multinational Firm and the Nation State*, Don Mills, Ontario, Collier-MacMillan Company, 1972.

Parti québécois, *L'Affaire de la Baie James*, Montréal, Editions du Parti québécois, 1972; — *La question économique n'est pas un problème*, Montréal, Editions du Parti québécois, 1970; — *Qui finance le Parti québécois?*, Montréal, Editions du Parti québécois, 1972.

Park Frank et Park Libbie, *Anatomy of Big Business*, Toronto, James Lewis and Samuel, 1973.

Pelletier Michel et Vaillancourt Yves, *Du chômage à la libération*, Montréal, Editions québécoises, 1972.

Piotte Jean-Marc, éd. *Québec occupé*, Montréal, Editions Parti pris, 1971.

Polsby Nelson, *Community Power and Political Theory*, New Haven, Yale University Press, 1963.

Porter John, *The Vertical Mosaic*, Toronto, University of Toronto Press, 1965.

Presthus R., *Men at the Top*, New York, Oxford University Press, 1964.

Proulx Jérôme, *Le panier de crabes*, Montréal, Editions Parti pris, 1971.

Fédération des travailleurs du québéc, *L'Etat, rouage de notre exploitation*, Montréal, Fédération des travailleurs du Québec, 1971; — *Un seul front*, Montréal, Fédération des travailleurs du Québec, 1971.

Quinn Herbert, *The Union Nationale*, Toronto, University of Toronto Press, 1963.

Raynauld André, *La propriété des entreprises au Québec*, Montréal, Les Presses de l'Université de Montréal, 1974.

Reagan M.D., *The Managerial Economy*, New York, Oxford University Press, 1963.

Richardson Boyce, *Baie James: sans mobile légitime*, Montmagny, Québec, Editions l'Etincelle, 1972.

Rose Arnold, *The Power Structure*, New York, Oxford University Press, 1967.

Rose Richard, *Politics in England*, Boston, Little, Brown and Company, 1964.

Rothschild K.W., *Power in Economics*, Middlesex, Penguin Books, 1971.

Roussopoulos Dimitrios, éd. *The political Economy of the State*, Montréal, Black Rose Books, 1973.

Safarian A.E., *Foreign Ownership of Canadian Industry*, Toronto, McGraw-Hill Company of Canada, 1966.

St-Germain, Maurice, *Une économie à libérer*, Montréal, Les Presses de l'Université de Montréal, 1973.

Schonfield Andrew, *Modern Capitalism*, Londres, Oxford University Press, 1965.

Schriftgiesser Karl, *Business and Public Policy*, Englewood Cliffs, New Jersey, Prentice-Hall, 1967.

Société pour vaincre la pollution, *La baie James, c'est grave, grave, grave,* Montréal, Editions québécoises, 1973.

Taylor George et Pierson Frank, éd., *New Concepts in Wage Determination,* New York, McGraw-Hill, 1957.

Thorburg Hugh G., *Party Politics in Canada,* Toronto, Prentice-Hall, 1963.

Tugendhat Christopher, *The Multinationals,* New York, Random House, 1972.

Warner W.L. et Abegglen J.C., *Big Business Leaders in America,* New York, Harper and Row, 1955.

Weiner Alex, *Pointe St.Charles: Preliminary Economic Report,* Montréal, Parallel Institute, 1970.

Weinstein James, *The Corporate Ideal in the Liberal State: 1900-1918,* Boston, Beacon Press, 1969.

Périodiques et publications universitaires

Auf der Maur Nick, «The May Revolt», *Last Post,* septembre 1970.

Bachrach Peter, «Elite Consensus and Democracy», *Journal of Politics,* no 24, 1962.

Brunelle Richard et Papineau Pierre, «Le gouvernement du capital», *Socialisme québécois,* no 23, 1972.

Byleveld H.C., «The Fourth Circle», *Canadian Banker,* vol. 79, juillet / août 1972.

Canadian Business, «Faribault on Federalism», février 1968; — «Creative Tensions for Business», novembre 1970.

Centre des dirigeants d'entreprise, «Elements of a Strategy for Business», *Industrial Relations,* vol. 26, décembre 1971.

Deaton Rick, «The Fiscal Crisis of the State», *Our Generation,* vol. 8, octobre 1972.

Diment Paul, «How Your Trade Association Can Help You», *Canadian Business,* mai 1963.

Fenton Allan, «Economic Planning in Free Societies», *Canadian Business,* février 1963.

Giroux Denis, «Le scandale de l'amiante» *Magazine Maclean,* janvier 1975.

Goodman Eileen, «How Boards of Directors Keep Abreast of the Changing Times in Which They Must Operate», *Canadian Business,* septembre 1960.

Greater Montreal Anti-Poverty Coordinating Committee, «Statement of Principles: Mass Media», *Poor People's Paper,* vol. 2, février 1973.

Greyser Stephen A., «Business and Politics, 1964», *Harvard Business*

Review, vol. 42, septembre / octobre 1964; — «Business and Politics, 1968», *Harvard Business Review*, novembre / décembre 1968.

Guay Jacques, «Une presse asservie», *Socialisme québécois*, juin 1969.

Gulf Oil Corporation, annonce parue dans *Newsweek*, 25 juin 1973.

Industrial Canada, article sans titre sur la langue au Québec, février 1971.

Kowaluk Lucia et Rosenberg Dorothy, «The James Bay Development Project: A Trojan Horse», *Our Generation*, vol. 9, janvier 1973.

Lefebvre Jean-Paul, «Etat, s'abstenir», *Magazine Maclean*, novembre 1972.

Levin A.E., «Social Responsibility is Everybody's Business», *Canadian Banker*, vol. 79, juillet / août 1972.

Mace Myles L., «The President and the Board of Directors», *Harvard Business Review*, mars / avril 1972.

Mankoff Milton, «Power in Advanced Capitalist Society: A review Essay on Recent Elitist and Marxist Criticism of Pluralist Theory», *Social Problems*, vol. 17, 1970.

McLaughlin W. Earle, «Pitfalls of Economic Planning», *Canadian Business*, juin 1965.

Nelson Louis B., «Les monopoles de l'information», *Point de Mire*, 2 avril 1971.

Nettl J.P., «Concensus or Elite Domination: The Case of Business», *Political Studies*, vol. 13, février 1965.

Newman Peter, «The Bankers», *Maclean's Magazine*, février et mars 1972.

Newsweek, «Maurice Stans, the Moneyman», 4 juin 1973.

Morris Desmond, «Advertisers Don't Use Pressure», *Canadian Forum*, juillet 1969.

Paré René, «Comment devenir maîtres chez nous», *Revue Commerce*, vol. 65, mars 1963.

Prieur Claude, «La Caisse de dépôt et placement», *Forces*, no 11, 1970.

Rajan Vithal, «The Challenge of Youth», *Canadian Business*, septembre 1969.

Reboud Louis, «Les petites et moyennes entreprises», *Relations*, no 309, octobre 1966.

Research McGill, «The Conservative Independent Businessman — A myth?», avril 1973.

Resnick Philip, «The Dynamics of Power in Canada», *Our Generation*, juin 1968.

Ritchie Ronald S., «Analysing Competitive Enterprise», *Canadian Business*, novembre 1972.

Ross Marvin, «The Universities and Big Business», *Canadian Dimension*, mars 1968.

Sinclair Sonja, «Domtar: Case History of a Corporate Trend», *Canadian*

Business, septembre 1964; — article sans titre sur la presse, *Canadian Business*, janvier 1969.

Surette Ralph, David Robert et Zannis Mark, «The International Wolf Pack Moves in on the North», *Last Post*, vol. 3, mai 1973.

Taylor E.P., «A Canadian Industrialist's Four-Point Formula for Expansion», *Canadian Business*, novembre 1961.

Time, «The Disgrace of Campaign Financing», 23 octobre 1972.

Villarejo Dan., «Stock Ownership and the Control of Corporations», *New University Thought*, vol. 2, automne 1961.

Vastel, Michel, «Mobilisation générale dans les ministères» *Les Affaires*, 23 novembre 1970.

Watkins Melville, «The Multinational Corporation in Canada», *Our Generation*, vol. 6, juin 1969.

Mémoires et études

Association des industries forestières du Québec, *Mémoire sur l'exposé sur la politique forestière*, Québec, juin 1972.

Canadian International Paper, *Brief to the Parliamentary Commission on Natural Resources and Lands and Forests*, Montréal, juin 1972.

Association des manufacturiers canadiens, *Une politique industrielle pour le Québec*, Montréal, 1er août 1972; — *L'AMC au Québec*, Montréal, 1972; — *Pre-Budget Submission to the Governement of Canada*, circulaire no 4262, Toronto, 30 mars 1972; — *L'AMC, les premiers cent ans*, Montréal, 1971; — *Ce qu'est l'AMC, son rôle*, Montréal, 1972.

Centre des dirigeants d'entreprise, *Fonction de l'entreprise et regroupement des cadres*, Montréal, novembre 1970; — *Structures et fonctionnement*, Montréal, 1972.

Chambre de commerce de la province de Québec, *Bulletin sur la législation provinciale*, vol. 10, no 1, Montréal, 7 avril 1972; — *Bulletin sur la législation provinciale*, vol. 10, no 4, Montréal, 10 juillet 1972; — *Faits et tendances*, vol. 25, no 4, Montréal, mars 1973; — *La législation provinciale*, vol. 10, no 2, Montréal, 17 avril 1972; — *La législation provinciale*, vol. 10, no 3, Montréal, 1er mai 1972; — *La législation provinciale*, vol. 10, no 5, Montréal, 3 août 1972; — *La législation provinciale*, vol. 11, nos 1-4, Montréal, 1973) — *Répertoire des mesures d'assistance technique et financière des gouvernements fédéral et provincial au commerce et à l'industrie du Québec*, Montréal, Juin 1972; — *Mémoire annuel* (soumis au Conseil des ministres du gouvernement du Québec), Montréal, juin 1972.

Chambre de commerce du Canada, *Le Profit: c'est quoi?*, Montréal, 1972; *L'Economie et vous*, Montréal, 1969.

Chambre de commerce du district de Montréal, *La Chambre de commerce et le rapport Gendron*, Montréal, 1973.

Conseil des producteurs des pâtes et papiers du Québec, *La capacité de concurrence de l'industrie des pâtes et papiers du Québec*, Montréal, 1972.

Conseil du patronat du Québec, *Bulletin d'information*, Montréal, septembre 1974.

Conseil général de l'industrie, *Le Conseil général de l'industrie*, Montréal, février 1971.

Société de développement de la baie James, communiqué de presse, Montréal, 16 juillet 1972.

Montreal Board of Trade, *Memoir to the Standing Parliamentary Committee on Education*, Montréal, 26 janvier 1970.

Centrale de l'enseignement du Québec, *Mémoire sur le projet de loi de code des loyers présenté à la Commission parlemenatire permanente de la justice*, Montréal, août 1972.

Rapports et documents publics

Bélanger Laurent, *Evolution du patronat et ses répercussions sur les attitudes et pratiques patronales dans la province de Québec*, Ottawa, Conseil privé, janvier 1970.

Bureau de la statistique du Québec, *Coopératives du Québec: statistiques financières*, Québec, Editeur officiel du Québec, 1970.

Canadian Business, Canada's 200 Largest Industrial Companies, Montréal, 1971.

Chambre de commerce du district de Montréal, *Rapport de son 84e exercice annuel 1970-1971*, Montréal, 1971.

Comité sur les dépenses électorales, Studies in Canadian Party Finance, Ottawa, Imprimeur de la Reine, 1966.

Conseil du patronat du Québec, *Rapport annuel: 1971-1972*, Montréal, 1972.

Ministère de la Consommation et des Corporations, *Bulletin: Loi des corporations canadiennes*, vol. 1, Ottawa, Imprimeur de la Reine, novembre 1971.

Bureau fédéral de la statistique, *Répartition du revenu: 1951-1965*, no 13-529, Ottawa, Imprimeur de la Reine, juin 1969.

Conseil exécutif du Québec, *Arrêté en conseil*, no 609, Québec, Editeur officiel du Québec, 1970.

Girard Jacques, *Géographie de l'industrie manufacturière du Québec*, Québec, Editeur officiel du Québec, 1970.

Goldenberg H. Carl, *Report of the Royal Commission on Metropolitan*

Toronto, Toronto, Imprimeur de la Reine, juin 1965.

Lois du Québec, *Bill 50*, Québec, Editeur officiel du Québec, 14 juillet 1971.

Heidrick and Struggles Inc., *Profile of a Canadian President*, Chicago, 1973.

Hydro-Québec, *Rapport annuel: 1973*, Montréal, 1973.

Industrial Documentation, Montréal, Gaby Productions, novembre 1971.

Société de développement de la baie James, *Développement de la baie James, phase initiale*, Montréal, 1971.

March R.R. *Public Opinion and Industrial Relations*, Ottawa, Bureau du Conseil privé, juillet 1968.

Montreal Board of Trade, *Rapport annuel: 1970-1971*, Montréal, 1971.

Power Corporation of Canada, *Rapport annuel: 1971*, Montréal, 1972.

Ministère de l'Industrie et du Commerce, *Rapport annuel: 1972*, Québec, Editeur officiel du Québec, 1973.

Caisse de dépôt et placement du Québec, *Rapport annuel: 1970-1971*, Québec, Editeur officiel du Québec, 1971; — *Rapport annuel: 1971-1972*, Québec, Editeur officiel du Québec, 1972; — *Rapport annuel: 1972-1973*, Québec, Editeur officiel du Québec, 1973.

Société québécoise d'exploration minière, *Rapport annuel: 1970-1971*, Québec, 1971.

Assemblée nationale du Québec, *Débats de l'Assemblée nationale*, ch. 14, Québec, Editeur officiel du Québec, 1968; — *Débats de l'Assemblée nationale*, Québec, Editeur officiel du Québec, mai 1965; — *Le Bill 20*, Québec, Editeur officiel du Québec, 1971; — *Le Bill 2: Loi relative à la location des biens*, Québec, Editeur officiel du Québec, 1973.

Société québécoise d'initiatives pétrolières, *Rapport annuel: 1970-1971*, Québec, 1971.

Québecor Inc., *Rapport annuel: 1972*, Montréal, 1973.

Gouvernement du Québec, *Rapport de la Commission d'enquête sur la santé et le bien-être social*, Québec, Editeur officiel du Québec.

Riopel Louis et Takacsy Nicolas, *Towards Economic Objectives and a Developement Strategy for Quebec*, Montréal, Conseil général de l'industrie, 19 mai 1970.

Comité d'enquête du Sénat sur les moyens de communications de masse, *Rapport sur les moyens de communications de masse*, Ottawa, Imprimeur de la Reine, 1970.

Statistique Canada, *Annuaire du Canada: 1973*, Ottawa, Imprimeur de la Reine, 1973.

Groupe d'étude sur la structure de l'industrie au Canada, *Foreign Ownership and the Structure of Canadian Industry*, Ottawa, Imprimeur de la Reine, 1968.

Journaux

Tous les numéros

Financial Post: 1960 — septembre 1974.

Le Devoir: 1968 — septembre 1974.

Québec-Presse: 1968 — septembre 1974.

Quelques numéros

Le Devoir: 1960 — 1968.

Le Jour: février 1974 — septembre 1974.

Le Soleil: 1960 — septembre 1974.

Montreal Gazette: 1960 — 1974.

Montréal-Matin: 1960 — septembre 1974.

La Presse: 1960 — septembre 1974.

Divers

Bennet Arnold, «Daoust Says Labor is Now Militant», *McGill Daily*, 3 février 1972.

Delaney Paul, «Cox Tells Papers to Endorse Nixon», *New York Times*, 29 octobre 1972.

Financial Times, «Perspective on Quebec», 19 novembre 1973.

Hains E., éditorial sans titre sur le projet de loi 63, *Le Progrès de Magog*, 12 novembre 1969.

Le Nouvelliste, «Le Bill 63», 29 octobre 1969.

Shepherd Harvey, «Montreal Chamber Undergoes Fundamental Changes in Role», *Toronto Globe and Mail*, 28 juin 1972.

Stewart Walter, «$75 Million Deal Helps ITT Exploit Quebec Forests» *Toronto Star*, 8 mai 1972.

Tremblay L., éditorial sans titre sur le projet de loi 63, *La Voix d'Alma*, 5 novembre 1969.

Newman Roger, «Flight of Capital, Company Exodus, Project Changes Point to Quebec Separatism Fear», *Toronto Globe and Mail*, 6 octobre 1967.

Documents inédits

Bélanger Laurent, «Occupation Mobility of French- and English- Canadian Business Leaders in the Province of Québec», thèse de PH.D., Michigan State University, 1967.

Bougie Yves, «La presse écrite au Québec: objet et agent de pression», communication présentée au cours du professeur Jean Meynaud sur les groupes de pression à l'Université de Montréal le 15 décembre 1969.

Brunelle Jean, «Business in Quebec: Bystander or Partner in Development», allocution prononcée à une réunion du Centre des dirigeants d'entreprise, 7 décembre 1972.

Charest-Wallot Candide, «La Soquem sert-elle les intérêt de la société québécoise?», texte présenté au professeur Pierre Fournier lors d'un cours de M.A. sur la politique au Québec à l'Université du Québec à Montréal, avril 1974.

Counsell K.W., directeur des relations publiques de l'Association des manufacturiers canadiens. Lettre à l'auteur, 14 avril 1972.

Dion Léon, «L'entreprise et la société québécoise», allocution prononcée lors d'une réunion du Conseil du patronat du Québec à Montréal, le 26 mai 1972.

Ethier Diane, «L'histoire de Sogefor», texte présenté au professeur Pierre Fournier lors d'un cours de M.A. sur la politique au Québec à l'Université du Québec à Montréal, avril 1974.

Fantus Company, «Industrial Development in Quebec», rapport préparé pour le ministère de l'Industrie et du Commerce du Québec, mai 1972.

Finlayson S.K., «Social Responsibilities of International Business», allocution prononcée lors d'une réunion de la Canada / United Kingdom Chamber of Commerce, Londres, 2 mai 1973.

Fournier Pierre, «The Politics of School Reorganization in Montreal», thèse de M.A., Université McGill, Montréal, mai 1971.

Hart G. Arnold, allocution prononcée au Emanu-El Temple, Montréal, 25 janvier 1971.

Jobin Carol, «La nationalisation de l'électricité au Québec en 1962», thèse de M.A., Université du Québec à Montréal, août 1974.

Mhun H., «L'entreprise au service de la société», allocution prononcée lors d'une conférence organisée par le Conseil du patronat du Québec le 26 mai 1972.

Monière Denis, «Analyse de l'idéologie de la Chambre de commerce du Québec», communication présentée au cours du professeur André Vachet sur la pensée politique moderne, Université d'Ottawa, 15 janvier 1969.

Perreault Charles, «The Business-Bureaucracy Interface», allocution prononcée à la 17e conférence annuelle sur les affaires, University of Western Ontario, London, Ontario, 1er juin 1973.

Powell, R.E., Lettre à M. Maurice Duplessis, 4 mars 1946.

Raynauld André, «La propriété et la performance des entreprises au

Québec», rapport préparé pour la Commission royale d'enquête sur le bilinguisme et le biculturalisme, mai 1967.

Reynolds Jean, «La société de développement industriel du Québec», texte présenté au professeur Pierre Fournier lors d'un cours de M.A. sur la politique au Québec à l'Université du Québec à Montréal, avril 1974.

Taisne François, «Sidbec», texte présenté au professeur Pierre Fournier lors d'un cours de M.A. sur la politique au Québec à l'Université du Québec à Montréal, avril 1974.

Tétrault Paul, entrevue avec M. Paul Paré, président d'Imasco, 13 mai 1970.

Tremblay Arthur, «Arrangements administratifs relatifs aux objets et modalités de communications entre l'Office de planification et développement du Québec et le Conseil de la planification et du développement du Québec», Lettre à Pierre Côté, président du Conseil de la planification et du développement du Québec, 14 mai 1971.

Listes et dates des entrevues avec des hommes d'affaires du Québec

J. Brunelle, président, Centre des dirigeants d'entreprise, 7 mai 1973.

T.L. Brock, secrétaire, Alcan Aluminium, 16 mai 1973.

N.A. Dann, vice-président (relations publiques), Imasco, 4 mai 1973.

J.M. Ethier, directeur des relations ouvrières, Association des manufacturiers canadiens, 14 mai 1973.

W.L. Forster, ancien président, Genstar, 1er mai 1973.

E.L. Hamilton, président, Canadian Industries Limited, membre du Conseil général de l'industrie, 25 mai 1973.

C.G. Harrington, président du conseil et directeur de l'exploitation, Trust Royal, membre du Conseil général de l'industrie, 18 mai 1973.

G.M. Hobart, ancien président, Consolidated Paper Company (maintenant Consolidated-Bathurst), 10 mai 1973.

G.W. Hodgson, président suppléant du conseil et ancien président, Montréal Trust, 10 mai 1973.

R.A. Irwin, président du conseil et directeur de l'exploitation, Consolidated-Bathurst, 4 mai 1973.

T. Kennedy, président, Canada Ciment Lafarge, membre du Conseil général de l'industrie et du Bureau des Gouverneurs du Conseil du patronat, 30 mai 1973.

S.A. Kerr, vice-président (développement), Domtar, 17 mai 1973.

G. Lachance, directeur général (personnel et développement), Banque Mercantile du Canada, 15 mai 1973.

J.-P. Létourneau, vice-président exécutif, Chambre de commerce de la province de Québec, 16 mai 1973.

V.O. Marquez, président du conseil et directeur de l'exploitation, Northern

Electric, 30 avril 1973.
M. Massé, vice-président exécutif, Banque de Montréal, 2 mai 1973.
W.E. McLaughlin, président du conseil et président, Banque Royale du Canada, membre du Conseil général de l'industrie, 9 mai 1973.
G. Minnes, secrétaire exécutif, Canadian Pulp and Paper Association, 9 mai 1973.
C. Perreault, président, Conseil du patronat du Québec, 22 mai 1973.
J.H. Perry, directeur exécutif, Association des banquiers canadiens, 9 mai 1973.
E.L. Tracey, directeur général, Montreal Board of Trade, 18 mai 1973.

Cahiers du Québec

1
Champ Libre 1:
Cinéma, Idéologie, Politique
(en collaboration)
Coll. Cinéma

2
Champ Libre 2:
La critique en question
(en collaboration)
Coll. Cinéma

3
Joseph Marmette
Le Chevalier de Mornac
présentation par:
Madeleine Ducrocq-Poirier
Coll. Textes et Documents littéraires

4
Patrice Lacombe
La terre paternelle
présentation par:
André Vanasse
Coll. Textes et Documents littéraires

5
Fernand Ouellet
Eléments d'histoire sociale du Bas-Canada
Coll. Histoire

6
Claude Racine
L'anticléricalisme dans le roman québécois 1940-1965
Coll. Littérature

7
Ethnologie québécoise 1
(en collaboration)
Coll. Ethnologie

8
Pamphile LeMay
Picounoc le Maudit
présentation par:
Anne Gagnon
Coll. Textes et Documents littéraires

9
Yvan Lamonde
Historiographie de la philosophie au Québec 1853-1971
Coll. Philosophie

10
L'homme et l'hiver en Nouvelle-France
présentation par:
Pierre Carle
et Jean Louis Minel
Coll. Documents d'histoire

11
Culture et langage
(en collaboration)
Coll. Philosophie

12
Conrad Laforte
La chanson folklorique et les écrivains du XIXe siècle, en France et au Québec
Coll. Ethnologie

13
L'Hôtel-Dieu de Montréal
(en collaboration)
Coll. Histoire

14
Georges Boucher de Boucherville
Une de perdue, deux de trouvées
présentation par:
Réginald Hamel
Coll. Textes et Documents littéraires

15
John R. Porter et Léopold Désy
Calvaires et croix de chemins du Québec
Coll. Ethnologie

16
Maurice Emond
Yves Thériault et le combat de l'homme
Coll. Littérature

17
Jean-Louis Roy
Edouard-Raymond Fabre, libraire et patriote canadien 1799-1854
Coll. Histoire

18
Louis-Edmond Hamelin
Nordicité canadienne
Coll. Géographie

19
J.P. Tardivel
Pour la patrie
présentation par:
John Hare
Coll. Textes et Documents littéraires

20
Richard Chabot
Le curé de campagne et la contestation locale au Québec de 1791 aux troubles de 1837-38
Coll. Histoire

21
Roland Brunet
Une école sans diplôme pour une éducation permanente
Coll. Psychopédagogie

22
Le processus électoral au Québec
(en collaboration)
Coll. Science politique

23
Partis politiques au Québec
(en collaboration)
Coll. Science politique

24
Raymond Montpetit
Comment parler de la littérature
Coll. Philosophie

25
A. Gérin-Lajoie
Jean Rivard le défricheur
suivi de *Jean Rivard économiste*
Postface de
René Dionne
Coll. Textes et Documents littéraires

26
Arsène Bessette
Le Débutant
Postface de
Madeleine Ducrocq-Poirier
Coll. Textes et Documents littéraires

27
Gabriel Sagard
Le grand voyage du pays des Hurons
présentation par:
Marcel Trudel
Coll. Documents d'histoire

28
Věra Murray
Le Parti québécois
Coll. Science politique

29
André Bernard
Québec: élections 1976
Coll. Science politique

30
Yves Dostaler
Les infortunes du roman dans le Québec du XIXe siècle
Coll. Littérature

31
Rossel Vien
Radio française dans l'ouest
Coll. Communications

32
Jacques Cartier
Voyages en Nouvelle-France
Texte remis en français moderne par
Robert Lahaise et
Marie Couturier
avec introduction et notes
Coll. Documents d'histoire

33
Jean-Pierre Boucher
Instantanés de la condition québécoise
Coll. Littérature

34
Denis Bouchard
Une lecture d'Anne Hébert
La recherche d'une mythologie
Coll. Littérature

35
P. Roy Wilson
Les belles vieilles demeures du Québec
Préface de
Jean Palardy
Coll. Beaux-Arts

36
Habitation rurale au Québec
(en collaboration)
Coll. Ethnologie

37
Laurent Mailhot
Anthologie d'Arthur Buies
Coll. Textes et Documents littéraires

38
Edmond Orban
Le Conseil nordique: un modèle de Souveraineté-Association?
Coll. Science politique

39
Christian Morissonneau
La Terre promise: Le mythe du Nord québécois
Coll. Ethnologie

40
Dorval Brunelle
La Désillusion tranquille
Coll. Sociologie

41
Nadia F. Eid
Le clergé et le pouvoir politique au Québec
Coll. Histoire

42
Marcel Rioux
Essai de sociologie critique
Coll. Sociologie

43
Gérard Bessette
Mes romans et moi
Coll. Littérature

44
John Hare
Anthologie de la poésie québécoise du XIXe siècle (1790-1890)
Coll. Textes et Documents littéraires

45
Robert Major
Partis pris: idéologies et littérature
Coll. Littérature

46
Jean Simard
en collaboration avec
Jocelyne Milot
et René Bouchard
Un patrimoine méprisé
La religion populaire des Québécois
Coll. Ethnologie

47
Gaétan Rochon
Politique et contre-culture: essai d'analyse interprétative
Coll. Science politique

48
Georges Vincenthier
Une idéologie québécoise de Louis-Joseph Papineau à Pierre Vallières
Coll. Histoire

49
Donald B. Smith
Le «Sauvage»
d'après les historiens
canadiens-français
des XIXe et XXe siècles
Coll. Cultures amérindiennes

50
Robert Lahaise
Les édifices conventuels
du Vieux-Montréal
Coll. Histoire

51
Sylvie Vincent et
Bernard Arcand
L'image de l'Amérindien
dans les manuels
scolaires du
Québec
Coll. Cultures amérindiennes

52
Keith Crowe
Histoire des autochtones
du Nord canadien
Coll. Cultures amérindiennes

Achevé d'imprimer
en août mil neuf cent soixante-dix-neuf
sur les presses de l'Imprimerie Gagné Ltée
Louiseville - Montréal.
Imprimé au Canada